21世纪经济与管理规划教材·国际经济与贸易系列

国际金融

（第四版）

刘 园 主 编
王亦豪 李自力 副主编

北京大学出版社
PEKING UNIVERSITY PRESS

图书在版编目(CIP)数据

国际金融/刘园主编. —4 版. —北京：北京大学出版社, 2023.8
21 世纪经济与管理规划教材. 国际经济与贸易系列
ISBN 978-7-301-34068-4

Ⅰ.①国… Ⅱ.①刘… Ⅲ.①国际金融—高等学校—教材 Ⅳ.①F831

中国国家版本馆 CIP 数据核字(2023)第 099741 号

书　　　名	国际金融(第四版) GUOJI JINRONG(DI-SI BAN)
著作责任者	刘　园　主　编
责任编辑	曹　月　裴　蕾
标准书号	ISBN 978-7-301-34068-4
出版发行	北京大学出版社
地　　　址	北京市海淀区成府路 205 号　100871
网　　　址	http://www.pup.cn
微信公众号	北京大学经管书苑(pupembook)
电子邮箱	编辑部 em@pup.cn　总编室 zpup@pup.cn
电　　　话	邮购部 010-62752015　发行部 010-62750672　编辑部 010-62752926
印　刷　者	大厂回族自治县彩虹印刷有限公司
经　销　者	新华书店
	787 毫米×1092 毫米　16 开本　20 印张　462 千字 2007 年 11 月第 1 版　2012 年 9 月第 2 版　2017 年 6 月第 3 版 2023 年 8 月第 4 版　2025 年 3 月第 2 次印刷
定　　　价	49.00 元

未经许可，不得以任何方式复制或抄袭本书之部分或全部内容。
版权所有，侵权必究
举报电话：010-62752024　电子邮箱：fd@pup.cn
图书如有印装质量问题，请与出版部联系，电话：010-62756370

丛书出版说明

教材作为人才培养重要的一环,一直都是高等院校与大学出版社工作的重中之重。"21世纪经济与管理规划教材"是我社组织在经济与管理各领域颇具影响力的专家学者编写而成的,面向在校学生或有自学需求的社会读者;不仅涵盖经济与管理领域传统课程,还涵盖学科发展衍生的新兴课程;在吸收国内外同类最新教材优点的基础上,注重思想性、科学性、系统性,以及学生综合素质的培养,以帮助学生打下扎实的专业基础和掌握最新的学科前沿知识,满足高等院校培养高质量人才的需要。自出版以来,本系列教材被众多高等院校选用,得到了授课教师的广泛好评。

随着信息技术的飞速进步,在线学习、翻转课堂等新的教学/学习模式不断涌现并日渐流行,终身学习的理念深入人心;而在教材以外,学生们还能从各种渠道获取纷繁复杂的信息。如何引导他们树立正确的世界观、人生观、价值观,是新时代给高等教育带来的一个重大挑战。为了适应这些变化,我们特对"21世纪经济与管理规划教材"进行了改版升级。

首先,为深入贯彻落实习近平总书记关于教育的重要论述、全国教育大会精神以及中共中央办公厅、国务院办公厅《关于深化新时代学校思想政治理论课改革创新的若干意见》,我们按照国家教材委员会《全国大中小学教材建设规划(2019—2022年)》《习近平新时代中国特色社会主义思想进课程教材指南》《关于做好党的二十大精神进教材工作的通知》和教育部《普通高等学校教材管理办法》《高等学校课程思政建设指导纲要》等文件精神,将课程思政内容尤其是党的二十大精神融入教材,以坚持正确导向,强化价值引领,落实立德树人根本任务,立足中国实践,形成具有中国特色的教材体系。

其次,响应国家积极组织构建信息技术与教育教学深度融合、多种介质综合运用、表现力丰富的高质量数字化教材体系的要求,本系列教材在形式上将不再局限于传统纸质教材,而是会根据学科特点,添加讲解重点难点的视频音频、检测学习效果的在线测评、扩展学习内容的延伸阅读、展示运算过程及结果的软件应用等数字资源,以增强教材的表现力和吸引力,有效服务线上教学、混合式教学等新型教学模式。

为了使本系列教材具有持续的生命力，我们将积极与作者沟通，争取按学制周期对教材进行修订。您在使用本系列教材的过程中，如果发现任何问题或者有任何意见或建议，欢迎随时与我们联系(请发邮件至 em@ pup. cn)。我们会将您的宝贵意见或建议及时反馈给作者，以便修订再版时进一步完善教材内容，更好地满足教师教学和学生学习的需要。

最后，感谢所有参与编写和为我们出谋划策提供帮助的专家学者，以及广大使用本系列教材的师生。希望本系列教材能够为我国高等院校经管专业教育贡献绵薄之力！

北京大学出版社
经济与管理图书事业部

前　言

国际金融是一门研究国际货币和资本的运动与交换关系的学科。对国际金融进行研究，不仅能为各国政府的宏观经济决策提供依据，也能为企业创造财富提供操作平台和工具，更能为增进民生福祉提供方式和路径。

国际金融的主要研究内容包括国际收支与调节国际收支的相关理论、外汇汇率与汇率决定理论、外汇交易原理与国际汇兑规则、国际信贷与国际资本流动的规律、国际金融组织与国际货币制度的运行规则等。

国际金融是一国宏观经济的重要组成部分，同时又受各国各自独立的、互不相同的法规、条例和国际惯例的制约。各国的历史进程、文化背景和经济发展水平存在差异，这种差异有时会导致十分尖锐的冲突。而这些冲突经化解、融合、调整并最终形成新的规制，也丰富和加深了国际金融的内涵。

2008年全球金融危机后，特别是2020年新冠疫情暴发以来，伴随着国际经济运行和地缘政治面临的挑战，国际金融市场发生了巨大变化：国际资本流动方向骤然改变，新兴市场国家外汇市场剧烈波动；数字金融创新方兴未艾，国际资产进行重新定价；国际金融监管的方式与效果引发争议，国际货币制度改革路径正在不断变化……这些不仅使国际金融和各国经济发展与民生的联系更加密切，而且让学习和研究国际金融有了全新的意义。

与其他同类教材相比，本教材在编写结构和内容上突出逻辑性、严谨性、前沿性和国际性，既有基础知识的详尽介绍，又有金融理论的重点评述。本教材在各章节设置了"学习目标""素养目标""重点难点""引导案例""阅读专栏""本章提要""思考题"等，以便于读者学习和研究。为帮助教师取得更好的教学效果，本教材还配有教学PPT。第四版教材在前三版的基础上大幅调整了结构，以上、中、下三篇的结构呈现了国际金融学的发展动态，增加了有关欧洲货币市场基准利率的调整、国际金融监管体系和国际储备货币的最新变化等知识点。

为适应时代的发展要求,根据中国共产党第二十次全国代表大会对我国未来的金融改革指引的方向,本版教材的编写内容更加突出金融理论解析的逻辑性、金融知识与金融市场的联动性、运用金融工具的实操性和案例选择的时效性,增添了人才培养的素养目标,体现了在专业教材中讲好"中国故事",培养具有家国情怀的高素质金融人才的编写宗旨。

本教材可供经济、管理类本科生教学使用,同时对企业和金融机构的从业人员也具有很高的实用价值。本版教材主编仍为对外经济贸易大学国际经济贸易学院金融系博士生导师刘园教授,王亦豪、李自力为副主编。此外,汪一鸣、王健等也为本书作出了贡献,特此致谢!

本教材存在的不足之处,敬请学术界同行和读者不吝赐教。

刘　园

2023年4月8日星期六于北京

目 录

上 篇

第一章 国际收支 ······ 3
- 第一节 国际收支与国际收支平衡表 ······ 4
- 第二节 国际收支的不平衡及其调节 ······ 21
- 第三节 国际储备 ······ 26

第二章 国际收支理论 ······ 36
- 第一节 价格-现金流动机制理论 ······ 38
- 第二节 弹性分析理论 ······ 39
- 第三节 吸收分析理论 ······ 48
- 第四节 货币分析理论 ······ 50
- 第五节 政策配合调节理论 ······ 52
- 第六节 蒙代尔-弗莱明模型 ······ 59

第三章 外汇与汇率 ······ 74
- 第一节 外汇与汇率概述 ······ 76
- 第二节 汇率的决定及其变动 ······ 83
- 第三节 汇率变动对经济的影响 ······ 90
- 第四节 汇率制度 ······ 93

第四章 汇率决定理论 ······ 101
- 第一节 国际收支理论 ······ 103
- 第二节 购买力平价理论 ······ 104
- 第三节 利率平价理论 ······ 109
- 第四节 现代远期汇率决定理论 ······ 114
- 第五节 资产市场理论 ······ 118

中 篇

第五章　国际金融市场 …… 129
　第一节　国际金融市场概述 …… 130
　第二节　欧洲货币市场 …… 138

第六章　外汇市场业务 …… 151
　第一节　外汇市场 …… 152
　第二节　即期外汇交易 …… 157
　第三节　远期外汇交易 …… 161
　第四节　外汇掉期交易 …… 171
　第五节　套汇、套利和进出口报价 …… 174
　第六节　外汇期货交易 …… 180
　第七节　外汇期权交易 …… 187

第七章　国际融资业务 …… 195
　第一节　国际信贷融资 …… 196
　第二节　国际贸易融资 …… 206
　第三节　国际证券融资 …… 217

下 篇

第八章　国际货币制度 …… 227
　第一节　国际货币制度概述 …… 228
　第二节　国际货币制度演进 …… 231
　第三节　欧洲货币一体化 …… 246
　第四节　美元化、铸币税和通货膨胀税 …… 253

第九章　国际金融组织 …… 258
　第一节　全球性国际金融组织 …… 259
　第二节　区域性国际金融组织 …… 271
　第三节　国际金融监管组织 …… 276

第十章　国际资本流动与债务危机 …… 284
　第一节　国际资本流动概述 …… 285
　第二节　利用外债的适度规模与我国的外债管理 …… 294
　第三节　国际债务危机与新兴市场国家的资本外逃 …… 301
　第四节　金融危机相关理论流派 …… 306

阅读推荐 …… 312

21世纪经济与管理规划教材
国际经济与贸易系列

上 篇

第一章　国际收支
第二章　国际收支理论
第三章　外汇与汇率
第四章　汇率决定理论

第一章 国际收支

[学习目标]

通过学习本章,应掌握与国际收支相关的基本概念,熟悉国际收支涵盖的各种经济交易的内容和国际收支平衡表账户设置和记账的规则,学会运用相关理论理解国际收支失衡的原因、失衡的类型和各国政府采取的调节国际收支失衡的措施。在此基础上,正确认识一国管理国际储备的原则和措施,以及国际储备在调节国际收支差额上发挥的重要作用。

[素养目标]

通过学习国际收支平衡表、国际收支差额和国际储备等相关知识,深入了解改革开放以来中国国际收支状况发生的巨大变化和我国不断增长的国际储备规模,正确认识中国经济腾飞奇迹的伟大意义,增强制度自信和道路自信。

[重点难点]

国际收支平衡表的账户设置,国际收支不平衡的原因和调节措施,国际储备的管理

[引导案例]

斯里兰卡外汇储备已不足 5 000 万美元 经济危机恐进一步加剧

斯里兰卡财政部长阿里·萨布里(Ali Sabry)2022 年 5 月表示,该国仍深陷国际收支危机的痛苦之中,可用外汇储备降至 5 000 万美元以下,国际收支危机削弱了该国进口必需品的能力,也削弱了该国偿还总额逾 300 亿美元外债的能力。

阿里在一次采访中表示,"如果你看看我们现在可用的流动性储备,几乎为零,根本没有"。

自 2020 年年初新冠疫情暴发以来,斯里兰卡外汇储备大幅下降,因为该国失去了主要外汇来源,即旅游业收入和居住在国外的斯里兰卡侨民的汇款。

低税收收入和高公共部门支出导致可用外汇储备快速下降,2020 年 2 月斯里兰卡的可用外汇储备接近 80 亿美元,2022 年 2 月可用外汇储备为 23.1 亿美元,仅仅过了这一个月,这一数字就降至 19.3 亿美元。

斯里兰卡已暂停偿还大部分外债,并已正式与国际货币基金组织(IMF)接触,以获得救助方案,换取包括主权债务重组在内的财政改革。

世界银行在 2022 年 4 月底表示,将分两期向斯里兰卡提供 6 亿美元的财政援助,以帮助该国度过经济危机。声明称,首批 4 亿美元将在短期内发放,"以满足医药卫生、社

会保障、农业和粮食安全以及天然气需求"。

不过阿里称:"2021年斯里兰卡总收入为1.5万亿卢比,而支出却高达3.522万亿卢比,处于入不敷出的状态,世界银行或IMF的援助不会解决根深蒂固的问题,IMF不是阿拉丁的神灯。"阿里指出,IMF的援助计划需要6个月的时间才能到位。

斯里兰卡外汇严重短缺,无法购买食品、燃料和药品等必需品,再加上猖獗的通货膨胀,引发了民众数周的抗议活动。

人们必须排好几个小时的队才能买到他们能买到的东西,而能够买到的东西也很少。官方数据显示,2022年4月食品价格同比上涨近50%,交通运输价格同比上涨近70%,但实际数字可能更高。面粉价格过高,人们不得不改吃米饭。

阿里表示,斯里兰卡面临着严重的经济危机,而经济危机又引发了政治危机。

资料来源:牛占林. 斯里兰卡外汇储备已不足5000万美元 经济危机恐进一步加剧[EB/OL]. (2022-05-05)[2022-08-18]. https://www.cls.cn/detail/1005577.

第一节 国际收支与国际收支平衡表

随着各国经济的发展和科学技术的进步,国与国之间的交往与联系也越来越密切。在广泛的国际交往中,必然涉及国际收支问题。国际收支是衡量一国经济对外开放的主要工具,它反映了一国与其他国家的商品、服务以及资本和劳动力等生产要素的国际流动过程。国际收支平衡表则系统记录了一国对外经济交易的全部内容,是研究国际金融的起点。

党的二十大报告指出,我国要推进高水平对外开放,依托我国超大规模市场优势,以国内大循环吸引全球资源要素,增强国内国际两个市场两种资源联动效应,提升贸易投资合作质量和水平,稳步扩大规则、规制、管理、标准等制度型开放,推动货物贸易优化升级,创新服务贸易发展机制,发展数字贸易,加快建设贸易强国。国际收支状况正是对我国对外开放水平的直观呈现。

一、国际收支的概念及其特点

国际收支(balance of payments,BOP)是指一个国家或地区所有国际经济活动的收入和支出的总和。具体而言,由于国际收支反映的对象——国际经济活动——在内容和形式上随世界经济发展而不断发展,因此国际收支概念的内涵也在不断发展。

16世纪末至17世纪初,由于地理大发现、工业革命的胜利,以国际贸易为主的国际经济活动开始迅速发展。对于一国来说,为了能准确了解本国的国际经济活动情况,国际贸易收支的统计要求被提出,从而产生了贸易差额(balance of trade)的概念,它表示一国在一定时期内对外商品贸易的综合情况。这个时期是国际收支概念的萌芽时期。

随着世界经济的发展,资本主义国家国际经济交易的内容和范围不断扩大,尤其是

20 世纪 20 年代之后，国际资本流动在国际经济中扮演着越来越重要的角色，显然，在这种情况下，贸易差额这个概念已不能全面反映各国国际经济交易的全部内容，于是就出现了外汇收支(balance of foreign exchange)的概念，即此时的国际收支概念指的是一定时期内外汇收支的总和。各国间的经济交易只要涉及外汇收支，无论它是贸易、非贸易，还是资本借贷或单方面资金转移，都属于国际收支范畴。这也是目前许多国家仍在沿用的狭义国际收支概念。

第二次世界大战结束之后，国际经济活动的内涵和外延又有了新的发展，狭义国际收支概念已经不能准确客观地反映实际情况，因为它已不能反映一系列不涉及外汇收支的国际经济活动，如易货贸易、补偿贸易、无偿援助和战争赔款中的实物部分、清算支付协定下的记账方式等，而这些方式在世界经济中的影响越来越大，于是国际收支的内涵有了新的发展，形成了广义国际收支概念。广义的国际收支是指，一个国家或地区在一定时期内(通常为1年)在同其他国家或地区政治、经济、文化往来的国际经济交易中的货币价值的全部系统记录。目前，世界各国普遍采用广义的国际收支概念。

综上所述，国际收支的概念有狭义和广义之分。狭义国际收支概念是在第一次世界大战后到第二次世界大战结束这段时间各国所采用的概念。广义国际收支概念则是从第二次世界大战结束以后才开始广泛流行的。在不同的历史时期，其包含的内容与特点不尽相同，这些内容与特点实际上就是对国际收支活动的基本描述。

(一) 国际收支的概念

由于世界各国在政治、经济、文化等各方面的交往十分频繁，从而在国与国之间形成了债权与债务关系，一国在某一特定时日的债权债务就综合反映为该国的国际借贷关系，这种国际借贷关系所体现的债权债务到期时必须以货币形式结清支付，从而形成一国的外汇收入与支出。

狭义的国际收支是指一国或地区在一定时期内(通常为1年)，同其他国家或地区为清算到期的债权债务所发生的外汇收支的总和。在这一时期内，其外汇收支相抵后所出现的差额被称为国际收支差额，它在一定程度上能够代表该国在国际金融方面的实力与地位。

与狭义国际收支概念强调的现金基础不同，广义国际收支概念强调了国际经济交易的业务基础，即将无须货币偿付的各种"援助"项目和不需现金支付的物资、服务之间的交换，以及赊购赊销的信用交易项目均列入国际收支。据此，国际货币基金组织(International Monetary Fund,IMF)对国际收支所作的定义是"国际收支是特定时期的统计报表，它系统记录某经济实体与世界其他经济实体之间的经济交易，其中包括：① 商品、服务和收益方面的交易；② 该经济实体所持有的货币性黄金和特别提款权的变化，以及它与其他经济实体债权债务关系的变化；③ 无偿的单方转移，以及会计意义上为平衡尚未抵消的上述交易所规定的对应项目。"

(二) 国际收支概念的特点

狭义国际收支概念的主要特点是强调现金支付，它所记录的内容是已经结清债权债务关系或已经进行支付结算的外贸交易往来，不包括已发生债权债务关系或签订贸易合同但尚未清算或尚未进行支付的交易。

广义国际收支概念的主要特点包括以下三个方面：

（1）时间概念。它是一个流量概念，而不是存量概念，即它不是计算某一时点上的余额或持有额，而是记录一定时期内（通常为1年）的发生额。

（2）居民概念。它所记录的对外经济交易是指居民与非居民之间的交易，即它强调对外经济交易的参与者是居民，而不是公民。

（3）交易概念。其内容包括一定时期内发生的所有对外经济交易，而无论其是否已经支付或结清，即强调交易的发生。国际收支统计不以收支为基础，有些国际交易可能不涉及货币支付，但只要是发生的交易，就要统计到国际收支中去。

（三）国际收支与国际借贷的区别和联系

人们常常把国际借贷（balance of international indebtedness）误认为是国际收支，实际上它们之间既有联系又有区别。国际借贷是指一个国家在一定日期对外债权债务的综合情况，是一个存量概念。国与国之间的债权债务在一定时期内必须进行清算和结算，此过程一定涉及国家间的货币收支问题，债权国要在收入货币后了结债权关系，而债务国要通过支付货币来清偿债务，这就是国际收支问题。所以，国际收支是表示一个国家在一定时期内对外货币收支的综合情况，是一个流量概念。因此，这两个概念既有区别又密切相关。因为有了国际借贷才会产生国际收支，国际借贷是国际收支的原因，国际收支是国际借贷的结果。

二、国际收支平衡表及其主要内容

为了及时、准确地分析和掌握对外经济状况，一国需要将其国际收支活动按照复式簿记原理分类、分层次地编制进国际收支平衡表。世界各国国际收支平衡表的结构及主要内容大都是按照IMF的要求进行编制的。

（一）国际收支平衡表的概念

国际收支平衡表是一个国家或地区按照复式簿记原理，对一定时期内居民与非居民之间国际交易的系统记录，它集中反映了该国或地区国际收支的具体构成和总貌。有些国家在编制国际收支表格时将平衡项目单列，这种表格被称为国际收支差额表；如果国际收支表格中包括平衡项目，则称之为国际收支平衡表。

（二）国际收支平衡表的编制原理

国际收支平衡表按照复式簿记原理，采用现代会计普遍使用的借贷记账法进行编制，即"有借必有贷，借贷必相等"。每发生一笔经济交易，都要以相等金额同时在相关的借贷账户进行两笔或两笔以上的记录。

国际收支平衡表把全部交易活动划分为贷方、借方、差额三项，分别记录一国一定时期内各项对外经济交易的发生额和余额。贷方是记录收入项目或负债增加、资产减少的项目，即记录那些引起本国外汇收入的交易，也称"+"号项目，如收回货款或借入款项、出口产品等。借方是记录支出项目或负债减少、资产增加的项目,即记录那些引起本国外汇支出的交易,也称"－"号项目,如归还货款或借出款项、进口产品等。差额是记录借方与贷方的算术和,贷方数额大于借方数额为顺差(surplus),借方数额大于贷方数额为逆差(deficit)。从每笔单项交易来看,差额总是有正有负,几乎不可能为零。因为一国与他国之间的任何相互交易在金额上都几乎不可能完全相等。但从国际收支平衡表的总差额来看,由于储备资产和净误差与遗漏两个项目的设置起到了轧平账户的作用,因此借方总额与贷方总额相等,差额一定为零,即从会计意义上遵循"有借必有贷,借贷必相等",差额总是为零,这完全是出于会计记账要求账户平衡的需要而设计的。但真实的国际收支差额总是有正有负,尽管数额大小不同,但不是顺差就是逆差,几乎不可能完全为零。

具体地说,凡属于下列情况均应记入贷方:

(1) 向外国提供的商品和劳务(出口);

(2) 外国人提供的捐赠与援助等;

(3) 国内官方当局放弃国外资产或国外负债的增加;

(4) 国内私人放弃国外资产或国外负债的增加。

凡属于下列情况均应记入借方:

(1) 从外国获得的商品和劳务(进口);

(2) 向外国政府或私人提供的援助与捐赠等;

(3) 国内官方当局国外资产的增加或国外负债的减少;

(4) 国内私人国外资产的增加或国外负债的减少。

每笔交易都必须分别记入上述借贷双方项下有关的四个类别之中,为了便于理解,这里以美国为例,列举七笔交易,来说明国际收支的记账方法。

例 1-1 英国商人从美国购买价值 50 万美元的汽车 50 辆,付款方式是从英国银行提出美元存款支付货款。这笔交易包含两项内容:一是美国商品出口,应记录在贷方的贸易项目中;二是英国商人的美元存款减少,也就是美国私人对外短期负债减少,应记入借方的金融项目的其他投资项目中,如表 1-1 所示(以下交易记录均同)。

表 1-1 国际收支记账方法

借方(－)		贷方(+)	
A. 贸易项目			
2. 进口	－100	1. 出口汽车	+50
B. 服务项目			
		3. 旅游收汇	+40
C. 收入项目			
4. 投资利润汇出	－200		

（续表）

借方(-)		贷方(+)	
D. 经常转移项目			
5. 政府捐赠	-80		
E. 证券投资项目			
6. 债券投资	-300	7. 发行债券	+500
F. 其他投资项目			
1. 私人对外短期负债	-50	2. 私人对外短期负债	+100
3. 私人对外短期资产	-40	4. 私人对外短期负债	+200
7. 私人对外短期负债	-500	6. 私人对外短期资产	+300
G. 储备资产项目			
		5. 官方储备	+80

例 1-2 美国公司向中国购买价值 100 万美元的纺织品，用纽约银行的美元支票付款。这次经济交易是反映美国从外国获得商品，应该记入借方的贸易项目；同时中国在纽约银行的美元存款增加，意味着美国私人对外短期负债增加，应记入贷方的金融项目的其他投资项目。

例 1-3 德国人在美国旅游，支付了 40 万美元的费用，旅游者所需的美元是在美国银行用欧元兑换的。这项国际交易所涉及的内容有两项：其一，美国为外国居民提供了服务，为服务输出，应在贷方服务项目中记录；其二，美国银行在法兰克福的欧元存款增加，即美国私人对外短期资产增加，应在借方的金融项目的其他投资项目中记录。

例 1-4 在美国直接投资的日商将 200 万美元的投资利润汇回日本。这笔交易所涉及的内容有两项：其一，这是在美国的直接投资收入，应在借方的收入项目中记录；其二，假定这笔汇款是通过美国银行和日本银行之间的信用进行的，由日本银行代美国银行支付，那么这是美国私人对外短期负债的增加，应在贷方的金融项目的其他投资项目中记录。

例 1-5 美国政府向墨西哥提供了 80 万美元的援助。这笔交易所涉及的两项内容是：其一，美国政府的对外单方面转移，应在借方的经常转移项目中记录；其二，美国官方对外资产减少，应在贷方的储备资产项目中记录。

例 1-6 美国公民购买加拿大某公司发行的加元债券，折合美元价值为 300 万元。这笔交易所涉及的两项内容是：其一，美国的资本输出，即国外长期资产增加，应在借方的证券投资项目中记录；其二，美国公民支取加拿大银行的加元存款购买债券，美国私人对外短期资产减少，应在贷方的金融项目的其他投资项目中记录。

例 1-7 法国公民购买 500 万美元为期 10 年的美国公司债券。这笔交易也涉及两项内容：其一，美国的长期资本流入，应在贷方的证券投资项目中记录；其二，法国公民提取在美国银行的美元存款购买债券，是美国私人对外短期负债减少，应在借方的金融项目的其他投资项目中记录。

经济交易记录日期应以所有权变更日期为标准。在国际经济交易中,签订买卖合同、货物装运、结算、交货、付款等一般都是在不同日期进行的,为了统一各国的记录口径,IMF明确规定必须采用所有权变更原则。

按照IMF的规定,国际收支平衡表中记录的各种经济交易应包括以下几方面内容:

(1)在编表时期内全部结清部分。一笔经济交易如在国际收支平衡表编制时期内结清,则理所当然可以如实记录。

(2)在编表时期内已经到期必须结清部分(不管实际上是否结清)。例如,在国际收支平衡表编制时期内已到期应予支付但实际上并未支付的利息,也应在到期日记录,未付的利息作为新的负债记录。又如,已提供某项劳务,但编表时期内尚未获得收入,则应按劳务提供日期登记,未获得收入作为债权记录。

(3)在编表时期内已经发生(指所有权已变更),但需跨期结算部分。例如,涉及贸易信用的预付货款或延付货款,这类贸易发生时所有权已变更,因而应在交易发生日期进行记录。就预付货款而言,应在借方记录货物债权,贷方记录支付的货款。就延付货款而言,应在借方记录获得的货物,贷方记录货款负债。收到货物或支付货款时,再冲转货物债权或货款负债。

(三)国际收支平衡表的结构与主要内容

世界各国编制国际收支平衡表的格式不尽相同,每种格式都反映了各国国情的需要和特点,但其基本结构还是按照IMF的要求大致统一的。根据IMF《国际收支和国际投资头寸手册》(第六版,之前版本名称为《国际收支手册》)的规定,国际收支平衡表主要包括四个账户,即经常账户、资本账户、金融账户、净误差与遗漏账户。统计框架如表1-2所示。

表1-2 《国际收支和国际投资头寸手册》中的国际收支平衡表示例

国际收支	贷方	借方	余额
经常账户			
货物和服务			
货物			
服务			
初次收入			
职工报酬			
利息			
公司已分配收益			
再投资收益			
租金			
二次收入			
经常收入和财富等的税收			

(续表)

国际收支	贷方	借方	余额
非人寿保险盈利净值			
非人寿保险索赔			
经常国际合作			
经常转移杂项			
养老金应享权益变动的调整数			
经常账户余额			
资本账户			
购买或弃置非生产性非金融资产			
资本转移			
资本账户余额			
经常和资本账户净贷方余额或借方余额			
金融账户(以功能分类)			
直接投资			
证券投资			
金融衍生品(非储备)和雇员股票期权			
其他投资			
储备资产			
全部资产或负债变化			
金融账户净贷方余额或借方余额			
净误差与遗漏账户			

资料来源:本表选自《国际收支和国际投资头寸手册》(第六版)第12页表2.1。

中国国家外汇管理局定期公布的中国国际收支平衡表(年度表)也是在 IMF 的框架基础上,根据相关项目在中国的实际情况进行调整后得到的。中国 2010 年、2015 年和 2020 年的国际收支平衡表参见阅读专栏 1-1。

阅读专栏 1-1　　　　　　　　　中国国际收支平衡表(年度表)

编制原则:

根据 IMF《国际收支和国际投资头寸手册》(第六版)制定的标准,国际收支平衡表是反映某个时期内一个国家或地区与世界其他国家或地区间的经济交易的统计报表。国际收支统计以权责发生制为统计原则,并采用复式记账法。

中国国际收支平衡表是反映特定时期内我国(不含中国香港、澳门和台湾地区)与世界其他国家或地区的经济交易的统计报表。

表 1-3　中国国际收支平衡表　　　　　　　　　单位：亿元人民币

项目	2010	2015	2020
1. 经常账户	16 043	18 266	16 963
贷方	125 015	163 251	207 789
借方	-108 972	-144 985	-190 826
1.A 货物和服务	15 057	22 346	24 508
贷方	112 036	147 099	188 383
借方	-96 979	-124 753	-163 875
1.A.a 货物	16 077	35 941	35 055
贷方	99 972	133 551	172 637
借方	-83 895	-97 610	-137 582
1.A.b 服务	-1 020	-13 594	-10 547
贷方	12 064	13 548	15 746
借方	-13 084	-27 142	-26 293
1.A.b.1 加工服务	1 700	1 263	876
贷方	1 706	1 274	911
借方	-5	-10	-34
1.A.b.2 维护和维修服务	0	142	297
贷方	0	225	529
借方	0	-82	-231
1.A.b.3 运输	-1 966	-2 914	-2 626
贷方	2 314	2 402	3 895
借方	-4 280	-5 317	-6 521
1.A.b.4 旅行	-612	-12 755	-8 356
贷方	3 100	2 804	683
借方	-3 712	-15 559	-9 039
1.A.b.5 建设	636	403	308
贷方	980	1 038	864
借方	-343	-635	-556
1.A.b.6 保险和养老金服务	-949	-238	-658
贷方	117	311	206
借方	-1 066	-549	-864
1.A.b.7 金融服务	-4	-19	57
贷方	90	146	334
借方	-93	-164	-276
1.A.b.8 知识产权使用费	-826	-1 305	-2 018
贷方	56	67	591
借方	-883	-1 372	-2 609
1.A.b.9 电信、计算机和信息服务	431	820	440
贷方	708	1 531	2 685

单位:亿元人民币(续表)

项目	2010	2015	2020
借方	−278	−711	−2 244
1.A.b.10 其他商业服务	599	1 174	1 340
贷方	2 920	3 638	4 807
借方	−2 321	−2 465	−3 466
1.A.b.11 个人、文化和娱乐服务	−17	−73	−137
贷方	8	46	70
借方	−25	−118	−207
1.A.b.12 别处未提及的政府货物和服务	−13	−93	−72
贷方	65	66	173
借方	−78	−160	−245
1.B 初次收入	**−1 765**	**−3 287**	**−8 116**
贷方	9 630	13 915	16 931
借方	−11 395	−17 202	−25 047
1.B.1 雇员报酬	**823**	**1 703**	**15**
贷方	922	2 059	1 014
借方	−99	−356	−999
1.B.2 投资收益	**−2 588**	**−5 031**	**−8 271**
贷方	8 708	11 805	15 720
借方	−11 296	−16 836	−23 992
1.B.3 其他初次收入	**0**	**41**	**140**
贷方	0	51	197
借方	0	−10	−56
1.C 二次收入	**2 751**	**−794**	**571**
贷方	3 349	2 236	2 474
借方	−598	−3 030	−1 903
1.C.1 个人转移	/	/	**27**
贷方	/	/	286
借方	/	/	−259
1.C.2 其他二次收入	/	/	**544**
贷方	/	/	2 188
借方	/	/	−1 644
2. 资本和金融账户	**−12 488**	**−5 653**	**−6 181**
2.1 资本账户	**314**	**19**	**−5**
贷方	326	32	11
借方	−13	−12	−17

单位:亿元人民币(续表)

项目	2010	2015	2020
2.2 金融账户	**-12 802**	**-5 672**	**-6 176**
资产	-44 178	773	-46 257
负债	31 376	-6 445	40 081
2.2.1 非储备性质的金融账户	**19 030**	**-27 209**	**-4 244**
资产	-12 346	-20 764	-44 326
负债	31 376	-6 445	40 081
2.2.1.1 直接投资	**12 569**	**4 174**	**6 666**
2.2.1.1.1 资产	-3 908	-10 932	-10 611
2.2.1.1.1.1 股权	-4 197	-6 493	-9 295
2.2.1.1.1.2 关联企业债务	289	-4 439	-1 315
2.2.1.1.1.a 金融部门	/	/	-1 639
2.2.1.1.1.1.a 股权	/	/	-1 653
2.2.1.1.1.2.a 关联企业债务	/	/	14
2.2.1.1.1.b 非金融部门	/	/	-8 971
2.2.1.1.1.1.b 股权	/	/	-7 642
2.2.1.1.1.2.b 关联企业债务	/	/	-1 330
2.2.1.1.2 负债	16 477	15 106	17 277
2.2.1.1.2.1 股权	15 255	13 201	15 085
2.2.1.1.2.2 关联企业债务	1 222	1 904	2 191
2.2.1.1.2.a 金融部门	/	/	1 168
2.2.1.1.2.1.a 股权	/	/	754
2.2.1.1.2.2.a 关联企业债务	/	/	414
2.2.1.1.2.b 非金融部门	/	/	16 109
2.2.1.1.2.1.b 股权	/	/	14 331
2.2.1.1.2.2.b 关联企业债务	/	/	1 778
2.2.1.2 证券投资	**1 605**	**-4 162**	**6 495**
2.2.1.2.1 资产	-521	-4 528	-10 349
2.2.1.2.1.1 股权	-574	-2 453	-8 959
2.2.1.2.1.2 债券	52	-2 075	-1 390
2.2.1.2.2 负债	2 126	367	16 843
2.2.1.2.2.1 股权	2 106	908	5 445
2.2.1.2.2.2 债券	20	-541	11 398
2.2.1.3 金融衍生工具	**0**	**-130**	**-761**
2.2.1.3.1 资产	0	-211	-365
2.2.1.3.2 负债	0	81	-395

单位:亿元人民币(续表)

项目	2010	2015	2020
2.2.1.4 其他投资	4 856	-27 091	-16 645
2.2.1.4.1 资产	-7 917	-5 092	-23 001
2.2.1.4.1.1 其他股权	0	-1	-33
2.2.1.4.1.2 货币和存款	-3 942	-3 442	-9 902
2.2.1.4.1.3 贷款	-1 421	-2 849	-9 380
2.2.1.4.1.4 保险和养老金	0	-192	-226
2.2.1.4.1.5 贸易信贷	-4 196	-2 917	-2 473
2.2.1.4.1.6 其他	1 642	4 308	-986
2.2.1.4.2 负债	12 773	-21 999	6 356
2.2.1.4.2.1 其他股权	0	0	0
2.2.1.4.2.2 货币和存款	4 070	-7 724	6 354
2.2.1.4.2.3 贷款	5 334	-10 407	-1 129
2.2.1.4.2.4 保险和养老金	0	149	212
2.2.1.4.2.5 贸易信贷	3 387	-3 869	461
2.2.1.4.2.6 其他	-18	-147	459
2.2.1.4.2.7 特别提款权	0	0	0
2.2.2 储备资产	-31 831	21 537	-1 932
2.2.2.1 货币黄金	0	0	0
2.2.2.2 特别提款权	-7	-17	-25
2.2.2.3 在国际货币基金组织的储备头寸	-141	56	-159
2.2.2.4 外汇储备	-31 683	21 498	-1 748
2.2.2.5 其他储备资产	0	0	0
3. 净误差与遗漏	-3 555	-12 613	-10 782

备注:

1. 本表计数采用四舍五入原则。
2. 根据《国际收支和国际投资头寸手册》(第六版)编制,资本和金融账户中包含储备资产。
3. "贷方"按正值列示,"借方"按负值列示,差额等于"贷方"加上"借方"。本表除标注"贷方"和"借方"的项目外,其他项目均指差额。
4. 金融账户下,对外金融资产的净增加用负值列示,净减少用正值列示;对外负债的净增加用正值列示,净减少用负值列示。
5. 年度人民币计值的国际收支平衡表数据由单季人民币计值数据累加得到。季度人民币计值的国际收支平衡表数据,由当季以美元计值的国际收支平衡表数据,通过当季人民币对美元季平均汇率中间价折算得到。
6. 国际收支平衡表采用修订机制,最新数据以国家外汇管理局最近一次公布为准。
7. 本表数据来源于国家外汇管理局官网。

1. 经常账户

经常账户(current account)记录一国一定时期内对外经常性经济交易,反映一国与他国之间资源的实际转移状况。经常账户主要反映国际收支狭义概念所包括的内容,即反映一国一定时期内所发生的全部外汇收入和支出,是国际收支平衡表中最基本、最重要的项目,也是决定和影响一国国际收支真实平衡的基本内容。其子项目有三项:货物和服务、初次收入、二次收入。

(1)货物和服务(goods and services)。货物是商品贸易或有形贸易,主要指一般商品的进口与出口,除此之外,还包括用于加工的货物、货物修理、非货币性黄金(即不作为储备资产的黄金)等的进出口。一般按离岸价格(free on board,FOB)计算。出口记入贷方,进口记入借方。在国际收支平衡表中,货物收支统计数据的来源及商品价格计算的方式在各国不尽相同。根据 IMF 的规定,货物进出口统计一律以海关统计为准,商品价格一律按离岸价格计算。但实际上有许多国家对出口商品按离岸价格计算,而对进口商品则按到岸价格(cost insurance and freight,CIF)计算。这两种不同的价格条件,在计算进出口总值时,会产生一定的差额。例如,进口商品以到岸价格计价,其中运费和保险费属于劳务方面的支出,这样就会产生重复入账的项目,影响国际收支平衡表的精确性。

服务是劳务贸易或无形贸易,指由提供或接受劳务服务以及使用无形资产所引起的收支。其具体内容主要包括运输、旅游、通信、建筑、保险、金融、计算机和信息等服务,专利权和特许权使用,以及其他商业服务所引起的收支活动。其输出记入贷方,输入记入借方。服务具体包含的项目现分列如下:① 运输通信收支。它包括海陆空运商品和旅客运费的收支。有些国家将运输工具的修缮费、港湾费与码头的使用费、船舶注册费等均纳入运输收支项目。通信方面,属于国际电报、电话、电传、卫星通信等服务项目引起的外汇收支都记入劳务账户下。② 保险收支。如果本国人向外国保险公司投保,则计入保险费的支出;如果外国人向本国保险公司投保,则计入保险费的收入。③ 旅游收支。它指本国居民到国外旅游或外国居民到本国旅游而产生的膳费、交通费等服务性费用的收支。④ 其他服务收支。如办公费、专利权使用费、广告宣传费、手续费、使领费等项目收支。目前,劳务收支的重要性日趋突出,不少国家的劳务收支在该国的国际收支中有举足轻重的地位,有的甚至超过了有形贸易收支。

(2)初次收入(primary income)。第六版《国际收支和国际投资头寸手册》将第五版中的收益项目分成了初次收入和二次收入两项。初次收入项目包括职工报酬(compensation of employees)、利息(interest)、公司已分配收益(distributed income of corporations)、再投资收益(reinvested earnings)、租金(rent)五项。其中,职工报酬包括非居民职工的工资、薪金、福利等;利息包括跨国投资所获的股息、利息、红利等;再投资收益特指直接权益投资的再投资。在五个项目中,属于本国的收入记入贷方,属于本国的支出记入借方。

(3)二次收入(secondary income)。二次收入项目包括经常收入和财富等的税收(current taxes on income, wealth, etc.)、非人寿保险盈利净值(net nonlife insurance premiums)、非人寿保险索赔(nonlife insurance claims)、经常国际合作(current international cooperation)、经常转移杂项(miscellaneous current transfers)和养老金应享权益变动的调整数(adjustment for change in pension entitlements)。

其中,非人寿保险盈利净值既包括在会计期内承保人所收保费的毛收益,也包括承保人通过保费投资产生的应分配收益。非人寿保险索赔即为当期内被保人向承保人提出的索赔额。

经常国际合作指在政府、国际组织间经常性的资金转移,具体包括如下三项:① 为弥补当期开支而进行的转移,如一国政府在自然灾害后以食物、衣服、药品等给予另一国政府的紧急援助;② 年度或定期由国际组织内一国政府向另一成员政府给予的政策性转移;③ 政府对派遣前来进行技术援助的他国签约技术人员支付的工资。

经常转移杂项包括在之前所述项目范围之外的经常转移项目,既包括现金也包括非现金,属于非资本性所有权的转移。内容包括无偿援助、参加国际组织缴纳的会费、捐款、由国际法庭或其他政府处以的罚款和罚金、因战争或其他伤害行为对其他实体造成创伤而支付的赔款等。

养老金应享权益变动的调整数是为了调整作为经常转移项目处理的当期应付养老金和作为金融资产项目处理的养老金权益之间的不同应运而生的。该项从二次收入项目中减去收到的养老金,加上社会支付的养老金。经过调整后经常账户余额就和刨除掉收到和支付时的养老金的经常账户余额相同。

在二次收入项目中,由国外转移至本国的资金记入贷方,由本国转移至国外的资金记入借方。

2. 资本账户

资本账户(capital account)反映国家间资产的转移,属资本性所有权的转移。输入本国的记贷方,输出本国的记借方。资本账户分为两个部分:

(1) 资本转移(capital transfer),包括投资捐赠和债务注销。投资捐赠,即固定资产所有权的无偿转移,以及同固定资产的收买或放弃相联系或以其为条件的转移;债务注销,即债权人不索取任何回报而取消的债务。

(2) 购买或弃置非生产性非金融资产,指非生产创造的有形资产与无形资产,即土地或地下资产、无形资产的买卖。这里关于无形资产的记录与经常账户中服务项下无形资产的记录不同:这里记录的是各种专利权、特许权及各种知识产权的买卖所产生的收支;而经常账户服务项下记录的是由于专利权、特许权的使用发生的费用。

3. 金融账户

金融账户(financial account)反映国家间投资与借贷的增减变化,分为直接投资、证券投资、金融衍生品(非储备)和雇员股票期权、其他投资、储备资产五项。

(1) 直接投资(direct investment),反映跨国投资者的永久性权益,即拥有控股权或经营权的投资,包括股本资本(控股比例最低为10%)、用于再投资的收益和其他资本。直接投资的主要特征是投资者对另一国企业拥有永久利益,这一永久利益意味着直接投资者和企业之间存在着长期的关系,并且投资者对企业经营管理有相当大的影响。直接投资在传统上主要采用在国外建立分支机构的形式,目前越来越多地采用购买一定比例的股票的形式来实现,一般要求这一比例最低为10%。

(2) 证券投资(portfolio investment),即跨国投资者对股本证券和债务证券的投资。证券投资是指为了取得一笔预期的固定货币收入而进行的投资,它对企业没有发言权。

证券投资交易包括股票、中长期债券、货币市场工具等。投资的利息收支记录在经常项目中,本金还款记录在金融项目中。

(3)金融衍生品(非储备)和雇员股票期权为第六版《国际收支和国际投资头寸手册》新增项目,这一项目从证券投资中拆分而来。金融衍生品是一个与其他金融工具或指标(如利率、汇率、股票或商品价格、信用风险等)相关联的合约,交易金融衍生品与交易标的资产有完全不同的方法。在金融衍生品中不包括非标准化的合同、保险和标准化担保、或有资产和负债、含有其他衍生品的金融工具和正常商业活动带来的时滞。雇员股票期权是公司授予其雇员在本公司股票上的看涨期权,当公司未来股票价格超过执行价格时,在执行日后雇员可以通过行使期权获得股票,然后将所得股票按市场价格卖出获益。雇员股票期权的价格由相同期权的市场价格或布莱克-斯科尔斯模型决定。

(4)其他投资(other investment),指上述两种投资之外的跨国金融交易。这是一个剩余项目,包括所有直接投资、证券投资或储备资产未包括的金融交易,比如长短期的贸易信贷、贷款、货币和存款以及应收款项和应付款项等。

(5)储备资产(reserve assets),指一国官方拥有的国际储备资产,反映一国一定时期内国际收支活动的结果,一国国际收支的状况最终都表现为官方储备资产的增减。官方储备资产主要包括以下三类:一是黄金储备,这一传统储备形式现已退居二线。二是外汇储备,以外币表示的流动资产,为一线储备。在IMF的储备头寸即IMF成员普通提款权中25%以黄金外汇所缴份额的部分,可自由动用。三是特别提款权(special drawing rights,SDR),是IMF成员除普通提款权以外的提款权利,是一种按成员所缴份额分配的账面资产。

4. 净误差与遗漏账户

净误差与遗漏账户(errors and omissions)是为了轧平国际收支平衡表借贷方总额而设立的项目。按照复式记账法,国际收支借方总额应与贷方总额相等,差额为零。但实际上由于国际收支活动的资料来源比较复杂,数据经常会有偏离或不一致,而且在统计工作中常有可能发生统计误差,加之一些人为因素影响,使得国际收支借贷方总额不能够自动达到平衡,因此出于会计记账借贷必须平衡的需要,人为地设置了净差错与遗漏这一项目进行调整。当国际收支平衡表的各项数字因统计错误而总额不平衡时,就将其差额列入此项目,从账面上使国际收支借方总额与贷方总额相等。当贷方总计大于借方总计时,差额数就记入净误差与遗漏的借方;当借方总计大于贷方总计时,差额数就记入净误差与遗漏的贷方。

一般而言,虽然一国的开放程度越高,净误差与遗漏的规模可能越大,但如果此项目数额过大,也会在一定程度上影响一国国际收支平衡表的信誉。因此,根据IMF的标准,通常一国国际收支平衡表的净误差与遗漏的绝对值不应超过该国进出口总额的5%。

三、国际收支差额

从会计意义上来看,国际收支借方总额与贷方总额相等,差额为零,所以国际收支总是平衡的。但实际上从每个具体项目来看,差额总是有正有负,并不为零,这些差额具有真正的经济意义。尽管各国编制国际收支平衡表的格式和口径有所差别,计算国际收支

差额的方法也不尽相同,但在考察国际收支状况时,各国对以下几个项目差额的分析一般都比较重视:

(一) 贸易收支差额

贸易收支差额(trade balance),也称净出口(net exports, NX),它是出口额 X 与进口额 M 之差,公式如下:

$$NX = X - M$$

它集中反映了一国在国际市场上的竞争能力,也能在一定程度上表现出一国的经济实力,其差额在很大程度上决定一国国际收支的总差额。需要注意的是,理论分析中的进出口不仅包括货物,也往往包括服务。尽管贸易项目仅仅是国际收支的一个组成部分,不能代表国际收支的整体,但是对于某些国家来说,贸易收支在全部国际收支中所占比重相当大,以至于贸易收支经常性地被当作国际收支的近似代表。此外,贸易收支在国际收支中还有它的特殊重要性。商品的进出口情况综合反映了一国的产业结构、产品质量和劳动生产率状况,反映了该国产业在国际市场上的竞争能力。因此,即使是资本项目比重相当大的发达国家,也非常重视贸易收支的差额。

(二) 经常账户差额

经常账户差额(current account balance),即货物和劳务、初次收入、二次收入等项目的差额。它反映了一国在对外经济关系中所拥有的可支配使用的实际资源的增减变化,可用来分析和衡量一国国际收支的真实平衡状况,对一国对外经济关系及国民经济的健康发展有重要作用和影响。其中,货物进出口差额即贸易收支差额的作用尤为突出。

(三) 资本账户差额

资本账户差额(capital account balance),即资本转移、购买或弃置非生产性非金融资产的差额。通过单独对资本账户进行分析,可以了解一国对外无偿的资本转移或接受国际捐赠的情况和该国无形资产的国家间交易情况,衡量一国的经济软实力。

(四) 金融账户差额

国际金融危机前后,以股票、债券为代表的国际资本市场的活跃度、体量和发展速度较 21 世纪初有了显著增加,同时包括期权、期货等金融衍生品在内的国际交易活动随着技术创新也如雨后春笋般蓬勃发展。为了更好地衡量一国国际资本性投资收益的变化情况,金融账户与资本账户在《国际收支和国际投资头寸手册》中独立设置,使相应的差额更加直观,易于不同维度的分析。

通过金融账户差额(financial account balance),可以分析一国对外资本的流动情况、国际投资方向变化、利用外资水平等。特别地,金融账户下的储备资产项目不仅在会计上作为平衡国际收支账户使用,其差额还可以反映出国际收支的顺差和逆差情况。需要注意的是,储备资产的记账符号与代表国际收支顺逆差方向的符号正好相反。

(五) 综合差额

综合差额(overall balance),也称国际收支差额,是用经常账户差额、资本账户差额、金融账户差额再加净误差与遗漏的总差额,减去储备资产得到的部分。综合差额为正号,则储备资产记负号,表示该国储备资产增加,国际收支顺差;反之,综合差额为负号,则储备资产记正号,表示该国储备资产减少,国际收支逆差。综合差额的正负与国际收支的顺逆差呈正向关系,即综合差额的盈余表示国际收支的顺差,综合差额的赤字表示国际收支的逆差。

当一国实行固定汇率制时,综合差额的分析意义更为重要。国际收支的各种行为会导致外国货币与本国货币在外汇市场上的供求变动,影响到两个币种比价的稳定性。为了保持外汇市场汇率的稳定,政府必须利用官方储备介入市场以实现供求平衡。所以,综合差额在政府有义务维护固定汇率制时是极其重要的。而在浮动汇率制下,政府原则上可以不动用官方储备而听任汇率变动,或是动用官方储备调节市场的任务有一定弹性,这时这一差额的分析意义略有弱化。

四、国际收支平衡表的分析及其作用

国际收支平衡表集中反映一国国际金融活动的内容、范围、特点及在对外经济关系中所处的地位,因此对国际收支平衡表的分析有着重要的作用。

(一) 国际收支平衡表的分析方法

尽管世界各国对国际收支平衡表分析的目的或侧重点不同,但采取的分析方法大致相同,主要包括以下几种:

1. 微观分析法

微观分析法又称差额分析法或静态分析法,是对国际收支平衡表中各个项目的差额分别进行分析的方法。目的在于分析各单个账户的差额及其形成原因,以及对国际收支的影响。通过对各项目具体差额的分析,可以了解一国对外经济交易的构成,以及各项目在整个国际收支账户中的地位和作用,考察国际收支总差额形成的原因。

在使用微观分析法进行分析时应注意以下方面:

(1) 一国贸易收支出现顺差或逆差受多个方面因素的影响,主要包括经济周期的更替、财政与货币政策变化所决定的总供给与总需求的对比关系,气候与自然条件的变化,国际市场的供求关系,本国产品的国际竞争力,本国货币的汇率水平等。结合这些方面的信息进行分析,有助于找出编表国家贸易收支差额形成的原因。

(2) 服务收支反映了编表国家有关行业的发达程度与消长状况。例如,运费收支状况直接反映了一国运输能力的强弱,一般发展中国家运费总是支出的,而一些经济发达国家由于拥有强大的商船队而运费收入颇丰;银行和保险业务收支状况反映了一个国家金融机构的完善状况。分析这些状况,对本国来说,可以为制定改进对策提供依据;对别国来说,可以为选择由哪个国家提供相关业务的服务提供依据。

(3) 在单方面转移收入中,通常重点研究官方转移收入。第二次世界大战后,国际援助不断增加,这种援助包括军事援助和经济援助两种,其中又分为低息贷款和无偿援助两部分。在分析这个项目时除考虑其数额大小外,还要分析这种援助的背景、影响、后果和趋势。

(4) 资本和金融项目中涉及许多子项目,比如直接投资、间接投资、国际借贷和延期付款信用等,一般来说前三项处于主要地位。直接投资状况反映一国资本国际竞争能力

的高低(对发达国家而言)或一国投资利润前景的好坏(对发展中国家而言)。国际借款状况反映一国借用国际市场资本条件的优劣,从而反映该国的国际信誉高低。第二次世界大战后,短期资本在国家间移动的规模与频繁程度都是空前的,它对有关国家的国际收支与货币汇率的变化都有重要影响。因此,研究、分析短期资本在国家间移动的流量、方向与方式,对研究国际金融动态和发展趋势具有重要意义。

(5) 分析官方储备项目时重点分析国际储备资产变动的方向,因为其反映了一国应对各种意外冲击能力的变化。对净误差与遗漏账户主要分析其数额大小的变化。因为净误差和遗漏的规模一方面反映了一国国际收支平衡表虚假性的大小,规模越大,国际收支平衡表对该国国际经济活动的反映越不准确;另一方面在某种程度上也反映了一国经济开放的程度,一般来说经济越开放,净误差与遗漏的规模越大。

2. 宏观分析法

宏观分析法是把国际收支放在整个国民经济体系中来考察,研究国际收支与宏观经济变量之间的基本关系和相互影响的方法,即把国际收支当作开放经济条件下宏观经济的一个部门和影响宏观经济变动的一个变量,将其放在宏观经济中去考察。

开放经济条件下,国民收入四部门模型的总需求表达式为:

$$C + I + G + (X - M) = Y$$

国际收支与宏观经济二者之间的关系用国民收入四部门模型的转换公式表示为:

$$X - M = Y - (C + I + G) = Y - A$$
$$TB = Y - A$$

即国际收支差额 = 国民收入 - 国内总支出

从需求角度分析,国民收入是由消费需求 C 加投资需求 I 加政府开支 G 再加对外经济交易需求——出口减进口的净额 $X-M$ 构成。相对于国民收入 Y,作为国内总需求的 $C+I+G$ 可被看作国内总支出 A。而 $X-M$,即 TB,作为代表一国对外经济交易即国际收支的指标,与国民收入、国内总支出之间存在着互相影响、互相制约的关系。国际收支的增减变动关系着一国国民收入及支出的水平与结构,关系着整个国民经济的均衡运行;而国民经济其他部门的发展变化也同样会对国际收支产生不同程度的影响,因此要从宏观经济的高度来把握国际收支。

3. 比较分析法

比较分析法又分为纵向比较分析法和横向比较分析法两种。

纵向比较分析法也称动态分析法,即连续分析一国不同时期的国际收支平衡表,考察该国不同时期国际收支变动的趋势及其原因。根据国际收支的发展变化过程,对暂时性和持续性国际收支差额加以区分,分别研究其形成的具体原因,为制定相应的政策和策略提供依据。

横向比较分析法是将本国与其他相关国家的国际收支平衡表进行对照分析,以便找出本国在对外经济关系中存在的问题和矛盾,更好地处理国别关系,推动本国与世界其他国家的经济合作与交流。

(二) 分析国际收支平衡表的作用

通过分析国际收支平衡表,可以掌握国内外经济状况,研究国际经济关系的发展变化及原因,为经济预测和经济政策的制定与调节提供依据,对编表国家及其他国家都有很重要的意义。

从宏观经济的角度来看,其作用可主要概括为:① 通过分析国际收支平衡表,可及时了解和掌握本国国际收支顺逆差状况及其产生的原因与影响,以便采取正确的调节措施;② 通过分析国际收支平衡表,可了解和掌握本国与相关国家之间经济关系的状况及其原因,弄清本国对外经济实力和在国际经济中的地位,为及时、准确地制定对外经济政策提供依据。

从微观经济的角度来看,分析国际收支平衡表对一国的进出口企业有着更为重要的现实意义,主要表现在:① 对相关国家国际收支平衡表的分析,有利于准确预测其货币汇率的走势,以帮助企业正确选择进出口计价货币;② 对相关国家国际收支平衡表的分析,有利于准确预测其政策变化趋势,以帮助企业及时调整进出口国别;③ 对相关国家国际收支状况的分析及汇率走势的预测,可以帮助企业适当调整其出口商品价格。

第二节　国际收支的不平衡及其调节

由于国际收支不平衡会给本国对外经济关系及国内经济发展带来严重的负面影响,因此一国宏观经济调控所追求的目标之一就是国际收支平衡。

一、国际收支的平衡与不平衡

由于国际收支平衡表运用现代会计借贷记账法进行编制,因此借方总额与贷方总额相等,账面上总是平衡的。但不能只从账面上来判断国际收支是否平衡。只有先明确国际收支平衡表与国际收支平衡这两个概念的区别和联系,才能真正弄懂国际收支平衡与不平衡的含义。

(一) 国际收支平衡的含义

判断一国国际收支是否平衡,需要弄清以下三组概念:

1. 国际收支的账面平衡与真实平衡

国际收支账面平衡是指国际收支平衡表的账面平衡。从会计意义上,国际收支平衡表的账面总额总是平衡的。虽然其中某些账户可能出现赤字,但可以用其他账户的盈余来弥补。例如,经常账户的差额可用资本账户、金融账户的差额来弥补;所有交易项目的差额,可用官方储备资产来弥补。这是由编制国际收支平衡表所依据的复式簿记原理和借贷记账法决定的,但这并非国际收支的真实平衡。

国际收支的真实平衡是指国际收支在经济意义上的平衡。事实上,一国的国际收支活动是由各种各样的对外经济交易引起的,不可能做到收支完全相抵。因此,一国真实的国际收支活动往往不是顺差就是逆差,只是数额大小不同而已。

分析一国国际收支是否平衡,最直观的办法就是从国际收支平衡表的账面上,根据储备资产项目的增减变动数额来判断。国际收支为顺差,则储备资产增加;国际收支为逆差,则储备资产减少。

2. 国际收支的主动平衡与被动平衡

一国国际收支记录的全部对外经济交易可以分为自主性交易和弥补性交易。由自主性交易形成的国际收支平衡为主动平衡,由弥补性交易形成的国际收支平衡为被动平衡。

自主性交易也称事前交易,是交易者出于特定的经济目的自主进行的交易。经常账户的各项交易及资本账户、金融账户中的一些交易,包括资本转移、购买或弃置非生产性非金融资产、直接投资等大都是出于获取经济利益的目的自发进行的交易。这种自发交易引起的收支活动总是会产生差额,或者收大于支,或者支大于收,不可能完全相等。

弥补性交易也称事后交易,主要是指金融账户中由官方调节性措施引起的短期资本流动及储备资产变动。当自主性交易出现较大差额,需要动用储备资产或利用短期投融资人为地进行弥补或调节时,才由弥补性交易达成国际收支的被动平衡。

由自主性交易达成的主动平衡是各国国际收支平衡追求的目标。自主性交易的平衡与否是判断一国国际收支真实平衡的标准。

3. 国际收支的数额平衡与内容平衡

国际收支的数额平衡主要是指一定时期内一国对外经济交易在价值量上的平衡;国际收支的内容平衡主要是指各种国际收支活动在结构上的平衡。如果一国国际收支真实平衡,则其价值量与结构都应该平衡。由弥补性交易达成的平衡可能只是价值量的平衡,而结构不平衡则会给一国经济带来一些负面影响。例如,通过吸引短期资本流动弥补经常项目逆差,将加重该国外债负担;储备资产的骤增或骤减将会影响该国货币供求关系变动与本币币值稳定等。所以,只有价值量与结构的同时平衡才是国际收支的真实平衡。

(二) 国际收支不平衡及其原因

为了及时调节国际收支不平衡,需要分析其产生的具体原因,以便采取相应措施。根据其形成原因,国际收支不平衡可以分为以下几种类型:

(1) 周期性不平衡(cyclical disequilibrium),即各国处于经济周期的不同阶段所引起的国际收支不平衡,如处于周期高涨阶段的国家可能因进口增加而出现暂时性的贸易逆差。

(2) 结构性不平衡(structural disequilibrium),即各种结构性因素引起的国际收支不平衡,如美国的科技进步这种结构性因素使各国资本大量流入美国,并使一些国家出现贸易逆差。

(3) 货币性不平衡(monetary disequilibrium),即货币供给增加导致的物价上升引起该国出现贸易逆差。

(4) 收入性不平衡(income disequilibrium),即长期增长速度的差异引起的国际收支不平衡。在其他条件不变的情况下,增长快的国家会因进口增加而出现贸易逆差;但是,当增长伴随着劳动生产率下降而下降时,成本下降也可能使得出口更为迅速地增加。

(5) 偶然性不平衡(temporary disequilibrium),即随机因素造成的国际收支不平衡,如自然灾害、战争、国际商品价格的偶发变动等。

(6) 政策性不平衡(policy disequilibrium),即一国推出重要的经济政策或者实施重大改革而引发的国际收支不平衡。

一般来说,偶然性和周期性不平衡都具有不同程度的临时性,政府无须采用力度较大的政策来调节。应对货币性不平衡的措施是采用紧缩性货币政策控制货币供给。较难对付的是结构性不平衡,因为各项结构调整措施都只能长期生效,政府不得不对国际收支进行直接管制。

(三) 国际收支不平衡对一国经济的影响

尽管对大多数发展中国家而言,国际收支不平衡问题突出表现在长期国际收支逆差给本国经济带来的不利影响上,但持续大量的国际收支顺差对一国经济也有一定的负面影响。

1. 国际收支逆差的消极影响

第一,它可能会恶化就业状况和降低经济发展速度,无论是贸易逆差还是资本净流出都会产生类似影响。

第二,它在浮动汇率制下会导致本币对外贬值,可能引起贸易条件恶化,汇率不稳定也可能增加贸易和投资活动中的风险。

第三,政府为维持汇率稳定会减少外汇储备,当外汇储备减少到一定程度时,该国会出现国际支付困难甚至发生国际债务危机。

第四,若政府采取各种国际收支逆差调节政策,可能会对国民经济运行形成冲击,如利率上升的紧缩效应以及直接管制造成的资源配置扭曲。

2. 国际收支顺差的消极影响

第一,它通过外汇储备的增加造成货币供给增加,会影响政府物价稳定目标的实现。

第二,一个国家的持续顺差意味着其他国家出现持续逆差,这会加剧国际矛盾,可能引起其他国家的报复行为,不利于对外经贸关系的长远发展。

第三,在浮动汇率制下,顺差造成本币对外升值,这对该国商品的国际竞争力有消极影响。

第四,若政府力图维持汇率稳定,就要干预外汇市场并相应增加外汇储备;一旦外汇储备超出适度规模,该国就要付出很大的机会成本,即相应的官方资本输出是以牺牲本国的经济发展为代价的。

二、国际收支的调节

无论一国国际收支是逆差还是顺差,只要它对该国经济的正常发展产生了严重的负面影响,该国政府就必须采取相应措施进行调节。但相对而言,国际收支逆差给一国经济带来的消极影响更为突出,因此对逆差的调节更受世界各国政府的关注。

由于市场机制对国际收支不平衡的自发调节存在一定局限性,影响了其国际收支调节作用的发挥,甚至可能造成一国经济外部均衡与内部均衡的冲突,偏离国民经济正常发展的轨道,因此当国际收支出现严重不平衡而使市场调节机制失灵或有缺陷时,世界各国大都采取干预的方式,对国际收支不平衡进行政策调节。调节政策主要包括以下几种:

(一) 外汇缓冲政策

所谓外汇缓冲政策,是指利用外汇储备调节外汇市场的供求关系,以缓冲国际收支不平衡给本国经济带来的冲击和影响的政策。具体做法是通过中央银行在外汇市场上买卖外汇改变外汇供求关系的方式,对国际收支进行调节。实际上,这种政策的作用主要是抵消国际收支不平衡带来的消极影响,并且这种政策只适用于国际收支短期不平衡的情形。因为任何国家的外汇储备规模都有客观限制,如果中央银行在外汇市场上长期大量吞吐外汇,势必会导致储备过多或枯竭,引发新的矛盾。尤其是对于逆差国来说,实施外汇缓冲政策要求政府必须持有一定量的外汇储备。而一国在一定时期内储备资产的量是有限的,特别是当资本大量外逃时,这一政策很难奏效。

(二) 汇率政策

汇率政策是指一国通过调整其货币的汇率以影响进口和出口,调整贸易收支,从而调整国际收支的政策措施。

在固定汇率制条件下,如果一国国际收支出现逆差,则政府可以采取本币贬值的办法进行调节。实质上,这种政策的实施是政府有意识地利用国际收支的汇率调节机制来调节国际收支不平衡。因为在固定汇率制条件下,汇率对国际收支的自发调节机制失灵,只能采用政府干预的方式人为调整本国汇率,以达到调节国际收支不平衡的目的。

一般来讲,本币贬值可以使本国出口商品的外币价格下降,从而使本国进口商品的本币价格上升,有利于出口,不利于进口,使国际收支得到改善。但汇率政策效果的实现需要具备一些前提条件,其不仅取决于本国进出口商品需求弹性的大小,还取决于国际上对该国本币贬值政策的反应。其调节过程如图1-1所示。

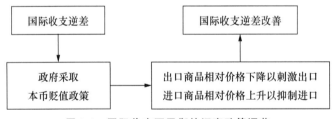

图1-1 国际收支不平衡的汇率政策调节

(三) 财政政策和货币政策

政府可以通过在国内采取相应的财政政策和货币政策来影响物价和利率,从而影响进出口与资本流动,改善国际收支不平衡状况。如果一国出现国际收支逆差,则可以采取紧缩性政策,通过提高税率、缩减财政支出的财政政策和提高利率、减少货币供给量、紧缩银根的货币政策,来抑制社会总需求与进口需求,降低物价,以刺激出口、减少进口,吸引资本流入,使国际收支逆差得到改善。其调节过程如图1-2所示。

采用财政政策和货币政策对国际收支进行调节需要协调与国内经济平衡的矛盾。如在国内经济衰退的情况下,就不能用牺牲本国经济增长的紧缩政策调节国际收支逆差。

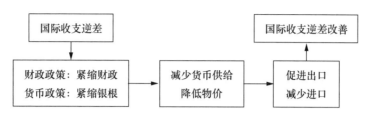

图 1-2 国际收支不平衡的财政政策、货币政策调节

（四）行政管制政策

政府可以采用直接干预国际经济交易的政策和措施,以达到调节国际收支不平衡的目的。政府的行政管制可分为以下三种类型：

（1）财政管制,即在关税、补贴、出口信贷等方面采取相应对策。例如,一国国际收支存在严重逆差时,政府可以采取出口退税、出口补贴、出口信贷优惠等奖出限入政策,以支持本国出口,改善国际收支逆差。

（2）外汇管制,即在汇率、外汇买卖、资本流动及国际结算等方面制定一系列鼓励或限制性政策,以维持外汇市场的稳定和国际收支的平衡。

（3）贸易管制,即对进出口贸易直接实施干预政策。如采用进口许可证、进口配额及其他非关税壁垒等贸易保护措施,以避免国际收支的不平衡。但这种直接干预的政策可能会引起国际社会的不满和指责。

（五）国际经济合作

当国际收支出现不平衡时,一国还可以寻求国际社会的帮助和支持。国际货币基金组织（IMF）、世界银行、世界贸易组织（World Trade Organization,WTO）就是国际经济合作较为成功的典范。例如,IMF 调节各国国际收支短期不平衡,协调各国金融政策,维持国际金融秩序等;世界银行帮助各国调节国际收支长期不平衡,提供国际信贷支持等;WTO 协调各国贸易收支不平衡,组织国际贸易谈判等,它们从不同方面对世界各国国际收支不平衡的调节起着不同程度的帮助作用。

阅读专栏 1-2　融入全球价值链成为影响我国国际收支的重要因素

改革开放以来,我国贸易逐步融入全球价值链并在其中发挥了越来越重要的作用。当前,我国已经从以中低端产品出口为主的初级制造业阶段向以技术密集型产品出口为主的先进制造业阶段发展,制造业服务水平不断提高,不仅促进了货物和服务贸易提质增量,而且推动了外商直接投资规模不断扩大,对促进我国国际收支平衡和优化国际收支结构起到重要作用。

通过融入全球价值链推动我国出口制造深化发展

我国制造业越来越广泛地融入全球贸易体系,后向参与度（本国出口对其他国家或地区中间品的依赖度）经历了先升后降的过程,体现了我国外贸发展的两阶段特征。20 世纪 90 年代到 21 世纪初,我国初步融入全球制造业分工体系,"两头在外"的加工贸易模式加速发展,从1995年至2005年贸易规模增长了20多倍。这不仅带动了我国出口的增加,也带动了相关中间品进口的快速增长,出口中包含的其他国家或地区的中间品含量持续提升。21世纪初至今,随着全球价值链融入的深入,我国自身技术水平持续提升,大规模生产能力逐步形成,商品出口从国内获得的增加值不断提高,使得后向参与度开始下降。经济合作与发展组织(OECD)的相关数据显示,我国2018年制造业后向参与度为19.3%,较2005年下降了7.1个百分点。

我国价值链地位提升对全球贸易发展的作用越来越重要

近二十年来,我国贸易前向参与度(一国向全球贸易提供中间品的能力)总体稳步提高,意味着我国对贸易伙伴加工产品再出口的贡献提升。例如,电子产品和交通运输工具在全球贸易中的占比较高、价值链条较长并且技术含量较高,随着深度融入全球化,我国在这些领域为全球贸易提供了更多较高质量的中间品,而不再仅仅是终端组装生产,体现了我国在全球价值链中地位的提升。2018年,我国制造业前向参与度为14.8%,较2005年上升了2.5个百分点。总体来看,根据世界银行价值链阶段的分类,我国出口已经从以劳动密集型为主的中低端产品阶段逐步向以技术密集型为主的中高端产品阶段发展。

我国制造业融入全球价值链是提升跨境服务水平、吸引外商直接投资的重要原因

当前我国出口商品中蕴含的销售、技术等服务价值越来越高,OECD统计数据显示,2018年,我国制造业出口拉动的国内批发零售、交通运输和金融保险服务业的增加值分别达到2 041亿、1 045亿和978亿美元,拉动的研发、专业咨询等其他商业服务业的增加值为960亿美元,均保持较快增长。国内服务业整体水平的提高也推动了我国服务贸易国际竞争力的提升,2021年我国跨境生产性服务贸易规模较1995年增长了17倍。同时,制造业融入全球价值链带动外资进入我国投资兴业。改革开放以来,我国产业链、供应链逐步健全完备,经济保持稳步发展态势,国民财富较快积累提升了国内消费能力,吸引跨国公司在中国设厂办企。国际收支平衡表数据显示,外商来华直接投资资金净流入从1995年的358亿美元逐步上升到2021年的3 340亿美元,年均增长为32%。

展望未来,我国制造业转型升级不断推进,在全球价值链中的作用继续提升,国际竞争力将进一步增强,对全球贸易的贡献将更加突出。同时,我国贸易进出口提质增效,生产性服务贸易稳步发展,将为我国国际收支保持平衡和结构优化奠定坚实的基础。

资料来源:国家外汇管理局国际收支分析小组.2021年中国国际收支报告[R/OL].(2022-03-25)[2022-08-18].http://www.safe.gov.cn/safe/2022/0325/20771.html.

第三节 国际储备

国际储备(international reserve)是国际收支平衡表中的一个主要项目,它在一国国民经济中起着重要作用,特别是在调节国际收支平衡、保持内部与外部平衡中意义重大。

一、国际储备的概念和特征

国际储备作为一国国际清偿能力的主要组成部分,体现了一国国际清偿能力的强弱,是衡量一国对外金融和经济实力的一个重要标志。国际储备对调节国际收支、保证国家对外支付能力和资信、维持本国货币汇率稳定起着重要作用。

(一) 国际储备的概念

国际储备一般是指一国货币当局为平衡国际收支、维持本国货币汇率稳定,以及应付紧急需要而持有的在国家间可以被普遍接受的可自由兑换资产。

IMF 在《国际收支和国际投资头寸手册》中指出:国际储备是中央当局实际直接有效控制的那些资产,储备资产是由黄金、特别提款权、在 IMF 的储备头寸、使用该组织的信贷和非居民现有的债权组成。可见,IMF 不仅规定了国际储备的性质,也明确了它的主要构成。

(二) 国际储备的特征

国际储备具有如下典型的特征:

(1) 官方持有性,即作为国际储备的资产必须是中央货币当局直接掌握并予以使用的,这种直接掌握与使用可以看成是一国中央货币当局的一种"特权"。非官方金融机构、企业和私人持有的黄金、外汇等资产不能算作国际储备。该特点使国际储备又被称为官方储备,也使国际储备与国际清偿力区分开来。

(2) 自由兑换性,即作为国际储备的资产必须可以自由地与其他金融资产相交换,充分体现储备资产的国际性。缺乏自由兑换性,储备资产的价值就无法实现,这种储备资产在国际上就不能被普遍接受,也就无法用于弥补国际收支逆差及发挥其他作用。

(3) 充分流动性,即作为国际储备的资产必须是随时能够动用的资产,如存放在银行里的活期外汇存款、有价证券等。当一国国际收支不平衡或汇率波动过大时,政府就可以动用这些资产来平衡国际收支或干预外汇市场以维持本国货币汇率的稳定。

(4) 普遍接受性,即作为国际储备的资产必须能够被世界各国普遍认同、接受和使用。如果一种金融资产仅在小范围或区域内被接受和使用,那么尽管它也具备自由兑换性和充分流动性,但仍不能被称为国际储备资产。

(三) 国际储备与国际清偿力的区别

国际清偿力(international liquidity),又称国际流动性,简而言之,是指一国的对外支付能力;具体来说,是指一国直接掌握或在必要时可以动用的,能够调节国际收支、清偿国际债务及维持本国货币汇率稳定的一切国际流动资金和资产。它实际上是一国的自有储备(也称第一线储备)与借入储备(也称第二线储备)的总和。

因此,国际清偿力、国际储备与外汇储备的关系可表述如下:第一,国际清偿力是自有国际储备、借入储备及诱导储备资产的总和。其中,自有国际储备是国际清偿力的主体,因此国内学术界也把国际储备看成是狭义的国际清偿力。第二,外汇储备是自有国际储备的主体,因而也是国际清偿力的主体。第三,可自由兑换资产可作为国际清偿力的一部分,或者说包含在广义国际清偿力的范畴内,但不一定能成为国际储备货币。只有那些币值相对稳定、在经贸往来及市场干预方面被广泛使用并在世界经济与货币体系中地位特殊的可兑换货币,才能成为储备货币。

二、国际储备的构成与来源

(一) 国际储备的构成

国际储备的构成是随着历史的发展而变化的。目前,IMF 对国际储备下的定义是从国际储备构成的角度出发的,即一国政府和中央银行所持有的黄金、外汇、该国在 IMF 的储备头寸以及特别提款权的总额构成一国的国际储备。

国际储备的构成内容随着国际经济交易和金融关系的发展而不断丰富。目前,根据 IMF 的规定,一国的国际储备包括四个方面:

1. 政府持有的黄金储备

政府持有的黄金储备是一国政府为保证国际支付和维持货币信用而储存的金块和金币的总额。与其他储备资产相比,黄金具有保值、可靠的优点,因此许多国家持有大量的黄金储备。1978 年 4 月 1 日生效的《牙买加协议》规定了黄金"非币化",黄金作为货币的作用趋于淡化。但黄金作为一般财富的社会化身,可以较容易地转化为任何所需要的支付手段,所以它仍是国际储备的重要形式。

2. 政府持有的外汇储备

政府持有的外汇储备即一国政府持有的国际储备资产中由可自由兑换货币构成的那个部分。其具体形态表现为政府在国外的短期存款及其他可以在国外兑现的支付凭证和有价证券,如商业汇票、银行支票、外国政府库券和长短期债券等。

3. 特别提款权

特别提款权是 IMF 创设的一种记账单位和储备资产,分配给成员用以补充国际储备,弥补国际收支逆差。特别提款权从 1970 年开始第一次分配给成员,作为普通提款权以外的一种使用资金的特别权利,可用于成员政府或中央银行 IMF 特别提款权账户之间的结算,以及成员对 IMF 的某些支付;也可用来作为政府对外承担金融债务和缔结互惠协定的保证金,或向其他成员换取外汇;但不能直接用于国际贸易和非贸易支付。私人企业和商业银行不能持有和使用特别提款权。

4. 成员在 IMF 的储备头寸

成员在 IMF 的储备头寸是指 IMF 成员普通提款权中储备的部分贷款额度,即为普通提款权中的一部分。其资金来源主要是成员缴存在 IMF 的相当于 25% 份额的黄金与外汇。此外,成员借款给 IMF 时也相应增加该储备头寸。

(二) 国际储备的来源

1. 收购黄金

收购黄金包括两方面:① 一国从国内收购黄金并集中至中央银行手中;② 一国中央银行在国际金融市场上购买黄金。不过,因为黄金在各国日常经济交易中的使用价值不大,加上黄金产量有限,所以黄金在国际储备中的比重一般不会增加。

2. 国际收支顺差

国际收支顺差也包括两方面：① 国际收支中经常项目的顺差，它是国际储备的主要来源。该顺差中最重要的是贸易顺差，其次是劳务顺差。② 国际收支中资本项目的顺差，它是国际储备的重要补充来源。

3. 中央银行干预外汇市场取得的外汇

中央银行干预外汇市场也可取得一定的外汇，从而增加国际储备。当一国货币汇率受供求的影响而有上升趋势或已上升时，该国的中央银行往往就会在外汇市场上进行公开市场业务，抛售本币，购进外汇，从而增加本国的国际储备。当一国货币汇率有下降趋势或已下降时，该国就会购进本币，抛售其他硬货币，从而减少本国的国际储备。

三、国际储备的作用

拥有适量国际储备对一国对外经济关系的顺利发展具有重要的作用。其具体表现在以下几个方面：

（一）弥补国际收支逆差

当一个国家在国际交易中出现出口减少或因特大自然灾害以及战争等突发情况而产生临时性国际收支逆差，而这部分逆差又无法依靠举借外债来平衡时，政府首要的选择就是动用国际储备来弥补此逆差。这样，既可维护本国国际信誉，又可避免事后被迫采取诸如限制进口等"削足适履"的措施来平衡逆差而影响本国经济的正常发展。

（二）干预外汇市场，维护汇率稳定

在固定汇率制下，西方各国大都建立"外汇平准基金"以干预外汇市场，使本国货币汇率稳定在政府所希望的水平上。即使在浮动汇率制下，也可利用国际储备或明或暗地操纵外汇行市，实行所谓的"管理浮动"，使汇率水平与本国的经济政策相适应。

（三）提高本币地位

一般来说，一国包括外汇储备在内的国际储备充足，表明该国弥补国际收支逆差、维持汇率稳定的能力强，国际社会对该国货币的币值与购买力也充满信心，因此，人们在国际外汇市场上愿意持有该国货币，该货币会走向坚挺成为硬货币，该国货币的地位和信誉也会因此而提高。

（四）增强国际清偿力，提高向外借款的信用保证

国际储备是衡量一国偿债能力大小的重要指标。一国对外资信的高低，除了由一国经济发展状况决定，国际收支状况、偿债能力的大小也是重要的决定因素，所以国际储备的多寡是衡量一国资信高低的重要指标。如果一国国际储备实力雄厚，资信就高，则在国际金融市场上借债较容易，贷款条件也较优惠；否则，就不容易在国际金融市场上筹措资金，借款条件也较苛刻。

（五）获取国际竞争优势

国际储备是国家财产，是国际清偿力的象征，因此一国持有比较充裕的国际储备，就意味着有能力左右其货币的对外价值，即有能力使其汇率升高或降低，由此获得国际竞

争优势。如果是中心储备货币国家,则拥有较充分的国际储备对支持其货币的国际地位至关重要。

四、国际储备的管理

国际储备管理指一国货币当局根据一定时期内本国的国际收支状况和经济发展的要求,对国际储备的规模、结构及储备资产的运用等进行计划、调整、控制,以实现储备资产规模适度化、结构最优化、使用高效化的整个过程。一国的国际储备管理包括储备水平管理和储备结构管理两个方面。

(一)国际储备水平管理

国际储备水平管理主要是指如何保持最适度的国际储备数量或规模,以适应经济发展和对外经济往来的需要。一国的国际储备总额应与本国经济的需要相适应——过少,则不能满足需要;过多,则可能造成浪费。如何保持最适度的国际储备水平、降低国际储备管理成本,就成为各国国际储备管理中的首要问题,同时也揭示了国际储备水平管理的实质。

1. 国际储备水平的概念

所谓国际储备水平,是指一国持有的国际储备数额及其与相关经济指标之间的对应关系。一个国家应该持有多少国际储备,在国际上并没有成文或统一的规定。因为不同国家在不同的发展阶段和不同的情况下,对储备水平的要求是不尽相同的。多少最为适度,必须根据各国经济的实际需要来定。但一般来说,也有一些用来确定适度国际储备水平的基本因素。

2. 影响国际储备水平的主要因素

(1)经济活动规模。经济活动规模可用国民生产总值来体现。从理论上讲,如果一国的经济活动规模大,而该国又非储备货币发行国,则其会增加国际储备需求;反之,经济活动规模小,则会减少国际储备需求。一般来说,国际储备水平与一国经济活动的规模成正比。

(2)国际收支差额。国际储备的主要作用之一是弥补国际收支逆差,因此一国的国际收支状况对该国的国际储备需求具有决定性的影响。一般来说,一国国际储备需求与其国际收支逆差呈正方向变化,逆差出现的频率越高、数额越大,对国际储备的需求就越大;相反,一国国际储备需求与其国际收支顺差呈反方向变化,一国若出现持续性国际收支顺差,对国际储备的需求就相应地逐渐变小;如果一国国际收支平衡,则国际储备维持正常状况即可。

(3)外汇管制与汇率制度的安排。如果一国经济开放度低,对外实行严格的外汇管制,一切外汇收支都按计划或须经批准,则用汇量必然受到限制。在这种情况下,对外汇储备的需求一般会较小;反之,对外汇储备的需求会较大。与外汇管制相关的一个措施便是一国对汇率制度的安排。外汇储备的一个主要作用是平衡国际收支,另一个主要作用就是干预汇率,因此储备需求与汇率制度密切关联。一国无论是实行固定汇率制,还是选择管理浮动汇率制,都会影响到国际储备需求水平的高低。

(4) 对外资信与融资能力。一般来说,如果一国有良好的对外信誉和形象,可以在必要时较容易或迅速地筹措到各种外汇资金,那么该国对国际储备的需求会小些;反之,对国际储备的需求会大些。与此相关,一国在国际金融市场上融资能力的高低与国际储备需求也存在密切关系。如果一国有能力通过各种方式(借款、发行债券、设立基金、争取国际金融组织优惠贷款等)获得所需的资金,就可补充其国际清偿力,抵消可能出现的资金缺口,则对国际储备的需求就会减少;反之,对国际储备的需求就会增加。

(5) 国际收支调节政策的成本和效果。弥补国际收支逆差的措施是多方面的,除向外部融资外,还可实行系列调节政策,即支出转换政策和支出削减政策,或者通过紧缩的财政政策、货币政策(包括汇率政策)和贸易政策来平衡国际收支。

(6) 持有国际储备的机会成本。持有国际储备实际上是成本与收益的统一。持有国际储备显然具有持有效益,如弥补国际收支逆差、干预汇率等,而且储备资产首先是一种外汇资产,存放在外国银行也有利息收入。但同时,储备资产又是一种外国实际资源的象征,不"储藏"它而及时予以运用,就可用于向国外购买生产必需品或消费品,也可用于进口物资推动经济增长与提高投资收益;"储藏"它,就等于放弃这段时间对这种实际资源的使用权,丧失由此带来的效益。这就是持有国际储备的机会成本。一国持有国际储备的机会成本相对较高,则国际储备的需求量就应低些;反之,国际储备的需求量可相应高些。一国国际储备需求与持有国际储备的成本呈负相关关系。

(7) 金融市场的发达程度。金融市场是国际储备的重要来源渠道,发达的金融市场使得金融当局可通过市场操作获取所需的国际储备,也可通过金融机构迅速地"借入储备",即发达的金融市场存在一种能够迅速把民间资金或社会资金转换为中央银行直接持有的机制。因此,金融市场越发达,储备转换机制越完善,货币当局对国际储备的需求"冲动"就越少;反之,对国际储备的需求"冲动"就越多。

(8) 对外汇储备的经营与管理水平。一国如果具有系统的和专业化的经营与管理机构,就可以根据市场变化的要求,快速地决定某一时期本国需要的主要储备货币或对储备货币进行转换、组合,并确保储备货币在保值的基础上增值。即若该国的储备经营与管理水平较高,则该国可相应减少国际储备需求;反之,则可相应增加国际储备需求。

(9) 与他国政府或国际性金融组织的协调程度。如果一国与他国或国际性金融组织(如IMF、世界银行等)在经济、金融、货币等方面的协调合作较好,而且还可通过订立某些协议(如互惠信贷协议、备用信贷协议等)互为支持,则可减少国际储备需求;反之,则应增加国际储备需求。

(10) 是否为储备货币发行国。如果一国是储备货币发行国,则该国可直接用本国货币来支付短期国际收支逆差,也可通过对外直接投资获取更高的投资报酬,从而降低对国际储备的需求;反之,则应增加对国际储备的需求。当今世界最重要的国际储备货币是美元、欧元、日元、英镑等。

3. 衡量国际储备水平的主要指标

(1) 一国国际储备额与该国国民生产总值之比。这一指标反映了国际储备与经济活动规模的关系。在国际分工条件下,一国经济规模较大,则对国外市场的依赖程度相应较大,因而需要较多的国际储备作为后盾;反之,则要求较少的国际储备。

(2) 一国国际储备额与该国外贸总额之比。这一指标反映了国际储备与国际收支差额的关系。一国对外开放程度越高,外贸规模越大,对外贸易依存度越高,则需要越多的国际储备。这也是反映一国国际清偿力和资信的一个重要指标。

(3) 一国国际储备额与该国月平均进口额之比。这是国际上最常用的一个指标。因为国际收支中最重要的项目是贸易收支,如果一国进口大于出口,而非贸易账户或资本账户又没有足够的顺差来抵补,就需要动用其国际储备。所以,国际储备管理中最重要的就是满足短期性贸易逆差支付的需要。因此,国际上广泛采用这一指标来衡量国际储备水平是否适度。根据统计平均测算,一般国家的国际储备额占进口总额的比例为25%左右,相当于该国3~4个月的进口额。因此,一般认为一国储备水平应保持在相当于本国3~4个月进口额的水平上比较恰当。

(二) 国际储备结构管理

国际储备资产的构成是多种多样的,包括黄金、外汇、储备头寸以及特别提款权等。国际储备结构管理,就是指对这些资产的管理,即确定这些资产之间的最佳构成比例,以应付各种国际支付,规避动荡多变的国际金融市场带来的风险。

1. 国际储备结构管理应遵循的原则

一般说来,国际储备结构管理主要遵循安全性、流动性和盈利性原则,但安全性、流动性和盈利性三者之间往往存在矛盾。收益较高的储备资产运用方式,如投资于外国证券,往往有风险,流动性也较低;流动性较高也较安全的方式,如存入外国活期存款账户,则收益较低。所以,必须在三者之间进行权衡,合理配置。

从安全性考虑,大多数国家都采取分散风险的方式,使储备资产多元化,把储备分散在多种货币及资产上。不仅各种货币要占一定比例,而且每种货币要选择各种不同的投资方式,把资金分散在不同的资产上,即币种多元化、资产形式多样化,"不把所有的鸡蛋都放在同一个篮子里"。这种多样化混合资产的风险小于其中任何单一资产的风险。投资组合理论可以为这样的选择提供理论基础。

从流动性考虑,必须根据本国对外经济活动与对外政治关系的需要,使流动性较高的储备的持有与进口支付及政府干预市场所需的货币保持一致。除此之外,还要考虑外贸进出口结构、商品流向、数量及价格结构、收付货币的币种结构、期限结构等因素,安排好储备货币及储备资产的结构。

从盈利性考虑,首先要考虑各种储备货币的汇率高低及其变动,其次考虑各种货币汇率与利率之间的关系,最后对比不同币种及不同储备资产形式收益率的高低,把储备分别投在相应币种及不同形式的资产上。

2. 国际储备结构管理的内容

(1) 黄金储备的管理。黄金储备的管理是指确定黄金储备数额及其在储备总额中所占的比重,这要取决于黄金的性质。从安全性来看,黄金的内在价值相对稳定且具有相对独立性,因而黄金的安全性较高。从流动性来看,自20世纪70年代末"黄金非货币化"以来,黄金不能再直接用于国际支付,而只能在黄金市场上将其出售,换成可兑换货币后再使用,因而流动性较低。从盈利性来看,由于黄金价格波动较大,持有黄金既不能获得利息收入,又需要支付较高的保管费用。由此可见,黄金具有较高的安全性,但缺乏流动性和盈利性,因而许多国家对黄金储备的持有大多采取保守态度,一般不再增加,倾向于维持原有的储备水平。

(2)外汇储备的管理。外汇储备的管理包含两重含义:一是外汇储备与黄金储备及其他储备资产的比例的确定;二是外汇储备中各种货币构成比例的确定,即最优结构的确定。前者在黄金储备比例确定后就基本确定下来了;后者则较为复杂,尤其是储备货币多元化以来,美元、欧元、英镑、日元等各种储备货币并存。因此,怎样安排最佳比例的储备货币组合,避免遭受汇率变动可能带来的损失,变得至关重要。

阅读专栏 1-3　　　　美国国际收支平衡与中国的政策应对

美国经济的"外部可持续性"是否应该再次得到关注?

自1985年成为净债务国以来,美国的海外净债务持续增加。长期以来,美国的"外部可持续性",即美国的经常项目逆差以及由经常项目逆差累积而形成的巨额净外债是否可以持续,一直是国际金融界争论不休的问题。从2004年起,"全球不平衡"成为全球第一热议话题。2006年美国经常项目逆差达到GDP的5.8%,海外净债务达到1.8万亿美元。国际金融界非常担心会出现国际收支危机和美元危机。然而,人们一直忧虑的国际收支危机和美元危机并没有发生,发生的是事先很少人预料到的"次贷危机"。2014年,虽然美国的海外净债务增加到7万亿美元,但美国的经常项目逆差与GDP之比降到了2.7%。此后,几乎没人再关注全球不平衡问题。

最近几年,美国的海外净债务一直在加速增长,到2021年年底,美国的海外净债务已经超过18.1万亿美元。特别是在2020年以后,由于贸易逆差急剧增加、投资收入顺差减少,美国经常项目逆差急剧增加。2022年第一季度,美国经常项目逆差与GDP之比由2020年第四季度的3.7%上升到4.8%。虽然这一比例同美国2006年创下的6%的历史最高纪录尚有距离,但美国经济"外部可持续性"问题已足以引起我们的再次关注。

外部可持续性的关键是看美国有没有能力为巨额外债还本付息。如果随着债务的累积,到未来的某一天,美国既无法利用贸易顺差,又不能通过资本项目顺差继续还本付息,即无论美国金融资产名义收益率有多高,也没人愿意购买新的美元资产,政府就只剩下两个选择:违约和通过通货膨胀实际违约。通过通货膨胀违约还包括美元大幅贬值,从而使美债持有者遭受汇兑损失这一环节。

国际上通用的衡量一国偿还外债能力的最重要指标是净外债余额与GDP之比。在其他条件不变的情况下,净外债余额与GDP之比越高意味着偿债能力越差。不难设想,如果随着时间的推移,净外债余额与GDP之比不断提高,将迟早达到某一数值,对于这一数值,政府将无力偿还债务从而导致违约。因此,如果一国政府不能保证净外债余额与GDP之比不会超过某一给定的数值,那么该国的外债就是不可持续的。显然,对于美国外债是否可持续的讨论可以归结为对美国净外债余额与GDP之比增长路径、性质以及美国各项经济政策对该路径影响的讨论。

对于美国国际收支状况的恶化,中国应该有所准备

为了避免"城门失火,殃及池鱼",中国必须加紧调整海外资产负债结构和国际收支结构。这种调节的主要目的应该有二:第一,改善中国海外资产负债的结构,提高海外净资产的收益。为此,中国应该降低外汇储备在海外资产中的占比。第二,提高中国海外资产,特别是外汇储备的安全性。

在目前条件下,中国应将外汇储备存量至少压缩到国际公认的外汇储备充足率水平。一个国家到底应该持有多少外汇储备,一般而言,要考虑该国的进口(或出口)规模、短期外债规模、其他证券负债规模和广义货币量;同时,还要考虑该国的汇率制度和资本管制。例如,如果该国实行浮动汇率和资本管制,则这个国家的外汇储备充足率就可大幅减少。

此外,不能完全排除美国冻结、扣押中国海外资产的可能性。但相对更大的可能性是美国对中国发起特别指定国民名单(Specially Designated Nationals and Blocked Persons List,简称SDN名单)或561外国金融机构名单(The List of Foreign Financial Institutions Subject to Part 561,简称561名单)制裁。为了应对这种可能性,中国需要加紧建设金融基础设施。

但是,要想实现这种调整不是一蹴而就的。中国必须加紧实施双循环、以国内大循环为主的战略方针,真正使内需而不是出口成为中国经济增长的动力。要通过灵活的汇率制度、必要的资本跨境流动管理、中性的外贸政策和竞争政策以及同市场密切协调的产业政策,改善资源的跨境、跨时配置,实现国际收支的平衡发展和海外资产负债结构的最优化。

资料来源:余永定,美国国际收支平衡与中国的政策应对[EB/OL].(2022-10-12)[2022-11-01].https://new.qq.com/rain/a/20221012A09JVZ00.

 本章提要

1. 国际收支是指一个国家或地区所有国际经济活动的收入和支出。它强调对外经济交易的参与者是居民,而不是公民;强调交易的发生,无论其是否已经支付或结清。

2. 国际收支是一个流量概念,而与之相关联的国际借贷是一个存量概念。

3. 各国国际收支平衡表的内容有所差异,但主要项目基本一致,包括经常账户、资本账户、金融账户以及净误差与遗漏账户四项。国际收支平衡表按照复式簿记原理,采用现代会计普遍使用的借贷记账法进行编制。

4. 国际收支平衡表是各国经济分析的重要工具。分析国际收支平衡表一般可采用微观分析法、宏观分析法和比较分析法。

5. 国际储备是一国货币当局为平衡国际收支、维持本国货币汇率稳定,以及应付紧急需要而持有的在国家间可以被普遍接受的可自由兑换资产,是一国的重要财富和维护国际信用的基本保证。

思考题

1. IMF 国际收支概念的基本内涵是什么？
2. 国际收支平衡表由哪些账户组成？
3. 国际收支的弥补性交易与自主性交易有什么差别？
4. 国际收支不平衡有哪些类型？
5. 各国政府调节国际收支的措施有哪些？
6. 国际储备管理应遵循哪些原则？
7. 影响国际储备水平的因素主要有哪些？

第二章　国际收支理论

[学习目标]

通过学习本章,应了解国际收支的弹性分析理论、吸收分析理论、货币分析理论、内外均衡理论、蒙代尔-弗莱明模型等的基本原理,正确认识各种理论的贡献和局限性,掌握其分析问题和解决问题的方法。

[素养目标]

通过学习国际收支决定理论的相关知识,全面理解我国调控国际收支差额等宏观经济政策的依据,正确认识选择中国特色社会主义道路的必然性。

[重点难点]

马歇尔-勒纳条件、斯旺模型、蒙代尔-弗莱明模型

[引导案例]

央行发布2022年第一季度中国货币政策执行报告

2022年以来,面对百年变局和世纪疫情相互叠加的复杂局面,在以习近平同志为核心的党中央坚强领导下,各地区各部门统筹疫情防控和经济社会发展,我国经济运行总体实现平稳开局,第一季度国内生产总值(GDP)同比增长4.8%,居民消费价格指数(CPI)同比上涨1.1%。中国人民银行坚持以习近平新时代中国特色社会主义思想为指导,坚决贯彻党中央、国务院的决策部署,稳字当头、稳中求进,稳健的货币政策灵活适度,政策发力适当靠前,促进稳定宏观经济大盘。

一是保持流动性合理充裕。4月15日宣布全面降准0.25个百分点,投放长期流动性约5 300亿元,前4个月人民银行靠前发力向中央财政上缴结存利润6 000亿元,相当于投放6 000亿元基础货币,一季度通过中期借贷便利(MLF)操作净投放长期流动性4 000亿元,引导金融机构合理投放贷款,增强信贷总量增长的稳定性。二是发挥好货币政策工具的总量和结构双重功能。用好普惠小微贷款支持工具,增加支农支小再贷款,实施好碳减排支持工具,设立2 000亿元科技创新再贷款和400亿元普惠养老专项再贷款,增加1 000亿元再贷款额度支持煤炭开发利用和增强储能,综合施策支持区域协调发展。三是促进企业综合融资成本稳中有降。1月,1年期MLF和7天期公开市场操作利率均下降10个基点,发挥贷款市场报价利率(LPR)改革效能,当月1年期和5年期以上

LPR分别下行10个和5个基点,推动金融机构向实体经济让利。四是把握好内部均衡和外部均衡的平衡。深化汇率市场化改革,坚持以市场供求为基础、参考一篮子货币进行调节、有管理的浮动汇率制,增强人民币汇率弹性,加强预期管理,发挥汇率调节宏观经济和国际收支自动稳定器功能。五是防范化解金融风险取得重要阶段性成果,坚持市场化法治化原则处置风险,金融风险总体收敛。

总体来看,2022年以来货币政策主动应对,靠前发力,增强前瞻性、精准性、自主性,金融服务实体经济质效不断提升。一季度新增人民币贷款8.3万亿元,同比多增6 636亿元,3月末广义货币(M2)和社会融资规模存量同比分别增长9.7%和10.6%,较上年末分别上升0.7个和0.3个百分点。金融对科技创新、绿色发展、小微企业等重点领域和薄弱环节支持力度加大,3月末普惠小微贷款和制造业中长期贷款余额同比分别增长24.6%和29.5%。一季度企业贷款加权平均利率为4.4%,比2021年下降0.21个百分点。人民币汇率双向浮动,在合理均衡水平上保持基本稳定。3月末,人民币对美元汇率中间价为6.3482元,较上年末升值0.4%。

近期,新冠疫情和乌克兰危机导致风险挑战增多,我国经济发展环境的复杂性、严峻性、不确定性上升。同时也要看到,我国发展有诸多战略性有利条件,经济体量大、回旋余地广,具有强大韧性和超大规模市场,长期向好的基本面没有改变。下一阶段,中国人民银行将坚持以习近平新时代中国特色社会主义思想为指导,贯彻落实党的十九大、十九届历次全会、中央经济工作会议精神和《政府工作报告》要求,按照党中央、国务院的决策部署,坚持稳字当头、稳中求进,完整、准确、全面贯彻新发展理念,加快构建新发展格局,深化供给侧结构性改革,支持稳增长、稳就业、稳物价,建设现代中央银行制度,健全现代货币政策框架,推动高质量发展,稳定宏观经济大盘。

稳健的货币政策加大对实体经济的支持力度,稳字当头,主动应对,提振信心,搞好跨周期调节,坚持不搞"大水漫灌",发挥好货币政策工具的总量和结构双重功能,落实好稳企业保就业各项金融政策措施,聚焦支持小微企业和受疫情影响的困难行业、脆弱群体。用好各类货币政策工具,保持流动性合理充裕,增强信贷总量增长的稳定性,保持货币供应量和社会融资规模增速同名义经济增速基本匹配,保持宏观杠杆率基本稳定。结构性货币政策工具积极做好"加法",引导金融机构合理投放贷款,促进金融资源向重点领域、薄弱环节和受疫情影响严重的企业、行业倾斜。适时增加支农支小再贷款额度,用好普惠小微贷款支持工具、科技创新再贷款和普惠养老专项再贷款,抓实碳减排支持工具和支持煤炭清洁高效利用专项再贷款运用。健全市场化利率形成和传导机制,优化央行政策利率体系,加强存款利率监管,发挥存款利率市场化调整机制重要作用,着力稳定银行负债成本,持续释放贷款市场报价利率改革效能,推动降低企业综合融资成本。密切关注物价走势变化,支持粮食、能源生产保供,保持物价总体稳定。坚持以市场供求为基础、参考一篮子货币进行调节、有管理的浮动汇率制,加强跨境资金流动宏观审慎管理,强化预期管理,引导市场主体树立"风险中性"理念,保持外汇市场正常运行,保持人民币汇率在合理均衡水平上的基本稳定。密切关注主要发达经济体货币政策调整,以我为主兼顾内外平衡。坚持底线思维,增强系统观念,遵循市场化法治化原则,统筹做好重大金融风险防范化解工作,坚决守住不发生系统性金融风险的底线。着力稳定宏观经济大盘,保持经济运行在合理区间,以实际行动迎接党的二十大胜利召开。

资料来源:中国人民银行货币政策分析小组.中国货币政策执行报告:2022年第一季度[R/OL].(2022-05-09)[2022-08-18]. http://www.gov.cn/xinwen/2022-05/10/5689385/files/f31dc41030094417892b26d48202d76e.pdf.

国际收支理论是国际金融的重要基础理论之一,是金本位时期英国经济学家大卫·休谟(David Hume)提出的国际收支调节理论,具有较强的系统性和广泛影响。金本位制崩溃以后,各国纷纷实行浮动汇率制,因而产生了以马歇尔供求弹性分析理论为基础的国际收支的弹性分析理论。20世纪50年代,随着凯恩斯主义的盛行,国际收支的吸收分析理论出现,并在西方学术界取得了支配地位。20世纪60年代末,现代货币主义盛行,国际收支的货币分析理论开始流行。第二次世界大战后,由于世界经济逐渐趋于一体化,开放程度较高的西方国家经常产生内部平衡与外部平衡的矛盾,于是由罗伯特·蒙代尔(Robert Mundell)首先提出了政策配合理论,经过许多经济学家的补充和完善后,形成了实用性较强并具有较高地位的国际收支综合调节理论。

第一节 价格-现金流动机制理论

价格-现金流动机制(price-cash flow mechanism)理论被看作是最早的国际收支调节理论,这一理论是英国经济学家休谟在1752年提出的。该理论认为在金本位制下,国际收支具有自动调节的机制。

一、价格-现金流动机制理论的基本观点

价格-现金流动机制理论认为,市场机制可以自动调节国际收支,而无须政府干预。该理论认为一国的贸易差额会引起货币黄金的流入流出,从而改变商品的相对价格,而商品相对价格的变化又会改变贸易差额,从而使国家间货币黄金量的分配恢复正常。这一过程完全是市场机制在自动发挥作用,而不必由政府干预。

一国如果发生国际收支逆差,就会引起黄金外流,从而使本国货币供给减少,导致国内物价下跌。国内物价下跌可以增强一国出口产品的竞争力,促使出口增加,同时物价下跌还使进口产品的相对价格上升,促使进口减少,因而起到自动调节国际收支、改善国际收支逆差的作用。其调节过程如图2-1所示。

图 2-1　价格-现金流动机制理论的国际收支调节过程

二、对价格-现金流动机制理论的评价

价格-现金流动机制理论的重要贡献在于:该理论从货币数量的角度出发,揭示了国际收支、货币数量及物价变动三者之间存在的一种自动循环、互相制约的内在联系,系统阐明了市场机制对国际收支的自动调节作用。这一理论不仅对当时西方各国国际收支调节的实践具有指导意义,而且对当前国际收支市场调节机制作用的认识和运用仍具有重要的理论和现实意义。

价格-现金流动机制理论的局限性在于:该理论只考虑了货币数量,未考虑其他因素对国际收支的影响,是一种局部静态分析,而且是一种适用于金本位制的国际收支调节理论。只有在没有资本流动、实行自由放任和公平贸易、进出口商品价格弹性足够大,以及各国严格执行金本位制等条件下,该理论所阐释的基本原理才能较为充分地体现。

第二节　弹性分析理论

20世纪30年代大危机后,各国经济陷入萧条,为了转嫁国内危机、刺激本国经济复苏,各国纷纷放弃金本位制而实行浮动汇率制,并竞相采用货币贬值的政策来调节国际收支。于是,国际收支的弹性分析理论(elasticity approach)应运而生。

弹性分析理论是由英国经济学家阿尔弗雷德·马歇尔(Alfred Marshall)首先提出,后经英国经济学家琼·罗宾逊(Joan Robinson)和美国经济学家阿巴·勒纳(Abba Lerner)等人的补充、发展而形成的一种适用于纸币流通制度的国际收支调节理论,是马歇尔的供求弹性理论在国际贸易和国际金融领域的延伸。该理论由于主要围绕进出口商品的供求弹性展开分析,因此又被称为"弹性分析法"。

一、一般的弹性分析

国际收支的一般弹性分析是在其他条件不变的前提下,考察汇率政策在不同弹性值下对国际收支(针对贸易收支)的影响。汇率对国际收支的影响受到多种弹性值的制约,如外汇供给或需求弹性、出口和进口供给或需求弹性等。这里的一般指在弹性分析中,未对各种弹性值作出特别规定的情况。

（一）本币贬值对本国出口和外国进口的影响

在图 2-2 的简单两国模型中，图 2-2(a) 表示贬值对本国出口商品供求的影响。期初，该经济处于 E 点，出口需求曲线 D_0 与出口供给曲线的交点决定了出口量 X_0 和出口价格 P_X^0。本币对外贬值使出口需求曲线由 D_0 右移到 D_1 的位置，该经济的均衡点由 E 点移到 F 点。从中可以看到的结果是：① 本币贬值使本国出口量增加；② 本币贬值使本国出口商品的本币价格上升；③ 本币贬值使本国出口额增加，表现为由 $P_X^0 E X_0 O$ 增加至 $P_X^1 F X_1 O$。

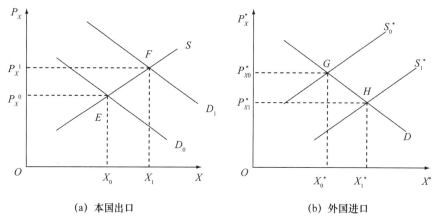

(a) 本国出口   (b) 外国进口

图 2-2　本币贬值对本国出口和外国进口的影响

图 2-2(b) 表示本币贬值对外国进口商品供求的影响。期初，该外国处于 G 点，其进口商品外币价格为 P_{X0}^*，进口量为 X_0^*，$OX_0 = OX_0^*$，反映本国出口量等于外国进口量。本币贬值使外国的进口供给曲线由 S_0^* 右移到 S_1^* 的位置。该线右移反映在每一既定的外币价格水平上，本国出口商愿意向外国提供更多的进口供给量，因为贬值可使本国出口商以同样外汇收入换回更多本币。该外国均衡点将由 G 点移到 H 点。从中得到的结论是：① 本币贬值使外国进口量增加（由 $X_0^* X_1^*$ 表示其增量）；② 本币贬值使外国进口商品的外币价格下降，即本国出口商品的外币价格下降；③ 本币贬值对外国进口额的影响要取决于弹性，外国进口额的变动是不确定的。在图形上，外币进口额由 $P_{X0}^* G X_0^* O$ 变为 $P_{X1}^* H X_1^* O$，二者的大小从直观上无法确定。

为进一步讨论此问题，需引入出口需求弹性，其定义方程为：

$$E_{Xd} = -(\mathrm{d}X/X)/(\mathrm{d}P_X^*/P_X^*) \tag{2-1}$$

该式表明，出口需求弹性 E_{Xd} 被定义为出口量变动率除以出口商品外币价格变动率。该式前面加上负号，说明这里定义的是出口需求弹性的绝对值。在一般情况下，出口量和出口外币价格变动方向是相反的。

如果出口需求弹性大于 1，那么货币贬值引起的出口商品外币价格下降幅度就会小于出口量的增加幅度，从而贬值会使该国出口的外汇收入增加；反之，若出口需求弹性小于 1，则贬值会使外币表示的出口额减少。

(二) 本币贬值对本国进口和外国出口的影响

在图 2-3(a)中,期初本国处于 M 点,进口供给曲线 S_0 与进口需求曲线 D 的交点决定了该国进口量为 V_0,进口本币价格为 P_V^0,本币对外贬值使进口供给曲线由 S_0 向左上移动到 S_1 的位置。由于外币汇率上升,进口供给者将要求更高的本币价格,才能保证外币价格维持下去。这使本国均衡点由 M 点移到 N 点。由此得到的结论是:① 本币贬值使本国进口商品的本币价格上升;② 本币贬值使本国的进口量减少;③ 本币贬值对本国进口的本币支出的影响不确定,我们不能直观看出 $P_V^0 M V_0 O$ 和 $P_V^1 N V_1 O$ 的大小。

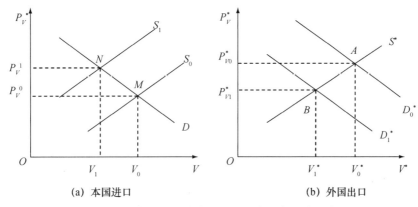

图 2-3 本币贬值对本国进口和外国出口的影响

在图 2-3(b)中,期初该外国处于 A 点,其出口量 V_0^* 相当于本国进口量 V_0。当本币对外贬值后,外国出口需求曲线 D_0^* 会向左移动到 D_1^* 的位置,因为购买同样外汇要付出更多本币,从而在任何外币价格下对外国产品的出口需求都会减少。外国出口的供给曲线位置未变,外国均衡点由 A 点移到 B 点。由此可以得到的结论是,本币对外贬值会导致:① 外国的出口量减少;② 外国出口商品的外币价格由 P_{V0}^* 下降到 P_{V1}^*;③ 外币表示的外国出口额(即本国进口额)由 $P_{V0}^* A V_0^* O$ 下降到 $P_{V1}^* B V_1^* O$。

上述讨论表明,本币贬值肯定会使外币表示的本国进口支出减少,但是用本币表示的进口支出的变动则要取决于进口需求弹性。其定义方程式可表示为:

$$E_{Vd} = -(dV/V)/(dP_V/P_V) \tag{2-2}$$

进口需求弹性表示进口商品本币价格变动率所导致的进口量变动率。式中的负号使 E_{Vd} 表现为绝对值。

如果进口需求弹性大于1,那么货币贬值引起的进口商品本币价格上升幅度就会小于进口量的下降幅度,二者乘积将会变小,即本币贬值会使进口本币支出减少;反之,若进口需求弹性小于1,则本币贬值会使进口本币支出增加。

(三) 商品需求弹性与外汇供求曲线的形状

因为弹性分析不考虑国际资本流动,所以外汇供求派生于商品供求。在人们购买外汇只是为了购买外国商品以及外汇供给源自外国人购买本国商品的假设前提下,外汇供给曲线和需求曲线的形状是由商品需求弹性决定的。

1. 外汇需求曲线的形状

外汇需求曲线 D_f 反映汇率与外汇需求量的对应关系。在弹性分析中,不考虑资本流动,外汇需求量等于进口的外汇支出。由图 2-3(b)可知,本币贬值或外币汇率 e 上升时,本国进口的外汇支出(或外国出口的外币收入)肯定减少,从而使 D_f 线向右下方倾斜,其斜率为负值。

2. 外汇供给曲线的形状

外汇供给曲线 S_f 反映汇率与外汇供给量的对应关系。外汇供给量等于本国出口的外汇收入。由图 2-2(b)可知,本币贬值时,本国出口的外汇收入(或外国进口的外汇支出)的增加或减少要取决于出口需求弹性。如图 2-4 中 AB 区间所示,若出口需求弹性大于 1,本币贬值会使出口的外汇收入增加,即外汇供给量增加,从而使 S_f 曲线具有正斜率。如图 2-4 中 B 点所示,若出口需求弹性等于 1,汇率变动不会改变出口的外汇收入,即外汇供给量不变。如图 2-4 中 BC 区间所示,若出口需求弹性小于 1,本币贬值会使出口的外汇收入减少,即外汇供给量减少,从而使 S_f 曲线出现负斜率。

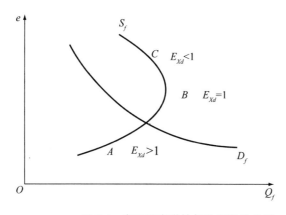

图 2-4　出口需求弹性与外汇供给曲线

(四) 外汇供求弹性与净出口

外汇供给弹性指汇率变动率导致的外汇供给量变动率,其公式表示为:

$$E_{fs} = \frac{dQ_{fs}/Q_{fs}}{de/e} \tag{2-3}$$

式中,E_{fs} 为外汇供给弹性,Q_{fs} 为外汇供给量。外币汇率上升对出口的外汇收入即外汇供给量的影响是不确定的。

外汇需求弹性指汇率变动率导致的外汇需求量变动率,其公式表示为:

$$E_{fd} = \frac{dQ_{fd}/Q_{fd}}{de/e} \tag{2-4}$$

式中,E_{fd} 为外汇需求弹性,Q_{fd} 为外汇需求量。外币汇率上升对进口的外汇支出即外汇需求量的影响是确定的,只会使后者减少。

外汇供求数量与进出口额的关系可表示为:

$$Q_{fs} = P_X^* \cdot X \tag{2-5}$$

$$Q_{fd} = P_V^* \cdot V \tag{2-6}$$

这两个公式用数学方式表明外汇供给量即出口外汇收入,外汇需求量即进口外汇支出。将式(2-5)和式(2-6)代入式(2-3)和式(2-4),得到:

$$E_{fs} = \frac{(dP_X^*/P_X^*) + (dX/X)}{de/e} \tag{2-7}$$

$$E_{fd} = \frac{(dP_V^*/P_V^*) + (dV/V)}{de/e} \tag{2-8}$$

净出口 NX^* 的定义方程为:

$$NX^* = P_X^* \cdot X - P_V^* \cdot V = Q_{fs} - Q_{fd} \tag{2-9}$$

该式表明净出口是出口额与进口额之差,或外汇供给量超过外汇需求量的部分。对该式微分,得到:

$$dNX^* = d(P_X^* \cdot X) - d(P_V^* \cdot V) \tag{2-9a}$$

将式(2-7)和式(2-8)代入式(2-9a),整理得到:

$$dNX^* = (de/e)(P_X^* \cdot X \cdot E_{fs} - P_V^* \cdot V \cdot E_{fd}) \tag{2-10}$$

该式表明贬值政策(外币汇率上升或 $de/e>0$)改善贸易收支($dNX^*>0$)的条件是:出口额与外汇供给弹性之积大于进口额与外汇需求弹性之积。在贸易收支平衡时,只要外汇供给弹性大于外汇需求弹性,本币贬值就可以改善贸易收支。

(五) 商品供求弹性与净出口

1. 出口供给弹性与外汇供给弹性

首先,引入出口供给弹性的定义公式:

$$E_{Xs} = \frac{dX/X}{dP_X/P_X} = \frac{dX/X}{d(eP_X^*)/(eP_X^*)} = \frac{dX/X}{(de/e) + (dP_X^*/P_X^*)} \tag{2-11}$$

该式表明出口供给弹性是出口商品本币价格变动率所导致的出口量变动率。出口供给的主体是本国出口商,它关心的是出口本币价格。由于 $P_X = eP_X^*$,即出口本币价格是汇率与出口外币价格之积,该式的展开也可反映出口供给弹性与出口外币价格 P_X^* 的关系。

求解,得到:

$$\frac{dP_X^*}{P_X^*} = \frac{-E_{Xs}}{E_{Xs} + E_{Xd}} \frac{de}{e} \tag{2-12}$$

$$\frac{dX}{X} = \frac{E_{Xs} \cdot E_{Xd}}{E_{Xs} + E_{Xd}} \frac{de}{e} \tag{2-13}$$

它们反映出口商品外币价格变动率和出口量变动率与出口供给弹性之间的关系。将式(2-12)和式(2-13)代入式(2-7),得到:

$$E_{fs} = \frac{E_{Xs}(E_{Xd} - 1)}{E_{Xs} + E_{Xd}} \tag{2-14}$$

该式反映了外汇供给弹性与出口供给弹性之间的关系。

由式(2-3)和式(2-14)得到：

$$\frac{\mathrm{d}Q_{fs}}{Q_{fs}} = E_{fs}\frac{\mathrm{d}e}{e} = \frac{E_{Xs}(E_{Xd}-1)}{E_{Xs}+E_{Xd}}\frac{\mathrm{d}e}{e} \tag{2-15}$$

该式表明了外汇供给量的变动率(或本国出口外汇收入的变动率)与出口供给弹性之间的关系。

2. 进口供给弹性与外汇需求弹性

进口供给弹性指进口外币价格变动率所导致的进口量变动率，写成：

$$E_{Vs} = (\mathrm{d}V/V)/(\mathrm{d}P_V^*/P_V^*) \tag{2-16}$$

式中，P_V^* 为进口商品的外币价格，因为进口供给的主体身处国外，关心的是外币价格。

由式(2-2)和式(2-16)，得到：

$$\frac{\mathrm{d}P_V^*}{P_V^*} = \frac{-E_{Vd}}{E_{Vs}+E_{Vd}}\frac{\mathrm{d}e}{e} \tag{2-17}$$

$$\frac{\mathrm{d}V}{V} = \frac{-E_{Vs}E_{Vd}}{E_{Vs}+E_{Vd}}\frac{\mathrm{d}e}{e} \tag{2-18}$$

它们反映了进口供给弹性与进口商品外币价格变动率以及进口量变动率之间的关系，将式(2-17)和式(2-18)代入式(2-8)，得到：

$$E_{fd} = \frac{-E_{Vd}(1+E_{Vs})}{E_{Vs}+E_{Vd}} \tag{2-19}$$

该式反映了进口供给弹性与外汇需求弹性的关系。

由式(2-4)和式(2-19)，得到：

$$\frac{\mathrm{d}Q_{fd}}{Q_{fd}} = E_{fd}\frac{\mathrm{d}e}{e} = \frac{-E_{Vd}(1+E_{Vs})}{E_{Vs}+E_{Vd}}\frac{\mathrm{d}e}{e} \tag{2-20}$$

该式表明了外汇需求量变动率(或本国进口外汇支出变动率)与进口供给弹性的关系。

3. 商品供求弹性与净出口

将式(2-14)和式(2-19)代入式(2-10)，得到：

$$\mathrm{d}NX^* = \frac{\mathrm{d}e}{e}\left[\frac{E_{Xs}(E_{Xd}-1)}{E_{Xs}+E_{Xd}}P_X^* \cdot X - \frac{E_{Vd}(1+E_{Vs})}{E_{Vs}+E_{Vd}}P_V^* \cdot V\right] \tag{2-21}$$

该式表明本币贬值($\mathrm{d}e/e>0$)改善贸易收支($\mathrm{d}NX^*>0$)的条件是：

$$\frac{E_{Xs}(E_{Xd}-1)}{E_{Xs}+E_{Xd}}P_X^* \cdot X > \frac{E_{Vd}(1+E_{Vs})}{E_{Vs}+E_{Vd}}P_V^* \cdot V \tag{2-22}$$

本节的讨论建立在只有价格能影响贸易收支的基础之上，而且隐含汇率政策通过价格调整贸易收支的过程瞬间完成的假定，因此，使用上述分析进行实证研究会具有明显的局限性。

另外，弹性理论为政府运用汇率政策调节贸易收支提供了理论依据，对那些实行可调整的钉住汇率制的发展中国家具有明显的现实意义。本节讨论得出的基本结论由式

(2-21)给出。下面我们将继续说明,若补充一些假设,本币贬值改善贸易收支的条件将发生相应的变化。

二、特殊的弹性分析

这部分讨论在一些给定的弹性条件下,汇率政策在调节贸易收支中的作用。此外,这一部分还将引进时间因素,考察汇率政策随时间推移而发生的调节作用的变化。

(一) 马歇尔-勒纳条件

在 1997 年爆发的东南亚货币危机中,泰国、马来西亚、印度尼西亚(以下简称印尼)、菲律宾、新加坡等国货币贬值达 30%~70%,但是其贸易收支却在一段时间里未得到改善。贬值的国际收支调节效应失灵有多方面的原因,马歇尔-勒纳条件(Marshall-Lerner condition)未得到满足是可能的解释之一。

马歇尔-勒纳条件指在进出口供给弹性无穷大的前提下,如果进出口需求弹性之和大于1,则本币贬值可改善贸易收支。

在需求约束型经济中,只要经济未实现充分就业,且工资具有弹性,就可以认为供给弹性是无穷大的。在这种新增假设前提下,式(2-21)可以简化为:

$$dNX^* = (de/e)[P_X^* \cdot X(E_{Xd} - 1) - P_V^* \cdot V \cdot E_{Vd}] \qquad (2\text{-}23)$$

若进一步假设期初贸易收支平衡,则式(2-23)可变为:

$$dNX^* = (de/e)P_X^* \cdot X(E_{Xd} + E_{Vd} - 1) \qquad (2\text{-}24)$$

式中,本币贬值即外币升值,de/e>0,改善贸易收支表现为 $E_{Xd}+E_{Vd}>1$。

这就是马歇尔-勒纳条件的数学表达式。需要注意的是:① 该式以期初贸易平衡为条件;② 它不考虑资源约束和工资刚性,以供给弹性无穷大为条件;③ 贬值针对的是有效汇率,未考虑钉住汇率制下的锚货币可能发生的浮动。一般来说,该条件主要适用于发达国家汇率政策调节效率分析。

为进一步理解该条件,我们首先从外国购买者角度进行讨论。在图 2-2(b)中,本币贬值意味着进口供给增加,外国进口商品的外币价格下降,外国进口量增加。但是,在图 2-2(a)中,本国出口供给曲线变为水平线,本国出口供给弹性无穷大假设使出口商品本币价格并未由于出口需求增加而上升。因此,若出口供给弹性无穷大,本币贬值率与出口商品外币价格下降率相等。该解释的数学表述是:

$$P_X = P_X^* \cdot e, \quad dP_X/P_X = dP_X^*/P_X^* + de/e \qquad (2\text{-}25)$$

因为 $dP_X/P_X=0$,所以 $dP_X^*/P_X^* = -de/e$。

其次,从本国购买者的角度来看,本币贬值意味着进口供给减少,如图 2-3(a)所示。它引起进口商品本币价格上升和进口量减少。但是,外国供给弹性无穷大假设意味着进口商品外币价格未变,从而使进口商品本币价格上升幅度与本币贬值率相等。该解释的数学表述是:

$$P_V = P_V^* \cdot e, \quad dP_V/P_V = dP_V^*/P_V^* + de/e \qquad (2\text{-}26)$$

因为 $dP_V^*/P_V^* = 0$,所以 $dP_V/P_V = de/e$。

这样，E_{Xd} 和 E_{Vd} 的分母都可用 de/e 来替代，$E_{Xd}+E_{Vd}$ 可表述为 $(dX/X-dV/V)/(de/e)$。如果它大于1，即净出口增加幅度大于本币贬值幅度，则贸易收支得以改善。

需要注意的是，马歇尔-勒纳条件是在假设贸易收支平衡时推导出来的。但是政府通常是在贸易收支逆差时才运用贬值政策。由式(2-21)可得：

$$dNX^* = \frac{de}{e} \cdot P_X^* \cdot X \left(E_{Xd} - 1 + \frac{P_V^* \cdot V}{P_X^* \cdot X} E_{Vd} \right) \tag{2-27}$$

逆差意味着 $P_V^* \cdot V/(P_X^* \cdot X) > 1$。这样，即使 E_{Vd} 与 E_{Xd} 之和略小于1，贬值都可能使 $dNX^* > 0$。

同理，在顺差条件下，$P_V^* \cdot V/(P_X^* \cdot X) < 1$，贬值改善贸易收支对于进口需求弹性的要求也会相应变严格。

(二) 小国弹性分析

前面的两国模型中的弹性分析并不适用于小国。对于小国来说，无论外国是否充分就业，进口供给弹性都可假设为无穷大。因为该国进口太少，不足以影响世界市场价格。更为重要的是，小国出口也不足以改变世界市场价格，对其出口商品的需求弹性 E_{Xd} 也是无穷大的。这样，式(2-21)可简化为：

$$dNX^* = \frac{de}{e}(P_X^* \cdot X \cdot E_{Xs} + P_V^* \cdot V \cdot E_{Vd}) \tag{2-28}$$

为简化分析，考察期初贸易收支平衡情况可表示为：

$$dNX^* = \frac{de}{e} \cdot P_X^* \cdot X(E_{Xs} + E_{Vd}) \tag{2-29}$$

该式表明，只要出口供给弹性与进口需求弹性之和大于0，贬值($de/e>0$)就能改善贸易收支($dNX^*>0$)。由于我们是按绝对值对弹性加以定义的，所以小国只要对本币贬值，就能改善贸易收支。

当然，这种分析有一个隐含前提，即小国的出口商品具有独特性。若现实中许多国家同时向世界市场出口同一种产品，则上述分析不能成立。

(三) 双重零弹性模型

对于受到战争严重损害的国家，如21世纪初的伊拉克和阿富汗，出口能力一时难以增加，基本物资的进口也无法压缩，出口供给弹性和进口需求弹性都很小。在模型分析中，可假设 E_{Xs} 和 E_{Vd} 均为0。将这两种弹性值代入式(2-21)，得到 $dNX^*=0$，这说明汇率变动与贸易差额无关。

如果出口供给和进口需求均为零弹性，则外汇供给和外汇需求也是零弹性，或者说外汇供给和外汇需求曲线都是垂直线。这两条曲线无交点，意味着外汇市场处于不稳定状态。其政策含义是：在这种特殊时期，政府应规定官方汇率。

(四) 进出口缺乏弹性条件下贬值的滞胀效应

本币贬值一般都会推动国内物价上涨。首先，贬值会引起进口商品本币价格上升，这会拉动国内物价上涨。当进口缺乏弹性时,贬值会使人们对进口商品的本币支出增加,从而使实际收入中用于购买本国产品和服务的份额相应下降,这会加剧失业压力,并可能对收入产生消极影响。如果出口富有弹性,贬值对收入可能出现积极影响。但是,如果出口也缺乏弹性,贬值使出口额同时减少,则该国可能出现停滞局面。贬值是否带来通货膨胀和经济停滞,取决于进出口商品的需求弹性。

（五）J曲线效应

J曲线效应(J-shaped curve effect)指贬值对贸易收支的影响存在滞后性。在本币贬值的初期,虽然出口商品外币价格和进口商品本币价格已经变化,但是出口量的增加和进口量的减少都是不明显的。这是因为搜寻商品信息、寻找新的贸易伙伴、组织谈判、调整生产和装船等业务活动都需要时间。因此,在图2-5所示的t_1以前的时间,该国净进口反而扩大(B点低于A点)。贬值之前签订的合同和库存也导致进出口商品存在短期的需求刚性。经过一段时间调整,贬值带来的国际竞争力才使出口额增加和进口额减少(其条件是马歇尔-勒纳条件成立),使该国贸易收支逐步改善。在某一时点(t_2),当该国实现贸易收支平衡时,贬值对净出口的促进作用开始减弱。这是因为此后的贸易收支顺差会推动该国的通货膨胀,而物价上升会部分抵消贬值的作用。针对这种情况,鲁迪格·多恩布施(Rudiger Dornbusch)提出用紧缩性财政政策配合贬值的汇率政策,以解决贸易逆差和避免通货膨胀。

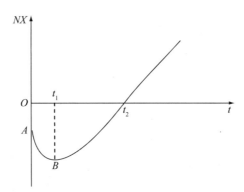

图2-5　J曲线效应

（六）冲击期、短期和长期弹性

J曲线效应给我们的一种启示是:弹性值会随着时间维度变化。人们一般把时间分为三个层次:冲击期(shock-period)针对按6个月计算出来的出口需求弹性和进口需求弹性;短期(short-run)针对的是1年的弹性;长期(long-run)通常对应2年,学术界尚未对此达成共识。

各国具体情况不同,货币贬值改善贸易收支的滞后时间也有所不同。据IMF对发达国家进出口需求弹性的估计,冲击期的弹性值一般不能满足马歇尔-勒纳条件,短期的弹性值基本上能够满足马歇尔-勒纳条件,长期的弹性值经常能成倍超出马歇尔-勒纳条件(进出口需求弹性之和大于2)。

进出口需求弹性在很大程度上取决于经济结构。例如,在 1973 年第一次石油冲击时,石油的难以替代性和中东国家在石油生产中的垄断地位使短期进口需求弹性和出口需求弹性都很小。但是,随着节能技术的发明和推广、需求结构调整和替代能源(核电站等)的出现,进口需求弹性逐渐变大。同时,中东国家反复出现的搭便车博弈也使石油供给弹性变大。进口、出口弹性值的变化导致了世界市场石油价格的不稳定。

在其他条件不变的前提下,本节讨论的各种模型都具有明显的理论价值。但是,由于影响进出口的因素不仅是价格,因此该理论的局限性也是明显的。特别是对于我国而言,进口更多地受到非价格因素的影响,这是由我国作为发展中的经济转型国家的特点决定的。

第三节 吸收分析理论

吸收分析理论(absorbing approach)也被称为支出分析理论,最早是由美国经济学家西德尼·亚历山大(Sidney Alexander)在凯恩斯理论的国民收入方程式的基础上提出的。由于他把总支出称为总吸收,所以该理论被称作吸收分析理论。它以凯恩斯宏观经济理论为基础,把国际收支作为国民经济的一个有机组成部分,建立国民收入四部门模型,用定量分析的方法考察国际收支与国民收入总量及其各变量之间的关系。

一、吸收分析理论的基本公式

凯恩斯封闭型国民收入均衡公式为:

$$Y = C + I + G \tag{2-30}$$

式中,Y 为总收入,C 为消费支出,I 为投资支出,G 为政府支出。国民经济只有消费、投资和政府三部门,没有对外经济部门。$C+I+G$ 为国内总支出,即总吸收,用 A 表示。$Y=A$,即总收入=总吸收。

在开放经济条件下,国民经济应包括对外经济部门。以 $(X-M)$ 即进出口代表对外经济部门,即国际收支,则开放型国民收入均衡公式为:

$$Y = C + I + G + (X - M) \tag{2-31}$$

移项后,得到:

$$X - M = Y - (C + I + G) \tag{2-32}$$

$(X-M)$ 是进出口差额,用 NX 表示。因此上式可写成:

$$NX = Y - A \tag{2-33}$$

即   国际收支差额 = 总收入 − 总吸收

式(2-33)说明国际收支差额 NX 的形成与国民收入及国内总支出总量密切相关。国际收支平衡意味着总收入等于国内总支出;国际收支顺差意味着总收入大于国内总支出;国际收支逆差则意味着国内总支出大于总收入。所以,改善国际收支逆差可以通过减少国内总支出或增加总收入两种办法实现。

二、吸收分析理论调节国际收支的政策

吸收分析理论根据一国经济生产是否达到充分就业的具体情况,分别采取以下两种不同的政策来调节国际收支:

(一) 国内未充分就业,采取支出转换政策

未充分就业意味着有闲置资源,因此可以用增加总收入的办法来调节国际收支。政府有关部门可以通过采取支出转换政策,即通过货币贬值对国际收支进行调节,或通过采取国内经济或贸易限制措施,刺激本国扩大出口,改善国际收支。

由于国内总支出会随着国民收入的增长而增长,国内必须在本币贬值的同时,实行紧缩性财政政策和货币政策,以抑制进口需求,使国内总支出的增加 ΔA 小于总收入的增加 ΔY,即边际吸收倾向小于1,可表示为$(\Delta A/\Delta Y)<1$,从而使出口增长快于进口增长,保证国际收支逆差得以改善。

(二) 国内充分就业,采取支出变更政策

充分就业意味着没有闲置资源,增加总收入只会导致通货膨胀。因此,只能用减少国内总支出的办法来调节国际收支。而对国际收支的调节同样可以从国内经济和对外经济两个渠道进行。

一方面,对内采取紧缩性的财政政策和货币政策,压缩国内吸收,可以使进口需求下降,减少进口,把压缩下来的资源转移到出口部门,同时使出口商品的国内需求下降,相对增加出口数量;另一方面,对外进行本币贬值,相对降低本国出口商品的价格,可以刺激国外对本国出口商品的需求,同时抑制本国进口需求。

三、对吸收分析理论的评价

吸收分析理论的主要贡献在于:吸收分析理论与弹性分析理论一样,都是运用本币贬值的办法来调节国际收支逆差,但吸收分析理论指出,只有在能够增加总收入或减少国内总支出的条件下,本币贬值才是有效的。因而,它强调以国内财政政策和货币政策的配合进行需求管理,压缩或转移国内需求,把资源从国内需求中解放出来,转向出口部门,这样才能成功地改善国际收支,保持一国内部经济与外部经济的平衡。因此,吸收分析理论是需求管理理论的延伸和扩展。除此之外,吸收分析理论建立在国民收入四部门模型基础上,综合考虑了多种因素的相互作用,并分析了本币贬值对国民收入和国内总支出的影响,是一般均衡分析,对宏观经济管理理论与实践有重要意义。

吸收分析理论的局限性表现在:该理论仍是一种没有资本流动的、以贸易收支为研究对象的国际收支理论;该理论假定生产要素的转移机制可以轻而易举地实现,背离了市场经济的客观实际;该理论以单一国家为分析模式,未涉及其他相关的国家。实际上,进出口价格与数量不以一方意志为转移,而是受制于进出口双方的意向与决定。

第四节　货币分析理论

货币分析理论(monetary approach)是随着货币主义的兴起而出现的一种国际收支调节理论。它认为国际收支主要是一种货币现象，影响国际收支的根本因素是货币供给量。一国货币供给量的增加只要与真实国民收入的增长保持一致，就可以保持国际收支的平衡与稳定。它反对凯恩斯主义者运用财政政策、货币政策调节国际收支的做法，主张一国政府只需要控制货币供给量，根据国内需要执行稳定的货币政策，即所谓"单一规则行事"，将一国货币供给的增长稳定在与国民收入平均增长率相同的水平上，就能保持国民经济和国际收支的均衡与稳定，其国内经济与国际收支就都可以自动实现平衡。

同时它还认为，国际收支作为与一国货币供求相联系的一种货币现象，又是一国货币供求关系的自动调节机制。一方面，国际收支的顺逆差取决于一国货币供给增长与真实国民收入增长是否一致；另一方面，国际收支顺逆差又对一国货币供给进行自动调节，顺差可以形成本币投放而增加一国货币供给，逆差则可造成本币回笼而减少一国货币供给。

因此，货币分析理论主张自由放任的国际收支调节政策。

一、货币分析理论的假设条件

货币分析理论的假设条件与现代货币主义主流思想一脉相承，主要包括以下几个方面：

（1）一国货币需求是实际收入、价格和利率的稳定函数，在长期内可以看成一个不变的常数。

（2）货币中性，即货币供给的变化不会影响实物产量。

（3）货币供给与外汇储备同方向变化。

（4）各国采取固定汇率制，国际收支的调节不依赖汇率变动，而主要靠储备变化进行。

（5）一国贸易商品的价格与利率接近世界市场水平。

二、货币分析理论的基本观点

一国的货币需求 M_d 是国民收入 Y 和利率 r 的稳定函数，即

$$M_d = f(Y,r) \tag{2-34}$$

一国的货币供给 M_s 可以分为两部分：D 为国内创造部分，即通过国内银行信用体系创造的货币供给，可由中央银行或政府人为控制；R 为来自国外的部分，即国际储备，是通过国际收支活动获得的，其形成的货币供给量主要由市场决定，上述关系可表示为：

$$M_s = D + R \tag{2-35}$$

移项得：

$$R = M_s - D \tag{2-36}$$

假定长期内一国的货币需求等于货币供给,国民经济为均衡经济,即 $M_s=M_d$,则上式可转换为:

$$R = M_d - D \qquad (2\text{-}37)$$

即　　　　　　　　国际储备＝一国货币需求−国内信用创造

由于一国货币需求在一定时期内是稳定的,因此国际储备的增减变化取决于由中央银行或政府控制的国内信用创造。同时,作为国际收支活动的最终结果,国际储备的增减变化对一国货币供给量的大小又具有自动调节功能。

如果一国在一定时期国内货币供给大于货币需求,则会引起通货膨胀、物价上升,从而不利于出口,有利于进口,出现经常账户逆差;同时,货币供给过多还可能导致利率下降,资本外流,出现资本账户逆差,从而导致国际收支逆差。但国际收支逆差使国际储备减少,又会自动调节国内货币供给,使得由外汇占款构成的本币投放减少,从而减少货币供给量,使物价下跌;反之亦然。

其调节过程如图 2-6 所示。

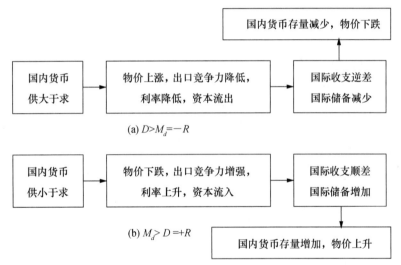

图 2-6　一国货币供给量与国际收支调节之间的关系

三、对货币分析理论的评价

货币分析理论的贡献在于:重新强调了在国际收支分析中对货币因素的重视;它不是仅仅以经常项目为研究对象,而是考虑了包括资本流动在内的全部国际收支因素,强调国际收支的整体均衡,是一种相对更全面的一般均衡分析;与弹性分析理论和吸收分析理论相比,货币分析理论考虑了资本流动对国际收支的影响。

货币分析理论的缺陷在于:一些基本假设不一定符合现实状况;同时,它过于强调货币因素的作用,而忽视了其他因素的作用;另外,它过于强调自由放任,忽视了政府干预的作用,显然有失偏颇。

第五节　政策配合调节理论

政策配合调节理论是约翰·凯恩斯(John Keynes)有关国际收支理论的一种学说,是凯恩斯学派经济学家蒙代尔于1962年提出的,之后英国经济学家詹姆斯·米德(James Meade)、荷兰经济学家简·丁伯根(Jan Tinbergen)、澳大利亚经济学家特雷弗·斯旺(Trevor Swan)等人又对这一理论进行了补充。该理论主张一国在制定和实施经济政策时要兼顾国内经济和国外经济两个方面,既要达到内部平衡,也要达到外部平衡,不能顾此失彼。内部平衡,是指一国在保持国内物价稳定的同时,实现充分就业和经济增长;外部平衡,是指一国国际收支的平衡和汇率的稳定。这两种平衡是有机联系的。所谓政策配合,则主要是指政府将财政政策与货币政策进行适当配合和运用,以便达成一国内部平衡与外部平衡同时实现的目标。

根据凯恩斯主义和货币主义宏观经济管理及国际收支调节理论,一国出现外部不平衡时,可以采取的对策有三种:第一,支出变更政策(expenditure changing policy),也称支出调整政策,即政府运用财政政策和货币政策调节控制社会总需求或总吸收,以实现国际收支平衡的目标;第二,支出转换政策(expenditure switching policy),即政府通过汇率政策、工资政策和价格政策的调整,使国内价格和国外相对价格发生变化,以实现支出在本国产品和外国产品之间的转换,调节国际收支的失衡;第三,直接管制(direct control),包括财政管制、外汇管制及贸易管制。但由于直接管制损害国际贸易,不利于资源合理配置,往往受到其他国家的抵制,容易激化国际矛盾,因此有效调节国际收支的政策主要是支出变更政策和支出转换政策。

另外,对国际收支的调节不能只从某一方面进行,追求国际收支的单方面平衡,而是必须将其纳入国民经济管理的整体框架中,与各种政策相互配合,才能实现一国内部经济和外部经济同时平衡的最高目标。

一、米德冲突

英国经济学家米德是最早提出固定汇率制下内外部均衡相互冲突的经济学家。他在分析上述国际收支调节政策时指出,一国如果只使用一种支出变更政策或支出转换政策对宏观经济运行进行调节,就可能发生内部平衡与外部平衡的冲突,这就是所谓的"米德冲突"(Meade conflict)。

例如,当一国国内存在通货膨胀,而国际收支为顺差时,只用一种支出变更政策进行调节,就会引起内外部平衡之间的冲突;反之,当一国国内存在严重失业,而国际收支为逆差时,只用一种支出变更政策进行调节,也会引起内外部平衡之间的冲突。其表现如表2-1所示。

表 2-1　单一支出变更政策引起的米德冲突

经济情况		政策调整			
		扩张性支出变更政策		紧缩性支出变更政策	
国内经济	国际收支	内部	外部	内部	外部
通货膨胀	顺差	加剧通货膨胀	得到改善	消除通货膨胀	更加不平衡
严重失业	逆差	扩大就业	更加不平衡	失业加剧	得到改善

支出转换政策包括汇率变动、工资水平变动和价格变动，其效应都会反映到实际汇率的变动上。例如，本币对外贬值、降低国内工资水平、降低国内商品价格都会提高本国出口商品的竞争能力，从而产生外汇实际汇率上升、本币实际汇率下降的效应。当一国国内存在严重失业而国际收支为顺差时，只用一种支出转换政策，即只采用实际汇率变动政策进行调节，就会引起内外部平衡之间的冲突；反之，当一国国内存在通货膨胀而国际收支为逆差时，只用实际汇率变动政策进行调节，也会引起内外部平衡之间的冲突。其表现如表 2-2 所示。

表 2-2　单一支出转换政策引起的米德冲突

经济情况		政策调整			
		本币实际汇率下降政策 （本币贬值）		本币实际汇率上升政策 （本币升值）	
国内经济	国际收支	内部	外部	内部	外部
通货膨胀	顺差	扩大就业	更加不平衡	失业加剧	得到改善
严重失业	逆差	加剧通货膨胀	得到改善	消除通货膨胀	更加不平衡

二、丁伯根法则

荷兰经济学家丁伯根通过对上述国际收支调节政策的有效性进行分析认为，一国要想实现一个经济目标，政府至少要运用一种有效的政策工具进行调节；而要想实现多个经济目标，政府至少要运用多种独立、有效的政策工具进行调节。这就是著名的"丁伯根法则"(Tinbergen's rule)。

2020 年年初至 2022 年上半年，受到疫情影响，作为美国经济主要支柱的第三产业受到了严重影响，伴随着美国国内供应链和国际物流受阻，美国经济面临着账户赤字扩大、国内失业率增加、企业破产等多重现实问题，美国政府难以通过单一的政策同步实现多重目标。为确保市场主体和个人的流动性安全，维持实体经济正常运转，在第一阶段美国政府采取了力度空前的财政刺激措施，大幅提高财政赤字率，为中小企业及家庭提供资金保障。同时，美联储采取了无限量化宽松政策，通过购买银行等机构持有的国债、抵押支持债券等金融产品为机构提供宽松的流动性环境。而到了 2022 年中期，在美国通货膨胀率达到历史性高位后，为了避免第二阶段经济过热进而产生"工资—通货膨胀螺旋",美联储逐步退出量化宽松政策,并采取大幅加息的紧缩性货币政策。从上述各种政策组合与一国宏观经济目标之间的动态变化,以及各国国际收支调节的实践证明来看,丁伯根法则是成立的。

阅读专栏 2-1　亚洲新兴市场经济体的资本流动、汇率及政策框架

国际清算银行在亚洲咨询理事会的指导下,成立了"新兴亚洲的资本流动、汇率和政策框架"工作组,并基于工作组成员的意见,发布了相关报告,对资本流动、汇率和政策框架分别进行了分析。

报告指出,资本流动的最重要驱动力是充足的全球流动性,其次是资金输入国更好的增长前景,对于部分国家而言是资本账户自由化。汇率主要通过贸易竞争力、对通货膨胀的传导以及金融三个渠道影响经济金融形势。随着时间的推移,贸易渠道和通货膨胀的传递这两个渠道的影响力减弱,而金融渠道的重要性却在增加。

不同渠道的重要性取决于不同情况:在正常时期,并没有哪个单一渠道占据主导地位,而金融渠道在动荡时期则占主导地位。影响金融状况的外部因素包括:主要经济体的货币政策决策、全球投资者的风险偏好和美元的走势。对汇率及资产流动的政策响应通常是基于对外汇流动性的密切监测作出的,其监测范围包括汇率变化的速度以及资本流动对资产价格的影响。其中,所有工作组成员都表示会在外汇市场波动过大的时候,进行外汇干预,维持外部稳定。同时,政策响应越来越依靠宏观审慎方法来实现国内金融稳定目标。

在政策框架方面,大多数工作组成员的理念接近丁伯根法则,报告认为,一个工具应该实现一个目标,但在实践中,一些工具可能会影响多个目标。此外,以互补的方式使用各种工具的组合可以加强政策的效力,也有助于减轻政策的一些不必要的副作用。

报告认为,疫情是对现在政策框架的压力测试。亚洲各央行不仅使用了所有的常规政策工具,而且进一步扩大了工具箱,以保证本国货币和美元的充足流动性。不仅如此,为了防止实体经济与金融部门之间的恶性循环,央行还进行了资产购买,向关键部门提供贷款,以及放松监管要求。其中,央行与政府合作在此次疫情中显得格外重要。各成员央行普遍认为,其应对措施对近期的金融稳定产生了积极影响,但这种前所未有的措施或许会对未来的经济产生潜在风险。

资料来源:国家金融与发展实验室.专题报告:亚洲新兴市场经济体的资本流动、汇率及政策框架[EB/OL].(2020-12-05)[2022-08-18]. https://finance.sina.com.cn/wm/2020-12-05/doc-iiznctke4915161.shtml.

三、政策配合理论

现实经济生活中,由于各国在国际收支调节过程中常会遇到米德冲突问题,因此,根据丁伯根法则,最好的选择就是多种政策合理配合运用,以求同时实现内部平衡和外部平衡。另外,还要根据一国内外经济失衡程度和各种政策调节效力的不同,选择不同的政策搭配。

(一) 斯旺模型

斯旺模型是由澳大利亚经济学家斯旺提出的。他运用凯恩斯主义理论,将国际收支纳入宏观经济管理整体框架中,通过分析国内支出和外汇汇率之间的对应关系,以及经济失衡的各种不同表现,总结出一国经济内部平衡与外部平衡同时实现所需要的条件,并通过图形进行描述,如图 2-7 所示。

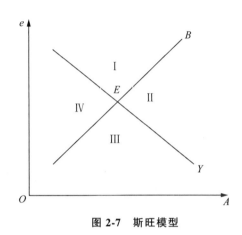

图 2-7 斯旺模型

1. 斯旺模型的含义

在图 2-7 中,横轴 A 代表国内总支出,纵轴 e 代表外汇汇率。Y 代表内部平衡线,在这条线上的点都意味着充分就业和物价稳定;B 代表外部平衡线,在这条线上的点都意味着国际收支平衡。

内部平衡线 Y 从左上方往右下方倾斜,说明在国内总支出减少的同时,需要外汇汇率上升或本币贬值政策的配合,从而使出口增加、进口减少,才能维持内部平衡;反之,在国内总支出增加的同时,必定是外汇汇率下降或本币升值,从而使进口增加、出口减少,以维持内部平衡。Y 线右边Ⅰ和Ⅱ区的任意一点都表示在一定汇率水平下,国内总支出大于总收入,因而存在通货膨胀;反之,Y 线左边Ⅳ和Ⅲ区的任意一点都表示在一定汇率水平下,国内总支出小于总收入,因而存在失业。

外部平衡线 B 从左下方往右上方倾斜,说明在国内总支出减少的同时,需要外汇汇率下降或本币升值政策的配合,从而使进口增加、出口减少,才能维持外部平衡;反之,在国内总支出增加的同时,必定是外汇汇率上升或本币贬值,从而使出口增加、进口减少,以维持外部平衡。B 线右边Ⅱ和Ⅲ区的任意一点都表示在一定的国内总支出水平下,外汇汇率低于或本币汇率高于均衡水平,导致国际收支逆差;反之,B 线左边Ⅰ和Ⅳ区的任意一点都表示在一定的国内总支出水平下,外汇汇率高于或本币汇率低于均衡水平,导致国际收支顺差。

在图 2-7 中,只有两条曲线相交的 E 点意味着内部平衡与外部平衡的同时实现,反映了国内支出和外汇汇率政策的最佳组合。Y 线上除 E 点外的其余各点意味着内部平衡的同时伴随着外部的不平衡，B 线上除 E 点外的其余各点则意味着外部平衡的同时伴随着内部的不平衡，而不在两条线上的任意一点都代表着内外部同时不平衡的状态。

2. 斯旺模型的单一政策调节

在斯旺模型中，有些情况是可以采取一种政策进行调节的。

第一种情况：在表示一国同时处于国内失业和国际收支逆差状态的Ⅲ区，政府可以采取一种支出转换政策进行调节，即通过提高外汇汇率或降低本币汇率的办法，在改善国际收支逆差的同时减少失业。

第二种情况：在表示一国同时处于国际收支顺差和国内通货膨胀状态的Ⅰ区，政府可以采取一种支出转换政策进行调节，即通过降低外汇汇率或提高本币汇率的办法，在减少国际收支顺差、实现外部平衡的同时，抑制国内通货膨胀。

第三种情况：在表示一国同时处于国内失业和国际收支顺差状态的Ⅳ区，政府可以采取一种支出变更政策进行调节，即通过扩大国内总支出的办法，在刺激经济增长、扩大就业的同时，消除国际收支顺差，实现对外经济平衡。

第四种情况：在表示一国同时处于国内通货膨胀和国际收支逆差状态的Ⅱ区，政府可以采取一种支出变更政策进行调节，即通过缩小国内总支出的办法，在抑制通货膨胀的同时，改善国际收支逆差，实现对外经济平衡。

3. 斯旺模型的政策配合调节

在斯旺模型中的其他大多数情况下，只运用一种政策进行调节，就会出现米德冲突。例如，在失业和国际收支逆差并存的情况下，为了解决失业必须实行扩张的财政、货币政策，而为了消除逆差必须实行紧缩的财政、货币政策。因此，如果只运用一种政策调节，那么无论怎样选择，一个目标的实现总是以牺牲另一个目标为代价。

为了避免米德冲突，斯旺认为，可以根据丁伯根法则，针对经济失衡的性质和情况及不同政策的效力，采取支出变更政策和支出转换政策搭配的办法，对各种失衡情况进行调节。实践中，大多数国家以财政、货币政策调节内部平衡，以汇率政策调节外部平衡，或者根据内外平衡状况采取相应的政策搭配。表 2-3 简要说明了支出变更政策与支出转换政策的搭配情况。

表 2-3 支出变更政策与支出转换政策的搭配

区间	经济状况	支出变更政策	支出转换政策
Ⅰ	通货膨胀/国际收支顺差	紧缩	本币升值
Ⅱ	通货膨胀/国际收支逆差	紧缩	本币贬值
Ⅲ	失业/国际收支逆差	扩张	本币贬值
Ⅳ	失业/国际收支顺差	扩张	本币升值

但是，由于一国内外经济失衡的程度和各种政策调节效力有所不同，因此还需要通过斯旺模型中内部平衡线和外部平衡线的斜率来判断经济失衡的性质和情况，从而有针对性地采取不同政策配合的方法进行调节。

第一种情况（见图 2-8）：内部平衡线 Y 的斜率（绝对值）大于外部平衡线 B 的斜率，意味着汇率变动条件下，维持外部平衡所引起的支出变动大于维持内部平衡引起的支出变动,从而说明支出转换政策即汇率变动政策对外部平衡影响较大。而在支出变动条件下,维持内部平衡所引起的汇率变动大于维持外部平衡引起的汇率变动,说明支出变更政策对内部平衡影响较大。

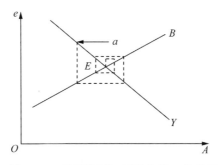

图 2-8 Y 的斜率(绝对值)大于 B 的斜率

如图 2-8 所示,如果一国经济处于 a 点,则意味着该国国际收支顺差与国内通货膨胀并存。在这种情况下,政府就不能只用一种支出变更政策进行调节,因为实行支出紧缩政策会使国际收支更加失衡。但也不能只用一种支出转换政策进行调节。虽然用支出转换政策降低汇率可以在减少国际收支顺差的同时抑制国内通货膨胀,但由于汇率政策对内部经济失衡调整的效力较小,达不到应有的效果,因此仍需要两种政策搭配,用支出转换政策调节对外经济以实现国际收支平衡,用支出变更政策调节国内经济以实现内部平衡,即政府采用支出转换政策降低外汇汇率以减少顺差,同时采用支出变更政策实行紧缩性支出政策,以消除国内通货膨胀。调节的结果是经济沿逆时针方向朝 E 点收敛,实现其内部与外部的同时平衡。

第二种情况(见图 2-9):外部平衡线 B 的斜率大于内部平衡线 Y 的斜率(绝对值),意味着汇率变动条件下,维持内部平衡所引起的支出变动大于维持外部平衡所引起的支出变动,从而说明支出转换政策即汇率变动政策对内部平衡影响较大。而在支出变动条件下,维持外部平衡所引起的汇率变动大于维持内部平衡所引起的汇率变动,说明支出变更政策对外部平衡影响较大。

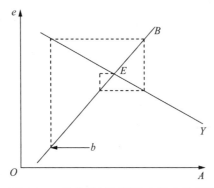

图 2-9 Y 的斜率(绝对值)小于 B 的斜率

如图 2-9 所示,如果一国经济处于 b 点,则意味着该国国际收支逆差与国内衰退并存。在这种情况下,政府也不能只用一种支出变更政策进行调节,因为实行支出扩张政策会使国际收支更加失衡。但也不能只用一种支出转换政策进行调节。虽然用支出转换政策提高汇率可以在减少国际收支逆差的同时刺激国内经济增长,但由于汇率政策对外部经济失衡调整的效力较小,达不到应有的效果,因此仍需要两种政策搭配,用支出转换政策即汇率变动政策调节国内经济以实现内部平衡,用支出变更政策调节对外经济以实现国际收支平衡,即政府应采用支出变更政策即实行紧缩性支出政策以减少逆差,同时采用支出转换政策提高外汇汇率以刺激经济增长,扩大就业。调节的结果是经济沿顺时针方向朝 E 点收敛,实现其内部与外部的同时平衡。

(二)蒙代尔的政策配合理论

针对斯旺模型的缺陷,蒙代尔考虑了资本流动因素,并将要选择和搭配的政策分为财政政策和货币政策两种类型。蒙代尔认为,财政政策对国内经济的作用通常大于对国际收支的作用,而货币政策对国际收支的作用要大于对国内经济的作用。他认为,财政政策主要表现为政府开支的增减,其对国内经济活动比对国际收支活动的调节作用大;货币政策主要表现为国内外利率的差异,它促使资本在国家间流动,对国际收支影响较大。所以,一国可以通过财政政策和货币政策的适当配合进行调节,同时实现内部平衡和外部平衡。表 2-4 简要描述了关于实现内外平衡的政策配合情况。

表 2-4 实现内外平衡的政策配合简表

经济情况		财政政策(对内)	货币政策(对外)
国内经济	国际收支		
衰退	逆差	扩张(扩大政府开支)	紧缩(升利率降物价)
衰退	顺差	扩张(扩大政府开支)	扩张(降利率升物价)
膨胀	逆差	紧缩(缩减政府开支)	紧缩(升利率降物价)
膨胀	顺差	紧缩(缩减政府开支)	扩张(降利率升物价)

(三)对政策配合调节理论的评价

米德冲突和丁伯根法则所阐述的理论已经在各国内外经济调节实践中得到了很好的验证,而斯旺模型与蒙代尔的政策配合理论对各种政策在内外经济平衡中的作用分析也有一定的理论意义和实际意义。

但这些理论大都是局部静态分析,往往存在片面性。例如,斯旺模型只考虑进出口变动与汇率及国内支出的关系,而忽视了资本流动的作用。同时,这些理论都有严格的假设条件。例如,斯旺模型需要有可获得充分信息以完成模型中关于斜率的绘制、实行浮动汇率制等严格的假设条件,与现实不一定相符;而蒙代尔的政策配合理论则暗含财政政策和货币政策互相独立的假设,但在现实经济生活中,财政政策和货币政策很难完全分开,而且可采取的政策措施很多,并不止财政政策和货币政策两种。另外,这些理论对 20 世纪 70 年代以后出现的滞胀(stagflation)现象也无法解释,不能自圆其说。

第六节　蒙代尔-弗莱明模型

蒙代尔-弗莱明模型(Mundell-Fleming model)是在蒙代尔的政策配合理论基础上,通过马库斯·弗莱明(Marcus Fleming)和其他一些经济学家的补充和完善,将表示国际收支均衡的 BP 曲线引入标准的 IS-LM 模型,并将其扩展为 IS-LM-BP 模型而建立起来的。其重点是分析资本流动因素对模型的影响;同时,着重阐述在不同汇率制条件下一国如何通过政策调节实现内外经济的同时均衡。

一、IS-LM-BP 模型的基本原理

IS-LM-BP 模型可用一个以利率 i 为纵坐标、以国民收入 Y 为横坐标的直角坐标系图形来表示,见图 2-10。图中 E 点表示内外经济同时均衡,并且对应充分就业条件下的国民收入水平 Y_f,以及适合于内外经济同时均衡条件下投资与资本流动的利率水平 i_f。

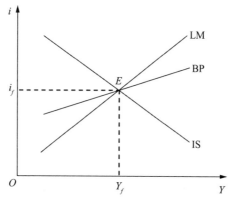

图 2-10　IS-LM-BP 模型

在西方经济学中,IS 曲线表明了产品市场均衡的条件,即在 IS 曲线上的任意一点都表明在给定的利率及其对应的国民收入水平上,投资正好等于储蓄,才能达到产品市场的均衡。其中,I 表示投资,S 表示储蓄。投资是利率的减函数,储蓄是收入的增函数。当收入增加引起储蓄增加时,利率必须下降以相应增加投资,才能保持产品市场的均衡。因此,在 IS-LM-BP 模型坐标图上,IS 曲线是一条向右下方倾斜的曲线,斜率为负值。

LM 曲线则表明了货币市场均衡的条件,即在 LM 曲线上的任意一点都表明在给定的利率及其对应的国民收入水平上,货币需求正好等于货币供给,才能达到货币市场的均衡。其中,L 表示货币需求,M 表示货币供给。L 分为两部分:L_1 表示对货币的交易需求,是收入的增函数;L_2 表示对货币的投机需求,是利率的减函数。M 是可以由政府调控的外生变量。在货币供给量既定的条件下,只能调节对货币的不同需求来实现货币市场的均衡。当收入增加引起货币交易需求增加时,利率必须上升使对货币的投机需求减少,以抵消收入增加对货币交易需求增加的影响。因此,在 IS-LM-BP 模型坐标图上,LM 曲线是一条向右上方倾斜的曲线,斜率为正值。

BP 曲线表明了国际收支均衡的条件。国际收支主要包括经常项目、资本和金融项目这两大项目。其中,经常项目主要反映一国商品和劳务的进出口以及收益、经常转移等内容;资本和金融项目主要反映一国资本流入和流出的内容。在凯恩斯主义宏观经济学四部门国民经济均衡模型中,常常以贸易差额($X-M$)来代表经常项目差额及国际收支差额进行分析;而在蒙代尔-弗莱明模型中则引入国际资本流动因素,进行全面的国际收支差额分析。

如果不考虑资本流动因素,只考察经常项目,则用 IS-LM-BP 模型反映国际收支均衡的 BP 曲线是一条与横轴垂直的直线。因为这一坐标系假设代表经常项目差额的贸易差额($X-M$)是收入 Y 的函数,只受收入的影响,而与利率无关。这时的内外经济均衡状况表现为 IS 曲线、LM 曲线和 BP 曲线相交于代表充分就业条件下的国民收入 Y_f 的点 E 上,如图 2-11 所示。

如果引入资本流动因素,全面考察国际收支均衡状况,则可能出现三种情况,如图 2-12 所示。

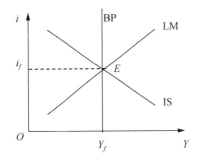

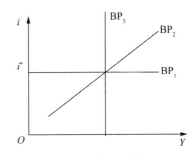

图 2-11 无资本流动情况下的 IS-LM-BP 模型　　图 2-12 资本流动情况下的 IS-LM-BP 模型

第一种情况:当资本完全流动时,反映国际收支均衡的 BP 曲线是一条与横轴平行的水平线。资本完全流动意味着实现了国际金融市场的一体化,各国间不存在任何资本流动的障碍,本国利率与国际市场利率 i^* 完全一致,意味着任何经常项目的差额都可以通过资本流动来弥补,从而实现国际收支的均衡。由于国际市场利率 i^* 是个外生变量,国际收支的不均衡主要表现在本国利率与国际市场利率不一致的情况下。因此,这条水平线 BP 曲线的上方各点,都表示本国利率高于国际市场利率,资本流入大于资本流出,国际收支处于顺差状态;BP 曲线的下方各点,则都意味着国际收支处于逆差。

第二种情况:当资本不完全流动时,反映国际收支均衡的 BP 曲线是一条具有正斜率、向右上方倾斜的曲线。这时,仍然把进出口贸易差额($X-M$)近似地看作经常项目差额,并称其为净出口。当净出口为负值时,意味着进口大于出口,经常项目为逆差;当净出口为正值时,意味着出口大于进口,经常项目为顺差。同时,将资本流入和流出的差额称作净资本流出。当净资本流出为负值时,意味着资本流入大于资本流出,资本和金融项目为顺差;当净资本流出为正值时,意味着资本流出大于资本流入,资本和金融项目为逆差。只有当净出口正好与净资本流出相等,即国际收支两大项目的差额正好互补时,国际收支差额为零,才能达到一国国际收支的均衡。在 BP 曲线上的任意一点都表明在给定的利率及其对应的国民收入水平上,净出口正好等于净资本流出,从而达到了一国国际收支的均衡。在 IS-LM-BP 模型坐标图上,进口是收入的增函数,资本流出是利率的减函数。当收入增加使进口增加、净出口为负值而经常项目为逆差时,利率必须上升使资本流出减少,净资本流出也相应减少;而资本和金融项目为顺差时,两大项目的差额才能互相抵消,国际收支才能达到均衡。因此,BP 曲线是一条向右上方倾斜的曲线,具有正斜率。由于模型假设资本流动对利率的变动比货币需求对利率的变动更为敏感,因此在一般情况下,BP 曲线的斜率要小于 LM 曲线的斜率。

第三种情况:当资本完全不流动时,则与只考察经常项目差额的结果一样,反映国际收支均衡的 BP 曲线是一条与横轴垂直的直线。

二、IS-LM-BP 基本模型中宏观经济调节的政策选择

根据西方经济学理论,在三部门国民收入模型分析中,国民收入的均衡主要表现在坐标图中除去 BP 曲线后,IS 曲线和 LM 曲线相交于代表充分就业条件下的国民收入 Y_f 的点 E 上。在由蒙代尔-弗莱明模型引入资本流动因素后的四部门国民收入模型分析中,一国要同时实现内部均衡与外部均衡,就必须使 IS 曲线、LM 曲线及 BP 曲线这三条曲线也正好相交于 E 点,并且这一交点 E 也必须对应于充分就业条件下的国民收入 Y_f。

但实际上,这种理想状态不可能经常存在,而经常出现的是下述三种情况:

第一种情况:IS_0 曲线和 LM_0 曲线并不相交于充分就业条件下国内经济均衡的 E_f 点上,而是相交于 E_0 点上;同时,在 E_0 点上的国际收支也未处于 BP 曲线上。所以,国内经济与对外经济均处于非均衡状态(见图 2-13)。

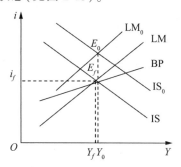

图 2-13 国内经济与对外经济均处于非均衡状态

第二种情况:IS 曲线和 LM 曲线相交于充分就业条件下国内经济均衡的 E 点上,但反映国际收支平衡的 BP 曲线未能通过 E 点,即国际收支处于非均衡状态(见图 2-14)。

第三种情况:IS_0 曲线和 LM_0 曲线相交于 E_0 点,而 BP 曲线也通过 E_0 点,但 E_0 点不是对应于充分就业条件下的国民收入 Y_f,而是对应于非充分就业条件下的国民收入 Y_0(见图 2-15)。

所以,实际经济中无论这三种情况中的哪一种出现,都需要政府采用宏观经济政策进行调节,以实现内外经济的同时均衡。而宏观经济调节政策的选择可以有三种类型:移动或调节 IS 曲线、移动或调节 LM 曲线与移动或调节 BP 曲线。

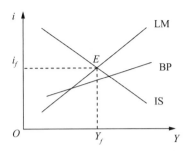

图 2-14 国内经济平衡但对外经济处于非均衡状态

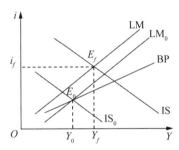

图 2-15 非充分就业状态下的内外经济同时均衡状态

（一）移动或调节 IS 曲线的政策选择

在蒙代尔-弗莱明模型的分析中，IS 曲线的移动主要表现为对国内经济的调节。所以，运用财政政策进行调节更为有效。扩张性财政政策可以使 IS 曲线向右移动，紧缩性财政政策可以使 IS 曲线向左移动。同时，在开放经济条件下，贸易差额是国民收入的函数，因此净出口成为影响一国投资需求和消费需求的一个有机组成部分。所以，对国际收支经常项目的调节也会导致 IS 曲线的移动。采用使净出口增加的政策可以使 IS 曲线向右移动，采用使净出口减少的政策则可以使 IS 曲线向左移动。

（二）移动或调节 LM 曲线的政策选择

LM 曲线表示一国一定时期货币供给与货币需求的均衡。而在国民经济非均衡状态下，LM 曲线的移动则表示政府通过运用货币政策对宏观经济进行调节。扩张性货币政策可以使 LM 曲线向右移动，紧缩性货币政策则使 LM 曲线向左移动。同时，在开放经济条件下，外汇储备也成为一国货币供给的一个有机组成部分，所以外汇储备的变动也会导致 LM 曲线的移动。采取使外汇储备增加的政策可以导致货币供给增加，从而使 LM 曲线向右移动；采取使外汇储备减少的政策则可以导致货币供给减少，从而使 LM 曲线向左移动。

（三）移动或调节 BP 曲线的政策选择

移动或调节 BP 曲线有两种情况：一种情况是 BP 曲线未能与表示在充分就业条件下国内经济均衡的 E 点相交，这意味着国际收支自身虽然是平衡的，但未达到与国内经济在充分就业条件下的同时平衡，所以需要采取政策使 BP 曲线移动，以实现与国内经济同时均衡的目标；另一种情况是在国际收支自身失衡的前提下对其进行调节，从而使其首先回到 BP 曲线上，然后再进一步谋求与国内经济的同时均衡。

移动或调节 BP 曲线的政策包括调整汇率、国内利率和国内商品价格,采取行政干预等措施。如果在采取本币升值的汇率政策和提高国内商品价格政策的同时降低国内利率,则会起到抑制出口和导致资本流出,使国际收支顺差减少的作用,从而使 BP 曲线向右移动;如果在采取本币贬值的汇率政策和降低国内商品价格政策的同时提高国内利率,则会起到鼓励出口和导致资本流入,使国际收支逆差减少的作用,从而使 BP 曲线向左移动。此外,如果采取贸易管制、外汇管制及财政管制等行政干预措施,同样可以起到使 BP 曲线移动的作用,其作用过程也同样是通过影响进出口和资本流动来调节国际收支,从而影响 BP 曲线的位置。

但是,由于调整汇率、国内利率和国内商品价格的政策以及采取行政干预的措施,都有可能影响到 IS 曲线和 LM 曲线,所以无论运用哪一种政策,都要根据一国国内经济是否处于充分就业的均衡状态来进行选择。

三、资本完全流动情况下的蒙代尔-弗莱明模型

在蒙代尔-弗莱明模型分析中,在资本完全流动情况下,反映国际收支均衡的 BP 曲线是一条对应于国际市场利率的水平线。而蒙代尔-弗莱明模型分析的对象是开放的小型国家,因此这条水平线同时也是反映小国国际收支均衡的 BP 曲线。在小国的蒙代尔-弗莱明模型分析中,本国利率是由外国利率决定的,所以本国利率与外国利率相等。一旦本国利率有所变化,就会以很快的速度引起资本流动,从而使利率回到原来的水平。因此,小国的 BP 曲线就是一条对应于国际市场利率的水平线。但在开放的大国及其他国家的蒙代尔-弗莱明模型分析中,BP 曲线的位置与小国是不同的。

(一) 小国的蒙代尔-弗莱明模型及其政策调节

在不同的汇率制度下,小国在运用宏观经济政策对国内经济与国际收支进行调节时,货币政策和财政政策的效果是不同的。

1. 在浮动汇率制条件下

在浮动汇率制条件下,小国的蒙代尔-弗莱明模型表明,政府采用货币政策调节国内经济失衡是比较有效的,而采用财政政策调节国内经济失衡是缺乏效力的。

如图 2-16 所示,假定一国国际收支处于均衡状态,而国内经济处于非充分就业状态,即图中点 E_0 对应的 Y_0 处,政府要用扩张性货币政策进行调节。这时,政府可以通过增加货币供给的政策使 LM_0 曲线右移到 LM_1,以解决失业问题。同时,货币供给增加使利率下跌至点 E_1,导致资本流出,引起国际收支顺差减少或逆差增加,从而使外汇供求关系发生变化。在浮动汇率制下,外汇供给减少会引起外汇汇率上升,进而会刺激出口而导致净出口增加。净出口增加不仅正好弥补了由于资本流出而产生的逆差,使国际收支恢复原有的均衡,而且还使 IS_0 曲线也向右移至 IS_1,与同向右移的曲线 LM_1 在利率与收入新的组合点 E_f 上相交,从而达到内外经济在充分就业条件下的同时均衡。

仍沿用图 2-16,假定一国国际收支处于均衡状态,而国内经济处于非充分就业状态,但政府要用扩张性财政政策进行调节。通过增加政府支出可以使 IS_0 曲线向右移至 IS_1。同时,政府支出增加会引起对货币的需求增加,从而使利率上升至点 E_2,导致资本流入,

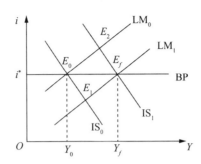

图 2-16　小国蒙代尔-弗莱明模型的政策调节

使国际收支顺差增加或逆差减少,从而使外汇供求关系发生变化。在浮动汇率制下,外汇供给增加会引起外汇汇率下跌,进而会抑制出口而导致净出口减少。净出口减少虽然弥补了由于资本流入而产生的顺差,使国际收支恢复均衡,但同时也会使 IS_1 曲线向左移动,回到 IS_0 曲线的位置,从而抵消了政府扩张性财政政策的效果。

2. 在固定汇率制条件下

在固定汇率制条件下,小国的蒙代尔-弗莱明模型表明,采用货币政策调节国内经济失衡是缺乏效力的,而采用财政政策调节国内经济失衡是比较有效的。

仍沿用图 2-16,假定一国国际收支处于均衡状态,而国内经济处于非充分就业状态,政府要用扩张性货币政策进行调节。虽然增加货币供给在使 LM_0 曲线右移至 LM_1 的同时,也会使利率下跌和资本流出,但在固定汇率制下,国际收支顺差减少或逆差增加所引起的外汇供求关系变化并不能直接导致汇率的变化,从而也不能带来净出口的增加,因此由资本流出造成的国际收支逆差只能动用外汇储备进行平衡。而外汇储备减少会导致货币供给减少,使 LM_1 曲线左移回 LM_0 曲线的位置,从而抵消了政府扩张性货币政策的效果。

仍沿用图 2-16,假定一国国际收支处于均衡状态,而国内经济处于非充分就业状态,但政府要用扩张性财政政策进行调节。虽然增加政府支出在使 IS_0 曲线右移至 IS_1 的同时,也会使利率上升,资本流入,但在固定汇率制下,国际收支顺差增加或逆差减少只会带来外汇储备的增加。而外汇储备增加导致货币供给增加,从而使 LM_0 曲线右移至 LM_1,与同向右移的 IS_1 曲线在利率与收入新的组合点 E_f 上相交,从而达到内外经济在充分就业条件下的同时均衡。

(二) 大国的蒙代尔-弗莱明模型及其政策调节

与小国的蒙代尔-弗莱明模型不同,大国的蒙代尔-弗莱明模型假设大国的财政政策、货币政策不仅能有效地改变本国利率,而且还能通过资本流出影响外国利率。尽管在均衡状态下,本国利率仍与外国利率相等,但重建新的均衡会导致一条新的 BP 曲线出现。因此,大国的蒙代尔-弗莱明模型得出的相应结论与小国有所不同。而且,在不同的汇率制度下,大国在运用宏观经济政策对国内经济与国际收支进行调节时,采用货币政策和财政政策的效果也是不同的。

1. 在浮动汇率制条件下

在浮动汇率制条件下,大国的蒙代尔-弗莱明模型表明,大国政府运用货币政策调节国内经济失衡的效力不如小国,但运用财政政策调节国内经济失衡的效力要强于小国。

如图 2-17 所示,假定一国国际收支处于均衡状态,而国内经济处于非充分就业状态,即图中点 E_0 对应的 Y_0 处,政府要用扩张性货币政策进行调节。

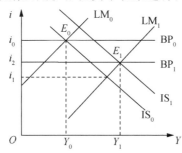

图 2-17　浮动汇率制下大国的货币政策调节

这时,政府可以通过增加货币供给的政策使 LM_0 曲线右移到 LM_1,以解决失业的问题。同时,货币供给增加使利率下跌至 i_1,导致资本流出。本国资本流出,一方面表现为外国资本流入使其货币供给增加,利率下降,从而使本国与外国重建新的由 i_0 跌至 i_2 的均衡利率,以及新的 BP_1 曲线;另一方面,资本流出引起本国国际收支顺差减少或逆差增加,从而使外汇供求关系发生变化。在浮动汇率制下,外汇供给减少引起外汇汇率上升,进而刺激出口而导致净出口增加。净出口增加使 IS_0 曲线也向右移至 IS_1,与同向右移的曲线 LM_1 及新的 BP_1 曲线在利率与收入新的组合点 E_1 上相交,从而达到在新的 BP_1 曲线上内外经济的同时均衡。但由于新 BP_1 曲线的位置低于原 BP_0 曲线的位置,因此 IS_0 曲线右移至 IS_1 与新 BP_1 曲线相交的移动幅度不如小国模型大,对国内经济的改善程度也不如小国。与此同时,均衡利率处于较低水平。

如图 2-18 所示,仍假定一国国际收支处于均衡状态,而国内经济处于非充分就业状态,即图中 E_0 对应的 Y_0 处,但政府要用扩张性财政政策进行调节。

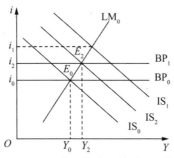

图 2-18　浮动汇率制下大国的财政政策调节

通过增加政府支出使 IS_0 曲线向右移至 IS_1。同时,政府支出增加会引起对货币的需求增加,从而使利率上升至 i_1,导致资本流入。资本流入本国,一方面表现为外国资本流出并使其货币供给减少,利率上升,从而使本国与外国重建新的由 i_0 升至 i_2 的均衡利率,以及新的 BP_1 曲线;另一方面,资本流入导致本国出现国际收支顺差。在浮动汇率制下,国际收支顺差使外汇供给增加,引起外汇汇率下跌,因而会抑制出口导致净出口减少。净出口减少使得 IS_1 曲线向左回移。当 IS_1 曲线向左移至 IS_2 曲线位置时,与新的均衡利率 i_2 及新的 BP_1 曲线相交于点 E_2。因此,在实现国际收支新的均衡的同时也实现了国内经济新的均衡。但由于 IS_1 曲线的回移并未像小国一样回到点 E_0 对应的 Y_0 处,只是回移到与 LM_0 曲线相交的 IS_2 曲线上点 E_2 对应的 Y_2 处,因此对国内经济有所改善,从而强于小国。但与此同时,均衡利率处于较高水平。

2. 在固定汇率制条件下

在固定汇率制条件下,大国的蒙代尔–弗莱明模型表明,大国政府运用货币政策调节国内经济失衡的效力要强于小国,而运用财政政策调节国内经济失衡的效力不如小国。

如图 2-19 所示,仍假定一国国际收支处于均衡状态,而国内经济处于非充分就业状态,即图中点 E_0 对应的 Y_0 处,政府需要用扩张性货币政策进行调节。

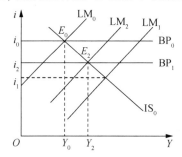

图 2-19 固定汇率制下大国的货币政策调节

政府通过增加货币供给的政策使 LM_0 曲线右移到 LM_1,以解决失业问题。同时,货币供给增加使利率下跌至 i_1,导致资本流出。本国资本流出,一方面表现为外国资本流入并使其货币供给增加,利率下降,从而使本国与外国重建新的由 i_0 跌至 i_2 的均衡利率,以及新的 BP_1 曲线;另一方面,资本流出导致本国出现国际收支逆差。但是,在固定汇率制下,由资本流出造成的国际收支逆差只能动用外汇储备进行调节。外汇储备减少导致货币供给减少,从而使 LM_1 曲线左移。当 LM_1 曲线左移到 LM_2 曲线的位置时,与新的均衡利率 i_2 及新的 BP_1 曲线相交于点 E_2。因此,在实现国际收支新的均衡的同时也实现了国内经济新的均衡。由于 LM_1 曲线的回移幅度小于小国,并未像小国一样回到点 E_0 对应的 Y_0 处,只是回移到与 IS_0 曲线相交的 LM_2 曲线上点 E_2 对应的 Y_2 处,因此对国内经济有所改善,从而强于小国。但与此同时,均衡利率处于较低水平。

如图 2-20 所示,仍假定一国国际收支处于均衡状态,而国内经济处于非充分就业状态,即图中 E_0 对应的 Y_0 处,但政府要用扩张性财政政策进行调节。

通过增加政府支出使 IS_0 曲线向右移至 IS_1。同时,政府支出增加引起对货币的需求增加,从而使利率上升至 i_1,导致资本流入。资本流入本国,一方面表现为外国资本流出并使其货币供给减少,利率上升,从而使本国与外国重建新的由 i_0 升至 i_2 的均衡利率,以及新的 BP_1 曲线;另一方面,资本流入导致本国出现国际收支顺差。但在固定汇率制下,国际收支顺差不会直接影响汇率,只会增加外汇储备。外汇储备增加导致货币供给增加,从而使 LM_0 曲线右移至 LM_1,与同向右移的 IS_1 曲线以及新的 BP_1 曲线在利率与收入

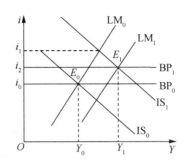

图 2-20 固定汇率制下大国的财政政策调节

新的组合点 E_1 相交,从而达到内外经济的同时均衡。但由于新 BP_1 曲线的位置高于原 BP_0 曲线的位置,因此,IS_0 曲线右移至 IS_1 与新 BP_1 曲线相交的移动幅度不如小国模型大,因而对国内经济的改善程度不如小国。

(三) 两国的蒙代尔-弗莱明模型及其政策调节

在资本完全流动情况下,一国采取的经济政策不仅会使本国经济状况发生改变,而且会通过资本流动的国际传导影响到他国的经济运行。两国的蒙代尔-弗莱明模型就是通过分析两个相关国家之间政策效应的传递,揭示在资本完全流动情况下一国政策调节的国家效应与国际效应。

1. 在固定汇率制下

在固定汇率制下,一国扩张性货币政策和财政政策调节不仅有利于本国经济的改善,而且有利于他国的经济增长。

如图 2-21 所示,假定 a 国与 b 国同处于国际收支均衡和国内非充分就业状态,即图中点 E_0 和 E_0^* 对应的 Y_0 和 Y_0^* 处,a 国政府要用扩张性货币政策进行调节。

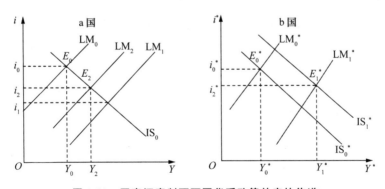

图 2-21 固定汇率制下两国货币政策效应的传递

a 国政府通过增加货币供给的政策可以使其获得与大国一样的效果,即图 2-21 中点 E_2 对应的 i_2 和 Y_2,利率下降,就业和收入增加。但同时,a 国利率下降导致其资本流出进入 b 国。b 国由于资本流入而产生国际收支顺差,在固定汇率制条件下,外汇储备增加导致其货币供给增加。因此,在使其利率由 i_0^* 下降至 i_2^* 与 a 国变动后的利率 i_2 相等的同时,也使其 LM_0^* 曲线右移至 LM_1^*。a 国收入增加引起其进口增加,表现为 b 国的出口增加,使 b 国的 IS_0^* 右移至 IS_1^* 与 LM_1^* 相交,因此 b 国经济在点 E_1^* 达到新的均衡。因此,a 国的扩张性货币政策不仅改善了本国经济,而且促进了 b 国的收入增长。

如图 2-22 所示,仍假定 a 国与 b 国同处于国际收支均衡和国内非充分就业状态,即图中点 E_0 和 E_0^* 对应的 Y_0 和 Y_0^* 处,但 a 国政府要用扩张性财政政策进行调节。

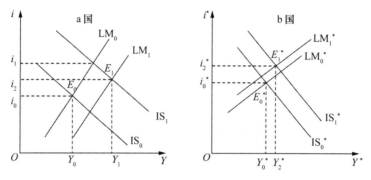

图 2-22　固定汇率制下两国财政政策效应的传递

a 国政府通过增加政府支出的政策仍然可以使其获得与大国一样的效果,即图 2-22 中点 E_1 对应的 i_2 和 Y_1,利率上升,就业和收入增加。但同时,a 国利率上升导致其资本流入而 b 国资本流出。b 国由于资本流出而产生国际收支逆差。在固定汇率条件下,b 国国际收支逆差使得外汇储备减少从而导致其货币供给减少。因此,在使其利率由 i_0^* 上升至 i_2^* 与 a 国变动后的利率相等的同时,也使其 LM_0^* 曲线左移至 LM_1^*。a 国收入增加引起其进口增加,表现为 b 国的出口增加,使 b 国的 IS_0^* 曲线右移至 IS_1^* 与 LM_1^* 相交,因此 b 国经济在点 E_1^* 达到新的均衡。因此,a 国的扩张性财政政策不仅改善了本国经济,而且促进了 b 国的收入增长。

2. 在浮动汇率制下

在浮动汇率制下,一国扩张性货币政策的实施有利于本国经济的改善,但却使他国的收入减少;而一国扩张性财政政策的实施则不仅有利于本国经济的改善,也有利于他国的收入增加。

沿用上述假定,如图 2-23 所示,a 国与 b 国同处于国际收支均衡和国内非充分就业状态,即图中点 E_0 和 E_0^* 对应的 Y_0 和 Y_0^* 处,a 国政府要用扩张性货币政策进行调节。

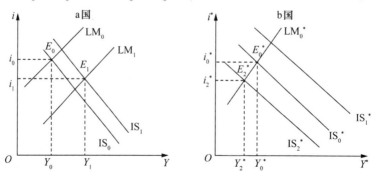

图 2-23　浮动汇率制下两国货币政策效应的传递

a 国政府通过增加货币供给的政策可以使其获得与大国一样的效果,即图 2-23 中点 E_1 对应的 i_1 和 Y_1,利率下降,就业和收入增加。a 国收入增加引起其进口增加,表现为 b 国的出口增加,使 b 国的 IS_0^* 曲线右移至 IS_1^*。但同时,a 国利率下降导致其资本流出而 b 国资本流入,从而引起 b 国国际收支顺差。在浮动汇率制下,b 国外汇供给增加引起外汇汇率下跌,从而又导致其净出口减少。净出口减少使其 IS_1^* 曲线又向左移至 IS_2^* 与 LM_0^* 相交于点 E_2^*,在较低收入水平上形成新的平衡。因此,a 国实施的扩张性货币政策虽有利于本国经济的改善,但却使他国的收入减少。

仍沿用上述假定,如图 2-24 所示,a 国与 b 国同处于国际收支均衡和国内非充分就业状态,即图中点 E_0 和 E_0^* 对应的 Y_0 和 Y_0^* 处,但 a 国政府要用扩张性财政政策进行调节。

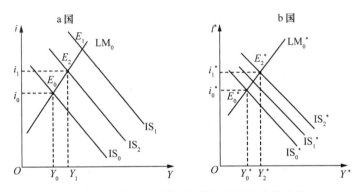

图 2-24 浮动汇率制下两国财政政策效应的传递

a 国政府通过增加政府支出的政策仍然可以使其获得与大国一样的效果,即图 2-24 中点 E_2 对应的 i_1 和 Y_1,利率上升,就业和收入增加。a 国利率上升导致其资本流入而 b 国资本流出。b 国由于资本流出而产生国际收支逆差。在浮动汇率制条件下,b 国外汇供给减少使得外汇汇率上升而刺激其出口。b 国出口增加使其 IS_0^* 曲线右移至 IS_1^*。与此同时,a 国收入增加引起其进口增加,表现为 b 国的出口增加,又使 b 国的 IS_1^* 曲线继续右移至 IS_2^* 与 LM_0^* 相交。因此 b 国经济在点 E_2^* 达到新的均衡。因此,a 国的扩张性财政政策不仅改善了本国经济,而且促进了 b 国的收入增长。

(四) 资本完全流动情况下的蒙代尔-弗莱明模型分析小结

从对资本完全流动情况下小国的蒙代尔-弗莱明模型及其政策调节的分析中可以看到,在固定汇率制条件下,用财政政策调节国内经济比用货币政策调节国内经济更为有效。而在用货币政策调节国内经济缺乏效力的同时,扩张性货币政策却由于引起利率下跌而导致资本流出,使国际收支出现新的不平衡。这说明货币政策在调节对外经济关系时是富有效力的,从而在一定程度上印证了蒙代尔的政策配合理论中财政政策对国内经济调节的作用较大而货币政策对国际收支的影响较大的结论。但在浮动汇率制下,这一结论就不一定成立,必须加以修正。

此外,虽然在分析中采用的只是国内存在失业和经济衰退的经济失衡案例,而实际经济中的经济失衡有多种表现,但其原理是相通的,可以进行类推。至于资本不完全流动情况下和资本完全不流动情况下的蒙代尔-弗莱明模型,也可以运用上述原理进行类推。

四、对蒙代尔-弗莱明模型的评价

蒙代尔-弗莱明模型是开放经济条件下运用财政政策、货币政策配合调节一国内部经济和外部经济均衡的重要工具。蒙代尔-弗莱明模型对在不同汇率制度下财政政策、货币政策效力的分析不仅对国际收支理论产生重大影响,也对各国政府同时实现内外经济均衡的实践提供了有益的指导。

蒙代尔-弗莱明模型也有其局限性。其在分析中需要有一系列严格的假设条件:总供给是一条水平曲线,具有完全弹性,产出完全由总需求决定,因此价格水平不变;名义汇率等于实际汇率,汇率变动只取决于国际收支;不存在对汇率的预期等。这些假设不一定与现实相符。

阅读专栏 2-2　美国 2008—2014 年三次量化宽松货币政策的全景式回顾

在量化宽松货币政策实施的前三个阶段,美联储更多地履行了"最后贷款人"职能,运用"非常规"货币政策工具,发挥着紧急救助作用,缓释市场流动性紧缺,目标是迅速遏制经济金融的"自由落体式"急速下滑,稳定社会公众预期。

随着上述目标的完成,美联储开始从台前回归幕后,发挥推动经济金融实现复苏的功能,将重点转为运用"非常规"货币政策工具,树立市场信心,解决信用缺失,引导市场长期利率下降,刺激消费和投资恢复性增长,逐渐使社会资本成为推动经济金融恢复增长的内生性动力源,促进经济金融走上正常发展轨道。

美联储自 2008 年 11 月至 2014 年 10 月所实施的三次量化宽松货币政策就是上述政策思路的具体体现。

1. 第一次量化宽松货币政策

此政策自 2008 年 11 月起开始实施,至 2010 年 6 月结束,美联储共计购买有价证券 1.725 万亿美元,具体包括抵押贷款支持证券 1.25 万亿美元、国债 3 000 亿美元、机构债 1 750 亿美元,向市场注入流动性,创美联储救市的新纪元。第一次量化宽松货币政策的实施,使市场流动性进一步扩大,金融机构流动性满足程度提高,市场悲观情绪有效缓释,挤兑发生的可能性大为下降,金融风险上升趋势得到遏制并出现下降,由此也导致市场短期利率开始下降,进而引起市场长期利率降低,切实稳定了金融市场,防止了经济金融危机的进一步恶化。第一次量化宽松货币政策具有过渡性质,兼有前期缓解市场流动性紧缺与后期引导市场长期利率下降的双重职能。

2. 第二次量化宽松货币政策

2010 年 11 月至 2011 年 6 月,美联储实施了第二次量化宽松货币政策,核心举措是购买财政部发行的长期债券共计 6 000 亿美元,每月购买 750 亿美元。同时自 2011 年 9 月开始实施"扭转操作",卖出 4 000 亿美元的 3 年及以下期限的短期国债,并买入相同金额 6~30 年期限的长期国债。其目的是以此提振市场信心和解决市场信用缺失,重在引导市场长期利率下降,尤其是"扭转操作"的意图更加明显,即有效降低社会融资成本,推动消费和投资上升,刺激经济金融复苏并带动失业率下降。但由于美国当时面临的主要问题不是流动性不足而是市场需求不足,此项政策所释放的流动性并未完全进入美国实体经济,而是有部分涌入新兴经济体,引发其通货膨胀和资产泡沫,因此此项政策对美国经济金融复苏刺激的效果并不明显。

3. 第三次量化宽松货币政策

2012年9月至2014年10月,美联储实施了第三次量化宽松货币政策,主要举措是每月购买400亿美元抵押贷款支持证券,同时继续完成2011年9月实施的"扭转操作"规模至2012年年末,从2013年开始每月实施"扭转操作"450亿美元(后来规模有所下降),累计购买资产1.7万亿美元。上述举措的主要目的是继续向市场释放流动性,引导市场长期利率下降,解决美国国内投资增长不明显、就业市场疲软的问题。但第三次量化宽松货币政策在有效刺激美国经济发展的同时,也使其处于"利率洼地",导致美国投资者在套利动机驱动下加大对海外的投资,尤其是对新兴经济体的投资,以及美元贬值引起国际大宗商品价格上涨和全球通货膨胀压力加大。

资料来源:蓝虹,穆争社.量化宽松货币政策的全景式回顾、评价与思考[J].上海金融,2015(7):51-65.

阅读专栏 2-3　　践行富贵之道　升级财富管理　助益共同富裕

习近平总书记指出,在高质量发展中促进共同富裕。那么该如何实现财富管理行业的高质量发展,以促进共同富裕目标的达成?

我国在改革开放以来,尤其是加入WTO以来,实现了经济长期快速增长,国内居民财富加速积累。瑞士信贷(Credit Suisse)发布的《2021年全球财富报告》显示,截至2020年年末,全球居民财富达418.3万亿美元,其中中国财富规模为74.9万亿美元,占比达17.9%,高于我国GDP占全球经济的比重,中国成为仅次于美国的第二大掌握全球财富的国家,充分凸显了中国财富实力。2020年中国高净值人群数量达262万并呈加速增长态势,2020年中国高净值人群共持有价值84万亿元人民币的可投资资产。2020年中国银行理财市场规模达25.9万亿元,累计为投资者创造收益9 932.5亿元,保险保费收入超过4.5万亿元。财富管理行业20年来的积极变化可从多角度进行归纳和分析。《中国银行业财富管理之路》将财富金融发展过程分为三个阶段,总结银行业通过引资、上市助力自身改革创新,推动财富管理业务快速发展,为促进共同富裕目标的达成提供金融支撑。

伴随市场扩容,一批批财富金融机构陆续诞生,为财富市场带来"新鲜血液"。金融开放不断扩大,外资机构以合资、独资等方式先后加入。财富金融供需两旺,新的财富管理模式带动新的产品和服务,借助新的渠道和作业范式注入市场、加入竞争。金融监管与时俱进,不断创新监管手段和方法,为财富管理创新保驾护航。财富管理行业迈上新台阶,进入快速发展通道。

财富管理行业在提速发展过程中,自身的跨涉性日益突出。这不仅表现在代际、重心、市场、周期、界域上,也表现在渠道、范式、文化、风险和监管等多个方面。例如,财富金融代际跨涉性日益突出,高净值人群结构更加多元,互联网、新能源等新经济新行业发展加快,股权增值效应助推新富人群崛起;财富金融需求跨涉性日益突出,高净值客户财管需求由过去重在财富创造和增长渐渐转移到财富守护和传承;财富金融渠道跨涉性日益突出,银行等机构服务渠道从实体网点转向网络化、移动化、智能化服务终端;财富金融范式跨涉性日益突出,体现在服务的标准化与定制化并行、指令性与委托性兼顾、交易型与顾问型结合、个人型与家族型统筹、金融与非金融叠加等。这充分表明财富金融在服务共同富裕过程中彰显了其独特风格和优越性。

商业银行的财富管理以其平台的开放性、操作的合规性、人才的专业性、渠道的多元性、价格的公允性和风控的可靠性优势,在市场经济运行中和不同的市场主体间发挥了独特的桥梁纽带作用。通过对接不同的市场、行业、地区、客户,联结不同的资产、业务、风险、渠道,衔接不同的业务周期和金融生态,实现财富流动、调剂余缺、平滑供需,从而在满足人们财富创造、财富增长、财富保护、财富转换、财富移动、财富传承、财富分享以及家族财管、企业治理及社会公关等多重需求中提供支撑和赋能。通过这些对接功能的进一步开发和实施,财富金融在促进共同富裕目标达成过程中的支撑保障作用愈发重要。

沿着共同富裕背景下的实践轨迹,财富管理大致历经三个阶段,逐步形成具有中国特色的财富"三学":理财学、财富学和富贵学。富贵学是对理财学、财富学的继承与发展,是对富贵筹划和富贵管理实践的理论概括和思想凝练。共同富裕是一个系统工程,研究富贵关系、探析富贵之道、倡导富贵精神,有助于为先富带动后富、促进共同富裕提供思想基础和内生动力。

资料来源:桂泽发.洞鉴共富"十性" 践行富贵之道 助益共同富裕[EB/OL].(2022-06-30)[2022-08-18].http://finance.sina.com.cn/zl/china/2022-06-30/zl-imizmscu9437845.shtml.

 本章提要

1. 价格-现金流动机制理论认为:一国贸易差额会引起货币黄金的流入流出,从而改变商品的相对价格,而商品相对价格的变化又会改变贸易差额,从而使国家间货币黄金量的分配恢复正常。

2. 弹性分析理论认为:如果一国采取汇率变动的办法来调节国际收支逆差,则本币贬值会引起进出口商品的相对价格变动,由于进出口的需求弹性存在差异,国际收支会因此得到改善。

3. 吸收分析理论是在国民收入方程式的基础上提出的。它与弹性分析理论一样,都是运用本币贬值的办法来调节国际收支逆差,但吸收分析理论指出,只有在能够减少国内总支出或增加总收入的条件下,本币贬值才是有效的。

4. 货币分析理论强调了在国际收支分析中对货币因素的重视,考虑了包括资本流动在内的全部国际收支因素,是一种相对更全面的一般均衡分析。

5. 政策配合理论主要说明利用单一的政策不可能使内外部同时达到均衡,必须配合使用两种或两种以上的政策才能达到目标。

思考题

1. 马歇尔-勒纳条件的主要内容是什么？什么是J曲线效应？
2. 如何理解"吸收分析理论是需求管理理论的延伸和扩展"？
3. 货币分析理论的假设条件和基本观点是什么？
4. 米德冲突和丁伯根法则的内容是什么？
5. 斯旺模型是如何避免米德冲突的？
6. 试评价蒙代尔-弗莱明模型。

第三章　外汇与汇率

[学习目标]

通过学习本章,应正确理解外汇的动态与静态概念和汇率的概念,外汇和汇率的种类,以及外汇在国际经济贸易中的作用;熟练掌握汇率的直接标价法、间接标价法和美元标价法;熟悉按不同标准划分的各种汇率种类及其相互间的关系;了解固定汇率制和浮动汇率制的内涵、作用和具体表现形态,以及汇率变动对国际经济和国内经济产生的影响。

[素养目标]

通过学习外汇与汇率的相关知识,深入了解人民币汇率的历史沿革和改革进程,正确认识人民币国际化取得的成绩和中国在国际舞台上不断提升的话语权。

[重点难点]

外汇的概念和汇率的分类,直接标价法、间接标价法及其转换,影响汇率变动的主要因素,汇率波动的经济影响,套算汇率的计算,固定汇率制与浮动汇率制的利弊分析

[引导案例]

走向更加市场化的人民币汇率形成机制

自1994年开始,人民币汇率形成机制不断向着越来越市场化的方向改革,逐步形成了以市场供求为基础、参考一篮子货币进行调节、有管理的浮动汇率制,人民币汇率市场化水平不断提高,市场在汇率形成中发挥了决定性作用。近年来,这一汇率制度经受住了多轮冲击的考验,使人民币汇率保持了基本稳定。人民币汇率形成机制改革将继续坚持市场化方向,优化金融资源配置,增强汇率弹性,更加注重预期引导和与市场沟通,在一般均衡框架下实现人民币汇率在合理均衡水平上的基本稳定。

1994年,我国对外汇管理体制进行重大改革,实现人民币官方汇率与外汇调剂价格并轨。根据党的十四届三中全会通过的《中共中央关于建立社会主义市场经济体制若干问题的决定》精神,中国人民银行发布《关于进一步改革外汇管理体制的公告》,决定实行以市场供求为基础的、单一的、有管理的浮动汇率制,形成银行结售汇市场与银行间外汇市场双层结构。

2005年7月21日,新一轮人民币汇率形成机制改革启动,人民币汇率水平适当调整。党的十六届三中全会决议明确提出"完善人民币汇率形成机制,保持人民币汇率在合理、均衡水平上的基本稳定"。在主动性、可控性、渐进性原则指导下,我国开始实行以

市场供求为基础、参考一篮子货币进行调节、有管理的浮动汇率制。人民币汇率不再钉住单一美元,而是参考一篮子货币,以市场供求关系为重要依据,形成有管理的浮动汇率。

2008年,为应对国际金融危机冲击带来的不利影响,我国适当收窄了人民币汇率的波动幅度,在多个经济体货币对美元大幅贬值的情况下,人民币汇率保持了基本稳定,为抵御国际金融危机发挥了重要作用,也为亚洲乃至全球经济复苏作出了巨大贡献。

2010年6月19日,中国人民银行宣布进一步推进人民币汇率形成机制改革,增强人民币汇率弹性。随后,中国人民银行分别于2012年4月16日、2014年3月17日将银行间即期外汇市场人民币对美元交易价浮动区间由5‰扩大至1%、2%。

2015年8月11日,中国人民银行进一步完善人民币汇率市场化形成机制。一方面,在中间价形成机制上充分体现市场供求对汇率形成的决定性作用,提高中间价的市场化程度;另一方面,顺应市场的力量对人民币汇率进行适当调整,使汇率向合理均衡水平回归。2016年2月,中国人民银行明确了人民币对美元汇率中间价形成机制,提高了汇率机制的规则性、透明度和市场化水平。2015年以来,中国外汇交易中心(CFETS)发布人民币汇率指数,外汇市场自律机制和中国外汇市场委员会(CFXC)成立,外汇市场得到大力发展。

2019年8月5日,受单边主义和贸易保护主义措施及对中国加征关税预期等的影响,人民币对美元汇率在市场力量推动下贬值突破7.0元。中国人民银行综合施策,加强预期引导,外汇市场运行有序,外汇供需基本自主平衡,人民币汇率实现了预期稳定下的有序调整,被市场称为"不叫改革的改革"。

当前人民币汇率形成机制特点主要包括五点:一是中国人民银行退出常态化干预,人民币汇率主要由市场决定;二是人民币汇率双向浮动,保持基本稳定;三是人民币汇率形成机制经受住了多轮冲击考验,汇率弹性增强,较好发挥了宏观经济和国际收支自动稳定器的作用;四是社会预期平稳,外汇市场运行有序;五是市场化的人民币汇率促进了内部均衡和外部均衡的平衡。

人民币汇率形成机制改革将继续坚持市场化方向,坚持市场在人民币汇率形成中的决定性作用,优化金融资源配置。具体做法主要包括四点:一是坚持以市场供求为基础、参考一篮子货币进行调节、有管理的浮动汇率制;二是继续保持人民币汇率弹性,更好发挥汇率调节宏观经济和国际收支自动稳定器作用;三是更加注重预期管理和引导;四是把握好内外部均衡的平衡,在一般均衡框架下实现人民币汇率在合理均衡水平上的基本稳定。

资料来源:中国人民银行货币政策司青年课题组.走向更加市场化的人民币汇率形成机制[J].中国金融,2020(17):39-40.

世界上绝大多数国家都有自己的货币,然而尽管这些货币在本国可以自由流通,但一旦跨越国界,它们便失去了自由流通的特性。由于各国所用的货币不同,国际上又没有统一的世界货币,但各国进行国际经济交往以及从事其他业务时都要涉及本国货币与外国货币之间的兑换,因此产生了汇率这一概念。汇率的变化受宏观、微观经济中许多因素的影响,也反过来影响国际收支中各个账户的变化和一国经济的运行。因此,对外汇和汇率的研究就成为国际金融研究的重要课题之一,掌握有关外汇和汇率的基本知识是研究整个国际金融问题的基础。

第一节 外汇与汇率概述

党的二十大报告对过去一段时间党带领全国人民取得的伟大成就进行了系统性梳理,在展现我国经济实力实现历史性跃升时提及我国外汇储备稳居世界第一,体现出对外汇和汇率研究的重要性。

外汇的产生是商品流通和商品经济发展的必然结果。汇率是外汇市场的价格信号。下面首先从外汇与汇率的基本概念入手来对它们进行研究。

一、外汇

由于各国货币制度不同,各国货币的价格标准和价格符号不同,因此一国的货币通常只能在本国流通。当清偿国际债权债务时,就需要进行国与国之间的货币兑换,这种金融活动就是国际汇兑,这也是外汇的最初含义。

(一) 外汇的含义

外汇有动态与静态两种含义,一般是指静态含义。

静态的外汇含义描述的是外汇作为一种物质的特性,即外汇是指一国所持有的、以外币表示的、可以用于国际结算和支付的流通手段和支付手段。其具体形态包括:存放在国外银行的外币资产或以外币表示的银行存款;可以在国外得到偿付的、以外币表示的各种商业票据和支付凭证;外国政府库券和其他外币有价证券;其他对外债权及外币现钞等。

动态的外汇含义描述的是外汇作为一种活动的特性,即外汇是指把一国货币兑换成另一国货币并借以清偿国际债权债务关系的一种专门性经营活动。早期的外汇概念指的就是这种国际汇兑活动。

IMF 为了统一口径,给外汇下的定义是:外汇是货币当局(中央银行、货币管理机构、外汇平准基金组织及财政部)以银行存款、财政部库券、长短期政府证券等形式所持有的在国际收支逆差时可以使用的债权。

《中华人民共和国外汇管理条例》规定,"本条例所称外汇,是指下列以外币表示的可以用作国际清偿的支付手段和资产:① 外国现钞,包括纸币、铸币;② 外币支付凭证或者支付工具,包括票据、银行存款凭证、银行卡等;③ 外币有价证券,包括债券、股票等;④ 特别提款权;⑤ 其他外汇资产。"

与 IMF 的外汇定义相比,我国的外汇定义有两个特点:① 不强调外汇的官方持有性;② 外汇不仅包括生息资产,也包括外国货币和支付凭证等流通手段。

IMF 的定义与我国的定义都属于广义的静态外汇。

我们通常所说的外汇是狭义的静态外汇。狭义的静态外汇是指以外币表示的、可直接用于国际结算的支付手段和工具。从这个意义上讲,只有放在国外银行的外币存款,以及索取这些存款的外币票据和外币凭证才是外汇。

在理论上,人们在讨论外汇交易时,为简化分析,通常将外汇看成外国货币。在现实生活中,外汇作为金融资产,其交易伴随着国际资本流动,或者说,外汇市场并不完全独立存在,它是融入国际货币市场或国际资本市场的一个无形市场。

(二) 外汇的特征

外汇具备以下三个特征:

(1) 外汇必须以本国货币以外的外国货币来表示。即使本国货币及以其表示的支付凭证和有价证券等可用作国际结算的支付手段或国际汇兑,但对本国居民来说仍不是外汇。

(2) 外汇必须是可以自由兑换的货币。一种货币只有能够自由兑换成其他货币或者其他形式的资产,才能作为国际支付和国际汇兑的手段。

(3) 外汇具有普遍接受性。外汇必须在国际上可以得到偿付,能被各国普遍接受,才能承担国际支付的责任。

(三) 外汇的种类

外汇的种类可以从不同角度、以不同标准或根据不同的研究目的来划分,但常用的划分主要有以下几种:

1. 按能否自由兑换分为自由外汇和记账外汇

自由外汇(free foreign exchange)也称现汇,是指那些可以在国际金融市场上自由买卖、在国际支付中广泛使用并可以无限制地兑换成其他国家货币的外汇,如美元(USD)、英镑(GBP)、日元(JPY)等货币。持有这种外汇,既可以互相自由兑换,也可以向第三国进行支付,而且被世界各国普遍接受。

记账外汇(foreign exchange account)也称双边外汇或协定外汇,是指用于贸易协定或支付协定项下双边清算所使用的外汇。一般是在两国签订协议后,在双方中央银行或指定银行设立双边清算账户,以协定中规定的货币作为记账货币,两国之间发生的外汇收支均以记账货币为单位记入对应的清算账户,最后以相互抵消的方式清算在协定范围内所发生的债权债务。记账外汇所使用的货币既可以是协定国任何一方的货币,也可以是第三国货币,但它不能自由兑换成其他国家货币,也不能对第三国进行支付,只能在协定国之间使用。

2. 按外汇买卖的交割期限分为即期外汇和远期外汇

即期外汇(spot exchange)即现汇,是指在国际贸易或外汇买卖成交后两个营业日内办理交割的外汇。

远期外汇(forward exchange)即期汇,是指买卖双方按商定的汇率订立合约、在约定日期办理交割的外汇。一般期限为 3~6 个月,其中 3 个月期限较为普遍。

交割是指买卖双方履行交易合约,款货授受,进行实际收付的行为。

3. 按来源和用途分为贸易外汇和非贸易外汇

贸易外汇是指商品进出口即有形贸易收支所使用的外汇。

非贸易外汇是指劳务进出口即无形贸易收支及单方面转移收支等所使用的外汇。

4. 按外币形态分为外币现钞和外币现汇

外币现钞是指外国钞票、铸币。现钞主要从国外携入,属于广义外汇。

外币现汇是在货币发行国本土银行的存款账户中的自由外汇。现汇是由境外携入或寄入的外汇票据,经本国银行托收后存入,为狭义外汇。

除以上常见分类外,外汇还有许多种分类,如官方外汇、私人外汇、黑市外汇、劳务外汇、旅游外汇、留成外汇等。

(四) 外汇的作用

外汇是随着国际经济交往的发展而产生的,反过来又推动了国际经贸关系的进一步发展,在国际政治、文化、科技交往中起着重要的纽带作用。

1. 充当国际结算的支付手段

在世界经济交往中,如果没有可兑换的外汇,那么每笔交易都必须用充当"世界货币"的黄金来支付结算,而黄金在各国间的运送既要支付大量的运费,又会耽误支付的时间,给有关方面造成资金占压,同时要承担很大风险。以外汇充当国际结算的支付手段则能解决这一难题。利用国际信用工具,通过在有关银行账户上的转账或冲抵来办理国际支付,这种国际非现金结算方式既安全迅速又简单方便,还可节省费用,加速资金周转,促进国际经贸关系的发展。

2. 实现国家间购买力的转移

当今世界各国实行的是纸币流通制度,各国货币不同,一国货币一般不能在他国流通,对他国市场上的商品和劳务没有直接购买力。而外汇作为国际支付手段被各国普遍接受,使不同国家间货币购买力的转移得以实现,极大地促进了世界各国在经济、政治、科技、文化等领域的相互交流。

3. 调剂国家间的资金余缺

由于世界经济发展不平衡,各国资金的余缺程度不同,客观上需要在世界范围内进行资金的调剂。不同国家间的资金调剂不能像一国范围内资金余缺部门那样直接进行,而外汇的可兑换性使各国余缺资金的调剂成为可能,从而推动了国际信贷和国际投资活动,使资金的供求在世界范围内得到调节,对于国际金融市场的繁荣以及世界经济的快速发展起到巨大的推动作用。

4. 充当国际储备资产

国际储备是指一国货币当局所持有的,能随时用来支付国际收支差额、干预外汇市场、维持本币汇率稳定的流动性资产。国际储备由货币性黄金、外汇储备、在 IMF 的头寸和特别提款权构成。其中,外汇储备是当今国际储备的主体,其所占比重和使用频率均为最高。外汇储备的主要形式是国外银行存款与外国政府债券,能充当储备货币的是那些可自由兑换、被各国普遍接受、价值相对稳定的货币。

二、汇率

汇率(foreign exchange rate)是进行外汇买卖、实现货币相互转换的基础和依据。国际贸易及国际债权债务清偿、资本国际转移等活动都要求将一国货币兑换或换算成另一国货币。但是,由于各国货币的名称和定值标准不同,一国货币究竟可以折合为多少他国货币,就需要有一个兑换率,于是就产生了汇率问题。

(一) 汇率的概念

外汇作为一种资产可以和其他商品一样进行买卖。商品买卖是用货币购买商品,而货币买卖是用货币购买货币。汇率又称汇价,即两国货币比率或比价,也即以一国货币表示的另一国货币的价格。例如,USD 1 = CNY 6.55,即以人民币表示美元的价格,说明了人民币与美元的比率或比价。外汇是实现两国之间商品交换和债务清偿的工具,是两种不同货币的买卖行为;汇率是买卖外汇的价格。可以说,外汇是对兑换行为的质的表述,汇率则是对兑换行为的量的度量。

在不同的环境下,汇率有不同的称谓。直观上看,汇率是一国货币折算成另一国货币的比率,因此汇率又被称为兑换率。从外汇交易的角度来看,汇率是一种资产价格,即外汇价格。外汇作为一种特殊的商品,可以在外汇市场上买卖,这就是外汇交易。进行外汇交易的外汇必须有价格,即汇价,它是以一国货币表示的另一国货币的价格。由于外汇市场上的供求经常变化,汇价也经常发生波动,因此汇率又被称为外汇行市。在一些国家,如我国,本币兑换外币的汇率通常在银行挂牌对外公布,这时汇率又被称为外汇牌价。

(二) 汇率的标价方法

折算两个国家的货币,先要确定用哪个国家的货币作为基准。由于确定的基准不同,存在着外汇汇率的两种标价方法:直接标价法和间接标价法。此外,根据外汇市场惯例,还有美元标价法和非美元标价法,现介绍如下:

1. 直接标价法

直接标价法(direct quotation),也称应付报价,即以本币表示外币的价格,是以单位外币作为标准,折合为若干数量本币的方法。这是除英、美两国外,其他国家所采用的方法。用这种标价方法计算时,外币的数额固定不变,而本币的数额随着外币币值或本币币值的变化而变化。

例如,USD 1 = CNY 6.55↑↓,即以美元作为外币,其数额固定不变,而以人民币作为本币,其数额随着外币币值或本币币值的变化而变化。外汇汇率上升,则如箭头↑所示,等式右端的本币数额增加;外汇汇率下降,则如箭头↓所示,等式右端的本币数额减少。

2. 间接标价法

间接标价法(indirect quotation),也称应收报价,即以外币表示本币的价格,是以单位本币作为标准,折合为若干数量外币的方法。美联储在公布外汇汇率时,除对澳元、欧元、新西兰元和英镑采取直接标价法外,对其他货币均采取间接标价法。所以,间接标价法标出的实际上是美元和英镑的价格。用这种标价方法计算时,本币的数额固定不变,而外币的数额则随着本币币值或外币币值的变化而变化。

例如,GBP 1 = AUD 2.59↓↑,即以英镑作为本币,其数额固定不变,而以澳元作为外币,其数额随着本币币值或外币币值的变化而变化。外汇汇率上升,则如箭头↓所示,等式右端的外币数额减少;外汇汇率下降,则如箭头↑所示,等式右端的外币数额增加。

3. 美元标价法与非美元标价法

由于美元是石油等大宗商品在国际贸易结算中使用的最主要货币,具备最高的国家信用背书等级,是特别提款权中最主要的组成部分,也是世界上最被广泛使用的货币,因此国际外汇市场也将标价法分为美元标价法和非美元标价法两种。

在美元标价法下,美元作为基准货币,其他货币是标价货币;在非美元标价法下,非美元货币作为基准货币,美元是标价货币。在国际外汇市场上,除英镑、澳元、新西兰元、欧元、南非兰特等几种货币采用非美元标价法以外,其余大多数货币均采用美元标价法。这一惯例已被世界市场参与者接受。

例如,当外汇市场报道美元对瑞士法郎汇率水平为 1.8150 时,即表明 1 美元 = 1.8150 瑞士法郎;如果英镑对美元汇率水平为 1.5680,即表明 1 英镑 = 1.5680 美元。

在统一外汇市场惯例标价法下,市场参与者不必区分直接标价法还是间接标价法,都按市场惯例进行报价和交易。货币升值或贬值可以通过汇率数额的变化直接反映出来。

综上所述,在谈到外汇汇率上升或下降时,首先要明确其标价方法,然后才能正确理解其含义。

(三) 汇率的种类

汇率可以按照不同标准、从不同角度、根据不同需要划分为各种不同的种类。

1. 按银行业务操作情况分为买入价、卖出价、中间价和现钞价

买入价和卖出价是在银行与非银行客户交易时所使用的汇率,也叫商人汇率。其买入和卖出是站在银行角度而言的,其价格是银行买入外汇或卖出外汇时所使用的汇率。

买入价(buying rate),即买入汇率,是银行买入外汇时所使用的汇率。

在直接标价法下,外汇的买入价是前一数字,即数字较小的一个。例如,USD 1 = CNY <u>6.5558</u>—6.5562,意味着银行所买的外汇是单位美元,在等式的左端。银行买外汇是收进美元,付出人民币。而付出的人民币数额就是等式右端带有下划线的数字,即单位外汇——美元的买入价。

在间接标价法下,外汇的买入价是后一数字,即数字较大的一个。例如,USD 1 = CNY 6.5558—<u>6.5562</u>,意味着银行所买的外汇是若干人民币,在等式的右端,即带有下划线的数字。银行买外汇是收进人民币,付出美元,而这时美元是本币。

卖出价(selling rate),即卖出汇率,是银行卖出外汇时所使用的汇率。

在直接标价法下,外汇的卖出价是后一数字,即数字较大的一个。例如,USD 1 = CNY 6.5558—<u>6.5562</u>,意味着银行所卖的外汇是单位美元,在等式的左端。银行卖外汇是付出美元,收进人民币。而收进的人民币数额就是等式右端带有下划线的数字,即单位外汇——美元的卖出价。

在间接标价法下,外汇的卖出价是前一数字,即数字较小的一个。例如,USD 1 = CNY <u>6.5558</u>—6.5562,意味着银行所卖的外汇是若干人民币,在等式的右端,即带有下划线的数字。银行卖外汇是付出人民币,收进美元,而这时美元是本币。

中间价(middle rate),即中间汇率或挂牌价格,往往是官方汇价。它是外汇买入价和卖出价的平均数,是市场报价时所使用的汇率,也叫同业汇率,一般在银行间外汇市场上

使用。

现钞价(cash buying rate),即现钞汇率,是买卖外币现钞时使用的汇率。外币现钞买卖一般为外汇零售业务。由于外币现钞不能直接用于大宗国际贸易支付,只有运回其母国才能正常使用,因此可能会发生运费、保险费等费用。所以,外币现钞的买入价要比外汇买入汇率低,是从外汇买入价中扣除掉将其运往其母国的运费和保险费以后的价格,但其卖出价与外汇相同。

根据2021年国家外汇管理局的统计数据,人民币对马来西亚林吉特、俄罗斯卢布、南非兰特、韩元、阿联酋迪拉姆、沙特里亚尔、匈牙利福林、波兰兹罗提、丹麦克朗、瑞典克朗、挪威克朗、土耳其里拉、墨西哥比索、泰铢汇率中间价采取间接标价法;人民币对美元、欧元、日元、港元、英镑、澳元、加元、新西兰元、新加坡元、瑞士法郎汇率中间价采取直接标价法。

2. 按交割期限分为即期汇率和远期汇率

即期汇率(spot exchange rate),即现汇汇率,是外汇买卖成交后在两个营业日内进行交割时所使用的汇率。一般即期外汇交易都是通过电话、电报、电传方式进行,因此即期汇率就是电汇汇率,同时也是外汇市场上的基本汇率。

远期汇率(forward exchange rate),也称期汇汇率,是外汇买卖成交后按照约定在到期日进行交割时所使用的汇率。远期汇率常以对即期汇率的升水或贴水来报价。升水(premium)意味着远期汇率比即期汇率高,$P=F>S$;贴水(discount)意味着远期汇率比即期汇率低,$D=F<S$;平价(par)意味着远期汇率与即期汇率相等,不升不贴,$F=S$。

即期汇率主要由外汇交易时的供求状况所决定,而远期汇率则主要由约定到期日时的外汇交易供求状况所决定。一般来说,即期汇率较高,因为短期内可以兑现,风险较小;而远期汇率则低一些,因为它要经过一段时间才能兑现,风险较大。

3. 按外汇交易的结算方式分为电汇汇率、信汇汇率和票汇汇率

电汇汇率(telegraphic transfer rate)是以电信方式进行外汇交易时使用的汇率,即以电信方式通知付款时所使用的汇率。由于国际上不同外汇市场之间较大金额的外汇买卖通常使用电话、电报、电传等电信方式进行,因此电汇汇率成为外汇市场上的基本汇率。电汇汇率就是即期汇率。

信汇汇率(mail transfer rate)是以信函方式进行外汇交易时使用的汇率,即以信函方式通知付款时所使用的汇率。由于以信函方式收付外汇的时间远比电汇长,因此信汇汇率一般比电汇汇率低。

票汇汇率(draft transfer rate)是以汇票、支票或其他票据作为支付方式进行外汇买卖时所使用的汇率,也可分为即期和远期两种。即期票汇是现汇汇票,为见票即付汇票;远期票汇是期汇汇票,即在约定到期日付款的汇票。即期票汇汇率是银行买卖即期票汇时使用的汇率;远期票汇汇率是银行买卖远期票汇时使用的汇率。由于以票汇方式收付外汇的时间也比电汇长,因此票汇汇率一般也比电汇汇率低。

由于使用电汇方式可以保证在两个营业日内完成交割,付款时间短,从而可避免汇率波动风险,同时银行不能利用客户的在途汇款资金做短期周转,因此电汇汇率要高于信汇汇率和票汇汇率。

4. 按汇率制度分为固定汇率和浮动汇率

固定汇率(fixed exchange rate)即固定比价,是指两国货币比价基本固定,其波动范围被限制在一定幅度内。固定比价并不是一成不变的,而是一般不做大的变动,仅可在一定幅度内做小的变动。

浮动汇率(floating exchange rate)即可变汇率,是指可以由货币当局自主调节或由外汇供求关系自发影响其升降的汇率。浮动汇率还可以进一步划分:按照政府是否干预,可分为自由浮动与管理浮动;按照浮动的形式,可分为单独浮动与联合浮动。

5. 按交易对象分为银行同业汇率和商人汇率

银行同业汇率是指银行同业之间买卖外汇的汇率,即中间汇率。在我国现行外汇市场上即为同业汇率。商人汇率是指银行对非银行客户买卖外汇的汇率,即买入汇率和卖出汇率。

6. 按换算标准分为基础汇率和套算汇率

基础汇率(basic rate)是指一国货币同关键货币的比价,如美元对其他国家货币的汇率。套算汇率(cross rate)又称交叉汇率,是指两国货币通过各自对第三国货币的汇率套算出的汇率。

7. 按管理程度分为官方汇率和市场汇率

官方汇率(official exchange rate)是指由国家外汇管理当局确定公布的汇率。市场汇率(market exchange rate)是指由外汇市场供求关系状况决定的汇率。官方汇率又可进一步分为单一汇率和多重汇率。单一汇率为无国别、货物来源等差别的汇率,是 IMF 要求成员使用的汇率。多重汇率即对不同国别、不同货物来源分别规定差别汇率,是外汇管制的一种方法。

8. 按营业时间分为开盘汇率和收盘汇率

开盘汇率是银行在营业日开始营业时,对首笔外汇买卖报出的第一个外汇牌价(foreign exchange quotations)。收盘汇率是银行在营业日结束营业前,报出的最后一个外汇牌价。这种划分一般在浮动汇率条件下使用。

9. 按外汇资金性质和用途分为贸易汇率和金融汇率

贸易汇率是指用于进出口贸易及其从属费用方面的汇率。金融汇率主要是指资金转移和旅游支付等方面的汇率。

10. 按外汇收付的来源与用途分为单一汇率和多种汇率

单一汇率是指一国对外仅有一个汇率,各种不同来源与用途的收付均按此计算,或本币对各种外币的即期外汇交易的买卖价不超过2%者。

多种汇率又称复汇率,是指一国货币对某一外国货币的汇价因用途及交易种类的不同而规定有两种以上的汇率,或本币对各种外币的即期外汇交易的买卖价超过2%者。

11. 按测算方法分为名义汇率、实际汇率和有效汇率

名义汇率(nominal exchange rate)是指官方公布的汇率或在市场上通行的、没有剔除通货膨胀因素的汇率。

实际汇率(real exchange rate)是能够反映国际竞争力的汇率。与名义汇率不同的是,它反映了物价因素对汇率的影响。它有以下两种基本表达方式:

（1）用价格水平加权的实际汇率可表述为：

$$e_r = e(P^*/P) \tag{3-1}$$

式中，e_r 表示实际汇率；P^* 和 P 分别表示外国和本国的价格水平；P^*/P 表示国际相对价格，可看成名义汇率 e 的权数。实际汇率可反映一个国家的国际竞争力（针对价格竞争）。在其他条件不变的前提下，实际汇率上升，表示该国际竞争力提高。对式(3-1)作对数差分，得到：

$$\Delta \ln e_r = \Delta \ln e + \Delta \ln P^* - \Delta \ln P \tag{3-2}$$

从式(3-2)可以看出，实际汇率变动率 $\Delta \ln e_r$ 反映的是名义汇率变动率 $\Delta \ln e$ 与两国通货膨胀率差额（$\Delta \ln P^* - \Delta \ln P$）之和。外币汇率上升、外国物价上升和本国物价下降，都是本国商品国际竞争力提高的核心因素。

在理论分析中，人们习惯使用该实际汇率概念。但是，在经验分析中，它有明显的局限性，即物价水平作为若干种商品和服务价格的加权平均数，缺少相应的统计数据。

（2）用价格指数加权的实际汇率。鉴于价格水平数据难以获得，人们使用价格指数代替价格水平，实际汇率则可表述为：

$$e_r = e(P_t^*/P_t) \tag{3-3}$$

式中，P_t^* 和 P_t 分别表示 t 期外国和本国的价格指数。价格指数具有大量的统计数据，因此该实际汇率概念具有可操作性。但是，各国在编制价格指数时选择的基期不同，容易给人们造成混淆。此外，它只适用于跨时分析，在静态分析中价格指数不能说明什么问题。

有效汇率(effective exchange rate, EER)是指用本币数量表示的一篮子外币的加权平均值。其定义方程为：

$$\text{EER} = \sum_{i=1}^{n} W_i e_i \tag{3-4}$$

式中，n 为一篮子货币中的货币种类数，e_i 为第 i 种外币的汇率（直接标价法），W_i 为第 i 种外币在计算中的权数。一篮子货币中货币种类的选择以及权数的计算主要由本国与其他国家对外经贸往来的密切程度决定。

一个国家要同多个国家发生经济往来，要与多个国家产生货币兑换关系，从而会出现多种汇率。这些汇率的走势可能不同。例如，人民币在对日元升值的同时，可能对欧元贬值，同时对美元保持稳定。在宏观经济分析中，人们如果要研究汇率变动对宏观经济的影响，使用针对任何一个国家货币的汇率都是不准确的，这时需要使用有效汇率的概念。

第二节 汇率的决定及其变动

分析、研究决定和影响汇率变动的因素，是制定对外经济政策的依据和基础，是一国宏观经济管理，尤其是对外经济关系调控的一个重要组成部分。

一、决定汇率的基础

汇率是指两种货币之间的相对价格或兑换比率,所以各国货币具有或代表的价值是决定汇率的基础。但在不同货币制度下,货币发行基础、种类和形态各异,所以决定汇率的基础也各不相同。

(一) 金本位制下决定汇率的基础

金本位制是指一国以法律规定由一定成色及重量的黄金作为本位货币而进行流通的货币制度。本位货币是指作为一国货币制度基础的货币。根据流通中货币与黄金联系的程度为标准进行划分,金本位制包括金币本位制(gold coin standard system)、金块本位制(gold bullion standard system)和金汇兑本位制(gold exchange standard system),其中最典型的是金币本位制。

在金本位制下,各国货币都被规定有一定含金量,汇率就是两国货币以其内在的含金量为基础而确定的交换比例。

在金本位制条件下,决定两国货币汇率的基础被称为铸币平价(mint par)。铸币平价表示的是铸币含金量与其面额相一致的关系,即金属货币在铸造时所耗用的金属价值与其交换价值相一致的关系。铸币的含金量是一国通过立法程序规定的,两国货币的含金量之比被称为法定平价,即金平价。因此,铸币平价是金本位制条件下两国货币汇率决定的基础。

法定平价一般不会轻易变动,但实际汇率却时有升降。受外汇市场上供求关系的影响,外汇的实际汇率经常围绕两国货币的法定平价上下波动,但其波动幅度自发地受到黄金输送点的限制。黄金输送点是金本位制条件下汇率上下波动范围的界限。

黄金输送点(gold transport points)即黄金输出点(gold export points)与黄金输入点(gold import points)的总称,是金本位制条件下由汇率波动引起黄金输出和输入的界限,也是汇率波动范围的界限。计算公式如下所示:

$$黄金输出点 = 铸币平价 + 运费$$
$$黄金输入点 = 铸币平价 - 运费$$

在金本位制下,尽管黄金是世界货币,但由于在国际结算中以黄金作为支付手段比较麻烦且费用(包括运费、保险费等)很高,因此一般的贸易往来都采用非现金结算,即用汇票作为支付手段,而汇票结算就必然会带来汇率波动问题。

从债务人或进口商的角度看,如果汇率上升到黄金输出点以上,则意味着用汇票形式清偿债务或支付货款不如用黄金直接进行清偿和支付划算,所以债务人或进口商就不去购买汇票,而是以直接向对方运送黄金的方式来清偿或支付。由此,发生黄金输出及汇票因需求减少而价格回落的情况。

从债权人或出口商的角度看,如果汇率下降到黄金输入点以下,则意味着用汇票形式收回债权或得到货款不如直接用黄金进行清算结算收益大,所以债权人或出口商不收汇票而要求对方直接以支付黄金的方式来清算或结算,收取黄金后自行运回国内。由此,发生黄金输入及汇票因供给减少而价格回升的情况。

因此,汇率的变动以黄金输送点为上下限,在黄金输出点和黄金输入点的范围内上下波动。一旦越过此范围,就会引起黄金的输出、输入,从而使汇率又回到以黄金输送点为界限的范围之内。

(二)纸币流通条件下决定汇率的基础

纸币是价值符号,可以代表金属货币执行流通手段的职能。在纸币流通条件下,汇率实质上是两国纸币以各自所代表的价值量为基础而形成的交换比例。所以在纸币流通条件下,纸币所代表的实际价值是决定汇率的基础。

纸币所代表的价值在历史的发展演变过程中曾经有两种含义:

(1)第一种含义是指纸币所代表的金平价,即国家法令规定的纸币的含金量。在纸币发行以黄金准备为限的纸币流通条件下,金平价表示每单位纸币所代表的黄金量。所以,两国纸币的金平价是决定两国汇率的基础。

但是,纸币发行是由政府控制的。第一次世界大战前后,参战各国滥发纸币,纸币发行逐渐超过黄金准备的限制,使纸币贬值。通货膨胀成为经常现象,导致纸币不能兑换黄金。金平价逐渐与其名义上所代表的黄金量背离,纸币日益脱离了与黄金的联系。因此,汇率便无法以纸币名义上的金平价为基础来决定,而只能以纸币所代表的实际价值量为依据。

(2)第二种含义是指纸币的购买力,即每单位纸币能购买到的商品量。按照马克思劳动价值论和货币理论,决定两国货币汇率的是两国纸币的购买力。

在1976年黄金非货币化的影响下,黄金逐渐脱离了与货币的联系,不再作为各国货币的定值标准,各国也不再规定货币的含金量,而纸币发行也逐渐演变为纯粹的不兑现的信用货币发行。在这样的纸币流通制度下,纸币所代表的实际价值就是纸币的购买力。

在纸币流通条件下,汇率的变动主要受外汇供求关系变化的影响。这种情况在历史上可以分为两个时期:在布雷顿森林体系时期,西方各国用法律规定纸币的含金量,并人为规定了汇率的波动幅度,把汇率的变动限制在一定范围之内;而在《牙买加协议》基础上的现行国际金融体系时期,黄金已经非货币化,纸币的金平价也已被废止,汇率基本摆脱了自发的及人为的限制,主要受外汇供求关系的作用,波动频繁且幅度很大,影响外汇供求关系的因素也更加复杂化。

二、影响汇率变动的主要因素

汇率的变动受很多因素影响,其中既包括经济因素,也包括政治因素、心理因素及其他因素。各因素之间在相互联系的同时也相互制约,并且其作用的强弱也经常发生变化,有时以某些因素为主,有时以另一些因素为主,而同一种因素在不同国家或在同一国家的不同时期所发挥的作用也不尽相同。因此,汇率变动的原因是极其复杂的。但从根本上来说,影响汇率变动的主要因素是一些基本的经济因素,它们都是通过影响外汇的

供求关系来影响汇率变动的。这些基本经济因素主要包括以下几个方面:

(一) 国际收支状况

国际收支对汇率变动的影响需要区分两种情况,即在不同的汇率制度下,国际收支对汇率有不同的影响。

在浮动汇率制下,由于汇率受市场自发作用的调节,因此国际收支状况对一国的汇率变动会直接产生影响。其作用过程为:一国国际收支逆差可导致本国外汇供给的减少或外国对本币需求的减少,从而造成市场上外汇供不应求或本币供过于求,引起外汇汇率上升,本币汇率下降;反之,一国国际收支顺差则会引起外汇汇率下降,本币汇率上升。

在固定汇率制下,由于汇率是由官方人为控制的,因此国际收支状况不会直接导致汇率变动,但它会带来汇率变动的压力。例如,长期、大量的国际收支逆差往往是本币法定贬值的信号。政府往往迫于市场作用的压力而调整汇率。

(二) 通货膨胀

通货膨胀(inflation)对汇率变动的影响是长期性的,而且可以从不同方面表现出来。

第一,国内货币供给过多造成通货膨胀和物价上涨,导致本国出口商品和劳务在世界市场上的价格竞争力降低,从而使出口需求减少。与此同时,国内通货膨胀、物价上涨还会导致进口价格相对降低而刺激进口需求增加,从而使国际收支产生逆差。而一国国际收支逆差则会导致其外汇供不应求,引起本币贬值和外汇汇率上升。

第二,一国货币对内贬值将会降低该国货币在国际上的信誉,不可避免地会影响到其对外价值,导致其本币汇率下降。

(三) 利率

利率对汇率变动的影响一般是短期性的,但表现较为剧烈,尤其是在浮动汇率制条件下。

第一,利率影响汇率变动,主要通过对国际收支资本项目的影响来发挥作用。因为在开放经济条件下,国家间利率的差异往往会引起短期资本在国家间的流动。本币利率高的国家会发生资本流入,本币利率低的国家会发生资本流出,而资本的流入流出则会引起外汇市场的供求关系发生变化,从而对汇率变动产生影响。其具体的作用过程表现为:

利率高→资本流入→国际收支顺差→外汇供大于求→外汇汇率下降、本币升值

利率低→资本流出→国际收支逆差→外汇供不应求→外汇汇率上升、本币贬值

这一作用过程如图 3-1 所示。

图 3-1 利率通过资本流动影响汇率变动

第二,利率影响汇率变动,还通过对国际收支经常项目的影响来发挥作用。利率可以通过与国内货币供给政策的联系影响物价水平。一般情况下,提高本币利率往往伴随着国内货币供给减少及信用紧缩政策实施,引起物价下跌,从而影响进出口和国际收支乃至汇率。其具体作用过程表现为:

利率高→伴随着国内货币供给减少和信用紧缩→物价下跌→有利于出口,不利于进口→国际收支顺差→本币升值

利率低→伴随着国内货币供给增加和信用扩张→物价上涨→不利于出口,有利于进口→国际收支逆差→本币贬值

这一作用过程如图 3-2 所示。

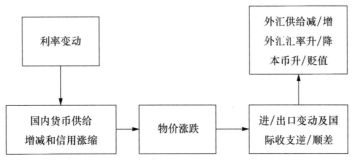

图 3-2 利率通过进出口影响汇率变动

(四) 经济增长率

一国经济增长率的高低对汇率变动的影响较为复杂。

对发展中国家而言,一般表现为在国内经济增长的同时,伴随着国际收支逆差,从而使汇率受到影响。这主要是由于发展中国家经济增长率的提高会引起国内需求水平的提高,而发展中国家又往往依赖于增加进口以弥补国内供给的不足,从而导致其出口增长慢于进口增长,使其国际收支出现逆差,造成本币贬值。其过程如图 3-3 所示。

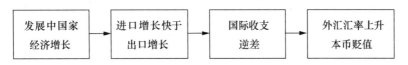

图 3-3 发展中国家经济增长对汇率的影响

对出口导向型国家而言,情况则与上述相反。出口导向型国家的经济增长主要表现为出口的增长,进而导致其国际收支出现顺差,从而影响汇率。其过程如图 3-4 所示。

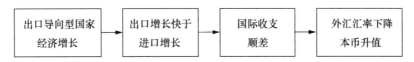

图 3-4 出口导向型国家经济增长对汇率的影响

另外,经济增长也反映一国经济实力的变化。从市场参与者的心理角度分析,一国经济增长表明该国经济实力的提高,从而增强外汇市场上对其货币的信心,提高其本币

信誉,导致其本币汇率上升。当然,在其他条件不变的情况下,如果各国经济增长率同步变化,就不会对汇率产生太大影响。

（五）财政赤字

一国财政赤字对汇率变动的影响较为复杂。一般来说,庞大的财政赤字说明财政支出过度,会引发通货膨胀,导致国际收支经常项目恶化,使一国货币汇率下降。但这种情况是否会发生主要取决于弥补财政赤字的方法。

在市场经济条件下,如果采用财政性发行方法来弥补财政赤字,就会导致国内通货膨胀和物价上涨,利率下降,不仅不利于本国出口,而且还会导致资本流出,从而使国际收支恶化,本币汇率下降。

如果通过紧缩信贷来弥补财政赤字,则会导致国内利率上升,物价下跌,不仅有利于本国出口,而且还会吸引资本流入,从而改善国际收支,使本币汇率趋于坚挺。

（六）外汇储备

中央银行所持有的外汇储备表明了一国干预外汇市场、维持本币汇率的能力。但一国外汇储备对汇率变动的影响较为有限,而且只能在短期内起作用,因为在一定时期内一国的外汇储备有限。

（七）政策因素

政府机构是外汇市场的交易主体之一,政府可直接通过外汇买卖来影响汇率。但是,政府出售外汇的能力取决于其持有的外汇储备的规模,其购买外汇的行为也要受到外汇储备机会成本的影响。

在中央银行参与外汇市场交易不足以实现政府的汇率政策目标时,政府可借助外汇管制来限制外汇供求关系,以使汇率变动在政府可以接受的范围之内。

政府其他经济政策也会对汇率产生间接影响。例如,扩张性财政政策会通过刺激增长引起进口增加,带来本币对外贬值压力;紧缩性货币政策会通过抑制通货膨胀和利率上升引起贸易顺差和资本流入,最终导致本币对外升值。

政府的贸易政策既可能刺激出口(如出口退税),又可能限制进口(如非关税壁垒),对汇率也有较长期的影响。

政府还可以与他国政府进行政策协调,共同采取干预汇率的措施。

在现实生活中,政策因素往往通过改变市场心理预期来影响汇率。政府是外汇市场上最有实力的交易者,因此政府的意图具有很强的影响力。在很多情况下,领导人发布公开讲话之后,无须政府采取实际干预行动,市场汇率的变化就能够达到政府期待的目标值。

（八）市场心理预期

如果人们预期外币汇率上升,资本就会流出,从而外币汇率就会上升。这说明汇率预期具有自我实现的功能。

人们对其他价格信号和宏观经济变量的预期也有类似特点。例如,如果人们产生通货膨胀预期,就会抢购,以避免物价上涨给自己带来损失,而人们的行为恰好会使物价上涨成为现实。所以,通货膨胀预期会引起外币汇率上升。其他变量的预期也会产生类似作用。

人们的预期受多种因素的影响。人们的文化素质和知识水平不同,使得同样的因素会令不同的人产生不同的预期。搜寻信息的成本也决定了不同人掌握的信息是不相同的。一项新闻,不论是谣言还是严肃的报道,一旦对人们的预期产生重大影响,就会通过人们的外汇交易行为影响汇率。

(九) 重大国际国内政治事件

重大国际国内政治事件也是影响汇率变化的因素,因为政治事件对经济因素会产生直接或间接影响,汇率变化对政治事件尤为敏感。国际上的军事行动,如1991年的海湾战争、2003年3月20日美英联军发动的对伊拉克的战争、2001年9月11日恐怖分子对纽约世贸中心发动的突然袭击,均对美元汇率产生重大影响。

20世纪80年代初期,由于美国财政赤字水平持续上升,美国对外贸易状况持续恶化,美国计划通过美元贬值手段来增强出口竞争力,改善美国国际收支状况。1985年9月22日,美国、日本、联邦德国、法国和英国的财政部部长和央行行长于纽约的广场饭店举行会议,五国政府就联合干预外汇市场、诱导美元对当时世界主要国际货币贬值达成协议,该协议史称《广场协议》(Plaza Accord)。在协议签署不到3个月的时间内,美元对日元贬值了20%,并在不到3年的时间内累计对日元贬值超过50%。《广场协议》在有效改善美国国际收支的同时,也拉开了日本低资金成本的序幕,游资涌入日本股市和房地产市场形成泡沫。随着数年后日本房地产泡沫的破裂,日本经济遭受了长期的沉重打击。

1991年8月19日在苏联发生的非常事件曾使美元对当时马克的汇率在两天内剧升1 500点,该事件为第二次世界大战后造成汇率波动最大的一次国际政治事件。

2016年6月,英国举行全民公投,决定英国将限期脱离欧盟。该决定于2017年3月16日正式由女王伊丽莎白二世批准,拟定于2019年3月29日英国正式脱欧。经过多次磋商及延期,2020年1月30日欧盟正式批准了英国的脱欧申请。英国于2020年12月31日正式结束脱欧过渡期,也结束了其48年的欧盟成员国身份。受脱欧带来的未来不确定性等一系列因素影响,英镑对美元汇率于2016年6月直线暴跌,由当月最高GDP 1=USD 1.5019贬值至最低GDP 1=USD 1.3119,月内振幅达13%。尽管英镑对美元汇率于2016年进入了上升区间并开始震荡,但直到2020年年底仍未回到脱欧前的水平。

此外,一国首脑人物的政治丑闻、错误言论以及主管金融外汇官员的调离任免,都会对短期汇率走势产生影响。

阅读专栏3-1　　　　　　　　《广场协议》的历史背景

1979年,世界第二次石油危机爆发,导致美国能源价格大幅上升,消费物价指数随之高涨,美国出现严重通货膨胀。1979年到1984年,美元汇率上涨60%,使美国的出口受到了沉重的打击。同时美国实施紧缩性货币政策,提高利率,大量海外资金流入美国,汇率大幅上涨,致使美国贸易逆差快速扩大。此时日本不仅是美国贸易逆差的主要来源国,而且持有美元债券,是美国的最大债主。

在财政赤字方面，里根政府从1982年下半年起实行扩大赤字的预算政策。巨额财政赤字虽然对美国经济有强烈的刺激作用，引起了美国1983年至1984年强劲的经济回升，但也带来了加重国债负担、损害国民储蓄以及削弱出口竞争力的负面影响，成为20世纪80年代阻碍美国经济增长的最大威胁。

《广场协议》是1985年美国、日本、联邦德国、法国和英国五国针对彼此间，特别是对美国越来越严重的国际收支失衡进行相互协调和妥协的结果。各国都根据自身的情况作出了不同的经济政策调整承诺，包括抑制通货膨胀、减少政府赤字、扩大市场开放度、减少贸易保护障碍等。其中最引人瞩目的是汇率政策方面的内容。美国的做法实际上相当简单，即通过人为手段拉高日元的汇率、降低本国汇率，来削弱日本产品的国际竞争力。

《广场协议》签订后，五国按照协议的约定开始低价大量抛售美元，这一行动立刻引来了市场投资者的疯狂跟进，引发抛售美元的狂潮，导致美元持续大幅贬值，其余四国货币对美元大幅升值。其中，日元升值最高，一度达86.1%，直接导致日本出口工业遭受致命打击，出口额锐减，日本持有的美元资产大幅贬值。

《广场协议》是在日本政府判断日元升值不会动摇日本经济的命脉时签下的协议。签订协议之初，日本经济增长并未立即停滞，反而经历了近7年的高速增长和繁荣。通货膨胀率经历了较低、温和直至加剧的过程，其间日本出口先下降，进口随后下降，经济对外依存度下降，贸易条件趋于改善，产业结构发生了明显变化。当时的日本沉浸在财富神话中不能自拔，却很少有人意识到，楼市与股市的泡沫积累了太多的金融风险。随后就是大家熟悉的"失去的二十年"的故事。

《广场协议》后的日本政府配套措施失误是泡沫产生的根源。泡沫的产生和破灭可以分为三步：第一步，日元升值带来了短暂的经济回调，日本央行为防止金融通货紧缩主动调低了本国利率，并于1987年时签署了阻止美元币值进一步下滑的《卢浮宫协议》，进一步压低了国内利率，助长了国内资产价格的盲目膨胀。第二步，投资者信心膨胀并热衷于投机。低利率下，国际游资大举进入日本房产业和股市，而股市价格上涨带来的财富效应促使银行继续把贷款贷给房地产业，催生出一个更大的资产泡沫。此时，日本政府没有及时采取货币紧缩政策或限制贷款与估值比率等有力的监管措施，延误了时机。第三步，在1991年海湾战争开战后，石油价格暴涨，直接导致日本制造企业成本急剧抬升，为弥补现金漏洞，房产终被抛售，个人和企业资金链出现断裂。此时，面对输入的通货膨胀压力和国内愈演愈烈的投机之风，日本政府部门最终不得不采取紧缩措施。最终，在紧缩信贷环境及高利率环境下，日本前期极度膨胀的资产泡沫破裂。

资料来源：刘玮.两分钟带你学金融：广场协议（Plaza Accord）[EB/OL]. (2018-06-29) [2022-08-22]. https://mp.weixin.qq.com/s/gbXUcU7J2tuq8cqhUauKVw. 有部分删减。

第三节 汇率变动对经济的影响

在当今的浮动汇率制下，汇率变动频繁且剧烈。汇率变动对一国的国际收支、国内经济以及整个世界经济都有重大影响。货币升值或贬值的影响就结果而言正好相反。

一、汇率变动对一国国际收支的影响

汇率变动对一国国际收支产生的直接影响表现在以下几个方面：

(一) 汇率变动对贸易收支的影响

一国货币汇率变动会使该国进出口商品价格相应涨落，抑制或刺激国内外居民对进出口商品的需求，从而影响进出口规模和贸易收支。例如，一国货币对外汇率下降（即本币贬值），则以本币表示的外币价格高涨，出口收汇兑换成本币后的数额增多。出口商为扩大销售、增加出口，有可能降低出口商品的外币售价，而获得本币的数额不会减少。与此同时，一国货币汇率下降，以本币表示的进口商品的价格上涨，从而抑制本国居民对进口商品的需求。在一般情况下，出口的扩大和进口的减少有利于汇率下降国家贸易收支的改善。如果一国货币汇率上升，其结果则与上述情况相反。

(二) 汇率变动对非贸易收支的影响

1. 汇率变动对无形贸易收支的影响

一国货币汇率下降，则外国货币兑换本国货币的数量增加，外币的购买力相对提高，本国商品和劳务相对低廉。与此同时，本国货币兑换外币的数量减少，则意味着本币购买力相对降低，国外商品和劳务价格变得昂贵，这有利于该国旅游与其他劳务收支状况的改善。如果汇率上升，其作用则与此相反。当然，汇率变动的这一作用须以货币贬值国国内物价不变或上涨相对缓慢为前提。

2. 汇率变动对单方转移收支的影响

一国货币汇率下降，如果国内价格不变或上涨相对缓慢，一般对该国的单方转移收支会产生不利影响。以侨汇为例，侨汇多系赡家汇款，货币贬值后，旅居国外侨民只需向国内汇回少于贬值前的货币，就可以维持国内亲属的生活需要，从而使该国侨汇收入减少。一国货币如果对外升值，其结果则相反。

(三) 汇率变动对资本流动的影响

汇率频繁变动会使得国际资本流动的风险增大，从而影响国际资本流动的正常进行；同时，汇率波动还会刺激投机活动，引起短期资本在国际上的频繁流动，从而不但冲击各国正常的经济秩序，不利于一国经济的平稳发展，还会影响国际资本的正常流动。

(四) 汇率变动对国际储备的影响

一方面，汇率变动主要通过对进出口及资本流动的影响引起外汇储备的增减变化，即汇率变动通过影响国际收支引起储备变动。另一方面，汇率变动还会使外汇储备的实际价值发生变化。例如，关键货币的汇率下降使该储备货币持有国遭到无形损失。

二、汇率变动对国内经济的影响

(一) 汇率变动对国内物价的影响

一国货币汇率下降，一方面有利于出口，在国内总体产能短期不发生增加的条件下，使国内商品供应相对减少，货币供给增加，促使物价上涨；另一方面会使进口商品的本币成本上升,从而带动国内同类商品价格上升。若货币汇率上升,一般则是相反。

(二)汇率变动对国民收入与就业的影响

一国货币汇率下降,有利于出口而不利于进口,将会使闲置资源向出口商品生产部门转移,并促进进口替代品生产部门的发展,这将使生产扩大、国民收入和就业增加。这一影响是以该国有闲置资源为前提的。一国货币汇率上升,将会抑制生产、降低国民收入和就业。

(三)汇率变动对国内利率的影响

对于外国投资者而言,跨国投资的总收益既取决于在投资国的净收益(通常可以用外国与投资国的利率水平之差作为代表或基准),也取决于外国与本国两国货币的汇率变化,因为一般情况下投资者最终要将收益换成母国货币。因此,当本国汇率下降时,本币发生贬值,外国投资者在本国获得相同水平投资收益再将收益换回外币时将遭受损失,由此外国投资者在本国投资的期望收益率将显著降低,外国资金流入本国的数量将减少,本国的外商直接投资(foreign direct investment,FDI)水平将降低。为弥补这一影响,本国需要通过提高利率水平弥补汇率变动对外国投资者的收益影响,国内利率水平有上升的趋势。

(四)汇率变动对普通居民生活的影响

对于广大居民来说,汇率变动最直接的影响是出国留学和旅游的成本变动。当本币处于升值区间时,有跨国需求的个人往往不必提前在国内兑换外币,因为在实际出行时再兑换可以节省成本。汇率变动也会影响国际账单结算方式。极端情况下,当外币处于恶性通货膨胀阶段时,外币急速贬值,同样一笔账单在月初付款和月末付款折算得到的本币金额可能会天差地别。

三、汇率变动对国际经济的影响

(1)汇率不稳,会加深发达国家对销售市场的争夺,影响国际贸易的正常发展。某些发达国家汇率不稳,便会利用汇率下降扩大出口、争夺市场,很可能引起其他国家采取报复性措施,或实行货币对外贬值,或采取保护性贸易措施,从而产生贸易战和货币战,破坏国际贸易的正常发展,对世界经济产生不良影响。

(2)汇率不稳,会影响某些储备货币的地位和作用,促进国际储备货币的多元化。某些储备货币国家的国际收支恶化,通货不断贬值,汇率不断下降,影响到其储备货币的地位和作用,如英镑和美元;而有些国家的情况则相反,其货币在国际结算领域中的地位和作用日益加强,如日元。上述情况促进了国际储备货币多元化的形成。

(3)汇率不稳,会加剧投机和国际金融市场动荡,同时促进国际金融业务的不断创新。汇率不稳会促进外汇投机的发展,造成国际金融市场的动荡与混乱,如 1993 年夏,欧洲汇率机制危机就是外汇投机造成的。与此同时,汇率不稳还会加剧国际贸易与金融的汇率风险,进一步促进期权、货币互换和欧洲债券等业务的出现,使国际金融的业务形式与市场机制不断创新。

第四节 汇率制度

汇率制度是指一国对本币与外币的比价作出的安排与规定,安排的情况与规定的内容不同,就有不同的汇率制度。第二次世界大战以后,主要发达国家建立的汇率制度经历了两个阶段:1945—1973 年春的固定汇率制(fixed rate system)阶段和 1973 年春以后的浮动汇率制(floating rate system)阶段。但广大发展中国家仍在实行不同形式的固定汇率制。

一、固定汇率制

(一) 固定汇率制的概念

固定汇率制,就是两国货币比价基本固定,并把两国货币比价的波动幅度控制在一定的范围之内。

(二) 固定汇率制的类型

固定汇率制的发展可以分为以下两个阶段:

1. 金本位体系下的固定汇率制

在金本位体系下,两国之间货币的汇率由它们各自的含金量之比——金平价来决定,汇率波动的最高界限是铸币平价加运金费用,即黄金输出点;汇率波动的最低界限是铸币平价减运金费用,即黄金输入点。黄金输送点和物价的机能作用把汇率波动限制在有限的范围内,对汇率起到自动调节的作用,从而保持汇率的相对稳定。在第一次世界大战前的 35 年间,美国、英国、法国、德国等国家的汇率从未发生过波动。

实行金本位体系的 35 年是自由资本主义繁荣昌盛的"黄金时代",固定汇率制保障了这一时期国际贸易和信贷的安全,方便了生产成本的核算,避免了国际投资的汇率风险,推动了国际贸易和国际投资的发展。但是,1914 年第一次世界大战爆发,各国停止黄金输出输入后,金本位体系即告解体。第一次世界大战到第二次世界大战之间,各国货币基本上没有遵守统一的汇率规则。

2. 布雷顿森林体系下的固定汇率制

布雷顿森林体系下的固定汇率制,也称以美元为中心的固定汇率制。1944 年 7 月,在第二次世界大战即将结束的前夕,45 个同盟国在美国新罕布什尔州的布雷顿森林召开了联合和联盟国家国际货币金融会议,通过了以美国财长助理哈里·怀特(Harry White)提出的以"怀特计划"为基础的《国际货币基金协定》和《国际复兴开发银行协定》,总称《布雷顿森林协定》,从此开始了布雷顿森林体系。

布雷顿森林体系下的汇率制度,简单地说就是美元与黄金挂钩、其他货币与美元挂钩的"双挂钩"制度。具体内容为:美国公布美元的含金量,1 美元的含金量为 0.888 671 克,美元与黄金的兑换比例为 1 盎司黄金=35 美元。其他货币按各自的含金量与美元挂钩,确定其与美元的汇率。这就意味着其他国家货币都钉住美元,美元成为各国货币围绕的中心。各国货币对美元的汇率只能在平价上下各 1%的限度内波动,1971 年 12 月后调整为平价上下 2.25%波动,超过这个限度,各国中央银行有义务对外汇市场进行干预,以保持汇率的稳定。只有在一国的国际收支发生"根本性不平衡"时,才允许该国货币贬值或升值。各成员如需变更平价,必须事先通知 IMF,如果变动的幅度在旧平价的 10%以下,IMF 应无异议;若超过 10%,则须取得 IMF 同意后才能变更。如果在 IMF 反对的情况下,成员擅自变更货币平价,IMF 有权终止该成员向其借款的权利。

布雷顿森林体系下的固定汇率制,实质上是一种可调整的钉住汇率制,它兼有固定汇率与弹性汇率的特点,即在短期内汇率要保持稳定,这类似于金本位制度下的固定汇率制;但它又允许在一国国际收支发生根本性不平衡时随时调整,这一点类似于弹性汇率制。

1971 年 8 月 15 日,美国总统尼克松宣布美元贬值和美元停兑黄金,布雷顿森林体系开始崩溃。后来尽管 1971 年 12 月十国集团达成了《史密森协定》,宣布美元贬值,由 1 盎司黄金等于 35 美元调整到 38 美元,汇兑平价的幅度由 1%扩大到 2.25%,但到 1973 年 2 月,美元第二次贬值,欧洲国家及其他主要资本主义国家纷纷退出固定汇率制,布雷顿森林体系彻底瓦解。

(三) 固定汇率制的作用

1. 固定汇率对国际贸易和投资的作用

与浮动汇率相比,固定汇率为国际贸易与投资提供了较为稳定的环境,降低了汇率的风险,便于进出口成本核算以及国际投资项目的利润评估,从而有利于对外贸易的发展,对某些西方国家的对外经济扩张与资本输出有一定的促进作用。

但是,在外汇市场动荡时期,固定汇率制也易遭受国际游资的冲击,引起国际外汇制度的动荡与混乱。当一国国际收支恶化,国际游资突然从该国转移换取外国货币时,该国为了维持汇率的稳定,不得不拿出黄金外汇储备进行市场供应,从而引起黄金的大量流失和外汇储备的急剧缩减。如果黄金外汇储备急剧流失后仍不能平抑汇价,该国最后有可能采取法定贬值的措施。一国的法定贬值又会引起与其经济关系密切的国家同时采取贬值措施,从而导致整个汇率制度与货币体系的极度混乱与动荡,影响国际贸易和投资活动的正常进行。

2. 固定汇率对国内经济和国内经济政策的影响

在固定汇率制下,一国很难执行独立的国内经济政策。理由如下:

(1) 固定汇率制下,如果一国需要紧缩投资、治理通货膨胀,该国就要提高利息率,但却会因此吸引外资的流入。相反,为刺激投资而降低利率,就会引起资金的外流。

(2) 固定汇率使一国国内经济暴露在国际经济动荡之中,由于一国有维持固定汇率的义务,因此当其他国家的经济出现各种问题而导致汇率波动时,该国就须进行干预,从而也受到相应的影响。例如,外国出现通货膨胀而导致其汇率下降时,本国为维持固定汇率而抛出本币购买该贬值外币,从而增加本国货币供给,诱发本国的通货膨胀。

(四) 固定汇率制的优缺点

固定汇率制的主要优点是其有利于国际经济交易和世界经济的发展。其缺点主要有以下几方面:第一,汇率基本不能发挥调节国际收支的经济杠杆作用;第二,有牺牲内部平衡之虞;第三,削弱国内货币政策的自主性;第四,易引起国际汇率制度的动荡与混乱;第五,造成实际资源的浪费。

二、浮动汇率制

（一）浮动汇率制的概念

所谓浮动汇率制,即对本国货币与外国货币的比价不加以固定,也不规定汇率波动的界限,而听任外汇市场根据供求状况的变化自发决定本币对外币的汇率。外币供给大于需求,外币汇率就下降;外币需求大于供给,外币汇率就上升。

（二）浮动汇率制的类型

自 1973 年 3 月以后,全球金融体系中以美元为中心的固定汇率制不复存在,取而代之的是浮动汇率制。实行浮动汇率制的国家大都是世界主要工业国,其他大多数国家和地区仍然实行钉住的汇率制度,其货币大都钉住美元、日元等。

在实行浮动汇率制后,各国汇率体系趋向复杂化、市场化。在浮动汇率制下,各国不再规定汇率上下波动的幅度,各国中央银行也不再承担维持汇率波动上下限的义务,各国汇率根据外汇市场的外汇供求状况自行浮动和调整。同时,一国国际收支状况所引起的外汇供求变化成为影响汇率变化的主要因素;国际收支顺差的国家,外汇供给增加,外国货币价格下跌、汇率下降;国际收支逆差的国家,对外汇的需求增加,外国货币价格上涨、汇率上升。汇率上下波动是外汇市场的正常现象,一国货币汇率上升,就代表该国货币升值,下降就代表贬值。

浮动汇率制是固定汇率制的进步。随着全球国际货币制度的不断改革,IMF 于 1976 年 1 月签订并于 1978 年 4 月 1 日生效的《牙买加协议》实行"有管理的浮动汇率制"。由于新的汇率协议使各国在汇率制度的选择上具有很高的自由度,因此现在各国实行的汇率制度多种多样,有单独浮动、钉住浮动、弹性浮动、联合浮动等。

单独浮动指一国货币不与其他任何货币固定汇率,其汇率根据外汇供求关系来决定。目前包括美国、英国、德国、法国、日本等在内的三十多个国家实行单独浮动汇率制。

钉住浮动指一国货币与另一国货币保持固定汇率,随后者的浮动而浮动。一般通货不稳定的国家可以通过钉住一种稳定的货币来约束本国的通货膨胀,提高货币信誉。当然,采用钉住浮动方式也会使本国的经济发展受制于被钉住国的经济状况,从而蒙受损失。目前全世界约有一百多个国家或地区采用钉住浮动汇率制。

弹性浮动指一国根据自身发展需要,对钉住汇率在一定弹性范围内可自由浮动,或按一整套经济指标对汇率进行调整,从而避免钉住浮动汇率的缺陷,获得外汇管理、货币政策方面更多的自主权。目前,巴西、智利、阿根廷、阿富汗等十几个国家采用弹性浮动汇率制。我国自 1994 年汇率并轨以来实行的也是以市场供求为基础的、单一的、有管理的浮动汇率制。

联合浮动指国家集团对成员内部货币实行固定汇率,对集团外货币则实行联合的浮动汇率。欧共体八国 1979 年成立了欧洲货币体系,设立了欧洲货币单位,各国货币与之挂钩建立汇兑平价,并构成平价网,各国货币的波动必须保持在规定的幅度之内,一旦超过汇率波动预警线,有关各国应共同干预外汇市场。1991年欧盟签订了《马斯特里赫特条约》,制定了欧洲货币一体化的进程表。1999年1月1日,欧元正式启动,欧洲货币一体化得以实现。

(三) 浮动汇率制的作用

1. 浮动汇率对金融和外贸的影响

一般来讲,实行浮动汇率制在国际金融市场上可防止国际游资对某些主要国家货币的冲击,防止外汇储备流失,避免货币公开贬值或升值的危机。从这个角度看,它在一定程度上可保持西方国家货币制度的相对稳定。即使一国货币在国际市场上大量被抛售,该国因为没有维持固定比价的义务,所以无须立即动用外汇储备大量购进本国货币,这样本国的外汇储备就不至于急剧流失,外汇市场也不至于发生重大动荡。但是,汇率频繁与剧烈的波动也会增加国际贸易的风险,使进出口贸易的成本加大或不易核算,影响对外贸易的开展。

2. 浮动汇率对国内经济和国内经济政策的影响

与固定汇率相比,浮动汇率下一国无义务维持本国货币的固定比价,因而一国政府得以根据本国国情独立自主地采取各项经济政策。同时,由于追求高利率的投机资本往往会受到汇率波动的打击,因此一国实行浮动汇率制能够减缓国际游资对该国的冲击,使其货币政策产生一定的预期效果。

在浮动汇率下,由于各国没有维持固定汇率界限的义务,因此一国国内经济受到他国经济动荡的影响相对较小。

(四) 浮动汇率制的优缺点

浮动汇率制的主要优点是:① 汇率能发挥调节国际收支的经济杠杆作用;② 有利于各国自主决定其货币政策;③ 只要国际收支失衡不是特别严重,就没有必要调整财政、货币政策,从而不会以牺牲内部平衡来换取外部平衡的实现;④ 减少对储备的需要和资源的浪费,并使逆差国避免外汇储备的流失。

浮动汇率制的主要缺点是:① 汇率频繁与剧烈的波动,使进行国际贸易、国际信贷与国际投资等国际经济交易的经济主体难以核算成本和利润,并使它们面临较大的汇率波动所造成的外汇风险损失,从而对世界经济发展产生不利影响;② 会为外汇投机提供土壤和条件,助长外汇投机活动,加剧国际金融市场的动荡和混乱。

三、联系汇率制

联系汇率制是介于固定汇率制与浮动汇率制之间的混合体制。港英政府于1983年10月15日宣布两项措施,其中一项措施是重新安排发钞的程序:发行银行在发钞前,必须以1美元兑7.8港元的汇率向外汇基金交纳等值美元,以换取"负债证明书"作为法定的发行准备;同时,发行银行可以"负债证明书"同样基准价(7.8港元)向外汇基金赎回美元。这项措施于同年10月17日起生效。

联系汇率制对香港地区的经济稳定与发展起到过积极的作用。联系汇率制曾在1983年最危急的关头挽救了香港地区经济,稳定了港元汇率。金融体系稳定后,香港地区经济开始迅速复苏。联系汇率制具有极大的承受突发事件冲击的能力。在1987年的股灾、1990—1991年的海湾战争、1997年的东南亚金融危机等诸多事件的冲击下,港元对美元的汇率均能保持在1:7.8左右水平,没有出现持久或大幅度的偏离,表现了联系汇率制对突发事件冲击的承受力。在十几年的运作中,联系汇率制基本实现了最初目标——稳定港元汇价进而稳定整个金融体系,这也是联系汇率制最本质、最主要的作用。

当然,联系汇率制也有其不足之处。联系汇率实际上是港元对美元的固定汇率,联系汇率制的最大代价在于它失去了利率和货币量两大货币政策工具,不能通过控制利率和货币供应增长率来达到调节香港地区经济的目的;面对高通货膨胀,政府缺乏有效的金融工具加以控制;要维持联系汇率的稳定,港元价值必须随美元升降,港元不能国际化。表面来看港元与美元的兑换率牢不可破,但联系汇率有其弱点,若处理不好,港元汇价就有发生危机的可能。

根据香港金融管理局数据,截至2022年8月底,香港地区法定纸币和硬币流通量为6 166.71亿港元,联系汇率制规定每发行7.8港元必须在外汇基金存款1美元。截至2022年9月底,香港外汇基金的外国资产为3.476万亿港元,绝大部分是以外币为单位的资产,其中包括政府历年存放在外汇基金积蓄下来的财政盈余。有这样庞大的储备和数倍于流通领域的资产作为后盾,外国炒家和游资很难攻破香港地区的联系汇率。长期来看,如何避免香港居民大量兑换外币、保持对港币信心是联系汇率制能否维持的焦点所在。

尽管现行的联系汇率制不是完美无缺的制度,但迄今为止,这种制度已被证明经受住了金融危机的冲击,发挥了稳定港元汇价的作用,对香港地区经济的稳定繁荣作出的贡献,特别是面临金融危机时的作用,显然超出了实行该制度所付出的代价。近年来,随着中国内地、香港地区和美国经济实力的变化和一系列非经济因素的影响,联系汇率制本身存在的问题有升温趋势,香港地区是否应继续实行联系汇率制成了金融领域值得思考的一个问题。

阅读专栏3-2　　"三元悖论"与人民币汇率制度选择

"三元悖论"理论是由保罗·克鲁格曼(Paul Krugman)提出的。克鲁格曼在其著作《萧条经济学的回归》中详细阐明了该理论。

1. "三元悖论"理论的观点

要同时达到本国货币政策的独立性、汇率的稳定性以及资本的完全流动性在理论上是不能实现的,最多只能选择其中两个,而必须放弃另外一个。

2. 基于"三元悖论"的政策组合

如图3-5所示,"不可能三角"形象地说明了"三元悖论",其三个顶点就是三个政策目标:货币政策独立性、汇率稳定性和资本流动性,三条边表示三种政策组合。

第一种组合(边a)表示货币当局追求货币政策的独立性、实行固定汇率制,因此货币当局必须进行严格的资本管制。我国在2005年汇率改革以前基本属于这种情况。但这种管制是有代价的,它在保证经济不受投机资金冲击的同时也将其资本市场与国际资本

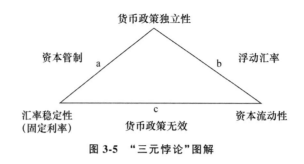

图 3-5 "三元悖论"图解

市场隔绝开来,不能充分地利用两个市场两种资源。

第二种组合(边 b)表示货币当局追求货币政策的独立性并允许资本自由流动,这种情况下货币当局必须放弃固定汇率制,转而实行浮动汇率制。该政策意味着国家要承担浮动汇率带来的风险,如各种交易的不确定性提高,从而给贸易和投资带来较高的交易成本。需要指出的是,目前美国等许多发达国家都倾向于这种政策组合。

第三种组合(边 c)表示货币当局实行资本自由流动和固定汇率制,在这种组合之下,货币政策将趋于无效,国内利率水平的高低不由本国市场上的货币供给和需求决定,因为存在资本的自由流动,任何利率上的微小差异都会引起国内外资金的套利行动,所以国内利率和国际市场利率保持一致。

3. "三元悖论"对我国汇率制度选择的启示

从 1994—2006 年我国宏观经济政策搭配实践来看,政府采用财政政策和货币政策来实现经济增长、物价稳定、促进就业的内部经济目标,同时通过买卖外汇储备来稳定因国际收支失衡而引发的人民币汇率波动。2005 年"7·21"汇率改革后,我国汇率制度存在如下问题:

(1) 存在较多的资本管制。由于我国外汇供求的市场机制不包括用于资本账户内的外汇,这使得外汇供求的市场机制受到很大程度的削弱。不仅如此,在我国鼓励外资、吸引外资的政策引导下,国内事实上只对资本的流出实施了管制,对外国资本主要采取行政性指引的措施,缺乏市场化的操作,不利于外国资本流入结构的优化,无法利用外资的进入促进国内经济结构的转变和优化。

(2) 产生升值预期。由于汇率涉及的问题很复杂,小幅度升值在与市场预期存在较大差异的情况下,必然会导致进一步升值的市场预期,造成人民币升值,这将意味着外汇储备缩水,政府将要为这一损失买单。特别是近几年来,美国金融危机恶化,为拯救美国经济,美国政府启动了将近万亿支出的救市计划,而这些计划的支出最终要通过增发美元来实现,由此美元未来贬值预期强烈,我国外汇储备的贬值风险无疑是巨大的。

(3) 影响货币政策的独立性。当外汇储备规模的变动影响到国内经济目标的实现时,在当前的汇率制度下往往通过冲销操作来缓解这一矛盾。从冲销干预的效果来看,冲销干预并没能协调政策目标之间的冲突。经济发展带来的国际收支失衡必然通过外汇储备的变动对基础货币投放产生影响,从而削弱货币政策的独立性,影响到国内物价稳定目标的实现。

4. 2015年"8·11"汇率改革及其影响

在用十年时间消化"7·21"汇率改革变化的基础上,2015年8月11日中国人民银行继续优化了人民币兑美元汇率中间价报价机制。通过"8·11"汇率改革,人民币兑美元汇率中间价报价机制回到了以上日收盘价作为主要定价基础的做法,人民币汇率上涨或下跌均为市场化的自然结果,保持了价格的连续性、透明性和可交易性。本次汇率改革经验主要包括以下三点:

一是价值规律是解释人民币汇率的关键答案。尽管汇率改革后人民币面临贬值的压力,但只要人民币汇率接近均衡水平,中国的宏观经济基本面就并不支持人民币的持续性贬值。如果不尊重市场规律,人为抑制汇率的正常波动,只会刺激市场的无风险套利行为,令一段时间内的升值或贬值压力无法释放,最终可能会导致预期自我实现,汇率形成超调。

二是需要进一步巩固人民币汇率机制的成果。由于经济基本面是人民币汇率自然价格的支撑,因此只要保证供给侧结构性改革持续推进,发展国内经济时保质稳速,根据汇率的形成原理,人民币就不会具备持续性贬值的国内基础,任何的国外因素变化都是外生且非持续性的。强势的人民币并不代表强势的人民币汇率水平,应当坚持人民币汇率走势紧跟经济基本面水平,克服对汇率波动的恐惧,保持人民币的健康浮动。

三是要发挥好政府宏观调控的作用,防止汇率出现短期的剧烈波动或在中长期偏离经济基本面水平。当前中国外汇市场开放程度逐渐提升,基础性制度尚在不断完善,市场参与者的广度深度仍有待培养,发挥市场在资源配置中的主导作用并不代表将方向盘完全交给市场操作。在资本市场中,要为无序的资本设置"红绿灯";在外汇市场中,要为盲目的热钱管好"出入口"。因此,央行在基本退出外汇市场的常态化干预的情况下,对出现偏离基本面水平的非健康波动的直接或间接干预都是必要的;国际社会对中国实现汇率"清洁浮动"的非理性追求不能成为束缚央行的紧箍咒。

资料来源:[1]冯彩,刘玄,王虎.三元悖论、内外失衡与人民币本外币政策协调[J].湖北社会科学,2008(3):98-101;[2]潘冬冬."三元悖论"理论对我国汇率政策的启示[J].当代经济,2007(8):146-147.

本章提要

1. 广义的外汇是指把一国货币兑换成另一国货币并借以清偿国际债权债务关系的一种专门性经营活动。它分为贸易外汇、非贸易外汇,自由外汇、记账外汇,即期外汇、远期外汇,等等。

2. 汇率又称汇价,即以一国货币表示的另一国货币的价格。汇率有以下分类:固定汇率、浮动汇率;基本汇率、套算汇率;买入汇率、卖出汇率、中间汇率;即期汇率、远期汇率;等等。

3. 实际汇率是能够反映国际竞争力的汇率,反映了物价因素对汇率的影响,可用价格水平或价格指数加权求得。

4. 影响汇率变动的因素有国际收支情况、通货膨胀水平、利率水平等。汇率变动对一国的国际收支、国内经济以及整个世界经济都有重大影响。汇率的频繁波动会造成经济的不稳定。

5. 汇率制度是指一国货币当局对本国汇率水平的确定、汇率变动的基本方式等问题所作的一系列安排或规定。汇率制度可分为固定汇率制、浮动汇率制和联系汇率制。不同的汇率制度对干预一国（地区）货币汇率的形式和效果有着很大的差异。

思考题

1. 什么是外汇？
2. 影响汇率变动的主要因素有哪些？
3. 浮动汇率制和固定汇率制的优缺点有哪些？
4. 汇率变动的经济影响表现在哪些地方？
5. 联系汇率制的优缺点有哪些？

第四章　汇率决定理论

[学习目标]

通过学习本章,应能熟练掌握和运用购买力平价理论、利率平价理论、资产市场理论中汇率的货币论和超调理论解释汇率的形成路径;了解各种汇率决定理论的贡献、假设和局限性。

[素养目标]

通过学习汇率决定理论等相关知识,加强对人民币汇率采取渐进化改革方式的深入认识,紧跟时代脉搏,跟踪前沿问题,全面把握我国金融体制改革进程。

[重点难点]

购买力平价理论、利率平价理论、资产市场理论

[引导案例]

美国创纪录通货膨胀重创全球市场,美联储会超预期加息吗?

2022年6月10日,美国劳工部公布的5月通货膨胀数据再次震撼全球市场。8.6%的同比涨幅不仅超出市场预期,更一举刷新了1981年12月以来的通货膨胀纪录。

在市场对于美联储即将加大加息幅度的预期刺激下,6月10日美股全线收跌。其中,道琼斯指数下跌2.73%,报收31 393点;标普500指数下跌2.91%,报收3 901点;纳斯达克指数下跌3.52%,报收11 340点。

债市方面,美国国债收益率全线上升,其中10年期美国国债收益率已高达3.16%,处于十年以来最高位。而对于联邦基金利率更加敏感的2年期美国国债和5年期美国国债收益率则分别升至3.06%和3.23%,与10年期收益率相比再次出现国债收益率倒挂现象。一般而言,收益率的倒挂意味着短期的高利率将抑制经济增长,或者经济长期增长潜力将难以支撑短期高利率。

市场对于美联储加息的强烈预期也推动美元指数再次突破104关口。美元指数主要用于衡量美元对欧元、日元、英镑等六种主要国际货币的汇率变动。2022年年初以来,在美联储与欧洲央行的利率政策差异推动下,美元指数从95一路单边上涨至104左右,强势美元削弱了美国的出口竞争优势,国际资本的流入也使得美联储收紧流动性的努力更加艰辛。

8.6%这个数字背后更大的意义在于扭转了市场对于通货膨胀的主流预期。尤其是美国劳工部公布的4月通货膨胀数据(8.3%)较3月(8.5%)有所改善之后,外界对于通

货膨胀仍将处于高位运行但已经见顶的观点多持肯定态度。即便是美国财长珍妮特·耶伦（Janet Yellen）在6月7日听证会上辩护时也表示，通货膨胀未来可能仍将在高位运行。但她对于通货膨胀恶化只字未提。当时市场普遍预计5月的通货膨胀数字将在8.2%至8.3%之间。

5月通货膨胀数据发布后，一些经济学家表达了更为悲观的通货膨胀预期。"通货膨胀（显然）远未见顶，未来还会有更高的数字"，证券经纪公司爱华（Ava Trade）首席市场分析师表示。富国银行高级经济学家萨拉·豪斯（Sarah House）则表示："我们怀疑，强劲的通货膨胀趋势将持续整个秋季，并最早可能在之后月份中将通货膨胀数字向9%进一步推高。"

5月创新高的通货膨胀也暗示着，单纯的供应链问题以及俄乌冲突造成的国际能源价格短期冲击已经越来越难以解释蔓延至全行业的价格上涨，关于美国即将迈入通货膨胀—工资螺旋的推断正在变得愈发有市场。而诸如美联储"稳定的通货膨胀预期"的含蓄表达也显得愈发无力。

虽然能源大类（同比上涨34.6%）依然是价格上涨的主要推手，但是美国的物价上涨已经明显从能源行业蔓延到几乎所有行业。其中，食品类价格同比上涨10.1%，新车以及二手车价格分别同比上涨12.6%和16.1%，服饰类价格同比上涨5%，住房成本同比上涨5.5%，即便是价格相对稳定的医疗服务和医疗保健品价格也分别同比上涨了4%和2.4%。

伴随着迟迟无法见顶的通货膨胀而来的是大幅下滑的消费者信心。6月10日密歇根大学公布的6月消费者信心指数初值仅为50.2，创下历史新低，该值不仅远低于5月终值58.4，也大幅低于外界预期的58.2，而公众对明年的通货膨胀率预期也上升至5.3%。负责制定该系列数据的密歇根大学调查主任徐荟安（Joanne Hsu）在一份声明中表示，虽然目前美国消费者支出仍保持强劲，但消费者们普遍强烈担心通货膨胀将侵蚀收入，88%的消费者预计美联储利率明年将继续上升，该比例同样创下历史新高。

超预期的通货膨胀引发了市场对于美联储进一步快速加息的猜测。荷兰国际集团ING的首席国际经济学家詹姆斯·奈特利（James Knightley）表示，5月通货膨胀率的攀升加大了美联储大幅加息以抑制通货膨胀的压力。

美联储此前已经于3月16日和5月4日两次分别加息25个和50个基点，目前联邦基金利率区间为0.75%~1%。5月4日公布的联邦公开市场委员会货币政策会议（即FOMC议息会议）的会议纪要显示，包括美联储主席杰尔姆·鲍威尔（Jerome Powell）在内的多数联储官员均认为需要在6月和7月分别再次加息50个基点，以将联邦基金利率区间进一步提高至1.75%~2%。6月和7月的议息会议将分别于6月14—15日以及7月26—27日举行。

虽然美联储的会议纪要以及美联储主席鲍威尔在多个场合下的加息表态都显得美联储"鹰味十足"，尤其是相比于欧洲央行直到7月才决定首次加息的"鸽派操作"，但是在5月通货膨胀数据出炉之后，美联储显然需要再次向市场释放新信号。

资料来源：钱伯彦.美国创纪录通胀重创全球市场，美联储会超预期加息吗[EB/OL].（2022-06-11）[2022-08-23]. https://www.toutiao.com/article/7107786165591376392/?wid=1661216235136.

汇率决定理论专门研究汇率是由哪些因素决定的,以及这些因素之间又是如何相互影响的。对汇率决定的研究尽管已有相当长的历史,但目前其仍是国际金融理论研究中较新的领域。因为在20世纪的绝大部分时间里,汇率不是由市场行情决定,而是被政府人为固定的。第一次世界大战前的金本位制下,世界上主要货币的价值均与黄金形成固定比值;第二次世界大战后形成的布雷顿森林体系使大部分货币的价值与美元形成固定比值;1973年布雷顿森林体系崩溃后,浮动汇率制开始推行,汇率波动异常剧烈,对汇率决定的研究才重新活跃起来。

第一节 国际收支理论

国际收支理论考虑了贸易收支对汇率的影响,认为国际收支的状况决定着外汇供求,进而决定汇率。国际收支理论分为传统国际收支理论和现代国际收支理论两个流派。

一、传统国际收支理论

传统国际收支理论也被称为国际借贷理论(theory of international indebtedness),是由英国经济学家戈申(G. J. Goschen)1861年在《外汇理论》一书中提出的,在第一次世界大战前颇为流行。

(一)国际借贷的含义

所谓国际借贷,其实就是国际收支账户的广义概念,即由商品的进出口、劳务、服务及资本交易等引起的国际收支活动。正是由于国际借贷实际上就是国际收支的主要内容,因此其学说又被称为国际收支理论。

国际借贷可分为国际流动借贷和国际固定借贷两部分。国际流动借贷是指已经进入实际收支阶段的债券和债务,即国际收支中已发生外汇收支的那部分交易,属于国际收支狭义概念的内容;而国际固定借贷是指借贷或交易关系虽已发生,但尚未进入实际支付阶段的那部分交易。

(二)国际借贷理论的主要观点

一国货币汇率的变动由外汇的供求决定,而外汇的供求又取决于该国对外流动借贷的状况。国际流动借贷活动会产生国际流动债权和流动债务的关系,进而影响外汇的供求关系,导致汇率发生变动。

当一国对外流动债权(或外汇收入)大于其对外流动债务(或外汇支出)时,其外汇供给大于需求,因此外汇汇率下降。

当一国对外流动债务(或外汇支出)大于其对外流动债权(或外汇收入)时,其外汇需求大于供给,因此外汇汇率上升。

当一国对外流动借贷平衡时,外汇收支相等,于是汇率处于均衡状态。

简单地说,国际借贷理论的基本观点是,一国汇率的变动取决于外汇市场的供给和需求对比。

二、现代国际收支理论

国际借贷理论的缺陷是,没有说清楚具体哪些因素影响外汇供求,这限制了该理论的应用价值。这一缺陷在凯恩斯提出的现代国际收支理论中得到了弥补。第二次世界大战后,许多学者应用凯恩斯模型来说明影响国际收支的主要因素,并分析了这些因素如何通过国际收支作用于汇率,从而形成了国际收支理论的现代形式。

该理论认为,外汇汇率取决于外汇的供求。由于国际收支状况决定着外汇的供求,因此汇率实际上取决于国际收支。经常账户收支是影响外汇供求的决定性因素。一国经常账户收支状况取决于该国国民收入状况:国民收入减少,进口需求缩减,贸易收支改善,本币汇率上升;国民收入增加,进口需求扩大,贸易收支恶化,本币汇率下降。资本金融账户收支也会影响汇率:本国利率相对高于外国利率,由于本国资产与外国资产之间具有相互替代性,这会导致资本内流,外汇供给增加,对本币的需求增大,从而本币汇率上升;反之,本国利率相对低于外国利率,则会导致资本外流,市场上本币供给增加,对外币的需求增大,从而本币汇率下跌。其理论的特点在于特别强调经常账户的作用,而且还强调国民收入与外汇供求及汇率之间有密切联系。该理论认为,对发展中国家来说,由于其经济增长严重依赖进口,因此其经济增长和国民收入的增加会导致国际收支逆差产生,本币汇率下降。

1982 年,美国经济学家维克托·阿尔吉(Victor Argy)在其出版的著作中对凯恩斯主义汇率理论进行了改进和深化,从而形成新凯恩斯主义汇率理论。后者对前者的改进之处主要包括:第一,它不仅分析了本国国民收入变化对经常账户收支的影响,而且还分析了外国国民收入的变化、本国与外国价格水平对经常账户收支的影响;第二,它进一步分析了汇率预期以及本国货币政策、财政政策与工资水平对汇率的影响。

三、对国际收支理论的评价

国际收支理论不能被视为完整的汇率决定理论,只是对汇率进行深入分析时可利用的一种重要工具。其主要特点是具有浓厚的凯恩斯主义色彩,是从宏观经济角度,而不是从货币数量角度研究汇率,是现代汇率理论的一个重要分支。国际收支的两种理论都说明了短期内汇率波动与外汇供求、国际收支的关系,并且现代国际收支理论还分析了汇率波动与国民收入的关系,具有重要的理论意义和现实意义。但它是一种局部静态分析,只解释了一种因素的作用;同时,其中的假设不符合实际,对汇率波动与外汇供求之间关系的描述只适用于市场机制发达的国家。因为只有存在发达的外汇市场,才会有真正的外汇供求关系。另外,凯恩斯主义过分强调经常账户收支的作用,而且对经济增长与汇率之间的关系的分析也不一定符合实际。

第二节 购买力平价理论

购买力平价理论(theory of purchasing power parity,PPP)是国际金融学中历史最为悠久的汇率理论之一,是李嘉图古典经济理论的一个组成部分。购买力平价理论中包含了一价定律(the law of one price)的思想,该思想认为同种商品的价格应该相等。而购买力平价理论所包含的一价定律是开放经济条件下的一价定律,涉及多个开放经济体,因此需要考虑不同国家之间的汇率因素。可以说,一价定律既是购买力平价的理论基础,也是购买力平价的一种外在表现形式。

自瑞典经济学家古斯塔夫·卡塞尔(Gustav Cassel)于1916年系统性发展和充实购买力平价理论,并在其1922年出版的《1914年以后的货币与外汇》一书中进行详细阐述后,该理论就在遭受各种批判。即使从当今的国际市场来看,购买力平价理论仍不足以解释全部商品的国际价格差异,但它至今仍是开放宏观经济研究中的基本假设之一,在不断发展过程中显示出很强的生命力。

为系统性了解购买力平价理论,首先分别对封闭经济和开放经济中的一价定律进行介绍。

一、封闭经济中的一价定律

一价定律假设交易成本为零。这里的交易成本是指商品交换过程中的各种代价,如搜寻信息成本、谈判成本、履约成本,以及运费成本和运输过程中的利息成本等。

一价定律指在不考虑交易成本的条件下,相同物品在不同市场上出售,按同一货币计量的商品价格应该是相同的。

一价定律只适用于贸易物品。非贸易物品无法实现空间转移,故同一非贸易物品在两地可存在不同价格。

二、开放经济中的一价定律

这里的开放经济指不存在贸易壁垒的经济。由于各国使用各自的货币,一价定律可表示为:

$$P = eP^* \tag{4-1}$$

式中,P为用本币表示的价格,P^*为用外币表示的价格,e为外币汇率(直接标价法表示的汇率)。

在固定汇率制下,它的成立依靠商品套利。若$P>eP^*$,人们就会将外国商品运进国内,这会使该商品外币价格上升、本币价格下降,直至该等式成立。

在浮动汇率制下,若$P>eP^*$,商品套利还会使外币汇率上升。因为购买外国商品,就需要购买外国货币,从而改变外汇市场的供求关系。

在现实生活中,一价定律经常会遇到挑战,主要是因为该理论的假设条件(完全开放和交易成本为0)有悖于现实。当然,这并不能否定一价定律存在的理论价值。

三、绝对购买力平价

将式(4-1)变形,得到:

$$e = P/P^* \tag{4-2}$$

该式被称为绝对购买力平价(absolute purchasing power parity),即汇率取决于两国商品绝对价格的比值。由于一个国家生产多种商品,绝对购买力平价的精确表达式为:

$$e = \sum_{i=1}^{n} W_i P_i \bigg/ \sum_{i=1}^{n} W_i^* P_i^* \qquad (4\text{-}3)$$

式中，W 为权数，通常用该商品在销售额中的比重来衡量；n 为商品种类，为分析简化，这里假设两国商品种类相同。

绝对购买力平价是由一价定律推导出来的，然而一价定律和购买力平价是存在差别的：一价定律适用于单个商品的情况；购买力平价理论适用于价格水平，即一篮子基准商品的组合价格水平。所以，即使一价定律不成立，绝对购买力平价也可能成立。例如，甲国有一半商品价格高于乙国，另一半商品价格低于乙国，这样所有商品价格都不符合一价定律，但是，绝对购买力平价针对的是价格的加权平均数，它存在成立的可能性。又如，只要存在贸易壁垒，一价定律便不能成立，但是，只要各国对进口和出口的限制程度相同，绝对购买力平价仍有成立的可能性。

四、相对购买力平价

对式(4-2)取对数微分，可得到：

$$d\ln e = d\ln P - d\ln P^* \qquad (4\text{-}4)$$

该式表示相对购买力平价(relative purchasing power parity)，即汇率变动率等于两国通货膨胀率之差。

相对购买力平价还有另一种表述方法，由式(4-2)可以得到：

$$e_t = P_t / P_t^* \qquad (4\text{-}2a)$$

$$e_{t+1} = P_{t+1} / P_{t+1}^* \qquad (4\text{-}2b)$$

从而有：

$$\frac{e_{t+1}}{e_t} = \frac{P_{t+1}/P_{t+1}^*}{P_t/P_t^*} = \frac{P_{t+1}/P_t}{P_{t+1}^*/P_t^*} \qquad (4\text{-}5)$$

该式是相对购买力平价的另一种表述。对式(4-5)两边减1，可以得到式(4-4)的离散形式。

相对购买力平价可以突破交易成本对一价定律的限制。只要交易成本与商品价格成正比，就可得到：

$$P = eKP^* \qquad (4\text{-}6)$$

式中，K 等于1表示一价定律成立。但是，只要 K 不等于1，无论其大于1还是小于1，一价定律都不能成立。对该式取对数微分，得到：

$$d\ln P = d\ln e + d\ln K + d\ln P^* \qquad (4\text{-}7)$$

只要 K 为常数，则 $d\ln K$ 为0，相对购买力平价就能够成立。

虽然相对购买力平价由绝对购买力平价推导而来，但相对购买力平价比绝对购买力平价更具有可操作性。一方面，一国政府通常不会采用国际标准的商品篮子来计量本国价格指数；另一方面，式(4-3)代表的绝对购买力平价要求两国采用相同的商品篮子进行比较。所以，当我们不得不使用政府公布的价格统计数据评估购买力平价时，绝对购买力平价将变得没有意义。相对购买力平价可直接用物价指数进行计算，而物价变动趋势有明显的经济学意义。同时，交易成本的存在使得绝对购买力平价通常不成立，但只要那些使得实际情形偏离绝对购买力平价的因素基本不随时间发生变化,相对价格的变化率之差就约等于汇率变动率,即相对购买力平价依旧成立。

五、购买力平价的理论基础和基本思路

(一) 购买力平价的理论基础

卡塞尔的购买力平价有两个理论基础:一是货币数量论,即物价水平与货币数量成正比,因此汇率的变动归根结底取决于两国货币供给的情况;二是货币中立原理,即货币数量的变化不改变实际变量,如产出、就业、产业结构和生产率等,从而它只影响物价水平,而不改变商品的相对价格。

从形式上看,购买力平价与价值理论可以统一。但是,卡塞尔十分明确地主张放弃"空洞的价值学说"。抛弃价值来讨论汇率决定,削弱了购买力平价的理论深度。然而,这也使人们更容易把握现象,使问题简化。

(二) 购买力平价理论的基本思路

购买力平价理论认为,人们之所以需要外币,是因为外币在外国具有对一般商品的购买力;外国人之所以需要他国本币,是因为他国本币在他国国内具有对一般商品的购买力。所以,两国货币汇率主要是由两国货币在其本国具有的购买力决定的。

六、对购买力平价理论的评价

(一) 购买力平价理论的局限性

卡塞尔在提出购买力平价时,已经指出一系列可能使汇率偏离购买力平价的因素:① 各国对进口和出口的限制不同;② 国际贸易中运输成本的存在;③ 外汇市场可能出现大规模投机行为;④ 长期资本的国际流动;⑤ 人们对通货膨胀的预期;⑥ 实际因素可能引起相对价格的变动;⑦ 金融当局对外汇市场的干预等。卡塞尔本人的批判可以看成对货币因素购买力平价的补充和完善。

此外,问题还在于实际因素也可影响价格,忽略实际因素的作用是该理论的重大缺陷。其在理论上以货币数量论为前提,假定货币数量是影响物价的唯一因素,并认为货币供给决定物价水平,在本质上是因果颠倒的。同时,这一理论只是局部静态分析,只分析物价因素对汇率的影响,排除了非贸易收支、资本流动及政府干预等其他因素的作用。其对物价的计算也只包括贸易商品,只看到贸易商品价格对汇率的影响,显然有失偏颇。另外,其假定条件过于严格,即假定两国货币购买力具有可比性,这在现实中是很难实现的。实际上,一些国家之间的劳动生产率、价格体系及生产和消费结构有很大差异,其货币购买力很难真正具备可比性。此外,计算绝对购买力平价时如何确定基期,这在实践中也是很难操作的。尽管如此,购买力平价理论仍是世界各国估算汇率普遍接受和使用的一种最简便的方法,对西方国家汇率理论及政策有重大影响。

(二) 购买力平价理论的贡献

购买力平价理论说明在纸币流通条件下,纸币的购买力是汇率决定的基础。同时,购买力平价理论还分析了通货膨胀对汇率变动的影响,解释了汇率变动的长期趋势,从

而为汇率的预测和调整提供了依据。

此外,购买力平价理论提供了一种经典的、有启发性的均衡汇率估计方法。该理论仅使用了简单的数学表达式,就对不同国家之间的通货膨胀率差异、汇率差异、物价差异等进行了最基本的描述,是一种有效的、低门槛的经济学估计方法,也成了学者和政府机构在深入研究汇率问题时的一个基础工具。

阅读专栏 4-1　购买力平价显示低收入和中等收入经济体占全球经济半壁江山

国际比较项目(ICP)2020 年 5 月 19 日发布经过对各经济体生活成本差异进行调整的、以 2017 年为参考年的最新购买力平价(PPP)。

根据《购买力平价与世界经济体规模:2017 年国际比较项目成果》(以下简称"ICP 2017")报告,按照新的 PPP 衡量,2017 年全球经济总规模达到近 120 万亿美元,经济活动总量超过一半在低收入和中等收入经济体。

占全球人口 17% 的高收入经济体占按 PPP 计算的全球国内生产总值(GDP)的 49%。上中等和下中等收入经济体分别占全球人口的 36% 和 40%,贡献率分别为 34% 和 16%。占全球人口 8% 的低收入经济体在按 PPP 计算的全球 GDP 中占比不到 1%。中国和美国两个最大的经济体按 PPP 计算的 2017 年 GDP 分别略低于 20 万亿美元,加在一起占全球经济的 1/3。

世界银行主管发展政策与伙伴关系的常务副行长冯慧兰指出:"各国、地区性机构和国际组织之间强有力的伙伴关系使得 ICP 项目成为可能。新数据将有助于我们提高对全球经济的共同理解,在我们致力于取得更好的发展结果时作为衡量对全球经济体的经济影响的一个关键基准。"

世界银行指出,ICP 通过采集多种商品和服务的价格数据及其总支出计算出 PPP,使我们有可能在控制各国物价水平差异的情况下对经济体的相对规模、人均收入及消费进行比较。同时发布的还有物价水平指数和对以 PPP 计算的 GDP 及支出构成(如消费和投资)的估算。

ICP 是世界最大的统计项目之一,由世界银行在联合国统计委员会主持下负责协调。ICP 2017 标志着该项目启动 50 多年来完成的第九次比较,统计了涵盖 176 个参与经济体的、以 2017 年为参考年的数据。

ICP 技术顾问团主席、诺贝尔经济学奖得主安格斯·迪顿(Angus Deaton)爵士说:"在当前的困难岁月里,当我们面对一场全球大流行病时,很难专注于其他任何事情。但衡量仍很重要,或许甚至更加重要,特别是就这些来自世界最大国际统计合作项目的全球性衡量指标而言。随着世界逐步复苏,这些新数据将为指导我们前进提供重要的基准。"

根据 ICP 2017,有 10 个经济体按 PPP 计算的人均 GDP 超过 6 万美元,占世界人口的 0.5%。在收入组别中,低收入国家按 PPP 计算的人均 GDP 仅为世界平均水平的 1/10,高收入国家则高达世界平均水平的三倍。ICP 2017 也比较了人均消费,发现美国消费水平最高,达 44 620 美元。

国家间的发展不平衡持续存在,世界人口中约 3/4 的人生活在人均收入和消费分别低于 16 596 美元和 10 858 美元(全球平均水平)的国家。

ICP 理事会联合主席、印度首席统计师普拉文·斯里瓦斯塔瓦和奥地利统计局局长沃纳·霍兹纳表示:"ICP 给政府提供了评估本国在全球经济中的竞争力的重要指标,有助于他们通过有意义的全球伙伴关系加强统计能力和机构知识。"

展望未来,ICP 将继续发展演变,适应不断变化的全球经济,不仅关注民众购买什么,也要关注他们通过哪些渠道和平台购买。项目将扩大参与的经济体,不让一个经济体掉队,尤其不能让受脆弱性与冲突影响的经济体掉队。

ICP2017 的结果可通过 ICP 网站和世界银行数据库、数据目录查询。按照 ICP 数据获取与存档政策规定,用户可以申请查阅更详细的未发布的结果和基础数据。上个 ICP 参考年 2011 年的修订结果以及对 2012—2016 年的年度 PPP 估算都已发布。下一轮 ICP 比较将于 2021 参考年进行。

世界银行指出,PPP 是统计估算,应将其视为真实价值的近似值,其受到抽样、衡量和分类误差的影响。不应把 PPP 作为衡量货币低估或高估的指标。

ICP 的实施由世界银行 ICP 全球办公室负责协调,与非洲开发银行、亚洲开发银行、独联体国家间统计委员会、联合国拉丁美洲和加勒比经济委员会、联合国西亚经济社会委员会、欧盟统计局和经济合作与发展组织合作。全球协调、方法制定和治理活动由英国国际发展部、国际货币基金组织和世界银行资助。

资料来源:王砚峰,王山.如何看以购买力平价计算的全球经济规模[EB/OL].(2022-06-15)[2022-08-24].http://ie.cssn.cn/academics/economic_trends/202006/t20200615_5142862.html.

第三节 利率平价理论

利率平价理论(interest rate parity theory)的基本思想可以追溯到 19 世纪下半叶,由凯恩斯于 1923 年在《论货币改革》一书中首先提出,后来又经一些西方经济学家逐步发展而成。与购买力平价相比,利率平价是一种短期的分析,即从短期来看,货币供给通过改变利率来改变汇率;而从长期来看,货币供给将会导致价格的变化,并影响汇率。

利率平价理论分为两种:非抵补利率平价(uncovered interest rate parity,UIP)和抵补利率平价(covered interest rate parity,CIP)。

一、非抵补利率平价

与购买力平价关系的机制类似,利率平价关系的机制也是一价定律。因此,利率平价关系也是产生于寻求收益的套利活动。为了清楚地描述这一过程,我们分析一个案例。假设本国的利率水平为 i,外国的利率水平为 i_f,即期汇率为 S(直接标价法)。

若投资者手中持有一笔可自由支配的资金,打算进行为期 1 年的储蓄投资。假设资金在国际移动不存在任何限制与交易成本。如果投资于本国金融市场,则 1 单位本国货币到期可增值为 $1+i$。

如果投资于外国金融市场,需分三步实施投资计划:第一步,将本币在即期外汇市场上换成外币,1单位本币在即期外汇市场上可兑换为 $1/S$ 单位外币;第二步,将这 $1/S$ 单位的外币存入外国银行,存期1年,期满可增值为 $(1+i_f)/S$;第三步,存款到期后,将外币存款本利在外汇市场上换成本币。假定此时的汇率为 S_e,则这笔外币可兑换成的本币为 $(1+i_f)S_e/S$。由于1年后的即期汇率是不确定的,因此这两种投资方式的最终收益难以确定,取决于投资者对期末汇率的预期。如果 $1+i>(1+i_f)S_e/S$,则投资于本国金融市场;如果 $1+i<(1+i_f)S_e/S$,则投资于外国金融市场。

众多投资者面临同样的选择,导致外汇市场上资金的流动。在前一种情况下,资金从外国流向本国,外汇市场上因外国货币售卖增加而 S 下降,同时人们预期未来将高利率的本国货币换回低利率的外国货币的行为将增加,从而使 S_e 上升,汇率的变动将最终导致两种投资的收益相同;在后一种情况下,资金从本国流向外国,外汇市场上 S 上升同时 S_e 下降,直至使不等式变为等式。外汇市场均衡时,将满足:

$$1 + i = (1 + i_f)S_e/S \tag{4-8}$$

$$S_e/S = 1 + (S_e - S)/S = 1 + \Delta S_e \tag{4-9}$$

将式(4-8)带入式(4-9)可得到:

$$1 + i = (1 + i_f)(1 + \Delta S_e) \tag{4-10}$$

由式(4-10)可以导出:

$$i = i_f + \Delta S_e + i_f \Delta S_e \approx i_f + \Delta S_e$$

或

$$i - i_f = \Delta S_e$$

这就是非抵补利率平价条件。式中,i 和 i_f 分别表示本国与外国的利率,ΔS_e 表示本币预期贬值率。它的经济含义是:预期的汇率变动率等于两国货币利率之差。当非抵补利率平价成立时,如果本国利率高于外国利率,则意味着市场预期本币在远期将贬值,即期将升值。

值得指出的是,投资者将面临投资期内预期汇率变动造成的风险敞口,随着远期外汇市场的发展,根据对汇率的预期进行的非抵补套利活动已经越来越少,更多的是抵补套利。下面我们着重讨论抵补套利。

二、抵补利率平价

(一)抵补套利

抵补套利(covered interest arbitrage)指厌恶风险的投资者将套利与掉期结合起来的投资行为。掉期(swap)是使买入(卖出)即期外汇和卖出(买入)远期外汇同时进行的外汇交易,它可避免未来即期汇率的不确定性给投资者带来的外汇风险。远期合约所规定的远期汇率是确定的,投资者可据此事先明确其投资收益。

投资者进行抵补套利的条件是能够获得抵补利息差额(covered interest differential),即投资收益将来值与其机会成本之差,表现为:

$$CD = (1 + i^*)F_e/e - (1 + i) > 0 \tag{4-11}$$

式中,CD表示抵补利息差额,F_e 为远期汇率。为理解该式,假设投资者打算用1元本币进行为期1年的抵补套利。在即期外汇市场上,1元本币可换取 $1/e$ 的外币,该外币1年投资所获本利和为$(1+i)/e$。在远期外汇市场上,投资者按远期汇率将其售出,得到的1元本币对外投资的将来值为$(1+i^*)F_e/e$。$1+i$为1元本币在国内投资的收益,也是其对外投资的机会成本。鉴于抵补套利消除了外汇风险,只要CD>0,投资者便会对外投资。

将式(4-11)展开,可以得到:

$$CD = F_e/e - 1 - i + i^* F_e/e + (ei^*/e - ei^*/e)$$
$$= (F_e - e)/e - (i - i^*) + (F_e - e)i^*/e > 0 \tag{4-12}$$

在该展开式中,右端最后一项数值很小,人们通常将其忽略。因此,投资者对外投资的条件可简化为:

$$(F_e - e)/e > i - i^* \tag{4-13}$$

该式左端表示外汇升水率。该式表明若升水率大于利率差,则人们将对外投资。同理,若CD<0,则会出现资本流入。

(二) 抵补利率平价

上述推理说明,只要存在抵补利息差额,就会出现资本跨国流动。但是,资本流动本身会导致抵补利率平价,如图4-1所示。

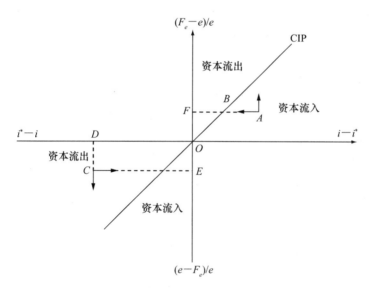

图4-1 资本流动与抵补利率平价

在图4-1中,CIP表示抵补利率平价线,它是一条向右上方倾斜45°的直线,线上任何一点都能使抵补利率平价成立。

抵补利率平价可表示为:

$$(F_e - e)/e = i - i^* \tag{4-14}$$

该式表明升水率等于利率差。它说明在厌恶风险的前提下,资本停止跨国流动的条件。因为抵补利率平价成立意味着抵补利息差额为0,投资者完全丧失了跨国投资的动力。

为说明资本跨国流动会导致抵补利率平价成立,设经济处于CIP线右方任一点为A。此时,升水率FO小于利率差FA,资本将会流入。投资者将资本转入本国,外国利率将会上升，本国利率将会下降，从而利率差将会变小，如 A 点向左箭头所示。同时，投资者要卖出即期外汇并买入远期外汇，引起即期汇率下降且远期汇率上升，从而升水率将会变大，如 A 点向上箭头所示。A 点的两个箭头表示资本流动将使它移到抵补利率平价线上，即资本流动会使抵补利率平价成立。

如果经济处于 CIP 线左方，如 C 点，贴水率 EO 小于利率差 DO（此时是外国利率高于本国利率）。在这种情况下，资本将会流出。这首先会使本国利率上升和外国利率下降，如 C 点向右箭头所示。同时，投资者购买即期外汇使即期汇率上升，卖出远期外汇使远期汇率下降，如 C 点向下箭头所示。资本流动同样使 C 点移向 CIP 线。

上述分析也表明，在资本流动的作用下，高利率国家货币的远期汇率低于即期汇率，低利率国家货币的远期汇率高于即期汇率。

（三）套利资金供给弹性与抵补利率平价

在上述分析中有一个隐含的假设条件，即套利资金的供给弹性无穷大。在当代国际金融市场上，该假设大体能够成立。但是，对于发展中国家来说，该假设未必能够成立。下面分两种情况讨论套利资金供给弹性对抵补利率平价的影响。

1. 外国套利资金供给弹性与资本流入

外国套利资金供给弹性 E_S^* 指外国套利资金供给 K^* 对外国利率 i^* 的敏感程度，可表示为：

$$E_S^* = (dK^*/K^*)/(di^*/i^*) \tag{4-15}$$

外国投资者到本国投资是为了获取利润 π^*，可表示为：

$$\pi^* = K^* e(1+i)/F_e - K^*(1+i^*) \tag{4-16}$$

式中，$K^* e$ 为 K^* 的外国套利资金通过即期外汇交易获得的本币，$K^* e(1+i)$ 为 1 年期投资的本币本利和，$K^* e(1+i)/F_e$ 为在远期外汇交易中可转换为外币收益的将来值，$K^*(1+i^*)$ 为这笔套利资金的机会成本。

外国投资者将资金转移到本国，会通过改变资金供求关系使外国利率上升。

$$i^* = i^*(K^*), \quad di^*/dK^* > 0 \tag{4-17}$$

外国投资者的目标是追求利润最大化，令 π^* 对 K^* 的一阶导数为 0，由式（4-16）可以得到：

$$e(1+i)/F_e - [(1+i^*) + K^*(di^*/dK^*)] = 0 \tag{4-18}$$

将式（4-15）代入式（4-18），经过整理，得到：

$$\frac{F_e}{e} = \frac{1+i}{1+i^* + i^*/E_S^*} \tag{4-19}$$

将式（4-19）两边减 1，得到：

$$\frac{F_e - e}{e} = \frac{i - i^* - i^*/E_S^*}{1 + i^* + i^*/E_S^*} \tag{4-20}$$

出于简化目的，令式（4-20）右端分母为 1，则有：

$$\frac{F_e - e}{e} = i - i^* - i^*/E_S^* \tag{4-21}$$

将式(4-21)与式(4-14)比较可以看到,若 E_s^* 为无穷大,则两式相同。

2. 本国套利资金供给弹性与资本输出

本国套利资金供给弹性 E_s 的定义方程为:

$$E_s = (dK/K)/(di/i) \tag{4-22}$$

式中,K 表示本国套利资金供给。本国投资者在对外投资中所能获取的利润 π 可表示为:

$$\pi = K(1+i^*)F_e/e - K(1+i) \tag{4-23}$$

式中,K/e 表示本国套利资金在即期外汇市场上所能换取的外汇,$K(1+i^*)/e$ 为对外投资1年所获取的外币本利和,$K(1+i^*)F_e/e$ 为该外币本利和在远期外汇市场上所能换回的本币收益将来值,$K(1+i)$ 表示本国套利资金的机会成本。

投资者对外投资会导致本国利率上升。

$$i = i(K), \quad di/dK > 0 \tag{4-24}$$

令式(4-23)中 π 的一阶导数为0,并考虑到 i 是 K 的增函数,可以得到:

$$(1+i^*)F_e/e - [(1+i) + K(di/dK)] = 0 \tag{4-25}$$

将式(4-22)代入式(4-25),经过整理,得到:

$$\frac{F_e}{e} = \frac{1+i+i/E_S}{1+i^*} \tag{4-26}$$

将式(4-26)两边减1,得到

$$\frac{F_e - e}{e} = \frac{i - i^* + i/E_S}{1+i^*} \tag{4-27}$$

为简化起见,设式(4-27)分母为1,则有:

$$\frac{F_e - e}{e} = i - i^* + i/E_S \tag{4-28}$$

如果本国是一个发展中国家,那么弹性 E_s 可能较小,对资本流动构成较大约束。

在国际金融活动中,简单的抵补利率平价可以表现出较大的实用性。考虑到模型自身具有较多的假设条件,需要对该模型进行检验以考察环境变化是否影响该理论的现实价值。常用的检验方法有两种,分别是中性带分析和回归分析。中性带分析(neutral band analysis)是通过图形考察远期升水率和利率差的现实关系是否超越了某种界限,由此判定抵补利率平价是否成立的检验方法。回归分析(regression analysis)则是通过建立回归方程对抵补利率平价进行建模,观察系数是否显著。

三、利率平价理论的基本思路

利率平价理论研究了各国货币利率的差异对其即期汇率及远期汇率的决定与变动的影响,认为两国货币的利差不仅对其即期汇率的决定和变动有重要作用,而且还决定和影响其远期汇率。由于各国之间存在利率差异,投资者为了获得更大收益,总是将资本从利率低的国家转移到利率高的国家进行套利,因此增加了对利高货币的需求,导致其即期汇率上升。而在短期资本流入利高货币国家赚取利差收益的同时,投资者往往会做一个对冲交易,即在远期外汇市场,按远期汇率卖空远期利高货币进行抵补,避免利高货币汇率下降的风险,从而导致远期利高货币供给增加,使其远期汇率下降。其基本思路如图4-2所示。

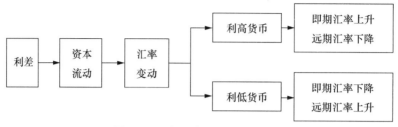

图 4-2 利率平价理论的基本思路

四、对利率平价理论的评价

利率平价理论阐明了利率和汇率之间的关系,合理解释了利率差异和资本流动对即期汇率及远期汇率的影响和作用,对西方国家利率政策的运用有很好的指导作用。但它把利率变动当作是决定汇率的基础和影响汇率变动的唯一因素,则有失片面,因此不能解释当两国利率并无差异时汇率变动的原因。一方面,利率平价理论并不是一个独立的汇率决定理论,而是描述了利率与汇率的相互关系,解释它们之间是相互影响的;另一方面,两国利率差异并不是决定汇率的基础。利率差异只会影响两国货币即期汇率发生变动,而无法说明均衡时即期汇率的决定,同时它也不是影响汇率变动的唯一因素。

第四节 现代远期汇率决定理论

抵补利率平价只考虑了远期外汇交易中的套利者行为,而忽略了贸易者和投机者行为,这种理论缺陷削弱了其说服力。在此背景下,人们提出了现代远期汇率决定理论。

一、套利者行为

套利者即在国际货币市场上进行抵补套利的个人或法人。在抵补利率平价讨论中已考察了他们的行为,据式(4-13)有:

$$CD = (F_e - e)/e - (i - i^*) \tag{4-29}$$

我们假设人们购买远期外汇的数量与抵补利息差额存在某种线性关系,则有:

$$Q = Q(CD), \quad dQ/dCD < 0 \tag{4-30}$$

式中,Q为人们购买远期外汇的数量。若$CD=0$,即抵补利率平价成立,套利者不会从事投资活动,从而不参与远期外汇交易。若$CD>0$,则对外投资有利可图,套利者可赚取升水率高于利率差的差额,于是,套利者将在即期外汇市场上购买即期外汇,并同时在远期外汇市场上卖出远期外汇。由于Q为买入远期外汇数量,故$dQ/dCD<0$。同理,若$CD<0$,套利者将把资本转入本国,出售即期外汇并购买远期外汇($Q>0$)。

在图4-3中,设本国利率i、外国利率i^*和当时的即期汇率e_0都是既定的,F_0为能使抵补利率平价成立的远期汇率。套利者曲线A反映远期汇率与远期外汇交易量的对应关系,它必然过 F_0 点,因为抵补利率平价成立时,人们不会购买或出售远期外汇。

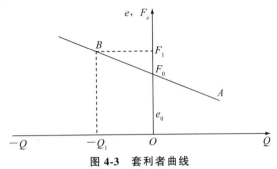

图 4-3 套利者曲线

若远期汇率高于 F_0,如 F_1 所示,则套利者将对外投资,出售远期外汇(在掉期交易中与购买即期外汇同时进行),如 $-Q_1$ 所示。同理,若远期汇率低于 F_0,套利者将购买远期外汇。因此,套利者曲线从左上方向右下方倾斜。

二、贸易者行为

贸易者特指厌恶风险的进出口商。为简化分析,设进出口商均在 1 年期限付出或收到外汇。

(一) 出口商的避险选择

设出口商有两种避免外汇风险的方法。一种方法为出售远期外汇。由于远期汇率 F_e 是远期外汇合约加以规定的,其单位外币收入的本币将来值 TR_1 得以固定下来,即有:

$$TR_1 = F_e \tag{4-31}$$

另一种方法为 BSI 法(borrow-spot-invest),即先借入外币,按目前的即期汇率将其换成本国货币,然后用其进行国内投资。这种方法得到的本币将来值为:

$$TR_2 = e(1+i)/(1+i^*) \tag{4-32}$$

式中,$1/(1+i^*)$ 为出口商借入的外币数量,该借款的将来值正好与单位外币出口收入相等,不用再另外考虑偿还问题。$e/(1+i^*)$ 为外币借款的本币现在值。该式右端表示第二种方法可获得的本币将来值。

出口商进入远期外汇市场的条件是:

$$F_e > e(1+i)/(1+i^*) \tag{4-33}$$

该式可简化为:

$$(F_e - e)/e - (i - i^*) > 0 \tag{4-34}$$

在图 4-4 的左边,$F_0 T'$ 线表示出口商曲线。F_0 是能使抵补利率平价成立的远期汇率,也正好是出口商不进行远期外汇交易的远期汇率。若远期汇率(F_1)高于 F_0,则卖出远期外汇可给出口商带来更多的本币收入,其将出售 $-Q_1$ 所示的远期外汇。

(二) 进口商的避险选择

设进口商也有两种避免外汇风险的方法。一种方法是购买远期外汇,其 1 年后支付单位外币的本币成本将来值为:

$$TC_1 = F_e \tag{4-35}$$

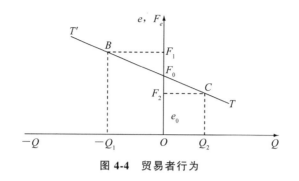

图 4-4 贸易者行为

另一种方法为 BSI 法,即先借入本币,在即期外汇市场上把其换成外币,然后进行外币投资。1 年后,进口商再用外币投资收益支付进口款项。这种方法的成本是:

$$TC_2 = e(1+i)/(1+i^*) \tag{4-36}$$

式中,进口商在 1 年后需要支出 1 单位外币,该 1 单位外币根据外国利率计算得到今天的贴现值为 $1/(1+i^*)$。上述金额兑换成本币后为 $e/(1+i^*)$,即为当前该进口商需要借入的本币数量。由于在本国借款需要产生 $(1+i)$ 的利息,因此该进口商借入上述数量的本币后,在 1 年后需要归还的数量为 $e(1+i)/(1+i^*)$。

进口商进入远期外汇市场的条件是:

$$F_e < e(1+i)/(1+i^*) \tag{4-37}$$

该式可简化为:

$$(F_e - e)/e < i - i^* \tag{4-38}$$

在图 4-4 的右边,F_0T 线表示进口商曲线。若远期汇率低于 F_0,则购买远期外汇可降低进口商的成本。若远期汇率为低于 F_0 的 F_2,则进口商可购买 Q_2 的远期外汇。

在图 4-4 中,$T'T$ 表示贸易者曲线,它也和套利者曲线一样从左上方向右下方倾斜。

三、AT 曲线

AT 曲线反映套利者和贸易者在各种远期汇率下共同购买或出售远期外汇的数量,它是贸易者曲线与套利者曲线的水平相加。在图 4-5 中,F_0 表示能使抵补利率平价成立的远期汇率,贸易者和套利者都不会进入远期外汇市场。若远期汇率为 F_1,贸易者(进口商)购买的远期外汇为 OQ_1,套利者购买的远期外汇为 OQ_2,他们共同购买的远期外汇为

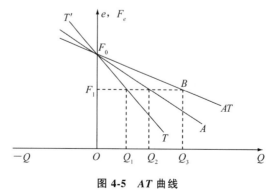

图 4-5 AT 曲线

OQ_3。AT 线经过 F_0 点和 B 点,它也是从左上方向右下方倾斜的。其行为方程可表示为:

$$Q = f(\text{CD}), \quad dQ/d\text{CD} < 0 \tag{4-39}$$

四、投机者行为

当套利者和贸易者进入远期外汇市场后,需要寻找另外的交易者。我们将承担外汇风险的交易者称为投机者。投机者根据自己对未来即期汇率的预期来决定是否进入远期外汇市场。他们不参与远期外汇交易的条件是:

$$F_e = e^e \tag{4-40}$$

式中,e^e 为预期的未来即期汇率。若其与远期汇率 F_e 相等,则无论投机者选择买入还是卖出,都将无利可图。

在图4-6中,e^e 为投机者预期的未来即期汇率。若远期外汇市场上的远期汇率也正好等于 e^e,投机者将不进行远期外汇交易。但是,只要远期汇率不等于 e^e,投机者都会进入远期外汇市场。如果远期汇率(F_1)大于 e^e,投机者将卖出远期外汇,因为到期时他可按 e^e 这种较低的即期汇率买入即期外汇以履行合同,并使自己有利可图。同理,若远期汇率为 F_2,低于其预期的未来即期汇率,他将购买远期外汇。这里需要注意的是,对投机者而言,Q 表示卖出远期外汇的数量,因为投机者是贸易者和套利者的交易对手,一方的卖出就是另一方的买入。根据上述说明,投机者曲线 S 会向右上方倾斜。投机者卖出远期外汇的条件是:

$$Q = Q(F_e - e^e), \quad dQ/d(F_e - e^e) > 0 \tag{4-41}$$

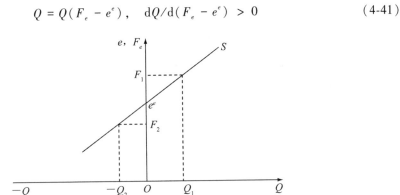

图 4-6 投机者曲线

五、均衡远期汇率的决定

均衡远期汇率是能够使远期外汇市场供求平衡的远期汇率。

在图4-7(a)中,投机者预期的未来即期汇率较低。在这种情况下,投机者将卖出 Q_1 的远期外汇,而贸易者(进口商)和套利者共同买入 Q_1 的远期外汇,均衡远期汇率为 F^*。显然,若远期汇率高于 F^*,投机者打算卖出的远期外汇将大于其他人打算购买的远期外汇,这会迫使远期汇率降到 F^* 的水平。

在图4-7(b)中,投机者预期的未来即期汇率较高。在这种情况下,投机者将买入远期外汇,贸易者(出口商)和套利者将卖出远期外汇,均衡远期汇率 F^* 将使远期外汇需求和供给量都是$-Q_2$。

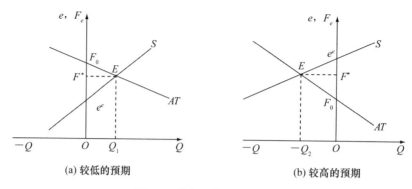

(a) 较低的预期　　　　　　　　　　(b) 较高的预期

图 4-7　均衡远期汇率的决定

在这两种情况下,均衡远期汇率都会偏离能使抵补利率平价成立的远期汇率 F_0。

投机者预期的未来即期汇率与市场远期汇率之间的差额被人们看作风险报酬(risk premium)。与套利者和贸易者不同,投机者在远期外汇交易中承担了风险。如果某个投机者预期的未来即期汇率被此后的事实证明是不准确的,那么他将会蒙受损失。这种风险报酬最终是由贸易者和套利者来支付的,他们付出了一定的代价,但是规避了外汇风险。

在正常情况下,预期的未来即期汇率对市场远期汇率的偏离不会很大。其一,远期汇率是投机者预期未来即期汇率的重要参照物。其二,在资本具有较大流动性的现代经济中,S 线和 AT 线都比较平缓。此外,或许最为重要的原因是,人们进行了多次检验,都证明远期汇率大致满足抵补利率平价关系。

因此,现代远期汇率决定理论尽管具有明显的理论意义,但是其现实意义并不明显。商业银行在公布其远期外汇交易的牌价时,基本上仍然参照抵补利率平价。

第五节　资产市场理论

资产市场理论(theory of portfolio market)是在国际资本流动迅速发展的背景下,于20世纪70年代中期以后发展起来的一种重要的汇率理论。同传统的汇率决定理论相比,资产市场理论的突出特点是将商品市场、货币市场和证券市场结合起来进行汇率决定的分析。

本节介绍的资产市场理论主要有以下三个假设:第一,外汇市场是有效的,也就是市场的当前价格反映了所有可能得到的信息;第二,分析对象是高度开放的,本国无法影响到国际市场上的利率;第三,资金是完全流动的,也就是说套补的利率平价始终成立。

根据对于本币资产与外币资产的可替代性的不同假定,资产市场理论可以分为货币分析法与资产组合分析法:货币分析法认为两种资产可以完全替代,而资产组合分析法则认为两种资产不能完全替代。在货币分析法下,根据本国价格水平弹性的不同假设,又分为弹性价格的货币分析法与黏性价格的货币分析法。下面我们将逐一介绍。

一、弹性价格的汇率货币分析法

弹性价格的汇率货币分析法,又称汇率的货币论(monetary approach to exchange rate),是由美国经济学家哈里·约翰逊(Harry Johnson)和蒙代尔于 20 世纪 70 年代初创立的一种汇率理论。该理论实际是购买力平价理论的现代翻版。

(一) 假设条件

汇率的货币论是现代货币主义主流思想在汇率理论方面的延伸,其假设条件也与其主流思想相适应,主要包括以下几个方面:

(1) 具备高度发达的资本市场,即资本充分流动及本国和外国资产之间充分可代替。

(2) 具备高效率的商品市场,商品的自由套购能保证购买力平价在国际市场有效发挥作用。

(3) 具备高效率的外汇市场,市场参与者能根据所有信息作出合理预期,其预期能较大地影响市场上的汇率。

除此之外,在价格的弹性假设下,我们认为总供给曲线是垂直的。

(二) 基本模型

本国货币市场的平衡条件为:

$$M_d^s = P_d Y_d^\alpha e^{-\beta i_d} \tag{4-42}$$

式中,M 为货币供给,Y 为总产出,i 为利率,e 为自然对数的底,下标 d 代表本国。将式(4-42)两边取对数得到:

$$p_d = m_d^s - \alpha y_d + \beta i_d \tag{4-43}$$

式中,p、m、y 分别为 P、M、Y 的对数形式。同理可得国外货币供求的平衡条件为:

$$p_f = m_f^s - \alpha y_f + \beta i_f \tag{4-44}$$

根据购买力平价条件有:

$$e = p_d - p_f \tag{4-45}$$

将式(4-43)与式(4-44)带入式(4-45)中可得:

$$e = (m_d^s - m_f^s) - \alpha(y_d - y_f) + \beta(i_d - i_f) \tag{4-46}$$

以上即为弹性价格的汇率货币分析法的基本模型。可以看到,汇率由本国与外国货币供应量、总产出的差额以及利率的差额共同决定。

(三) 主要观点

根据如上模型,我们看到汇率是由货币市场的存量均衡所决定的,并主要受名义货币存量、实际国民收入水平、实际利率和预期通货膨胀等因素的互动影响,因此得出的主要结论是:

(1) 当一国名义货币存量增加时,由于总供给曲线垂直,因此国内物价水平同货币供给量等比例上涨,总产出与利率水平不发生变化。从式(4-45)来看,p_d 上升,则 e 上升,本国货币将会发生贬值。同理,当外国货币供应量增加时,本国货币将升值。

(2) 一国实际国民收入增加,会导致货币需求上升,在名义货币供应量不变的情况下,会引起国内物价下降,通过购买力平价作用导致本国货币升值。从式(4-46)来看,y_d 上升,e 会下降,将得到相同结论。相反,当外国国民收入升高时,本国货币贬值。

(3) 一国名义利率上升,会导致该国实际货币余额需求下降,从而使物价上涨,则本国货币趋向贬值。从式(4-46)来看,i_d 上升,e 会上升,将得到相同结论。相反,当外国名义利率上升时,本国货币趋向升值。

(四) 评价

汇率的货币论强调货币市场及货币供求关系对汇率的影响,有重要的理论意义与实际价值。它指出了货币因素在汇率决定和变动过程中的作用,并指出一国货币供应量增加会引起本国汇率的下跌,这是符合实际的,从而纠正了第二次世界大战后汇率研究中忽视货币因素的缺陷。同时,该理论把汇率问题的研究同货币政策的运作协调起来,从而对浮动汇率制下汇率成为国家宏观调控政策的重要工具产生了重要作用。

需要指出的是,汇率的货币论可以看作是长期的汇率决定理论:由于假定总供给曲线垂直,所以货币供给量的变化不会导致总产出的变化;同样,长期的利率也不取决于货币供给。从式(4-45)与式(4-46)可以看出,货币供给的变化才会导致价格的同等变化(注意它们都是对数形式),从而导致汇率的变化。

除上述各因素外,汇率的货币论还关注了预期对汇率的影响,认为预期的通货膨胀率对本国汇率升降有重要影响,特别在短期内对汇率影响更大。为理解方便,我们将在汇率超调理论中予以介绍。

但汇率的货币论只考虑货币数量对汇率的影响,而未考虑其他诸多方面的因素,因而也是一种局部静态分析。同时,由于该理论以购买力平价为基础,因此与购买力平价理论具有同样的缺陷。

二、黏性价格的汇率货币分析法

黏性价格的汇率货币分析法,又称汇率超调理论(exchange rate overshooting),是由美国经济学家多恩布施在 1976 年提出的。他也强调货币市场均衡对汇率变动的作用,但他认为:从短期来看,商品市场价格由于具有黏性,对货币市场失衡的反应很慢,而证券市场的反应却很灵敏,因而利率立即发生变动。这样,货币市场的失衡就完全由证券市场来承受,从而形成利率的超调,即利率的变动幅度大于货币市场失衡的变动幅度。如果资本可以在国际自由流动,利率的变动必然引起套利活动和汇率变动,而且汇率的变动幅度也大于货币市场失衡的变动幅度。这就是所谓的汇率超调现象。

(一) 基本模型

汇率超调模型中,货币需求和供给的基本公式与货币论中的公式是相同的。现将预期的作用引入模型当中。根据利率平价条件,预期的汇率 Ee 满足以下条件:

$$Ee - e = i_d - i_f \qquad (4\text{-}47)$$

整理可得:

$$e = Ee - i_d + i_f \qquad (4\text{-}48)$$

当货币供给量发生变动时,从长期看,价格水平的变化率(通货膨胀率)会等于货

供给量的变化率,远期汇率变动率将会等于通货膨胀率,即:

$$\frac{\mathrm{E}e}{e_0} = \frac{M_d}{M_d^0} \qquad (4\text{-}49)$$

但是在短期内,由于价格水平是黏性的,短期内购买力平价不成立,且总供给曲线并不垂直。以货币增加为例,短期内总供给曲线变化如图 4-8 所示。

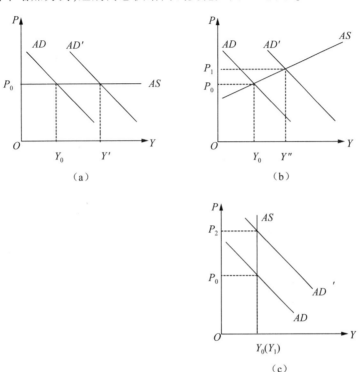

图 4-8　短期内总供给曲线变化

如图 4-8 所示,长期价格水平会上升到 P_2,但是短期内只能从 P_0 变动到 P_1。而在货币市场,短期内由于价格水平的黏性,货币供给曲线会向右移动,利率下降,在短期内导致短期汇率的波动大于长期汇率变动,即汇率超调。所以在一次货币增加中,各变量的变动随时间的变化如图 4-9 所示。

(二) 基本观点

汇率超调理论的基本思路由以下几个方面的内容构成:第一,汇率是由货币供求关系所决定的;第二,货币供求关系不仅影响物价,还影响利率;第三,利率和物价的变动都会影响汇率;第四,由于物价黏性,利率对货币供求关系的变化比物价更为敏感,货币供求关系变化对物价的影响作用迟缓,因而利率承受了过大的压力,所以利率变动幅度往往比货币供求关系变化的幅度更大,使国际资本流动超过其应有的幅度,从而导致汇率变动的幅度也更大,出现所谓的"汇率超调";第五,利率、汇率及商品价格的变动引起套利、套汇及套购商品的活动,最终导致两国汇率的均衡。其基本思路如图 4-10 所示。

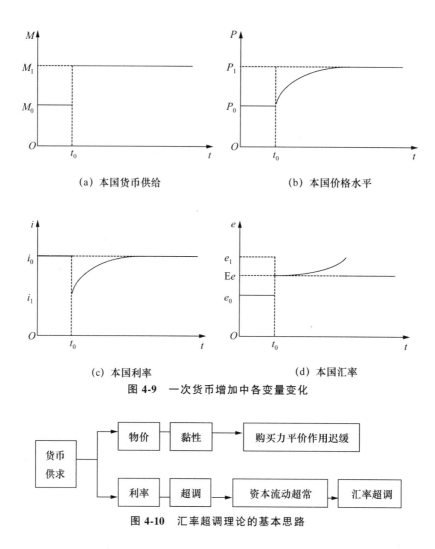

图 4-9 一次货币增加中各变量变化

图 4-10 汇率超调理论的基本思路

(三) 评价

汇率超调理论不仅说明了短期内汇率变动的原因,而且说明了其变动的强度,有利于人们认识短期内的汇率变动。该理论是货币主义的动态分析,但也包括了货币主义理论的所有缺陷,它将汇率的变动完全归因于货币市场的失衡有失偏颇。

三、汇率的资产组合平衡模式

汇率的资产组合平衡模式(portfolio balance model of exchange rate)是詹姆斯·托宾(James Tobin)的资产选择理论的应用,由威廉·布兰森(William Branson)等提出。该理论接受了多恩布施的价格在短期内具有黏性的看法,认为在短期内汇率取决于资产市场的均衡。

(一) 基本思路

汇率的资产组合平衡模式的基本思路可以分为三个层次:

（1）汇率变动取决于市场上各种外汇流动资产的增减变化；

（2）各种外汇流动资产的增减变化是投资者调整其外汇流动资产比例或结构所引起的；

（3）投资者对其外汇流动资产比例或结构的调整往往会引起资本在国家间的大量流动以及市场上外汇供求关系的变化，从而对汇率变动产生影响。

其基本思路如图4-11所示。

图4-11　汇率的资产组合平衡模式的基本思路

（二）基本原理及概念

汇率的资产组合平衡模式所指的流动资产既包括外国资产,也包括本国资产；既包括不能生息的现金,也包括可以生息但收益率各异的存款、有价证券等资产。其主要是指以本币或外币表示的有价证券和货币、存款等金融资产。

流动资产的选择,是指投资者调整其持有的本币资产和外汇资产,以及调整其持有的有价证券和货币等资产之间的比例与结构,以选择一套投资收益和风险对比关系最佳的方案和资产组合的行为。

由于不同币种、不同形式流动资产的收益和风险大小各异,且经常发生变动,根据理性行为准则,投资者会不断调整其资产组合的比例与结构,直至各种资产的预期边际收益率相等,因而各种流动资产的预期边际收益率和相对风险的变动就会引起汇率的变动。因此,该理论强调资产市场对汇率的影响要比商品市场和劳务市场对汇率的影响重要。

从实际经济生活中也可以看到,自从1973年世界各国普遍实行浮动汇率制以来,受国际收支、通货膨胀、利率和经济增长等各种因素的影响,货币比价经常发生变动。不仅各国中央银行拥有大量的外汇储备,各大金融机构和跨国公司也拥有大量外币金融资产和欧洲货币存款,于是金融资产的选择变得越来越重要。持有哪种金融资产以获得最大收益就成为持有者或投资者需要慎重考虑的问题,因此流动资产市场理论应运而生。

（三）评价

汇率的资产组合平衡模式论证了短期内资产市场的均衡对汇率的影响,具有重要的实际意义。因为从实际情形看,投资者因选择和持有本国或外国金融资产而引起的国际资本流动在很多时候都超过经常项目差额,所以在短期内,资产市场的均衡对汇率变动有重要作用。但该理论只分析资本项目,完全不考虑经常项目,尤其是商品和劳务进出口对汇率的影响,显然是一种局部静态分析。另外,其限制条件严格,如必须是在国内金融市场发达、对外开放程度很高、外汇管制宽松的情况下,因此,这一理论有很大的局限性。

阅读专栏 4-2　　汉堡中的国际金融：巨无霸价格与汇率

一价定律告诉我们，在自由贸易条件下，两个国家生产和消费的同一种商品，其价格上的差异不会超过运输成本，汇率将移动到使两个国家同一种商品的价格在以某一种货币计量时相同的水平上。作为全球连锁企业麦当劳的当红产品，巨无霸汉堡以其严格的制作工艺和标准化的制作流程实现了在全球范围内的规格相当、口味统一，是理想的一价定律"锚商品"。

《经济学人》从1986年起创设了"巨无霸指数"，作为基于购买力平价理论观察货币是否被正确评价的指南。在该指数中，《经济学人》收集了数十个不同国家和地区销售巨无霸的用当地货币计算的价格，然后用这些价格计算隐含的购买力平价汇率和巨无霸指数。

表4-1列示了1995年8月巨无霸在美国和其他八个国家的价格（第2栏），表中同时列出了1995年8月这八个国家货币对美元的汇率，以1美元外国货币的数量表示（第3栏）。

表 4-1　1995 年巨无霸价格对比

国家（货币）	1995年巨无霸价格	1995年实际汇率（外国货币/美元）	巨无霸折算成美元的价格	购买力平价汇率（外国货币/美元）	美元高估（+）和低估（-）情况	外币高估（+）和低估（-）情况
澳大利亚（AUD）	A$2.06	1.36	$1.51	1.08	+26%	-20.6%
英国（GBP）	£1.45	0.65	$2.23	0.76	-15%	+16.9%
加拿大（CAD）	C$2.27	1.36	$1.67	1.19	+14%	-12.5%
法国（FRF）	Fr15.4	5.06	$3.04	8.11	-38%	+60.1%
德国（DEM）	DM3.9	1.48	$2.64	2.05	-28%	+38.5%
意大利（ITL）	L3 700	1623	$2.28	1947	-17%	+20.0%
日本（JPY）	¥322	96.9	$3.32	169.5	-43%	+74.9%
瑞士（CHF）	SFr4.89	1.23	$3.98	2.57	-52%	+108.9%
美国（USD）	$1.90	—	—	—	—	—

资料来源：托马斯.货币、银行与金融市场[M].马晓萍，译.北京：机械工业出版社，1999.

巨无霸的国外价格和实际汇率使我们可以把1995年外国巨无霸的美元价格与美国国内巨无霸的价格1.90美元进行比较（第4栏）。巨无霸的美元价格从最高的3.98美元（瑞士）到最低的1.51美元（澳大利亚）不等。第5栏是相应的购买力平价汇率，以各国巨无霸的国外价格（第2栏）除以其美元价格1.90美元得出。由于各国巨无霸的美元价格不同，因而相应的PPP汇率与实际汇率也不同。如果国外巨无霸比美国的便宜，那么实际汇率（外国货币除以美元）比PPP汇率高，美元被高估，外币被低估。如果国外巨无霸比美国的贵，那么实际汇率就低于PPP汇率，美元被低估，外币被高估。

从这个例子可以看出，在1995年8月美元相对于上表中八个重要国家货币中的六种货币被低估。巨无霸在欧洲和日本的价格高于美国。实际上,这种简单的发现与1995年和1996年经过精心测算得出的美元被低估的结论是一致的。这些发现说明,即使忽略差旅费,一个美国人在美国国内旅游也比到上述其他国家(除了澳大利亚和加拿大)旅游更便宜。

在感慨1995年的物价水平之余,随着1995年出生的"九五一代"逐渐成长,二十多年后巨无霸指数变化如何?表4-2列示了2021年12月巨无霸在美国等国的价格。仿照表4-1,表4-2也列出了2021年12月相应国家货币对美元的汇率,同样以1美元外国货币的数量(即直接标价法)表示。不同的是,法国、德国、意大利已经成为欧元区国家,它们不再拥有自己国家独立的货币。当然,即使是欧元区国家,巨无霸的价格也可能因地理位置不同而有所差异,例如留学生们会很容易发现,德国法兰克福机场的麦当劳销售的巨无霸比西班牙马德里市郊赫塔菲镇中心的麦当劳销售的巨无霸贵不少,但这些误差我们暂时忽略。

表4-2 2021年巨无霸价格对比

国家(货币)	2021年巨无霸价格	2021年实际汇率(外国货币/美元)	巨无霸折算成美元的价格	购买力平价汇率(外国货币/美元)	外币高估(+)和低估(-)情况
澳大利亚(AUD)	A$6.55	1.37	$4.78	1.16	-15.2%
英国(GBP)	£3.49	0.73	$4.78	0.62	-15.9%
加拿大(CAD)	C$6.77	1.27	$5.33	1.20	-6.0%
欧元区(EUR)	4.27	0.85	$5.02	0.76	-11.1%
日本(JPY)	¥390	109.94	$3.55	69.03	-37.2%
瑞士(CHF)	SFr6.50	0.92	$7.07	1.15	+24.7%
中国(CNY)	¥22.4	6.48	$3.46	3.96	-38.8%
委内瑞拉(VEF)	BS.F 30 164 100	3 613 989.07	$8.35	5 338 778.76	+47.7%
美国(USD)	$5.65	—	—	—	—

资料来源:https://www.economist.com/big-mac-index。

从2021年数据来看,作为计价标准的美国巨无霸价格从1995年的1.90美元涨到了5.65美元,这一方面说明二十多年来美国及全球的经济增长较为持续,另一方面说明货币的超发现象不容忽视。

从外币变化程度来看,澳元对美元从1995年低估20.6%到2021年低估15.2%,低估程度有所收窄;英镑对美元的水平从1995年高估近17%到2021年低估近16%,呈现逆转趋势;加拿大元的低估水平也有所减少;欧元区三国货币从1995年对美元高估20%~60%不等,变成2021年欧元对美元低估11.1%,变化显著;瑞士法郎的变化幅度同样令人关注,1995年有108.9%的高估,而2021年只有25%的高估,高估被显著稀释。欧元、瑞士法郎对美元的低估或高估收紧,一定程度说明当前美国人前往欧元区国家旅游比二十多年前要更加划算。

人民币的表现同样可圈可点。2021 年美元对人民币的汇率大约在 6.50 的水平，而以麦当劳价格计量的美元对人民币汇率却只有 3.96，表明以巨无霸的价格水平计算，在中国购买一顿麦当劳的成本要比在美国的成本显著偏低。

本章提要

1. 一价定律是购买力平价的理论基础，是指在不考虑交易成本的条件下，相同的物品在不同市场上只能有相同的价格。

2. 购买力平价理论说明，在纸币流通条件下，纸币的购买力是汇率决定的基础。这一解释符合纸币流通条件下汇率决定的规律。

3. 利率平价理论分为抵补利率平价和非抵补利率平价。利率平价理论阐明了利率和汇率之间的关系，合理解释了利率差异和资本流动对即期汇率及远期汇率的影响和作用。

4. 资产市场理论特别强调金融资产市场均衡对汇率变动的影响，它将商品市场、货币市场和证券市场结合起来进行汇率决定的分析。

思考题

1. 什么是一价定律？其假设是什么？
2. 购买力平价理论的贡献有哪些？
3. 什么是抵补套利？利率平价理论的基本思路是什么？
4. 如何评价汇率的货币论？
5. 汇率超调理论的基本观点是什么？

21世纪经济与管理规划教材
国际经济与贸易系列

中　篇

第五章　国际金融市场
第六章　外汇市场业务
第七章　国际融资业务

第五章　国际金融市场

[学习目标]

通过学习本章,应熟悉国际金融市场的概念和构成,重点掌握国际货币市场、国际资本市场的主要交易对象,以及欧洲货币市场的概念、特点和作用,把握国际金融市场发展的趋势。

[素养目标]

通过学习国际金融市场的相关知识,熟悉国际金融市场的运行特点和基本规律,感受中国自改革开放以来在国际金融市场上不断提升的国际影响力和话语权,体会中国奇迹、中国道路的深刻内涵。

[重点难点]

国际金融市场的分类,欧洲货币市场的概念、特点和经济影响

[引导案例]

俄乌冲突造成全球成本危机

当地时间2022年6月8日,联合国秘书长安东尼奥·古特雷斯(António Guterres)发布了全球粮食、能源和金融危机应对小组(GCRG)关于俄乌冲突对生活成本的全球影响的第二份简报,称在新冠疫情和气候危机中,全球居民正面临着一代人都未曾经历过的生活成本危机。俄乌冲突三个月以来,全球食品、能源和化肥市场遭受的价格冲击正不断升级。

报告称,估计94个国家的16亿人至少面临其中一项危机局面,其中约12亿人生活在最容易受影响的国家,这些国家在粮食、能源和金融这三个领域都极为脆弱。古特雷斯警告称,弱势群体和弱势国家已经受到重创,但没有任何国家可以免受这场生活成本危机的影响。

为此古特雷斯再次呼吁必须依照国际法、《联合国宪章》找到政治解决方案。但在此之前,需要立即在两方面行动。第一,必须为全球粮食和能源市场带来稳定,打破价格上涨的恶性循环,为发展中国家带来纾解;第二,要立即为最贫困国家和社区准备好资源,政府要准备好借款让这些地区经济和人民生活持续。

古特雷斯还宣布,已要求联合国贸易和发展会议秘书长丽贝卡·格林斯潘(Rebeca Grynspan)和联合国人道主义事务负责人马丁·格里菲思(Martin Griffiths)协调两个工作组,已允许"通过黑海安全可靠地出口乌克兰生产的食品",并确保"俄罗斯食品和化肥不

受阻碍地进入全球市场"。

格林斯潘表示,当前全球的粮食、能源和金融危机是累积发生的,各国本已受到新冠疫情冲击,加上长期气候危机的影响,而持续三个月的俄乌冲突对全球特别是发展中国家更是雪上加霜。在能源方面,她还呼吁各国释放能源储备,应对短期缺口。

格林斯潘还表示,虽然63国针对俄罗斯的制裁未包括粮食及肥料,但已经对其出口造成了难度。为确保俄乌粮食、化肥出口,格林斯潘在过去数周连续对莫斯科、华盛顿、布鲁塞尔、基辅、安卡拉等地进行了访问。联合国呼吁各方立即采取行动,避免三重危机演变成三重灾难。

资料来源:徐德智.联合国:俄乌冲突造成全球成本危机[EB/OL].(2022-06-09)[2022-08-25].https://news.youth.cn/gj/202206/t20220609_13757369.htm.

在经济全球化背景下,国际金融市场在全球市场的重要性日益显著。尤其是自20世纪80年代以来,随着生产和投资的国际化,国际金融市场在世界经济的发展中发挥着越来越重要的作用,不仅推动了货币信用的国际化,也促进了国际资本、国际贸易乃至整个世界经济的国际化。

第一节 国际金融市场概述

国际金融市场(international financial market)的概念通常涵盖了世界上所有国际金融中心,这些国际金融中心伴随着资本主义世界市场的发展,常以其所在地名称命名,如伦敦国际金融中心、纽约国际金融中心等,并由此构成了整个国际金融市场。在国际金融市场上经营的业务主要包括货币的兑换、国际借贷及证券交易等,据此可以划分为各种不同类型的市场。

一、国际金融市场的概念

(一)国际金融市场的广义和狭义概念

国际金融市场是指在国际上进行资金融通或金融产品买卖的场所,也就是在居民与非居民之间,或者非居民与非居民之间进行国际性金融业务活动的场所。国际金融市场与国内金融市场的显著不同在于:在国际金融市场上,资金借贷关系涉及非居民;业务活动范围跨越国境;交易中使用的货币为多国货币;业务活动比较自由开放,较少受某一国政策、法令的限制。

国际金融市场有广义和狭义之分。广义的国际金融市场是指进行各种国际金融业务活动的场所,这些业务活动包括资金的借贷、外汇与黄金的买卖。因此,传统上的国际金融市场包括货币市场(1年内短期资金的借贷)、资本市场(1年以上中长期资金的借贷)、外汇市场、黄金市场。另外,20世纪70年代以来形成和发展起来的国际金融期货和期权市场也是国际金融市场的组成部分。上述几类国际金融市场是紧密联系的。狭义的国际金融市场仅指从事国际资金借贷活动的市场,又称国际资金市场,包括国际货币市场和国际资本市场。

(二) 国际金融市场与国内金融市场的区别与联系

为了进一步理解国际金融市场的概念,有必要分析一下国际金融市场与国内金融市场的区别与联系。

1. 国际金融市场与国内金融市场的区别

(1) 市场运作范围不一。国内金融市场的活动领域局限于一国领土内,市场的参与者限于本国居民;而国际金融市场的活动领域则超越国界,其参与者涉及境外居民或多国居民。

(2) 市场业务活动不一。国内金融市场的业务活动一般不使用外汇,也不必通过外汇市场进行;而国际金融市场的业务活动必然涉及外汇交易活动,而且要通过外汇市场进行,外汇市场是国际金融市场的中心市场之一。

(3) 市场管制程度不一。国内金融市场必须受到货币当局的直接干预,市场运行在很大程度上受到行政力量的左右;而发达的国际金融市场则基本不受所在国金融当局的管制,市场运行一般很少受到干预,甚至完全不受干预。

2. 国际金融市场与国内金融市场的联系

(1) 国内金融市场是国际金融市场得以发展的基础。世界上一些主要的国际金融市场都是在原先国内金融市场的基础上发展而成的,这些国际金融市场中的金融机构、银行制度以及涉外业务与国内金融市场都有着密切的联系。

(2) 国内金融市场的货币资金运动与国际金融市场的货币资金运动相互影响。国内金融市场的利率发生变动,会通过各种方式影响到国际金融市场上利率的变化;国内金融市场上货币流通发生变化而导致的币值变动,也同样会影响国际金融市场上汇率的变动。

(3) 国内金融市场上的某些大型金融机构,同样也是国际金融市场运作的主要参与者。

二、国际金融市场的形成和发展

国际金融市场是随着国际贸易的发展与扩大而产生和发展的。从最早的国际清算中心到国际金融市场的出现,直至今天的欧洲货币市场,这个过程持续了几个世纪。

(一) 国际金融市场的形成

17世纪末,随着美洲大陆的发现,资本主义全球市场体系逐步形成。在这个过程中,英国成为世界经济的主要力量。为了适应资本主义经济增长对资金的需求以及为迅速发展的对外贸易提供国际汇兑和国际清算,英格兰银行于1694年正式成立。伦敦在成为世界经济中心、国际贸易中心的同时,也成为国际汇兑、国际结算和国际信贷中心,这标志着现代国际金融市场开始形成。伦敦国际金融中心建立以后,随着世界各国对外贸易和投资的快速增长,英国以外的主要资本主义国家的国内金融市场也相继发展成为国际金融中心,如瑞士的苏黎世、法国的巴黎、意大利的米兰、德国的法兰克福、美国的纽约等。

国际金融市场在现代经济中的作用是非常重要的,国际贸易、国际资本借贷、外汇买卖及证券交易和保险业务都离不开国际金融市场。虽然各国都有一些大城市从事国际金融活动,但并非所有开展国际金融业务的城市都能被称为国际金融中心。成为能够全面开展国际金融业务的国际金融市场需要具备一定的条件:

(1) 稳定的政局。这是最基本的条件。如果一国政局动荡,经常发生政变或大的变革,就无法保证国内经济和金融的稳定,更谈不上建立一个国际金融市场。

(2) 自由开放的经济体制。这主要包括自由开放的经济政策与宽松的外汇管制。自由开放的经济政策,容易加强与世界各国的经济金融往来,并进行各种形式的经济金融合作;而自由宽松的外汇管制或取消外汇管制,能充分保证国际资金的自由出入,容易形成国际资金的集散地,进而形成国际金融市场。

(3) 健全的金融制度和发达的金融机构。一国如果金融制度和法规不健全,就无法保障金融活动高效地进行,而量少质弱的金融机构更没有能力担负从事国际金融业务的重任。因此,这个条件也是国际金融市场形成的必要条件。

(4) 现代化的通信设施与交通方便的地理位置。一国或地区要成为国际金融中心,必须有完善的通信设施,并具有不断吸收高新科技的能力,这样才能迅速准确地保证国际信息的通畅。良好的地理位置则容易吸引各种参与者,方便其交易,进而增加各种国际金融业务。

(5) 训练有素的国际金融人才。一国或地区只有拥有既具备现代国际金融专业知识又具备丰富实际经验的国际金融专门人才,才能为国际金融市场提供高质量、高效率的各种服务。

只有具备了这些条件,才有可能成为国际借贷、国际结算和外汇买卖及黄金交易的中心,从而形成国际金融市场。

(二) 国际金融市场的发展

伦敦作为世界最主要的国际金融中心的时间长达两百多年。第一次世界大战后,伦敦国际金融中心的地位开始衰落,第二次世界大战的爆发加速了这种衰落。第二次世界大战后,全球国际金融市场发生重大演变,基本经历了以下三个阶段:

1. 纽约、苏黎世和伦敦的"三足鼎立"

第二次世界大战后,在伦敦国际金融中心地位不断下降的同时,美国经济实力迅速增强,以压倒性优势成为世界经济的领头羊。美国的经济实力主要表现在:占资本主义世界工业生产的 1/2,占出口贸易额的 1/3,占黄金储备的 2/3,占发达国家资本输出额的 1/3。美元因此成为最主要的国际结算货币,纽约成为世界最大的国际金融中心。因得益于"永久中立国"的特殊地位,瑞士避免了第二次世界大战战火的洗礼,瑞士法郎成为西欧国家中唯一保持自由兑换的货币,这一优势加速了苏黎世国际金融中心的发展。

2. 欧洲货币市场的形成和发展

欧洲货币市场是对离岸金融市场的概括和总称,离岸金融市场是从事境外货币存贷的市场,代表了国际金融市场新的发展阶段。20 世纪 60 年代,西欧经济迅速崛起,美国经济地位相对下降,其国际收支出现持续的巨额贸易逆差,美元大量外流。流出的美元主要集中在伦敦,成为"欧洲美元",伦敦也因此成为最大的欧洲美元市场。同时,随着西欧国家货币自由兑换和资本自由流动的恢复,境外货币的种类不断增加,出现了欧洲英镑、欧洲德国马克、欧洲法国法郎,于是欧洲美元市场演变成欧洲货币市场。其后,欧洲货币市场逐步演变成国际金融市场的核心。

3. 发展中国家和地区国际金融市场的建立

第二次世界大战后,不少发展中国家取得了政治独立,走上了发展本国经济的道路,建立和发展金融市场成为发展国民经济的重要条件。经过较长时间的发展,部分国家和地区的金融市场已具备了相当规模,并逐步成长为新兴的国际金融中心,如巴林、科威特、中国香港等。发展中国家和地区国际金融市场的建立促进了国际金融市场的全球化进程。

三、国际金融市场的类型

(一) 按市场功能分类

1. 国际货币市场

国际货币市场是指以短期金融工具为媒介进行的、期限在 1 年内的融资活动的交易市场,是短期资金市场或短期金融市场。其主要交易对象是商业票据、国库券、银行承兑票据、短期可转让存款单等准货币。因为这些金融工具流动性好、变现能力强、偿还期短、风险性小,和货币有差不多的性质,所以将这些金融工具的交易市场称为货币市场。

2. 国际资本市场

国际资本市场是指借贷期限在 1 年以上的中长期资金市场。其主要交易对象有股票、债券、国债、中长期票据等。其作用主要是为各国政府、机构、企业提供经济建设所需的资金,为已经发行的证券提供具有充分流动性的交易市场。

3. 国际外汇市场

国际外汇市场是以外汇银行为中心,由各类外汇供给者和需求者以及中间机构组成的,专门从事外汇买卖、外汇资金调拨、外汇资金结算等活动的场所或网络。

4. 国际黄金市场

国际黄金市场是指专门从事黄金买卖的市场。虽然 IMF 在 1976 年已开始了黄金非货币化的过程,但由于黄金同货币的传统联系以及人们的传统观念,黄金市场还是被广泛看作金融市场的一个组成部分。伦敦、苏黎世、纽约、芝加哥和香港的黄金市场是世界上最重要的黄金市场。

黄金市场可以分为实物黄金市场和黄金期货期权市场两部分。实物黄金主要以金条和金块形式进行买卖,官方或民间铸造的金币、金质奖章、珠宝首饰也在市场上买卖。实物黄金市场基本上是即期市场,为套期保值而做的远期交易是它的补充。市场参与者及其活动由三部分组成:黄金交易商在市场上买入和卖出黄金;经纪人从中牵线搭桥,赚取佣金和价差;银行为这些活动融通资金。黄金期货交易是指在合同规定的某个时间内,承诺交割或者接受和购买特定数额的黄金;黄金期权交易是指期权购买者在协议价格(或实施价格)上买卖实物黄金或黄金期货合同的权利。

（二）按融资渠道分类

1. 国际信贷市场

国际信贷市场是指在国际金融市场上以金融机构为媒介融通资金的市场，是各国资金需求者通过银行进行资金融通的场所，它是早期融资的主要渠道。目前，国际信贷市场以银行同业拆借为主体，形成了多个国际信贷中心。

2. 国际证券市场

国际证券市场是指发行和交易各种有价证券的市场，包括国际债券市场和国际股票市场。20世纪80年代后，国际金融市场的证券化趋势形成，国际证券市场的融资规模超过了国际信贷市场，成为国际筹资的主要渠道。

（三）按交易对象所在区域和交易币种分类

1. 在岸国际金融市场

在岸（on-shore）国际金融市场是指居民与非居民之间进行资金融通及相关金融业务的场所。其中，居民主要是国内投资者，非居民主要是外国筹资者，经营的货币是市场所在国货币，市场的资金一般由市场所在国提供，市场所在国是资本净提供国，它受市场所在国政府政策与法令的管辖。一般是由地方性和区域性市场逐步发展成为全球性市场，是国内金融市场的延伸。它是传统的国际金融市场。

2. 离岸国际金融市场

离岸（off-shore）国际金融市场又称境外市场（external market），经营对象（交易货币）包括除市场所在国货币外的西方主要货币，借贷关系涉及非居民与非居民之间的借贷，业务活动不受任何国家政府政策法令管辖。所有离岸国际金融市场结合成整体，就是通常所说的欧洲货币市场，它是第二次世界大战后形成并发展起来的新型国际金融市场。20世纪60年代以来，原来的一些传统国际金融中心出现了脱离当地法规管理的倾向，而一些以前并没有国际金融服务设施基础的地区，由于政府为繁荣本地经济实行了非常宽松的金融管制政策，或者根本不加管制，征税较低或者免税，加上地理位置适中，往往能吸引大批金融实业家的大量资金流入，迅速发展成为新型国际金融市场。离岸国际金融市场是目前最主要的国际金融市场，是既不受货币发行国政府法令管制，又不受市场所在国政府法令管制的国际金融市场。

四、国际金融市场发展的新趋势

（一）国际金融市场一体化程度不断加深

随着资金全球流动的频率和广度的增加，积极使用国际资金已经成为开放国家维持经济高质量发展的重要途径。随着各国金融监管水平在实践中的日趋完善，各国在国际金融市场中的关系逐渐密切，金融一体化程度逐渐加深。

国内金融市场的发展离不开畅通的国际融资环境。在国际金融市场的产品种类不断增多、国际环境不断变化的情况下，包括人民币在内的更多主权货币逐渐被赋予国际货币的角色。为满足国际资本流动的现实需要，世界各国在保障国内金融秩序稳定的大前提下，正逐步放松金融管制，减少对金融市场的行政干预，积极将国内金融市场与国际金融市场相融合,切实保障国际融资的畅通化,以最大程度发挥国际金融市场在资源配置中的优势。

(二) 发展中国家的金融管制逐步减少

20世纪70年代以来,西方国家政府和金融监管当局为增强各类金融机构的竞争能力和金融制度的活力,已逐渐减少对金融业的管制措施。当前,除保留必要的反恐、反洗钱、反垄断等监管手段外,西方国家对金融机构和金融活动的监管环境已较为宽松。近年来,随着以中国为代表的发展中国家的经济实力和金融治理能力的提升,发展中国家的金融管制也逐渐呈现出"建制度、不干预、零容忍"的总体特点。

当前发展中国家对金融管制的减少主要体现在以下三个方面:

(1) 放宽对金融机构业务限制。通过完善顶层设计和配套法律法规,从制度层面完善金融机构的权责边界,提高金融机构的抗风险能力。在此背景下,金融机构经营业务之间的限制逐渐减少,不同类别的金融机构之间业务的有限、合理交叉逐渐增加。同时,为提高行业国际竞争地位,发展中国家将鼓励业绩好、能力强的金融机构兼并业绩差的金融机构,提高行业整体执业能力。

(2) 放宽对外汇的管制措施。随着发展中国家国内经济韧性的提升,正常跨境资本流动对其经济的影响逐渐降低,其对非正常跨境资本流动的识别能力显著增强。为进一步促进跨国交易和提高投资便利度,发展中国家对外汇的管制措施也正在适度、可控地放宽。发展中国家通过稳步放松实需原则,积极扩大外汇市场的交易主体,增强市场自主平衡、自我出清的能力,进而理顺市场化外汇供求关系。

(3) 扩大开放国内资本市场。一个双向流动通畅的资本市场要比仅局限于国内的资本市场更加健全、要素更加充沛。因此,发展中国家正通过逐渐放宽外国银行在本国设立分行及经营业务的限制,放宽外资控股证券公司、基金公司、保险公司的股权比例限制,允许国外投资者投资更多种类的金融产品等多种方式,鼓励外国资金进入本国市场,同时适度促进国内金融机构的良性竞争,提高危机意识,促进国内金融机构的海外业务发展。

(三) 资本流向从单向转为双向趋势

早期国际金融市场中的资金流动往往是"自北向南",即资金由发达国家流向发展中国家,为发展中国家的国内投融资项目注入动力,带去更好的管理经验、技术水平,并从发展中国家广阔的市场中获得丰厚的回报。而目前,国际金融市场中的资金流动一定程度上出现了"由南向北"的趋势。这一现象出现一方面是由于发达国家经过前期高速发展后,经济高速增长动力不足,现有技术创新水平不足以维持更高的投资回报率,需要外部资金带来的经验和技术"反哺";另一方面是由于新兴经济体股市与发达国家资本市场相比回报率不确定性更大,资金为寻求更高收益率,根据国际资产配置的策略需要流入发达国家市场。

(四) 国际金融市场的信贷环境出现结构性分化

在世界不同国家的经济增速和货币政策逐渐分化的情况下,利率水平的结构也发生了变化。由于金融市场的一体化程度加深,不同国家信贷环境的变化既有主动的调整,也有被动的影响。

(1) 不同期限利率水平产生新变化。正常情况下,由于受到中长期流动性限制等因素的影响,一国中长期利率水平总是高于短期利率水平。而在2004—2006年,美国金融市场出现了"格林斯潘长期利率之谜",即短期利率随着加息区间而一路上涨,但长期利率未发生显著变化,长短期利差收窄甚至倒挂的现象动摇了人们根据流动性偏好理论形成的固有印象。到了2020年,受新冠疫情带来的经济冲击和美联储量化宽松政策的影响,美国国债利率持续下行,3个月期和10年期国债收益率水平出现倒挂,10年期国债收益率历史上首次跌至0.5%以下。

长短期美国国债收益率倒挂现象出现的频率增加,反映出国际投资者对美国长短期经济发展水平和货币政策的态度不再像过去一样持续稳定。在对经济乐观时,投资者投资标的选择空间较大,对作为无风险资产的国债需求减少,价格下行压力增加导致国债收益率水平较高,利差趋于正常;而对经济悲观时,股票、基金、房地产等其他投资标的收益较差,资金避险需求高企,投资者集中投资于国债等无风险资产,抬升国债特别是长期国债需求,造成国债价格水平上行动力增加,此时供给量明显偏小的中长期国债收益率水平下行速度明显快于供给量大的短期国债收益率降低速度,极端情况下便会导致收益率倒挂。投资者对美国经济态度的微妙变化,正在通过利率期限结构的变化改变国际金融市场的整体融资环境。

(2) 不同国家间利率水平分化加剧。尽管发达国家和发展中国家的货币政策均保持了一定程度的独立性,但由于发达国家的货币在国际金融市场上的需求更旺盛,发达国家的货币政策更容易产生外溢效应。在美国经济受到新冠疫情的严重影响时,美联储采取了大规模量化宽松政策,导致美国国内利率水平大幅降低至零利率附近,极大拉大了其他国家国债与美国国债之间的利差,国际资金也因此进行了更多的跨市场调整。发展中国家承担了较多的美联储超发美元,流入的美元兑换成在岸本币后,引发国内输入型通货膨胀。通货膨胀在本币名义利率不变时进一步降低了实际利率水平,也影响了发展中国家原定货币政策目标的实现。

另外,当美国等发达国家进入量化宽松的退出阶段时,发达国家与发展中国家的利差水平相应减小,资金有流回发达国家市场的趋势。此时,发展中国家面临着较大的资本流出压力,中央银行为保证国际资本不发生大规模外流引发系统性金融风险,或将被迫进入加息区间,提高国内资金成本,进而影响本国经济政策的正常独立运作。由此可见,发达国家货币政策的影响范围不只局限于本土,而是会引发全球金融市场的共振效应。

阅读专栏5-1 美联储公布新通胀目标制,货币政策新框架面临诸多挑战

2020年8月27—29日,在美国堪萨斯城联储主办的素有"全球央行政策晴雨表"之称的杰克逊霍尔全球央行年会上,美联储委员会宣布对长期通货膨胀目标和货币政策策略声明进行更新,将寻求实现2%的平均通货膨胀率长期目标。此前,美联储相关政策表述是致力于实现通货膨胀率位于"对称性的2%目标"附近。

全球经济所处的宏观环境在当前与在美联储2012年启用2%的通货膨胀目标时已截然不同,一个典型例子是菲利普斯曲线"失效",劳动力市场表现强劲也无法引起物价水平的显著上升。不仅如此,持续的低通货膨胀引发的潜在通货紧缩风险还在逐渐加大。实施平均通货膨胀目标制,意味着美联储可用未来通货膨胀的"余额"补偿过去和当下的"差额",在有限的降息空间里通过提高通货膨胀的容忍度为货币政策提供额外的空间,以应对逐渐增大的通货紧缩风险。不过,此次货币政策新框架能否实现美联储设定的预期效果仍不确定,而且还可能带来副作用。

第一,新的货币政策框架调整幅度不大,短期作用不明显。相较原有框架,此次调整既没有引入新的货币政策工具,也没有直接触及利率调整,而是力求通过引导通货膨胀预期超过2%来间接实现政策目标,金融市场对此次框架调整反应较为平淡也就不足为怪了。自上一轮经济扩张周期开启以来,通货膨胀在大部分时间低于美联储2%的通货膨胀目标,这也在一定程度上降低了市场对美联储未来通货膨胀超调的预期和控制通货膨胀能力的信心。

第二,美联储货币政策的不可预见性更强,操作不当或削弱美联储信誉。美联储在本次声明中虽然明确地引入平均通货膨胀目标概念,但并未披露该目标制的具体计算公式等更多相关细节。这意味着美联储可以主观地选取特定时期进行估计,"技术性"地调整出符合美联储期望的平均通货膨胀水平,使原本明确的泰勒规则被可主观调整的新规则所替代。这样做的结果是增加了美联储政策的不可预见性,降低了新框架下货币政策操作的透明度,会不可避免地削弱美联储的信誉。

第三,美联储的"独立性"可能受到损害,货币政策效用渐弱。新冠疫情发生后,为了向市场释放充裕的流动性,美联储的资产购买标的进一步扩大至企业债、商业票据等,其行为已超越了"最后贷款人"的职能。为了保证财政救助所需资金,美联储一方面大规模进行国债购买,另一方面通过维持低利率降低债务成本。这样一来,货币政策便与财政政策深度捆绑,从而使美联储货币政策独立性受到一定削弱,货币政策对市场的调控能力下降。美联储货币政策能否推动美国经济内生增长性恢复,这是在评估美联储新货币政策框架作用时面临的最大挑战。

资料来源:2020年国际金融十大新闻[EB/OL].(2020-12-31)[2022-08-25]. https://finance.sina.com.cn/zl/2020-12-30/doc-iiznctke9365534.shtml.

五、国际金融市场的作用

在市场经济条件下,金融往往是一国国民经济的命脉和血液,这同样也适用于国际金融与世界经济的关系。

(一)国际金融市场促进世界经济的发展

国际金融市场是世界各国资金的集散中心。国际金融市场上的各种贸易融资方式为国际贸易提供了充足的融通资金,也为资金短缺国家利用外资扩大本国生产提供了便利。例如,欧洲货币市场促进了当时的联邦德国和日本经济的复兴;亚洲美元市场对亚太地区的经济建设起了积极作用;发展中国家的大部分资金都是在国际金融市场上筹集的。可以说，某些国家或地区就是通过在国际金融市场上的借贷来筹集资金、推动经济发展的。

（二）国际金融市场推动经济全球化的发展

第二次世界大战以后，世界经济一体化程度不断加深，在这个过程中，跨国公司扮演了重要的角色。跨国公司的典型特征就是在世界范围内实现资源的有效配置，包括生产组织形式、经营活动方式和市场营销手段的国际化。跨国公司的所有这些活动都或多或少地依赖于国际金融市场的存在。因此，国际金融市场是跨国公司在全球范围内获取外部资金的最重要来源，并由此推动了经济全球化的巨大发展。

（三）国际金融市场有利于调节各国国际收支

国际收支既是一国经济对外开放程度的客观反映，又会反作用于一国的经济发展与稳定。各国的国际收支总是处于一种不均衡状态。国际金融市场的产生与发展为国际收支逆差国家提供了一条调节国际收支的渠道，即逆差国可以到国际金融市场上举债或筹资，能在很大程度上缓解国际收支失衡造成的压力，从而更灵活地规划经济的发展。

（四）国际金融市场提供规避风险的场所

随着国际金融市场自由化趋势的发展，利率、汇率和股票价格的波动越来越剧烈，由此导致各种金融资产的价格也在不断波动。国际金融市场和实体经济市场的参与者为了管理各种金融风险，必然寻求规避风险的新途径。国际金融市场中的期货、期权等衍生产品为投资者提供了有效的风险管理手段。

（五）国际金融市场促进全球资源的合理配置

国际金融市场是一个高度竞争的市场，资金总是流向经济效益最好、资金收益最高的国家或地区，这就使国际金融市场上的资金利用效率大大提高。国际金融市场上的各种金融资产的价格，如利率、汇率等的形成，都基于众多交易者对未来市场走势的预期，这些价格信息不仅充分反映了金融资产的供求关系，而且也对全球真实资源的最优配置发挥着重要的调节作用。

当然，国际金融市场同样不可避免地存在一些消极影响。国际金融市场在缓和国际收支严重失衡的同时，向广大逆差国家提供了大量的贷款，由此埋下了国际债务危机的隐患。近年来，拉丁美洲、墨西哥的债务危机给国际信贷带来了强烈冲击。巨额短期国际游资的投机性流动，也会对有关国家独立执行货币政策产生较大的制约作用，常常会造成一国乃至世界外汇市场的剧烈波动。日益加强的国际金融市场的一体化趋势，使国际上不稳定因素的传播更加迅速，增加了世界经济动荡的可能性。我们在积极利用国际金融市场的同时，需要对这些问题加强防范。

第二节 欧洲货币市场

欧洲货币市场（European currency market）不同于传统的国际金融市场，它是不受市场所在国法令管辖的、真正国际化的金融市场。其借贷货币包括市场所在地国家境外的所有可兑换货币。这些货币被统称为欧洲货币。借款人可以在这个市场上任意选择借贷货币的种类。借贷关系为外国借款人与外国放款人的关系，欧洲货币市场是非居民可以自由参加交易的市场，因而常被称为离岸金融市场或境外金融市场。欧洲货币市场的主要业务是从事中长期货币借贷和欧洲债券业务。

一、欧洲货币市场概述

欧洲货币并非欧洲国家的货币，此处"欧洲"不是一个地理概念，而是指"境外""离岸"的含义，只是由于境外存放和借贷业务开始于欧洲，故习惯上称为欧洲货币。欧洲货币也称境外货币，是指在货币发行国境外流通的货币。欧洲货币市场也称离岸金融市场，是指在一国境外进行该国货币的流通、投资、借贷、证券发行等业务的市场。

但需注意的是，在岸金融市场和离岸金融市场的区别主要不是境内和境外的区别，而是市场管理体制的区别，即欧洲货币市场的经营活动可以不受任何国家金融法规条例的制约。例如，为了适应欧洲货币市场发展的趋势，美国于1981年在境内设立了国际银行设施（International Banking Facilities，IBFs），开办欧洲货币业务。虽然在国际银行设施里存贷的美元在美国境内，但是它按欧洲货币市场的规则运行，因此也被叫作"欧洲美元"。IBFs不是一个具有实体的独立的银行体系，而是在美国境内由美国或外国银行开立的经营欧洲货币和欧洲美元的账户，此体系的资产独立，与总行的账户分开。IBFs准许上述银行吸收非居民存款，同时准许贷款给非居民，因此IBFs也属于离岸金融市场。设立IBFs的意义在于吸引巨额资本流入美国，改善美国国际收支状况。

欧洲货币市场是国际金融的核心和主体，是一个真正意义上的国际金融市场，它向全世界各国的政府、企业、居民开放。市场内可以经营各种自由兑换货币，开展各种类型的金融业务，不受任何政府、法令的限制。欧洲货币市场的特点如表5-1所示。

表5-1 欧洲货币市场特点

特点	具体表现
独特的利率体系	以LIBOR为基准形成独特的利率体系（LIBOR于2022年1月1日起逐步停用，详见注）：其存款利率略高于货币发行国的存款利率，而贷款利率略低于其国内贷款利率
资金调度灵活，手续方便	资金不受管辖，周转极快，调度十分灵活
交易额大，是批发交易市场	以银行间交易为主，银行同业拆借占很大比重；市场上的存款人和借款人是大客户，有整存整取的特点
不受任何国家金融法规的限制	它是一个超国家或无国籍的资金市场；一方面，货币在发行国境外借贷，货币发行国无权施以管制；另一方面，市场所在国无权也无法对其进行管理，而且还采取优惠措施
不以所在国经济实力为基础	市场所在国或地区只要政治稳定、通信发达、政策优惠、管制放松，即使本身没有巨额的资金积累，也可能发展成一个离岸的国际金融中心，如卢森堡、开曼群岛、巴哈马等
借贷关系发生在非居民之间	外国投资者和外国筹资者之间的关系

注：LIBOR，伦敦银行间同业拆借利率，于2022年1月1日起逐步停用。LIBOR逐步退出后，被选定的新基准利率多为无风险基准利率（RFRs），由各经济体独立发布，均为实际成交利率，仅有单一的隔夜期限，且绝大多数由央行管理。例如，美国、英国、欧元区和日本分别选择了有担保隔夜融资利率（SOFR）、英镑隔夜平均指数（SONIA）、欧元短期利率（ESTR）和日元无担保隔夜拆借利率（TONAR）。

阅读专栏 5-2　　　　　　　部分国家和地区基准利率

1. 美元基准利率——SOFR(Secured Overnight Financing Rate)

SOFR 是有担保隔夜融资利率,是有美国国债担保的美元隔夜利率。纽约联储于每个美国政府债券营业日美国东部时间上午 8 点左右公布上一营业日对应的 SOFR。

2. 欧元基准利率——ESTR(Euro Short Term Rate)

ESTR 是欧元短期利率,也即欧元无担保隔夜利率。欧洲央行于每个 TARGET2(欧洲实时总额结算系统)营业日欧洲中部时间上午 8 点左右公布上一 TARGET2 营业日对应的 ESTR。

3. 英镑基准利率——SONIA(Sterling Overnight Index Average)

SONIA 是英镑隔夜平均指数,也即英镑无担保隔夜利率。英格兰央行于每个营业日伦敦时间上午 9 点左右公布上一营业日对应的 SONIA。

4. 澳大利亚元基准利率——BBSW(Australian Bank Bill Swap Rate)

BBSW 是澳大利亚元银行票据利率,目前包括 6 个期限:1 月、2 月、3 月、4 月、5 月、6 月。澳大利亚证券交易所于每个营业日悉尼时间上午 10 点 30 分左右公布当日各期限 BBSW。

5. 港币基准利率——HIBOR(Hong Kong Interbank Offered Rate)

HIBOR 是中国香港银行间市场的港币拆借利率,目前包括 8 个期限:隔夜、1 周、2 周、1 月、2 月、3 月、6 月、12 月。香港银行公会于每个营业日香港时间上午 11 点左右公布当日各期限 HIBOR。

6. 瑞士法郎基准利率——SARON(Swiss Average Rate Overnight)

SARON 是瑞士法郎有担保隔夜利率。瑞士证券交易所于每个营业日欧洲中部时间中午 12 点、下午 4 点和交易日终(最早下午 6 点)发布 3 次当日 SARON 的定盘价。

7. 日元基准利率——TONAR(Tokyo Overnight Average Rate)

TONAR 是日元无担保隔夜拆借利率。日本央行于每个营业日东京时间上午 10 点左右公布上一营业日对应的 TONAR。

8. 加拿大元基准利率——CORRA(Canadian Overnight Repo Rate Average)

CORRA 是加拿大元有担保隔夜利率,加拿大央行于每个营业日美国东部时间上午 9 点至 11 点之间公布上一营业日对应的 CORRA。

9. 新西兰元基准利率——BKBM(New Zealand Dollar Bank Bill Benchmark Rate)

BKBM 是新西兰元银行票据利率,目前包括 6 个期限:1 月、2 月、3 月、4 月、5 月、6 月。新西兰金融市场协会于每个营业日新西兰时间上午 10 点 45 分左右公布当日各期限 BKBM。

10. 新元基准利率——SORA(Singapore Overnight Rate Average)

SORA 是新加坡元无担保隔夜利率。新加坡金融管理局于每个营业日新加坡时间上午 9 点左右公布上一营业日对应的 SORA。

资料来源:部分国家和地区基准利率简介[EB/OL].(2022-12-01)[2023-04-12].https://www.bank-of-china.com/fimarkets/lilv/202209/t20220901_21731618.html.

欧洲货币已不限于市场所在国货币,而是包括所有可自由兑换的货币。欧洲货币市场具体有如下特点:

(1) 欧洲货币市场分布于全世界,通过现代化的通信手段,将各个国际金融中心的经营活动结成统一不可分割的整体,由经营境外货币的国际银行网络构成。经营欧洲货币的银行称为"欧洲银行",通常是大型的跨国银行,除了经营欧洲货币借贷业务,也经营国内银行业务。欧洲货币市场的最大特点是其经营活动可以不受任何国家金融法规条例的制约。

(2) 通常意义上的货币市场是短期资金借贷市场,而欧洲货币市场不仅经营短期资金借贷,也经营中长期资金借贷,具有很强的信贷创造机制。进入该市场的存款,经过银行之间的辗转放贷使信用得到扩大。

(3) 具有独特的利率结构。一般来说,国际金融市场利率是以该货币国内金融市场利率为基础的。但是,欧洲货币市场的存款利率略高,贷款利率略低,存贷款利率差额较小。这是因为不受法定准备率的限制,银行可以减少准备金的负担;同时,税费负担少,可以降低融资者的成本。

(4) 具有调拨方便和选择自由的特点。在欧洲货币市场上存在大量的跨国银行,且境外货币的调拨不受市场所在国外汇管制的约束。由于很少受到管制,在这里迅速出现了各种各样的金融工具创新,使人们可以根据自己的需要,更为灵活地选择借贷方式。

二、欧洲货币市场的产生和发展

欧洲货币市场产生于1957年,其后在20世纪60—70年代迅速发展起来。它最初发源于欧洲,但随着欧洲货币市场的形成和发展,其业务不断增加,范围不断扩大,分布地区也早已不限于欧洲,还包括亚洲、北美洲、拉丁美洲及中东等地区,目前已扩展到全球。

(一) 欧洲货币市场产生与发展的原因

欧洲货币市场是在20世纪50年代后期产生、60年代发展起来的。促使其产生和发展的原因很多,主要包括以下几个方面:

(1) 生产和资本的国际化发展是促使欧洲货币市场产生和发展的最深刻的经济根源。第二次世界大战后,由第三次科技革命所引起的生产和资本的国际化,以及技术、市场和经济的全面国际化,都以跨国公司的海外投资和全球扩张及国际贸易的空前发展为主要表现。尤其是跨国公司的经营活动,不仅要求公司内部资金调拨有较大弹性,而且要求有更加国际化的国际融资支持和全面的金融服务,这就必然导致国际金融市场的进一步国际化和全球化。因此,欧洲货币市场是为了适应跨国公司全球扩张的经营活动及满足国际贸易空前发展的要求而产生的。

(2) 大量游离于境外的美元资金的存在为欧洲货币市场的形成提供了前提条件。欧洲美元早在20世纪50年代初期就已经出现了。当时由于东西方关系恶化搞冷战,苏联及一些东欧国家就将其持有的美元余额存入欧洲国家的银行,形成了最早的一笔欧洲美元。同时,美国在欧洲和亚太地区也积存了相当数量的美元游资。第二次世界大战结束后,美国实施"欧洲复兴计划",对西欧进行大量援助,从而导致了美元外流。到20世纪60年代以后,美国出现大量国际收支逆差所导致的美元外流,这也是欧洲美元形成的一个因素。此外,20世纪70年代的两次石油涨价形成的巨额石油美元又回流到欧洲市场,也为欧洲美元借贷提供了大量的资金来源。

(3) 西方各国货币政策的实施是直接触发和促进欧洲货币市场形成和发展的导火线。1957年英国发生英镑危机,英国政府因此加强了外汇管制。为限制英镑外流,英国货币当局一方面提高了英镑利率,另一方面禁止其银行向非英镑区的居民提供英镑贷款。因此,英国商业银行纷纷转而经营美元存放款业务。这样,一个在美国境外专门经营美元存放款业务的资金市场在伦敦出现,这就是欧洲货币市场的雏形。

20世纪60年代以后,美元危机频频发生。美国政府为限制美元外流,也实行金融管制。1963年,美国政府采取了征收利息平衡税的政策,规定美国居民购买外国债券所获得的高于本国债券的利息收益必须作为税款无偿交给美国政府。这等于关上了美国的大门,迫使外国筹资者转向欧洲货币市场。1965年,美国又实行了"自动限制贷款计划",限制其银行和金融机构对非居民的贷款能力。1968年,美国进一步加强限制对外直接投资,颁布国外直接投资规则,限制资金外流。这些措施不但没能阻止美元大量外流,反而促使美国企业和金融机构将资金调往海外营运,使海外分行的海外经营活动增多,推动了欧洲货币市场的发展。同时,由于美国坚持执行《1933年银行法》中的"Q条例"对活期存款不付息、定期存款规定利率最高上限的政策,限制了银行吸收存款的能力,也导致国内资金外流到利率较高的国际金融市场,从而加速了欧洲货币市场的发展。

到20世纪70年代初,当时的联邦德国、日本及瑞士等国为防止本币升值,也采取限制性措施,如对非居民的本币存款采取不付息甚至倒收利息等办法进行管制。另外,当时日本、西欧对美国的巨额贸易顺差导致日元和马克产生升值压力。为了减轻这种压力,同时维护布雷顿森林体系和美元汇率的稳定,西欧、日本等被迫采取抛售本币购进美元的措施,导致其本币外流,产生了境外马克、境外日元及境外瑞士法郎等境外货币,从而起到为欧洲货币市场增加币种、扩大规模的作用。

此外,自20世纪50年代后期以来,西方各国放松或取消了外汇管制,一些发展中国家也对离岸金融中心的业务施以各种优惠政策。例如,跨国银行外币借贷业务可以不受国内金融法令法规管制、可以享受各种税收优惠、可以自由汇出利润,以及货币可以自由兑换、允许资本自由流动等政策的实施,都为欧洲货币市场的产生提供了必要条件,为其发展铺平了道路。

(二) 欧洲货币市场发展的进程

欧洲货币市场的发展过程大致可分为三个阶段。

第一阶段是从1957年到1973年,为早期发展阶段。在这一阶段,英、美两国的金融政策及严厉的金融管制是欧洲货币市场产生和发展的重要原因。

第二阶段是从1974年到1980年,为市场迅速扩展阶段。在这一阶段,欧洲货币市场经营的货币种类进一步增加,货币规模以及资金供给和需求进一步扩大。主要原因是布雷顿森林体系的崩溃和国际经济关系发生的结构性变化,即由过去的美国独霸世界转变为当时美、日、西欧的三足鼎立及后来的多元化结构。

在这一阶段,美国持续巨额贸易逆差,导致美元继续大量外流。同时,日本、西欧则迫于本币升值压力,不断采取抛本币购美元的措施,导致日元、马克及西欧其他国家货币大量外流,再加上石油美元的形成,为欧洲货币市场提供了更多的资金供给。而石油提价使非产油国家的石油进口费用猛增,不得不向欧洲货币市场借贷,发展中国家则急于利用外资发展民族经济而大量对外举债,从而为欧洲货币市场提供了更多的资金需求。美国政府在1974年被迫取消"利息平衡税",并允许其银行跨国经营,加强了跨国银行在欧洲货币市场中的作用。另外,跨国公司的全球发展战略促进了拉丁美洲和亚洲及中东一些新的离岸金融中心的形成,从而形成密布全球的欧洲货币市场网络。

第三阶段从1981年开始,是欧洲货币市场在调整中不断向纵深发展的阶段。这一阶段现在仍在继续。其主要表现或特点为欧洲货币市场发生结构性变化,以及其经营范围不断扩大和深化。

在这一阶段,美国实行高利率、高汇率政策,曾一度造成国际金融市场的剧烈动荡,使欧洲货币市场发生结构性变化。受国际债务危机的影响,欧洲银行信贷收缩,但欧洲债券市场则迅速发展,出现金融市场证券化的发展趋势。

另外,金融市场国际化发展的新变化使欧洲货币市场的经营范围不断扩大和深化。1981年,美国纽约开辟了金融业自由区,建立国际银行设施,允许跨国银行在美国境内经营欧洲美元业务。1986年,日本东京建立国际金融离岸市场,使欧洲日元信贷和欧洲日元债券业务在东京离岸金融市场和欧洲货币市场广泛开展起来。由此,欧洲货币也发生结构性变化,出现了"治外货币"。欧洲货币不仅可以在境外经营,也可以在境内经营。

(三) 欧洲货币市场与离岸金融中心

欧洲货币市场形成后范围不断扩大,其分布地区已不仅仅限于欧洲,而是很快扩展到亚洲、北美洲和拉丁美洲。欧洲货币市场最大的金融中心是伦敦,加勒比海地区巴哈马、欧洲地区卢森堡的业务量略低于伦敦,其他各大金融中心也分散地经营其境外货币业务。

欧洲货币市场与离岸金融中心同为经营境外货币市场,前者是境外货币市场的总称或概括,后者则是具体经营境外货币业务的一定地理区域,吸收并接受境外货币的储存,然后再向需求者贷放。

根据业务对象、营运特点、境外货币的来源和贷放重点的不同,离岸金融中心可分为四种类型:① 功能中心,指集中诸多的外资银行和金融机构,从事具体的存储、贷放、投资和融资业务;② 名义中心,指纯粹记载金融交易的场所,这些中心不经营具体的金融业务,只办理借贷投资业务的转账或注册等事务手续,因此也被称为"记账中心",其目的是逃避税收和金融管制;③ 基金中心,主要用来吸收境外资金,贷放给本地区借款人;④ 收放中心,主要用来筹集本地区多余的境外货币,贷放给世界各地的借款人。

三、欧洲货币市场的构成

欧洲货币市场按借贷方式、借贷期限和业务性质,可分为欧洲货币信贷市场与欧洲债券市场。

(一) 欧洲货币信贷市场

1. 欧洲货币短期信贷市场

该市场主要进行1年以内的短期资金拆借,最短的为日拆。但随着国际金融业务的不断拓展,有的期限也延至1~5年。该市场借贷业务主要靠信用,无须担保,一般通过电话或电传即可成交,成交额以百万美元或千万美元为单位。这个市场的存款大多数是企业、银行、机关团体和个人在短期内的闲置资金,这些资金又通过银行提供给另一些国家的企业、银行、私人和官方机构作短期周转。例如,英国政府多年来就是从该市场借入欧洲货币,换成英镑用于正常开支。

欧洲货币短期信贷市场的业务有以下四个特点:① 期限短,一般多为3个月以内;② 批发性质,一般借贷额都比较大,有的年份有1亿美元甚至更大的交易;③ 灵活方便,即在借款期限、借款货币种类和借款地点等方面都有较大的选择余地,这也是欧洲货币市场对借款人的最大吸引力之一;④ 除了支付利息,借款人在欧洲货币短期信贷市场上不用再支付其他任何费用,但需要预支利息。利率水平由双方具体商定,一般低于各国专业银行对国内大客户的优惠放款利率,但比LIBOR高,由经营欧洲货币业务的大银行于每个营业日按LIBOR商定公布。

2. 欧洲货币中长期信贷市场

这个市场与欧洲货币债券市场合称为欧洲资本市场。该市场信贷期限都在1年以上。这个市场的筹资者主要是世界各地企业、社会团体、政府以及国际性机构。资金绝大部分来自短期存款,少部分来自长期存款。该市场贷款额多在1亿美元以上,往往由几家或十几家不同国家的银行组成银团,通过一家或几家信誉卓著的大银行牵头贷款,即辛迪加贷款。由于这类贷款期限较长,贷款人与借款人都不愿承担利率变动的风险,因此该种贷款利率多为浮动利率,并根据市场利率变化每3个月或半年调整一次。利率一般以LIBOR为基础,再根据贷款金额大小、时间长短以及借款人的资信加上不同幅度的附加利息(一般为0.25‰~0.5‰)。由于中长期信贷金额大、期限长,因此借贷双方还须签订合同,有的合同还须经借款方的官方机构或政府担保。

欧洲货币中长期信贷市场的业务也有四个特点:① 数额大,期限长,一般为1~3年,有的是5年或更长,最长的可达10年以上;② 以辛迪加贷款为主,分散了提供中长期贷款的风险;③ 吸引力强,它对贷款人和借款人都非常方便,从而极具吸引力;④ 必须签订贷款协议,有的还须政府担保,协议内容主要包括币种、期限、数量、利率、货币选择权条款、违约和保证条款等。

(二) 欧洲债券市场

1. 欧洲债券市场的概念

欧洲债券市场是指发行欧洲货币债券进行筹资而形成的一种长期资金市场。它是国际中长期资金市场的重要组成部分,也是欧洲货币市场的重要组成部分。

目前,欧洲债券市场上的债券种类主要有五种:① 普通固定利率债券,其特点是债券发行时,利率和到期日已作明确规定;② 浮动利率债券,其特点是利率可以调整,多为半年调整一次,以半年期的LIBOR或美国商业银行优惠放款利率为准,加上一定的附加利息;③ 可转换债券,其特点是购买者可按发行时规定的兑换价格,把它换成相应数量的股票;④ 授权证债券,其特点是购买者可获得一种权利(而非责任),并据此按协定条件购买某些其他资产,类似对有关资产的买入期权;⑤ 合成债券,具有固定利率债券和利率互换合同的特点。

2. 欧洲债券市场的特点

欧洲债券是一种新型的国际债券,是一种境外债券,像欧洲货币不在该种货币发行国交易一样,欧洲债券也不在面值货币国家债券市场上发行。

欧洲债券市场有以下几个特点:

(1) 债券的发行者、债券票面货币和债券发行地点分属于不同的国家。例如,A 国机构在 B 国和 C 国的债券市场上以 D 国货币为票面货币发行的债券,即为欧洲债券。这个债券的主要发行人是各国政府、大型跨国公司或大商人银行。

(2) 债券发行方式以辛迪加为主。一般由一家大专业银行、大商人银行或投资银行牵头,联合十几家或数十家不同国家的大银行代为发行,大部分债券由这些银行买进,然后转到销售证券的二级市场或本国市场卖出。

(3) 高度自由。债券发行一般无须经过有关国家政府的批准,不受各国金融法规的约束,所以比较自由灵活。

(4) 不影响发行地国家的货币流通。发行债券所筹措的是欧洲货币资金,而非发行地国家的货币资金,故这个债券的发行对债券发行地国家的货币资金流动影响不太大。

(5) 货币选择性强。发行欧洲债券,既可在世界范围内筹资,也可安排在许多国家出售,还可任意选择发行市场和债券票面货币,筹资潜力很大。例如,借款人可以根据各种货币的汇率、利率和其他需要选择发行欧洲美元、英镑、欧元、日元等任何一种或几种货币的债券,投资者也可选择购买任何一种债券。

(6) 债券的发行条件比较优惠。其利息通常免除所得税或者不预先扣除借款国家的税款。此外,它的不记名发行方式还可使投资者逃避国内所得税。因此,该债券对投资者极具吸引力,也使筹资者能以较低的利息成本筹到资金。

(7) 安全性较高,流动性较强。欧洲债券市场的主要借款人是跨国公司、各国政府和国际组织,这些借款机构资信较高,故对投资者来说比较安全。同时,该市场是一个有效的、富有活力的二级市场,持券人可转让债券取得现金。

(8) 市场反应灵敏,交易成本低。欧洲债券市场拥有两个大型清算系统,从而使该市场能够准确、迅速、及时地提供国际资本市场现时的资金供求和利率汇率的动向,缩短债券交割时间,减少交割手续。世界各地的交易者可据此快速进行交易,极大地降低了交易成本。

(9) 金融创新持续不断。欧洲债券市场是最具有活力的市场之一,它可以根据供求情况,不断推出新的组合产品,并以此把国际股票市场、票据市场、外汇市场和黄金市场紧密地联系在一起,有力地推动了国际金融一体化与世界经济一体化。

3. 欧洲债券与外国债券的区别

作为国际债券的一种类型,欧洲债券与一般外国债券有着明显区别:外国债券是指外国筹资者在一国金融市场上发行的以市场所在地货币为票面货币的债券,比如德国筹资者在美国发行的以美元为票面货币的债券(也称扬基债券),法国筹资者在英国发行的以英镑为票面货币的债券(也称猛犬债券),马来西亚筹资者在中国发行的以人民币为票面货币的债券(也称熊猫债券),南非筹资者在日本发行的以日元为票面货币的债券(也称武士债券),阿根廷筹资者在加拿大发行的以加元为票面货币的债券(也称枫叶债券),等等。欧洲债券则是 A 国筹资者在 B 国金融市场上发行的以 C 国货币为票面货币的债券,即筹资者、票面货币、发行市场均属于不同国家。

四、欧洲货币市场的作用及未来发展趋势

欧洲货币市场的产生有着深刻的经济根源,其是为了适应世界经济发展的要求而诞生的。而且,欧洲货币市场的产生及发展对促进整个世界经济及各国经济的发展都起到了重要作用。但同时,它本身具有的一些特点也给世界经济和国际金融领域带来一些负面影响。而在其未来发展中,这些负面影响的存在可能会引起更多的关注,因而影响到其未来的发展趋势。

(一) 欧洲货币市场的作用

随着欧洲货币市场的产生和发展,它在国际金融市场中的重要性越来越高,给世界经济也带来了重大影响。

1. 积极作用

(1) 使国际金融市场联系更紧密,促进了生产、市场、资本的国际化。随着生产国际化的发展,国际经济关系不断扩大,这就要求各国之间加强货币金融联系。过去由于国界的分割,国际金融市场实际上是相互隔绝的。欧洲货币市场在很大程度上打破了这种隔绝状态,将大西洋两岸甚至全球的金融中心联系在一起,从而促进了国际资本流动。

(2) 促进了一些国家的经济发展。欧洲货币市场作为最大的国际资金市场,对发达国家和发展中国家,特别是发展中国家的经济发展作出了巨大贡献。据世界银行统计,20 世纪 70—80 年代,发展中国家从国际货币市场上借入的资金,绝大部分是从欧洲货币市场借来的。依靠欧洲货币市场的资金,很多国家解决了国内生产建设资金不足和外汇短缺的难题,经济得到迅速恢复和发展。而且外资的流入往往伴随着一些先进技术和生产设备的引入,对发展中国家加快发展意义重大。

(3) 促进了国际贸易和国际投资活动的开展。从世界各国经济发展的历史看,对外贸易是刺激经济增长的重要途径。第二次世界大战后,工业国家国民生产总值与对外贸易额都有较大幅度的增长。而欧洲信贷的支持、对外贸易融通资金的便利是国际贸易迅速发展的重要推力。

(4) 帮助一些国家解决国际收支逆差问题。欧洲货币市场方便了短期资金的国际流动,特别是促进了石油美元的再循环。据 IMF 统计,1974—1981 年,世界各国经常项目逆差总额达 8 100 亿美元,而各国通过国际金融市场筹集的资金总额达 7 530 亿美元,在此期间,欧洲货币市场所吸收的石油输出国的存款达 1 330 亿美元。可见,在解决国际收支失衡问题上,欧洲货币市场发挥着重要的媒介作用。

2. 消极作用

(1) 使国际金融变得更加脆弱,导致国际金融市场发生动荡。欧洲货币市场的借贷

业务有一个突出特点——"存短放长"。欧洲货币存款绝大部分是1年以下的短期资金,有时比例高达95%。但自20世纪70年代以来,借贷期限却趋于长期,跨国公司和其他国际客户对中长期资金的需求增加很快,使欧洲货币放款多半是中长期的。这种信贷结构存在着明显的不平衡,金融市场一有风吹草动,就会造成资金周转不灵,而且这些资金通过银行的多次转存,会形成锁链式的借贷关系,特别是辛迪加贷款涉及的银行很多,加上欧洲货币市场是高度自由的市场,缺乏中心领导机构,不像国内金融系统有中央银行作后盾,一旦客户纷纷挤兑存款,就会造成许多银行出现流动性危机,很可能会引发金融灾难。

(2) 使外汇投机增加,对外汇市场产生重大影响。由于欧洲货币市场的大部分短期资金几乎全部用于外汇投机交易,套汇套利相互结合,规模庞大,大量资金通过这类活动在几种货币之间频繁移动,往往使汇率发生剧烈波动,甚至造成大规模的国际金融动荡。1995年以来,美元对日元大幅贬值就与国际金融市场大量抛售美元、抢购日元及其他硬通货有关,欧洲美元对金融危机起了推波助澜的作用。

(3) 破坏了各国金融政策的推行。例如,西方国家为了控制国内通货膨胀而采取紧缩政策,提高利率,限制货币投放,紧缩信贷,但由于欧洲货币市场的存在,该国的银行、工商企业可以在这个市场借到利息较低的欧洲货币,从而削弱或抵消了政府的紧缩货币政策效果。20世纪60年代,美国政府曾通过提高利率来抑制通货膨胀,但美国银行却大量借入欧洲美元贷给工商企业,使得政府的紧缩政策效果并不明显。一些国家为刺激经济而放松银根,但为追求高利率,大量国内资金又会流向欧洲货币市场,导致金融当局为了防止资本外流而又不得不提高利率、收缩银根。

(4) 加剧了世界性的通货膨胀。欧洲货币市场为一国的闲置资金转化为另一国的经营资金提供了大量新增的信贷扩张手段,加快了货币流通速度。一些国家由于资金大量输入而扩大了国内的货币供给,引起所谓的"输入性通货膨胀"。此外,欧洲银行的贷款条件往往很宽松,导致借款人因较易借得款项而借贷过多,造成经济过热,使通货膨胀加剧。因此,有人指责欧洲货币市场是20世纪60年代后期、70年代初期世界性通货膨胀的重要原因之一。

(二) 欧洲货币市场的未来发展趋势

欧洲货币市场在发展过程中进一步表现出其彻底的国际化特点。这一特点对世界经济和国际金融的积极作用是很明显的,但消极作用也很突出。如何扬长避短是其未来发展趋势预测的主要内容。

一方面,未来的欧洲货币市场仍将获得进一步的发展。其原因如下:

(1) 欧洲货币市场营运资本和借贷业务空前的国际化,符合国际经济一体化的需要。跨国公司的国际化经营需要欧洲货币市场这样高度国际化的融资场所和它的金融服务;跨国银行需要在这一市场上调剂其资金余缺;发展中国家需要从这个市场上为本国经济发展进行筹资,发达国家也需要这样一个市场为其过剩资金寻找出路。

(2) 西方各国继续推行金融自由化政策将促进欧洲货币市场的进一步发展。西方各国大都实行资本自由流动、货币自由兑换及利率市场化政策,这些都是欧洲货币市场继续存在和发展下去的有利条件。尤其是美国国际银行设施的建立和日本东京离岸金融市场的开放，都对欧洲货币市场的发展产生重大促进作用。

（3）金融工具的不断创新将对欧洲货币市场的发展起到促进作用。金融工具的不断创新使国际融资活动更加便利，投资选择的机会更多，资金的流动性更高，从而刺激欧洲货币市场资金供求的增加，促进其进一步发展。

但另一方面，欧洲货币市场的发展今后将受到较多的管制，主要原因是其消极影响越来越受到国际金融界的关注。从20世纪70年代以来，一些西方国家和国际金融机构就不断提出要求管理欧洲货币市场的建议和措施。1971年，国际清算银行成员的代表就通过了这些国家或地区将不再继续在欧洲货币市场安排存款的决议，以减少国际游资的数量。1978年年底，由十国集团和瑞士、卢森堡等国代表组成的巴塞尔委员会提出采取集中平衡的办法对银行活动加以管制，即要求银行将其国外分行的业务纳入其全面的资产负债表中，提高其法定的资本充足率，以达到减少游资的目的。

1979年，同欧洲货币市场有关的一些国家提出，用行政办法作出规定或签订相应的国际协定，限制各国中央银行在欧洲货币市场上的业务活动，并提出各国欧洲银行实行统一的存款准备金制度、互相协调各国对银行的管制政策及规定中长期贷款数额等政策建议。因此，欧洲货币市场今后会受到较多的管制。在欧洲货币市场上，国际银行业之间的竞争今后将更加激烈和复杂。美国国际银行设施的建立影响了欧洲货币的资金流向和地区分布，使欧洲货币市场的结构发生了重大变动。美国的各大银行在激烈的国际银行业竞争中，依靠其政府的支持提高了竞争能力，在欧洲货币市场上夺得了更大的市场份额，这使纽约国际金融中心的地位得到强化，而伦敦国际金融中心的地位则被削弱。其他各国政府也将逐步效仿，采取相应措施支持本国金融业开展欧洲货币业务。一方面，加强对欧洲货币市场的监管和控制，将其消极作用限制在尽可能小的范围内；另一方面，增强本国银行的竞争能力，支持其对国际金融市场份额的争夺。

五、欧洲货币市场与人民币国际化

2009年7月，中国人民银行等发布《跨境贸易人民币结算试点管理办法》，中国跨境贸易人民币结算试点正式启动。经过几年的发展，人民币国际化形成了以跨境贸易结算为突破口、以香港地区等人民币离岸业务为依托的格局。这一发展思路和操作模式是任何主权国家货币国际化从未有过的新鲜探索。

之所以发展离岸人民币市场，是因为它有以下好处：首先，它可以为在岸市场资本账户的逐渐开放提供缓冲带；其次，它可以完善人民币汇率的定价机制，倒逼国内金融体制的改革；再次，其存在与发展为部分机构和企业率先从事人民币跨境业务提供境外对接点；最后，其建立可以推进人民币国际化的进程。

然而，应该看到，跨境贸易人民币结算量的增长和人民币离岸业务的繁荣只是人民币国际化的手段，而非最终目的，利弊权衡下合理的决策并不意味着对潜在风险的绝对免疫。离岸人民币市场存在着以下风险：首先，离岸人民币回流渠道的拓宽会增加中央银行货币调控的成本；其次，离岸市场可能为国际资本冲击在岸市场提供便利；最后，过度倚重离岸市场会给未来人民币定价权带来不确定性，如果在岸市场不能有效对接离岸市场，那么离岸市场的过度发展有可能使得在岸市场逐渐边缘化。

因此,建立和发展人民币离岸市场是一把"双刃剑",既能与在岸市场相互促进,助推人民币国际化进程,又可能对在岸市场产生潜在的不利影响。趋利避害的关键是要加快在岸市场金融体制改革,特别是利率、汇率等价格的形成机制,适度推进资本账户开放,保持两个市场的协调发展。而人民币国际化的进程快慢,长远来看还是取决于国内金融制度的进一步完善和我国经济的长期发展。

阅读专栏 5-3　　国常会:发行金融债筹资 3 000 亿　　扩大有效投资

国务院总理李克强2022年6月29日主持召开国务院常务会议,确定政策性、开发性金融工具支持重大项目建设的举措,扩大有效投资、促进就业和消费;部署加大重点工程以工代赈力度,拓展就业岗位,带动农民工等增收;决定开展提升高水平医院临床研究和成果转化能力试点,促进提高医疗卫生服务水平。

会议指出,要贯彻党中央、国务院部署,实施好稳健的货币政策,运用好结构性货币政策工具,增强金融服务实体经济能力,为稳住经济大盘、稳就业保民生提供有效助力。通过政策性、开发性金融工具加大重大项目融资支持,有利于在坚持不搞大水漫灌、不超发货币条件下,更好发挥引导作用,疏通货币政策传导机制,促进银行存贷款在规模和结构上更好匹配,实现扩大有效投资、带动就业、促进消费的综合效应。会议决定,运用政策性、开发性金融工具,通过发行金融债券等筹资 3 000 亿元,用于补充包括新型基础设施在内的重大项目资本金,或为专项债项目资本金搭桥。财政政策和货币政策联动,中央财政按实际股权投资额予以适当贴息,贴息期限 2 年。引导金融机构加大配套融资支持,吸引民间资本参与,抓紧形成更多实物工作量。

会议指出,以工代赈受益面大、带动效应强,能为群众特别是农民工、脱贫人口等提供务工岗位,支持他们通过劳动增加收入,进而拉动消费特别是县域消费,是稳就业保民生的重要举措,要加大实施力度。一是政府投资重点工程要在确保质量安全等前提下,能用尽用以工代赈。二是在重点工程配套设施建设中实施一批以工代赈中央预算内投资项目,劳务报酬占中央资金比重由原规定的 15% 以上提高到 30% 以上。三是在项目前期准备和建设各环节明确以工代赈任务要求,及时足额发放劳务报酬。会议强调,我国交通发展成就显著,但交通网络人均密度仍然较低,要加大补短板投资,带动就业和消费增加,增强经济社会发展支撑能力。年内再开工一批国家高速公路联通、省际公路瓶颈路段畅通、内河水运通道建设、港口功能提升等工程。引导金融机构提供长期低利率贷款。

会议指出,要在高效统筹疫情防控和经济社会发展中,依靠改革创新提升医疗卫生服务水平,更好保障群众健康。会议决定,选择部分高水平医院开展提升临床研究和成果转化能力试点,在落实科研自主权、薪酬激励、科技成果所有权和收益使用分配、科研仪器设备采购等方面采取与支持高校、科研院所创新的同等政策,特别是增加临床和转化研究经费,简化科研和经费管理审批、报表等。同时支持研究平台基地建设。要保障群众看病就医基本需求,对急危重症等患者,医疗机构不得推诿拒绝。保障群众合法权益,依法保护个人信息,对滥用赋码的要依法依规严肃查处。高水平医院要瞄准国际先进水平提高服务能力,发挥优势带动基层医院和整体医疗服务能力提升,让更多群众受益。

资料来源:国常会:发行金融债筹资 3 000 亿　扩大有效投资[EB/OL].(2022-07-01)[2022-08-30]. https://www.stcn.com/stock/djjd/202207/t20220701_4709287.html.

 本章提要

　　1. 国际金融市场是指国际上进行资金融通或金融产品买卖的场所,也就是居民与非居民之间或者非居民与非居民之间进行国际性金融业务活动的场所。
　　2. 国际货币市场是指以短期金融工具为媒介进行的、期限在 1 年以内的融资活动的交易市场,是短期资金市场或短期金融市场。
　　3. 国际资本市场是指借贷期限在 1 年以上的中长期资金市场。
　　4. 欧洲货币并非欧洲国家的货币,在国际金融市场,"欧洲"不是一个地理概念,而是指"境外""离岸"。欧洲货币市场也称离岸金融市场,一般指在一国境外进行该国货币流通、投资、借贷、证券发行等业务的市场。

思考题

1. 国际金融市场的主要类型有哪些?
2. 欧洲货币市场有哪些主要特点?
3. 离岸金融中心与欧洲货币市场的关系是怎样的?
4. 外国债券与欧洲债券的区别有哪些?
5. 国际金融市场发展出现了哪些新趋势?

第六章 外汇市场业务

[学习目标]

通过学习本章,应熟悉外汇市场的组成和不同类型,熟练掌握不同外汇交易的操作原理和在实践中的具体应用。

[素养目标]

通过学习外汇市场运行与外汇交易的基本原理,掌握在金融市场上进行实际操作的本领,提高造福社会、为民奉献的综合素质,树立远大志向和家国情怀。

[重点难点]

即期外汇交易的报价、远期外汇汇率的计算、择期外汇交易的报价、抵补套利交易的原理、外汇掉期交易的性质、外汇期货和期权交易的特点与应用

[引导案例]

汇率下跌约15%!专家:不要严重低估日元

摩根大通分析师指出,投资者应该警惕日元被严重低估的说法。

在全球利率拉升的趋势中,日元意外成了"牺牲品"。今年日元对美元汇率已下跌约15%,相较于其他一揽子的货币,日元正处于20世纪70年代以来的最低水平。

交易员认为,日元下跌的直接原因是美、日两国央行的货币政策分化。美联储迈出了自20世纪90年代以来最快速度的货币紧缩步伐,而日本央行则坚决维持宽松的货币政策,使得美国国债收益率上升,日本国债收益率下降。

日本央行行长黑田东彦坚称,目前日本通货膨胀水平仍处于低位,暂时没有必要将国内利率上调至接近美联储利率的水平。由于拥有政府债券市场一半份额的央行抑制了收益率,日元成为因美国和日本利差扩大而主要抛售的对象。

随着日元加速下跌,抄底日元的声音也越来越大,争论一触即发。抄底的人认为,要对冲不确定的全球前景,还有什么选择能比买入便宜的避险货币更好呢?

日元确实疲软,但它真的便宜吗?摩根大通日本外汇策略主管本杰明·沙迪尔(Benjamin Shatil)指出,投资者应该警惕日元被严重低估的说法。这些说法没有考虑到日本经济结构的变化,而恰恰是这些变化从根本上改变了日元的交易逻辑。

迄今为止,日本多年来最重要的变化是进出口的平衡。2022年5月,日本录得有记录以来第二大月度贸易逆差,部分原因在于能源和大宗商品进口的激增。但经济从长期贸易顺差转向贸易逆差,反映了宏观力量在起作用。过去的十年,日本企业将工厂业务

外包出去,已经扼杀了出口。不久前,日本还为"亚洲四小龙"提供了以高科技出口为导向的增长模式。但现在,日本从亚洲其他地区进口的电子产品已经超过了其出口的电子产品。换言之,日本公司需要更多的外汇来支付进口,而不是通过出口赚取收入,这对日元来说是一个根本性的负面因素。

沙迪尔还指出,对于日元可对冲市场波动这一说法,投资者也应该提出怀疑。美国主要股指已经处于熊市区域,然而日元的汇率却大幅走软。

迄今为止,日元未能体现出避险属性,其中一部分原因是日元"套利交易"的受欢迎程度下降——日元套利交易即使用日元为购买其他地方的高收益资产提供资金。在过去十年中,面对大量收益率低至负数的货币,交易员不再像金融危机前那样大规模借入日元。

日本央行的数据显示,外国银行从其东京子公司借入的日元——衡量外国对日元融资需求的指标——仅为金融危机前峰值的40%。金融危机期间,投资者争相抛售风险资产,促使以日元融资的交易迅速出清,并推动日元对美元汇率在2008年年初大幅上涨19%。但现在,在市场承压时期也不再有资金急于回购日元来补仓。

沙迪尔认为,货币干预肯定不是解决问题的办法,因为日元疲软反映的是基本面因素,而不是投机活动。如果日本央行作出让步,允许国内政府债券收益率上升,缩小美国和日本之间的息差,那么这将为日元提供短期利好,美国国债收益率见顶的迹象也将如此。此外,向游客重新开放日本边境也会有所帮助。但这些因素并没有预示日元将出现长期拐点,反而表明日元的波动性将保持在高位。日元重返可持续升值时期,最终需要日本贸易流动发生根本性转变。

重启闲置核电站以减少能源进口需求可能是一个驱动因素,从长期来看,如果工厂重新回到日本本土,无疑会为日元描绘出一幅更加美好的图景。但这些也需要超越纯粹经济考虑的重大政策转变。

资料来源:汇率下跌约15%!日本货币成牺牲品?专家:不要严重低估日元[EB/OL].(2022-07-07)[2022-08-30]. https://finance.ifeng.com/c/8HRgPlwYiI1.

外汇交易是外汇的买卖或兑换活动。由于国际经济交易的需求,市场上产生了不同的货币兑换,形成了不同类型的外汇交易。虽然外汇交易是伴随着国际贸易的产生而产生的,但今天的外汇交易已不再仅仅是国际贸易的工具,90%以上的外汇交易是为了规避利率和汇率风险而进行的保值和投机。基础性的外汇交易以即期外汇交易和远期外汇交易为主,在此基础上衍生的外汇业务有择期外汇交易、外汇掉期交易、外汇期货交易、外汇期权交易等。

第一节 外汇市场

一、外汇市场的概念

外汇市场(foreign exchange market)是指从事外汇交换、外汇买卖和外汇投机活动的场所,是国际金融市场的重要组成部分。现在,国际金融市场上的外汇交易都是通过电脑和通信网络来完成的。外汇市场已经成为一个遍及全世界的国际交易网络。

在全球外汇市场上进行买卖的货币主要是美元、日元、欧元、英镑、瑞士法郎、加元、港元等发达国家或地区的货币,其中美元是最为活跃的币种。

表 6-1 列示了 2010—2019 年部分货币在国际外汇市场上的交易份额情况。相关数据来自国际清算银行官网。

表 6-1 国际外汇市场上部分货币的交易份额 单位:%

货币	2010 年	2013 年	2016 年	2019 年
美元	85	87	88	88
欧元	39	33	31	32
日元	19	23	22	17
英镑	13	12	13	13
澳元	8	9	7	7
加元	5	5	5	5
瑞士法郎	6	5	5	5
人民币	1	2	4	4
港元	2	1	2	4
新西兰元	2	2	2	2
瑞典克朗	2	2	2	2
韩元	2	1	2	2
新加坡元	1	1	2	2
挪威克朗	1	1	2	2
墨西哥元	1	3	2	2
印度卢比	1	1	1	2
俄罗斯卢布	1	2	1	1
南非兰特	1	1	1	1
土耳其里拉	1	1	1	1
巴西雷亚尔	1	1	1	1
新台币	0	0	1	1
丹麦克朗	1	1	1	1
波兰兹罗提	1	1	1	1
所有货币合计	200	200	200	200

注:因为每笔外汇交易包含两种货币,所以所有货币交易量占比的总和为 200%。

二、外汇市场的类型

(一)有形外汇市场和无形外汇市场

外汇市场按照有无固定交易场所可以划分为有形外汇市场和无形外汇市场。

有形外汇市场,又称欧洲大陆式外汇市场,是指有固定的交易场所,参加外汇交易的双方按照规定的营业时间和交易程序在交易所内进行交易的市场。欧洲的德国、法国、荷兰、意大利等国的外汇市场就属于这一类,如德国的法兰克福外汇市场、法国的巴黎外汇市场、荷兰的阿姆斯特丹外汇市场等。目前这种外汇市场的交易十分有限,一般只进行部分当地现货交易。

无形外汇市场,又称英美式外汇市场,是指没有具体的交易场所,也没有一定的开盘和收盘时间,是由参加外汇交易的银行和经纪人,通过电话、电报、电传或计算机终端等组成的通信网络达成交易的市场。英国、美国、加拿大等国家的外汇市场属于这一类。世界上较大的外汇市场都是无形外汇市场,如伦敦、纽约、东京、苏黎世等外汇市场。

(二) 客户与银行间外汇市场、银行与银行间外汇市场、中央银行与银行间外汇市场

外汇市场按照交易对象可以分为三种类型,这也反映了外汇市场的三个层次。

客户与银行间外汇市场,也称商业市场(commercial market)、客户市场(customer market)。客户可以是个人,也可以是厂商,包括进出口商、跨国公司以及出国旅游者等外汇的供给者和需求者。客户出于各种动机向银行买卖外汇,在此过程中,银行实际是在外汇终极供给者和外汇终极需求者之间起中介作用,赚取外汇的买卖差价。这是外汇市场的第一层次。

银行与银行间外汇市场,也称同业市场(interbank market)。其存在起源于弥补客户与银行交易产生的买卖差额的需要,目的在于避免由此引起的汇率波动风险,调整银行自身外汇资金的余缺。同业市场的交易金额一般都比较大,每笔至少100万美元,银行同业间的外汇交易占外汇市场总额的90%以上。因此,同业市场也被称为批发市场,它是外汇市场的第二层次。

中央银行与银行间外汇市场,是外汇市场的第三层次。各国中央银行通过与银行的外汇交易干预市场,稳定本国货币汇率和调节国际收支。

(三) 官方外汇市场和黑市

外汇市场按照政府的外汇管制程度可以划分为官方外汇市场和黑市。

官方外汇市场(official foreign exchange market)是指由政府批准设立的、按照政府的外汇管制法令来买卖外汇的市场,参与交易者要按照官定汇率进行外汇交易。由于一个国家的外汇数量和汇率水平的波动会影响该国的经济,所以各国政府都会一定程度地对外汇交易进行限制。

黑市是指政府限制或法律禁止的非法外汇市场。由于官方汇率偏离实际外汇市场汇率水平造成外汇的供求不平衡,为满足外汇交易者的需要,黑市出现了。虽然黑市是不合法的,但政府又很难取缔它,它是政府外汇管制的产物。

三、外汇市场的参与者

一般而言,凡是在外汇市场上进行交易活动的人都可被定义为外汇市场的参与者。但外汇市场主要由外汇银行、外汇经纪人、中央银行和客户四部分组成。

(一) 外汇银行

外汇银行(foreign exchange bank)是外汇市场的主体,是指由各国中央银行指定或授权经营外汇业务的银行。它包括专营或兼营外汇业务的本国商业银行和其他金融机构,

以及设在本国的外国银行分支机构、代办处或其他金融机构。外汇银行从事的外汇交易主要分为两部分:一是为客户提供服务,通过代客户买卖外汇赚取差价,同时从为客户提供的各种服务中收取一定的手续费;二是为自身利益进行外汇交易,为平衡自身的外汇头寸进行同业间的外汇交易,并进行一定的外汇投机活动。

(二) 外汇经纪人

外汇经纪人(foreign exchange broker)是指介于外汇银行之间或者银行与客户之间,为交易双方提供迅速而准确的信息,促成外汇交易并从中赚取佣金的中介人。外汇经纪人必须经中央银行批准方可参加外汇交易。目前,这项业务已经被大的交易商所垄断。

(三) 中央银行

外汇的变动会极大地影响一国的进出口贸易和国际收支。为维护外汇市场的正常秩序,保证经济的稳定发展,各个国家的中央银行都经常参与外汇市场交易,对外汇市场的买卖活动进行干预:当外汇市场上外汇短缺时,大量抛售外汇,购买本币;当外汇市场上外汇过多时,大量购买外汇,抛售本币。从而影响外汇市场上外汇的供求,达到外汇市场的均衡。目前许多国家都设立了外汇平准账户,用来干预外汇市场。

(四) 客户

在外汇市场上从事外汇交易的客户主要有以下几种类型:① 交易性的外汇买卖者,如进出口商、国际投资者、旅游者等;② 保值性的外汇买卖者;③ 投机性的外汇买卖者;④ 跨国公司。跨国公司已经成为外汇市场上的主要客户,拥有雄厚的资金和广泛的经营业务。其经营活动涉及大量的进出口结算、直接投资以及证券投资,因而经常性地参与外汇交易。

阅读专栏 6-1　　通货膨胀达 **32714%**,委内瑞拉发行新货币去掉 **5** 个"零"

委内瑞拉正在陷入一场新经济困局。

据《纽约时报》2018 年 8 月 16 日报道,截至 15 日,委内瑞拉的通货膨胀率已高达 32714%。对此,委内瑞拉政府试图给出一个解决方案:发行一种新货币。起初是要划掉旧纸币上面值的"三个零",并更换纸币颜色,但市场和经济学界并不买账,现行货币"强势玻利瓦尔"仍在持续贬值。随后,该国决定再划掉"两个零"。

7 月 25 日,委内瑞拉总统尼古拉斯·马杜罗(Nicolás Maduro)宣布,名为"主权玻利瓦尔"的新货币将从下周一(20 日)开始流通。他同时宣布,1 主权玻利瓦尔将从原先计划的"等于 1 000 现行货币强势玻利瓦尔"改为"等于 100 000 强势玻利瓦尔"。

8 月 16 日,委内瑞拉外长乔治·阿雷阿扎(Jorge Arreaza)在推特上表示,发行新货币是政府经济复苏计划的一部分,并且可以有效打击国际犯罪团伙的行为,"国内外一系列不正当的利益将被清除"。

据委内瑞拉南方电视台 17 日报道,人们普遍认为,金钱犯罪团伙走私货币的行为是造成该国货币贬值的原因,并进一步加剧了委内瑞拉的经济困境。此前,委内瑞拉政府官员曾指认跨国犯罪团伙走私大量委内瑞拉本币玻利瓦尔入境并操控黑市汇率。

七个月里咖啡提价 40 多次

诺瓦克(Yosmar Nowak)在委内瑞拉首都加拉加斯开了一家咖啡店,在她看来,政府目前并没有明确的、行之有效的方法来解决通货膨胀——政府甚至无法降低一杯咖啡的价格。诺瓦克告诉《纽约时报》记者,今年以来的七个多月间,她已不得不为售卖的咖啡提价至少 40 次,当前,一杯咖啡的价格高达 200 万玻利瓦尔。

咖啡价格的高涨,映射出委内瑞拉政府面临的恶性通货膨胀中的"手推车问题"——当货币贬值到一文不值时,人们需要花费一整个手推车的纸币来进行交易。

因而,简单地更换货币并不能从根本上解决通货膨胀问题,过往的许多历史经验表明,没有合适的计划,货币中被划去的"零"将很快涨回来。

"我们预计最低工资将会上涨至少 1000%,当然,通货膨胀也会如此。"诺瓦克悲观地预计道。诺瓦克的咖啡价值 20 主权玻利瓦尔,但在新货币正式发行的下周一,她将不会开门营业。

加拉加斯的建筑工人加西亚(Edwin García)则正试图计算他的新收入究竟是多少。"我被搞糊涂了。"他说。

现在,首都加拉加斯城内许多商店仅用美元报价,以避免混淆。

同样面临难题的,还有委内瑞拉一座郊区加油站的负责人玻利瓦尔(Alejandro Bolívar),他告诉《纽约时报》记者,政府还没有派人将收银机货币重置为新货币,也没有向他们解释从何时起需要验证买家的政府认证卡。

他提到的"政府认证卡",关系到委内瑞拉政府为阻击通货膨胀而出台的另一项政策——提升油价。

在盛产石油的委内瑞拉,人们目前享受着极低的汽油价格,政府承诺将继续为那些注册过政府认证卡并向政府登记过车辆的人提供燃料补贴,但那些没有注册过的委内瑞拉人则只能按照较高的国际价格进行支付。

指望新货币能稳定金融市场

除了专业经济学家不认可,市场对于马杜罗简单粗暴的货币换新政策同样不买账。

起初,委内瑞拉政府表示会从钞票上去掉三个"零",但随着 7 月 25 日黑市上美元兑强势玻利瓦尔的价格达到 1∶3 500 000,且强势玻利瓦尔还在持续贬值,政府又表示会将"零"减少的个数增加到 5 个。但这并没有缓解强势玻利瓦尔的跌势。目前,1 美元的兑换价格已接近 600 万强势玻利瓦尔。

更让人摸不着头脑的,还有新货币背后的支撑体系。《纽约时报》称,当某种货币陷入困境时,汇率通常会在以下情况获得稳定——政府承诺该货币可以被兑换成诸如美元或欧元等更强势的货币。与此相反,马杜罗表示,主权玻利瓦尔将得到"石油币"的支持。"石油币"是他的政府在 2 月份推出的一种虚拟货币,这种货币本身也得到了石油储备的背书。

祸不单行的是,本月初,马杜罗还刚刚经历了一场刺杀风波。8 月 4 日,两艘无人机在马杜罗出席的阅兵式上爆炸,政府宣称此事为暗杀未遂。在马杜罗赢得总统大选后,他面对的是日益严峻的经济孤立局势。马杜罗的任期将一直持续到 2025 年。

尽管面临争议,马杜罗此前对于新货币的发行仍充满期待,他认为,此次货币改革将有助于稳定委内瑞拉的金融市场和财政状况。

资料来源:李怡清.通货膨胀达 32714%,委内瑞拉发行新货币去掉 5 个零[EB/OL].(2018-08-18)[2022-08-30]. https://www.thepaper.cn/newsDetail_forward_2358309.

第二节　即期外汇交易

一、即期外汇交易的概念

即期外汇交易(spot exchange transaction)又称现汇交易,是指外汇买卖成交后,交易双方于当天或两个交易日内办理交割手续的一种交易行为。即期外汇交易是外汇市场上最常用的一种交易方式,占外汇交易总额的大部分,主要是因为即期外汇买卖不但可以满足买方临时性的付款需要,也可以帮助买卖双方调整外汇头寸的货币比例,以避免外汇汇率风险。

交易双方进行资金交割的日期称为交割日(delivery date)或起息日(value date)。根据交割日期的不同,即期外汇买卖可以分为以下三种类型:

(1)当日交割(value today),即在交易达成的当日办理货币的收付,如港元对美元的即期交易。

(2)次日交割(value tomorrow),即在成交后的第一个营业日办理交割。港元对日元、新加坡元、马来西亚林吉特、澳元就是在次日交割。

(3)标准日交割(value spot),即在成交后的第二个营业日办理交割。目前大部分的即期外汇交易都采用这种方式。

即期交易的交割日根据不同的市场习惯而有所不同。在欧美市场上,交割日是成交后的第二个营业日。即期外汇交易中所指的"日"是指营业日,即两个清算国的银行均开门营业的日子,以保证交易双方同时完成货币的收付。例如,2023 年 3 月 1 日成交的英镑对美元的即期交易,一般应在 3 月 3 日交割,如果遇到其中一国的法定休息日(周末或者节假日),则交割日期应向后顺延,遇周末则要顺延至下一周。

二、即期外汇交易的报价

即期外汇交易是外汇市场上最常见、最普遍的交易,其报价是达成交易的基础。在即期外汇市场上,一般把提供交易价格(汇价)的机构称为报价者,通常由外汇银行充当这一角色;与此相对,把向报价者索价并在报价者所提供的即期汇价上与报价者成交的其他外汇银行、外汇经纪、个人和中央银行等称为询价者。表 6-2 为 2021 年 4 月的某天,中国银行对个人或机构外汇持有者在货币兑换时的外汇报价。

表 6-2　中国银行外汇报价

货币名称	货币代码	现汇买入价	现钞买入价	卖出价	中行折算价
英镑	GBP	9.0509	8.7697	9.1579	9.0821
港币	HKD	0.8426	0.8359	0.8460	0.8444
美元	USD	6.5527	6.4994	6.5804	6.5649
瑞士法郎	CHF	6.9404	6.7263	7.0191	6.9693
新加坡元	SGD	4.8614	4.7114	4.9200	4.8815
日元	JPY	0.059131	0.057294	0.059658	0.059352
加元	CAD	5.2032	5.0389	5.2647	5.2328
澳元	AUD	4.9802	4.8255	5.0391	5.0018
欧元	EUR	7.6965	7.4573	7.7782	7.7308
新西兰元	NZD	4.6029	4.4609	4.6990	4.6110

资料来源：CSMR。

在即期外汇交易中，外汇银行在报价时都遵循一定的惯例：

（1）外汇银行的报价一般都采用双向报价方式，即银行同时报出买入价和卖出价。买入价和卖出价的差额称为差价。所报的汇率一般用 5 位有效数字表示，由大数和小数两个部分组成。大数是汇价的基本部分，通常交易员不会报出，只有在需证实交易的时候，或是在变化剧烈的市场才会报出。小数是汇价的最后两个数字。例如，某银行的即期外汇报价为：

$$EUR/USD = 1.1981/86$$
$$GBP/USD = 1.7446/52$$
$$USD/JPY = 118.41/46$$

公式斜线左边的货币为基准货币（base currency），斜线右边的货币为标价货币（quoted currency）。在 EUR/USD=1.1981/86 中，欧元是基准货币，美元是标价货币。1.19 是大数，81 和 86 是小数，81 和 86 之间的差额 5 为差价。

一般外汇市场上汇率的小数变化非常活跃，而大数相对稳定。在报价时采用省略方式，力求简练，只要熟知行情的人能听懂就可以。因此，外汇银行之间报价通常只报最末两位数，即两位基本点。如上述报价可以简单报为：

$$EUR/USD:81/86$$
$$GBP/USD:46/52$$
$$USD/JPY:41/46$$

即期外汇交易中，报价的最小单位在市场上被称作基本点（basic point），是标价货币最小价格单位的 1‰。例如，美元对日元的汇率从 120.53 上升到 120.63，则称外汇市场的汇率上升了 10 个基本点或 10 个点。

（2）除特殊标明外，所有货币的汇价都是针对美元的，即采用以美元为中心的报价方法。在外汇市场上，外汇银行所报出的买卖价格，如没有特殊说明，均是指所报货币与美元的比价。

（3）除英镑、爱尔兰镑、澳元和新西兰元单位的汇率报价是采用间接标价法外，其他可兑换货币的汇率报价均采用直接标价法表示。

（4）在通过电信（如电话、电传等）报价时，报价银行只报汇价的最后两位数。

三、即期外汇交易的应用

（1）即期外汇交易可以满足临时性的支付需要。通过即期外汇交易业务，可以将一种货币兑换成另一种货币，用来支付进出口贸易、投标、海外工程承包等的外汇结算或归还外汇贷款。

（2）即期外汇交易可以调整所持有的不同货币的比例，规避外汇风险。例如，某国家外汇储备中美元比重较大，但为了防止美元下跌带来损失，可以卖出一部分美元，买入日元、欧元等其他货币，调整外汇储备结构。同样，投资者也可以通过即期外汇交易调整手中外币的币种结构，优化投资组合。

（3）通过即期外汇交易进行外汇投机。外汇市场上汇率的频繁波动为投机行为创造了条件，但是投机行为有很大风险性，可以带来丰厚利润，也可能造成巨额亏损。

四、即期套汇汇率的计算

国际外汇市场习惯以美元为货币汇率中心，如果要知道两种非美元之间的即期汇率，就要运用套汇汇率。套汇汇率的计算规则有以下几点：

（1）如果报价方报出的两个即期汇率都是以美元为基准货币，则采用交叉相除的方法进行套算。

（2）如果报价方报出的两个即期汇率都是以美元为标价货币，也采用交叉相除的方法进行套算。

（3）如果报价方报出的两个即期汇率中，一个是以美元为基准货币，另一个是以美元为标价货币，则采用同边相乘的方法进行套算。

例 6-1　已知某日悉尼外汇市场上的报价：
$$USD/EUR = 1.0114/24$$
$$USD/CAD = 7.7920/30$$

求：EUR/CAD。

解　因为两个报价都是以美元为基准货币，所以采用交叉相除的方法。
$$EUR/CAD = USD/CAD \div USD/EUR$$

欧元买入价（加元卖出价）：7.7920÷1.0124 = 7.6966

欧元卖出价（加元买入价）：7.7930÷1.0114 = 7.7052

所以，EUR/CAD = 7.6966/7.7052。

例 6-2　已知 GBP/USD = 1.5820/30，AUD/USD = 0.7320/25。

求：GBP/AUD。

解　因为两个报价都是以美元为标价货币，所以采用交叉相除的方法。
$$GBP/AUD = GBP/USD \div AUD/USD$$

英镑买入价（澳元卖出价）= 1.5820÷0.7325 = 2.1597

英镑卖出价（澳元买入价）= 1.5830÷0.7320 = 2.1626

所以，GBP/AUD = 2.1597/2.1626。

例 6-3　某外汇市场上的汇率报价为：
$$USD/JPY = 120.10/90$$
$$GBP/USD = 1.4819/30$$

问：某客户要将 1 000 万日元兑成英镑，按即期汇率能够得到多少英镑？

解　因为即期汇率一个是以美元为基准货币，另一个是以美元为标价货币，所以采用同边相乘的方法进行套算。

英镑买入价（日元卖出价）= 120.10×1.4819 = 177.98
英镑卖出价（日元买入价）= 120.90×1.4830 = 179.29

则 GBP/JPY = 177.98/179.29，所以该客户 1 000 万日元可以兑换 5.58 万英镑（1 000÷179.29）。

在外汇买卖中，银行的收益来自卖出价和买入价的汇价差，汇价差越大，银行的收益越大。因此，银行要实现收益最大化，就会选择最大汇价差来报价。根据银行收益最大化规则，在计算套汇汇率时，选择最小金额为买入价，最大金额为卖出价。

五、即期外汇交易的操作

一般每笔即期外汇交易都需要经过询价、报价、成交（或放弃）和证实四个步骤来完成。下面举例说明交易程序。

A：SP YEN 5 Mio.	A：即期交易，美元兑换日元，金额 500 万美元。
B：76/80.	B：报价 76/80。
A：I sell USD.	A：我方卖出美元。
B：5 Mio agreed.	B：500 万美元成交。
To confirm at 108.0376 I buy 5 USD AG YEN value 10 July 2005 my USD to B band NY for our account Thanks and bye.	证实我方在 108.0376 买入 500 万美元兑日元，起息日为 2005 年 7 月 10 日，美元付我行纽约分行账户。谢谢，再见。
A：OK agreed my YEN to A bank Thanks and bye.	A：同意，日元付我行 A 银行账户。谢谢，再见。

（1）询价（asking price）。询价方在询价时需要报出所询价格的交易类型、交易币种和交易金额，所询汇率使用美元标价法。例如，以缩写 SP 或 SPOT 来表示即期交易类型，DEM 表示交易币种为美元兑换马克，YEN 表示美元兑换日元，GBP 表示英镑兑换美元。交易金额通常以百万元为单位，以 Million 表示，可以缩写为 Mio 或 M，甚至可以省略。在国际外汇市场上，正常的交易金额为 500 万~1 000 万美元，1 000 万美元以上称为大金额，而 200 万美元以下是小金额，25 万美元以下是微小金额。

（2）报价（quotation）。接到询价的外汇银行的交易员应迅速、完整地报出所询问有关货币的现汇买入价和卖出价。由于交易双方对汇价的大致水平都比较清楚，因此报价时通常只需报出汇率的小数。特殊情况下，将汇率的大数也同时报出，以免造成误会。

（3）成交（done）或放弃（noting）。当报价方报出询价方需要的汇价后，询价方应迅速作出反应，或者成交，或者放弃。如果询价方略有迟疑，报价方通常会说"UR risk"，表示刚才的报价已经取消，询价方还想交易就必须再次询价。如果询价方对报价满意，可以用"buy""I buy"等来表示买入的意愿，或者"sell""I sell"等来表示卖出的意愿。如果询价方对报价不满意，可以先用"my risk"表示愿报价不再有效，并在数秒内再次请求报价，或是用"sorinth"表示不继续询价，放弃。一旦成交，汇率水平、交易金额、交易币种等细节就都已经确定，对交易双方均有约束力。

（4）证实（confirmation）。成交后，交易双方就交易的内容进行一次完整的重复证实。在上例中可以看到，包括汇率水平、交易金额、交易币种、起息日和收付账户。交易结束后，如果发现原证实有错误或遗漏，则交易员应尽快与交易对手重新证实。重新证实后的内容只有得到交易双方的同意才可以生效。

第三节　远期外汇交易

一、远期外汇交易的定义

远期外汇交易（forward exchange transaction）又称期汇交易，是指外汇交易双方成交后签订合同，规定交易的币种、数额、汇率和交割日期，到规定的交割日期才办理实际交割的外汇交易。远期外汇交易的期限一般按月计算，通常为1个月、2个月、3个月、6个月，也可以长达1年，通常为3个月。超过1年的远期外汇交易为超远期外汇交易。远期外汇交易的交割日是指合同到期日后的第二个营业日。例如，2022年2月11日签订的2个月远期外汇交易合同，合同到期日为4月11日，交割日为4月13日。

远期外汇交易按照交割日期是否固定，可以分为两类：固定交割日的远期交易和选择交割日的远期交易。

固定交割日的远期交易（fixed forward transaction）是指外汇交易合同规定某一固定日期作为外汇交易履行的交割日，既不能提前也不能推迟。例如，2022年3月22日，美国公司A与日本一家银行签订了一份购买日元的、期限为3个月的远期外汇合约。那么，交割日为6月24日，在这天美国公司A交付美元，银行交付日元。

选择交割日的远期交易（optional forward transaction）又称择期交易，是指交割日期不确定，交易的一方在合约有效期内任何一个营业日内均有权要求另一方按双方约定的远期汇率进行交割的外汇交易。如上例，签约日为2022年3月22日，则交割日可以是3月24日至6月24日期间的任何一个营业日。由于在择期外汇交易中，客户可以在约定的期限内选择交割日，这就使得银行承受较大的汇率风险。

二、远期外汇交易的标价

（一）直接标价法

直接标价法是指银行按照期限的不同直接报出某种货币的远期外汇交易的买入价和卖出价。例如，表6-3是中国银行人民币远期外汇牌价，数据来自中国银行官网。

表 6-3　中国银行人民币远期外汇牌价

日期:2021 年 4 月 9 日　星期五　　　　　　　　　　　　　　　单位:人民币/100 外币

	美元		欧元		日元		英镑	
	买入	卖出	买入	卖出	买入	卖出	买入	卖出
1 周	654.66	657.78	776.01	784.46	5.96	6.02	894.45	903.34
1 个月	655.74	659.03	777.60	786.43	5.97	6.03	895.85	905.08
2 个月	657.27	660.56	779.94	788.71	5.98	6.05	897.86	907.13
3 个月	658.65	662.00	782.07	790.96	6.00	6.07	899.70	909.03
4 个月	659.80	663.14	784.00	792.88	6.01	6.08	901.30	910.64
5 个月	661.38	664.72	786.69	795.77	6.03	6.10	903.97	913.33
6 个月	662.94	666.28	788.70	797.68	6.04	6.11	905.51	915.02
7 个月	664.29	667.83	791.03	800.28	6.05	6.12	907.53	917.23
8 个月	665.47	669.01	793.06	802.31	6.07	6.14	909.27	918.94
9 个月	666.87	670.41	795.50	804.75	6.08	6.15	911.30	921.04
10 个月	668.30	671.94	797.56	807.38	6.10	6.17	912.96	922.85
11 个月	669.60	673.24	799.75	809.25	6.12	6.19	914.67	924.53
12 个月	670.99	674.63	802.08	811.45	6.13	6.21	916.54	926.40

(二) 差额报价法

差额报价法是指银行只报出货币远期汇率和即期汇率的差价,这个差价被称为远期汇水(forward margin),通常表现为升水、贴水和平价。升水(premium)是指某种货币的远期汇率大于即期汇率;贴水(discount)是指某种货币的远期汇率小于即期汇率;平价(par)是指某种货币的远期汇率等于即期汇率。

升水和贴水是一个相对的概念,甲货币相对于乙货币的远期汇率是升水,则乙货币相对于甲货币的远期汇率就是贴水。例如,某日某外汇市场的远期汇率报价如表 6-4 所示,该报价是以差额报价法表示的。

表 6-4　某外汇市场远期汇率报价

	EUR/USD	USD/JPY	USD/AUD
即期汇率	1.1846/1.1857	118.03/118.07	1.3564/1.3573
1 个月	18/20	117.59/117.65	1.3572/1.3585
2 个月	39/42	117.126/117.194	1.3580/1.3595
3 个月	63/63	116.636/116.710	1.3587/1.3603
6 个月	127/133	115.197/115.293	1.3601/1.3622
12 个月	253/257	112.417/112.543	1.3625/1.3657

资料来源:Wind。

远期外汇交易时,银行通常只报远期汇率的升水或贴水"点数"(汇率表达的基本单位),但并不标明是升水还是贴水。判断远期升水还是贴水的规则如下:

(1) 在直接标价法下,所报点数的小数在前,大数在后,表示远期汇率升水;相反,如果点数的大数在前,小数在后,则表示远期汇率贴水。

(2)在间接标价法下,点数的小数在前,大数在后,表示远期汇率贴水;相反,如果点数的大数在前,小数在后,则表示远期汇率升水。

远期汇率是在即期汇率的基础上加减远期差额得到的,但是由于汇率的标价方法不同,计算远期汇率的方法也不同。

在直接标价法下,

$$远期汇率 = 即期汇率 + 升水$$
$$远期汇率 = 即期汇率 - 贴水$$

在间接标价法下,

$$远期汇率 = 即期汇率 - 升水$$
$$远期汇率 = 即期汇率 + 贴水$$

例 6-4 某日多伦多外汇市场的外汇报价为:

即期汇率	USD/CAD = 5.7810/20
3 个月远期	30/50

因为多伦多外汇市场采用直接标价法,且所报点数的小数在前,大数在后,所以美元远期升水,远期汇率=即期汇率+升水。3 个月远期:USD/CAD=5.7840/70。

例 6-5 某日纽约外汇市场的外汇报价为:

即期汇率	GBP/USD = 1.8410/20
6 个月远期	20/8

因为纽约外汇市场采用间接标价法,且所报点数的大数在前,小数在后,所以英镑远期升水,远期汇率=即期汇率-升水。6 个月远期:GBP/USD=1.8390/1.8412。

(三)用年率表示升水率和贴水率

升水率或贴水率一般都用年率来表示,也就是升水年率或贴水年率。升水年率是指远期汇率的升水率以年率的形式来表示;贴水年率也就是指远期汇率的贴水率以年率的形式来表示。

例 6-6 某日美元和加元的即期汇率为:USD/CAD=1.3590,问:

(1)如果 3 个月后美元升值,其升水年率为 2.3%,则 3 个月后美元的远期汇率是多少?

(2)如果 3 个月后美元贬值,其贴水年率为 3.3%,则 3 个月后美元的远期汇率是多少?

解 (1)若美元升值,3 个月后的远期汇率是:

$$1.3590 \times (1 + 2.3\% \times 3/12) = 1.3668$$

(2)若美元贬值,3 个月后的远期汇率是:

$$1.3590 \times (1 - 3.3\% \times 3/12) = 1.3478$$

通过比较两种货币的升水(贴水)年率和利差,可以判断投资机会。如果远期汇率的升水年率小于两种货币的利差,那么投资者可以通过投资利率较大的货币来获利。

三、远期汇率的决定

一般情况下,远期汇率取决于两种货币利率的差异。利率高的货币远期汇率贴水,利率低的货币远期汇率升水。之所以有这样的规律,是因为银行经营外汇业务必须遵守买卖平衡原则,即银行卖出多少外汇,同时就要补进多少外汇。银行卖出远期外汇时,为避免风险敞口,将会在即期买入外汇。假设本币利率高于外币利率,如果远期汇率等于即期汇率,那么银行会因这笔远期交易损失掉一部分利息而要调整远期汇率,以弥补利率差导致的利息损失。下面举一个例子来具体说明:

假设澳元利率为 6%,美元利率为 8%,外汇市场上的即期汇率为 USD/AUD = 5.7810。如果一个客户向银行购买 3 个月远期澳元,银行就会按照即期汇率用美元购买澳元,存放在银行 3 个月,以便 3 个月后进行交割。这样的操作会使银行放弃高利率的美元而存放低利率的澳元,从而遭受损失。但是银行不会自己承担这个损失,而是通过影响远期汇率将它转移到客户身上。因此,远期汇率下跌,即美元贬值。

远期汇率的变动就要求投资于美元和澳元在 3 个月内的获利状况是一样的。可知每投资 1 美元,银行 3 个月内澳元投资可以获得澳元利息:

$$5.7810 \times 6\% \times 3/12 = 0.0867(澳元)$$

现在考虑银行的损失(即机会成本),如果没有这笔业务,银行每持有 1 美元,3 个月后会获得(如果远期汇率等于即期汇率的话):

$$(1 \times 8\% \times 3/12) \times 5.7810 = 0.1156(澳元)$$

所以当考虑银行的损失时,3 个月后银行每持有 1 美元,获得的实际澳元本金加利息应当为:

$$5.7810 + 0.0867 - 0.1156 = 5.7521(澳元)$$

银行为进行这笔远期交易,实际上是以更贵的价格即 1:5.7521,而不是即期汇率显示的 1:5.7810 购买澳元。所以,为弥补银行因远期交易遭受的损失,该客户必须以与同银行实际购买价相同的价格,即以 1:5.7521 的汇率购买远期澳元。所以,市场均衡的 3 个月的远期汇率为 USD/AUD = 5.7521。可见,利率高的美元远期汇率是贴水的,利率低的澳元远期汇率是升水的。

利率平价理论的方程式推导和实际计算都表明,在其他因素不变的情况下,利率对远期汇率的影响是:利率高的货币远期汇率贴水,利率低的货币远期汇率升水,远期汇率的升贴水率大约等于两种货币的利率差。但这只是在一般情况下,因为在固定汇率制下,有时某些国家会实行货币法定贬值、升值政策;在浮动汇率制下,远期外汇供求的因素会对远期汇率的起伏产生影响,这些影响会使远期汇率的贴水、升水数字很大,与利率差异没有直接关系。

四、远期汇率的计算与套算

(一)利率与远期汇率

在远期外汇交易中,外汇银行远期汇率的报价原则主要遵循一价定律。所谓一价定律,是指在完全竞争的市场上,相同的交易产品或金融资产经过汇率调整后,在世界范围内的交易成本一定是相等的。远期汇率由两种货币的利率差决定,又因为远期汇率是在即期汇率的基础上加减升贴水得到的,所以升贴水的计算公式为:

升水(贴水)数 = 即期汇率 × 两种货币的利率差 × 天数/360

判断是升水还是贴水的规则是:根据利率平价定理,利率高的货币远期贴水,利率低的货币远期升水。

例 6-7 英国某银行向客户卖出远期 3 个月美元,设即期汇率 GBP/USD = 1.9620,伦敦市场利率为 9.5%,纽约市场利率为 7%。问:3 个月英镑远期汇率为多少?

解 英镑利率高于美元利率,所以英镑远期汇率贴水。

贴水数 = 即期汇率 × 两种货币的利率差 × 天数/360
= 1.9620 × (9.5% − 7%) × (90/360) = 0.0123

所以伦敦市场 3 个月远期汇率为:

GBP/USD = 1.9620 − 0.0123 = 1.9497

(二) 远期汇率的套算

远期套汇汇率(forward cross rate)的计算方法与即期套汇汇率的原理基本一致,只是在计算远期套汇汇率时,首先要先分别计算远期汇率,然后按照即期汇率套汇的方法(交叉相除或者同向相乘)计算远期套汇汇率。

例 6-8 已知:

即期汇率	USD/AUD = 5.7810/20
3 个月	10/30
即期汇率	USD/JPY = 120.25/35
3 个月	30/45

计算 AUD/JPY 的 3 个月远期汇率。

解 第一步,先计算美元对澳元和美元对日元的 3 个月远期汇率:

USD/AUD = 5.7820/50
USD/JPY = 120.55/80

第二步,计算澳元对日元的 3 个月远期汇率,因为两个汇率都是以美元为基准货币,所以套汇汇率应该交叉相除。

澳元对日元的远期买入价为:120.55 ÷ 5.7850 = 20.84
澳元对日元的远期卖出价为:120.80 ÷ 5.7820 = 20.89

所以 3 个月远期汇率为:AUD/JPY = 20.84/20.89

五、远期外汇交易的作用

(一) 套期保值,规避汇率风险

远期外汇交易是国际上最常用的避免外汇风险的方法。从事国际贸易的进出口商可以通过远期外汇业务规定交易时的汇率或外汇数量,事先固定贸易的外汇成本和收益,便于经济核算,避免外汇波动风险。下面分别从进口商和出口商的角度来介绍远期外汇交易的作用。

出口商可以通过远期外汇交易锁定出口收汇成本。一国出口商与外国进口商签订以外币结算的贸易合同后,从签约日到收回货款需要几个星期,甚至几个月的时间。这段时间内,如果结算货币汇率下跌,就会给出口商带来损失。所以,出口商可以与银行签订远期外汇交易进行套期保值。

例 6-9 美国出口商向英国出口 200 万英镑的货物,预计 3 个月后才收汇。假如 3 个月后英镑兑美元的汇率下跌为 GBP/USD = 1.5115/45。

假设当天外汇市场行情为:

即期汇率　　　GBP/USD = 1.5520/30

3 个月远期　　　　　　　　20/10

问:如果美国出口商不进行保值,3 个月后英镑贬值将会损失多少?如果采取套期保值措施,该出口商应该如何操作?

解 (1)美国出口商不采取措施,3 个月后收到 200 万英镑,按 3 个月后 GBP/USD 的即期汇率兑换可以收到:

$$200 \times 1.5115 = 302.3(万美元)$$

而即期收到 200 万英镑可以兑换成的美元为:

$$200 \times 1.5520 = 310.4(万美元)$$

由于汇率变动,美国出口商的损失为:

$$310.4 - 302.3 = 8.1(万美元)$$

(2)美国出口商采用远期外汇交易来套期保值,在外汇市场上卖出 3 个月远期英镑,汇率是 GBP/USD = 1.5500,3 个月后收到进口商的 200 万英镑可以兑换美元:

$$200 \times 1.5500 = 310(万美元)$$

$$310 - 302.3 = 7.7(万美元)$$

这种方法比不采取套期保值措施多获得 7.7 万美元。

但是,汇率的波动是双向的,可能上升,也可能下降。如果 3 个月后英镑汇率上升了,此时进行套期保值的美国出口商就不能够获得英镑汇率上升时兑换较多美元的好处。所以,在利用远期外汇交易套期保值时,也可能因预期失误而不能获得汇率变动带来的好处。

同理,进口商也可以通过远期外汇交易锁定进口付汇成本。

(二)调整外汇银行外汇持有额和资金结构

从事外汇业务的银行,可以通过远期外汇市场调整外汇持有额和资金结构。进出口商同外汇银行进行远期外汇买卖后就将汇率风险转嫁给了外汇银行。外汇银行在买卖某种外汇时,或是买入大于卖出(多头),或是卖出大于买入(空头),这样外汇银行就处于汇率变动的风险中。此时,外汇银行可以通过远期外汇交易来规避外汇风险。

例 6-10 伦敦某银行在 3 月 1 日卖出 6 个月远期瑞士法郎 200 万。

假设当天外汇市场行情为:

即期汇率　　　　　　GBP/CHF = 13.750/70

6 个月远期　　　　　　GBP/CHF = 13.800/20

问:如果 6 个月后瑞士法郎交割日的即期汇率为 GBP/CHF = 13.725/50,那么如果该银行听任外汇敞口存在,其盈亏状况如何?

解 如果该银行按 6 个月后的即期汇率买进瑞士法郎,需支付英镑为:

$$200 \div 13.750 = 14.545(万英镑)$$

同时,银行履行 6 个月期的远期合约,获得英镑为:

$$200 \div 13.800 = 14.493(万英镑)$$

所以,银行听任外汇敞口存在将会亏损:

$$14.545 - 14.493 = 0.052(万英镑)$$

因此,银行应该将超卖部分的远期外汇买入、超买部分的远期外汇卖出。

(三) 为外汇投机者提供机会

投机与套期保值不同,套期保值是为了避免汇率变动风险而轧平对外债权债务的头寸,而投机活动的目的则是通过有意识地持有外汇多头或空头,从汇率变化中赚取差价收益。外汇投机包括现汇投机和期汇投机。利用现汇市场进行外汇投机,由于现汇交易要求立即进行交割,投机者手中必须持有足够的本币或者外币;而利用期汇市场进行期汇投机,投机者手中不必持有很多资金,因为期汇投机在到期时并不需要真正进行现汇买卖,双方只需交割汇率变动的差价。

利用远期外汇交易进行投机基于投机者对汇率变化的正确预测,可以分为买空(buy long)和卖空(sell short)两种形式。买空,即先买后卖的投机交易,投机者预期某种货币未来升值而在外汇市场上买入远期合约。如果在合约到期时即期汇率高于远期合约汇率,则投机者按照远期合约交割,然后再到现汇市场上卖出,获取差价形式的投资利润。卖空,即先卖后买的投机交易,投机者预期某种货币未来贬值而在外汇市场上卖出远期合约。若到交割日即期汇率低于远期合约汇率,则投机者可在现汇市场上买入现汇来交割远期合约。但是实际汇率的变动可能与投机者预测的汇率变化相反,那么投机者就会遭受损失。

例 6-11 加拿大某投机商预期 6 个月美元对加元的汇率将会有较大幅度下跌,于是做了 100 万美元的卖空交易。在纽约外汇市场上,6 个月期美元期汇汇率为 USD/CAD = 1.3680/90。

问:假设预期准确,6 个月后美元的即期汇率下降到 USD/CAD = 1.3530/50,该投机商可以获得多少利润?如果预期错误,6 个月后美元的即期汇率上升到 USD/CAD = 1.3770/90,则该投机商的损失状况如何?

解 加拿大投机商在预测美元远期贬值的基础上,通过先卖后买的卖空交易来获利。6 个月后在即期市场上买入 100 万美元,需要支付 135.5 万加元(100×1.3550)。按照远期合约卖出 100 万美元,可以获得 136.8 万加元(100×1.3680),则通过卖空交易,该投机商可以获得的利润为 1.3 万加元(136.8-135.5)。

但是,如果预测错误,6 个月后美元汇率上升,则该投机商 6 个月后在即期市场上买入 100 万美元,需要支付 137.9 万加元(100×1.3790)。而履行远期合约,他可以获得 136.8 万加元。由于错误预期,该投机商将遭受 1.1 万加元(137.9-136.8)的损失。

六、择期外汇交易

（一）择期外汇交易的定义

择期外汇交易是指在做远期外汇交易时，不规定具体的交割日期，只规定交割的期限范围。在规定的交割期限范围内，客户可以按预定的汇率和金额自由选择日期进行交割。交割的范围可以是从成交后的第二个工作日至到期日的整个期间，也可以定于该期间内某两个具体日期之间，或具体的月份中。交割的期限越长，银行所承受的风险越大。

择期外汇交易使得客户可以选择合适的起息日进行资金的交割，为资金安排提供较大的灵活性。进出口商在国际贸易中如果签订了固定的远期合约，一旦到期不能付款或收款，都需承担违约责任，择期外汇交易不仅能够稳定贸易成本，而且可以避免外汇风险。

（二）择期外汇交易的定价

择期外汇交易的定价过程是：第一步，确定择期外汇交易交割期限内的第一个和最后一个工作日；第二步，计算出第一个和最后一个工作日的远期汇率；第三步，比较这两个工作日的远期汇率，选择一个对银行最有利的报价。

例 6-12　　即期汇率　　　　USD/CHF = 1.8410/20
　　　　　　　3 个月远期　　　　　　　120/140
　　　　　　　6 个月远期　　　　　　　260/300

客户向银行要求做一笔美元兑瑞士法郎的择期外汇交易，请计算外汇银行报出 3 个月至 6 个月的任选交割日的远期汇率。

解　首先，确定择期交割期限内第一天和最后一天的远期汇率。第一天的远期汇率，即 3 个月交割的远期汇率为：

$$USD/CHF = 1.8530/1.8560$$

最后一天的远期汇率，即 6 个月交割的远期汇率为：

$$USD/CHF = 1.8670/1.8720$$

最后选择对银行有利的报价。

根据以上分析，如果客户要求买入美元卖出瑞士法郎，当银行卖出美元时，可供银行选择的汇率有 1.8560 和 1.8720，此时选择 1.8720 对银行更有利。如果客户要求卖出美元买入瑞士法郎，当银行买入美元时，可供银行选择的汇率有 1.8530 和 1.8670，此时选择 1.8530 对银行更有利。所以，3 个月至 6 个月美元兑瑞士法郎的择期外汇交易，最有利于银行的报价为 1.8530/1.8720。

从以上实例可以总结出银行在进行择期业务报价时依据的原则如下：

（1）银行卖出择期远期外汇，且远期外汇升水时，银行按最接近择期期限结束时的远期汇率计算；若远期外汇贴水，则银行按最接近择期期限开始时的远期汇率计算。

（2）银行买入择期远期外汇，且远期外汇升水时，银行按最接近择期期限开始时的远期汇率计算；若远期外汇贴水，则银行按最接近择期期限结束时的远期汇率计算。

(三) 择期外汇交易

例 6-13 2021 年 4 月 2 日,美国 A 公司与德国 B 公司签订一份贸易合同,进口一套设备,金额为 180 万欧元,货款结算日期预计在 1 个月后到 3 个月之间。A 公司预测欧元会升值,于是在 4 月 2 日与银行签订一份 1 个月至 3 个月的择期远期外汇交易合同,用美元买入 180 万欧元,外汇银行的外汇报价如下:

即期汇率	EUR/USD = 1.0800/10
1 个月远期	15/20
3 个月远期	30/40

请计算 A 公司在 1 个月后到 3 个月的期间履行合同需要支付多少美元。

解 首先确定该外汇银行的择期外汇交易报价。根据外汇报价,1 个月远期汇率的欧元卖出价为:

$$1.0810 + 0.0020 = 1.0830$$

3 个月远期汇率的欧元卖出价为:

$$1.0810 + 0.0040 = 1.0850$$

所以 1 个月到 3 个月的择期远期外汇交易合同的汇率为:

$$EUR/USD = 1.0850$$

因此 A 公司在 1 个月后到 3 个月期间履行合同需支付的美元金额为:

$$180 \times 1.0850 = 195.3(万美元)$$

阅读专栏 6-2　　　　　　　　泰铢狙击战

在亚洲金融危机中,泰国成为国际投机资本首要的攻击对象,主要根源在于其自身。在 1997 年泰国货币危机爆发前十年里,泰国经济高速增长背后存在过度依赖外贸、贸易逆差过大等结构性问题。开放资本账户后,资本大量流入催生股市和楼市泡沫,加剧信贷扩张。跨境借款几乎不受限,造成短期外债过高。由于泰铢对美元汇率保持稳定,1996 年美元升值带动泰铢升值,同时日元发生了贬值,二者都重创泰国出口,造成泰国经济下滑。经济外部失衡、资产价格泡沫、金融部门脆弱、基本面负面冲击,给国际炒家以可乘之机。政局动荡、政府频繁更迭也削弱了泰国应对危机的能力。

国际炒家早就嗅到攻击的机会。他们的惯用手法是,一旦发现不可持续的资产价格泡沫,就卖空估值过高的有关资产或者货币使其贬值,进而获取暴利。如果市场恐慌情绪和投资者的悲观心理形成后引发"羊群效应",他们的火力就足以对被攻击对象造成猛烈冲击。乔治·索罗斯(George Soros)和他旗下的"量子基金"是对冲基金的重要代表,1992 年 9 月做空英镑令其一战成名,被《经济学人》杂志称作"战胜了英格兰银行的人"。此后,固定汇率也成为备受对冲基金"青睐"的攻击目标。

(一) 火力侦察

狙击泰铢是蓄谋已久的。索罗斯在其著作中承认,他的基金公司至少提前 6 个月就预见到了亚洲金融危机。在 1995 年 1 月中旬泰国的房地产价格开始下跌时,对冲基金就对泰铢进行了试探性进攻,在即期外汇市场大量抛售泰铢,但是在泰国央行入市干预下未酿成危机。当时墨西哥危机刚刚发生,各方包括世界银行和 IMF 都对泰国有信心,认为除了贸易逆差大以外,泰国经济比墨西哥经济要健康得多,并不具备发生货币危机的条件。

虽然首战受挫,但投机资本没有放弃,"量子基金"的情报部门通过各种渠道一直在收集情报,对泰国经济金融方面的信息进行分析。索罗斯本人则坐镇后方,一边积极存入保证金、囤积货币,一边在市场上散布泰铢即将贬值的消息,令大量投机资本蠢蠢欲动。随着泰国经济下行,资产价格泡沫破裂,金融部门问题显现,国际投机资本开始展开大规模进攻。

(二) 短兵相接

1997年2月,以"量子基金"为代表的国际投机资本大量做空泰铢,借入泰铢(包括利用曼谷国际银行的便利借入泰铢)并抛售。2月14日,泰铢汇率跌至10年来最低的1美元兑26.18泰铢。泰国央行进行了坚决反击,在外汇市场上大量购入泰铢,同时提高短期利率,使投机资本的资金成本大幅提高。在这两项措施的作用下,泰铢即期汇率很快得到了稳定,泰国央行暂时化解了国际投机资本的攻击。但泰国方面也付出了代价,外汇储备消耗很快,高利率对国内经济的负面影响逐渐显现,银行和企业的坏账问题开始暴露。虽然国际炒家此役遇挫,但是他们由此断定泰国政府会死守固定汇率且实力不足,坚定了攻击的决心。

关于事后广为诟病的死守固定汇率的问题,事实上早在1996年4月泰国央行就开始考虑放弃固定汇率,但此时已陷入两难:由于外债过高,如果泰铢贬值,企业的负债升值而资产贬值,则许多企业会马上变得资不抵债,进而导致银行坏账攀升,甚至引发银行危机,泰铢贬值的宏观经济后果难以预计。加上政局动荡,央行和财政部负责人怕担责任,种种原因导致泰国在放弃固定汇率的问题上一直举棋不定。

(三) 焦灼阶段

国际炒家进一步逼近,把战场延伸到远期市场。早在1997年年初,国际炒家就开始进行大量买美元、卖泰铢的远期外汇交易,分阶段抛空远期泰铢,泰国对此全然不知,还在大量提供远期合约。到了2月和3月,银行间市场上类似的远期外汇合约需求量激增,高达150亿美元,此举引发投资者纷纷效仿。到了5月中旬,国际炒家又开始在即期市场上大量抛售泰铢,5月底,泰铢受压下跌至1美元兑26.6泰铢的低点,泰国央行这才采取反击行动:一是干预远期市场,大量卖出远期美元,买入泰铢;二是联合新加坡和马来西亚等国货币当局干预即期市场,耗资100亿美元购入泰铢;三是严禁国内银行拆借泰铢给国际炒家;四是大幅提高隔夜拆借利率。此外,泰国政府甚至采取许多非常手段,包括威逼利诱泰国的银行提供远期外汇合约的客户资料,并扬言要打击刊登不利消息的媒体,警察开始追踪发布负面新闻的人。但为时已晚,泰铢已经落入炒家布置好的圈套。

国际炒家针锋相对,在6月继续出售美国国债筹集资金,对泰铢进行最后的扑杀,同时散布泰国已经黔驴技穷的消息。一些外资银行开始在报纸上刊登广告,表示可以帮助投资者将外汇汇出泰国。泰国国内的贸易商也开始作出安排,加快将泰铢兑换成美元,加速了泰国外汇储备的消耗。

(四) 失去抵抗

泰国政府坚守固定汇率,又没有更好的办法来反击国际炒家,经过几轮交锋,泰国的外汇储备消耗殆尽。1997年6月,泰国央行的外汇储备仅剩下60亿~70亿美元。6月19日,泰国总理仍宣称泰铢绝不贬值,但随后泰国财政部长辞职,市场恐慌情绪加剧。6月28日,泰国外汇储备减少到28亿美元,泰国政府干预能力几近枯竭,完全失去了抵抗,只好于7月2日宣布放弃固定汇率,泰铢暴跌。7月28日,泰国向IMF发出救援请求。泰铢贬值标志着东南亚货币危机全面爆发,国际炒家大获全胜,并挟得胜之威横扫东南亚,菲律宾比索、印度尼西亚盾和马来西亚林吉特相继贬值,新加坡也受到冲击,逐渐演变成席卷全球新兴市场的亚洲金融危机。

资料来源:管涛.汇率的本质[M].北京:中信出版社,2016.

第四节 外汇掉期交易

一、外汇掉期交易的定义

外汇掉期交易(swap transaction)是指买进或卖出某种货币的同时,卖出或买进期限不同的同种货币。这两笔外汇交易中,币种相同、交易金额相等,但是交易方向相反、交易期限不同。外汇掉期交易的主要目的有两个:一是轧平外汇头寸,避免汇率变动引起的风险;二是利用不同交割期限汇率的差异,通过贱买贵卖牟取利润。

二、外汇掉期交易的分类

(一) 根据起息日的不同进行分类

1. 即期对远期的掉期交易

即期对远期的掉期交易(spot-forward swap)是掉期交易中最常见的形式,指买进或卖出一笔现汇的同时,卖出或买进一笔期汇的掉期交易。在短期投资中,通常运用掉期交易将一种货币转换成另一种货币,固定换汇成本,规避风险。在实际操作中常见的即期对远期的掉期交易有以下三种:

(1) 即期对次日掉期(spot/next,S/N),指第一个交割日在即期,后一个交割日安排在次日。

(2) 即期对一周掉期(spot/week,S/W),指第一个交割日在即期,后一个交割日是一星期的远期。

(3) 即期对整数月掉期,如1个月、2个月、3个月和6个月等,指第一个交割日在即期,后一个交割日是1个月或2个月等整数月的远期。

2. 即期对即期的掉期交易

即期对即期的掉期交易(spot-spot swap)是指买进或卖出一笔即期外汇的同时,卖出或买进另一笔同种货币的即期。这两笔即期交易的区别在于它们的交割日期不同,可以用来调整短期头寸和资金缺口。常见的交易有以下两种:

（1）今日对明日掉期（today-tomorrow swap），指将第一个交割日安排在成交的当天（即"今天"），并将后一个交割日安排在成交后的第一天（即"明天"），又称隔夜交易（over-night，O/N）。

（2）明日对后天掉期（tomorrow-next swap），指将第一个交割日安排在成交后的第一个工作日（即"明天"），将后一个交割日安排在成交后的第二个工作日（即"后天"），又称隔日交易（tom-next，T/N）。

今日对明日和明日对后天掉期交易的时间跨度都是一个交易日。

3. 远期对远期的掉期交易

远期对远期的掉期交易（forward-forward swap）由两笔交易金额相等、交易方向相反、不同期限的远期外汇交易组成。这种交易有两种方式：一是买进较短交割期的远期外汇，卖出较长交割期的远期外汇；二是买进期限较长的远期外汇，而卖出期限较短的远期外汇。

（二）根据交易的买卖对象不同进行分类

1. 纯粹掉期

纯粹掉期（pure swap），是指掉期交易中的两笔方向相反、期限不同、金额相同的交易是与同一个交易对手进行的。例如，甲向乙卖出了 100 万 30 天远期美元的同时，又从乙处买进 100 万 90 天远期美元。

2. 制造掉期

制造掉期（engineered swap），是指掉期交易中的两笔方向相反、期限不同、金额相同的交易是与不同的交易对手进行的。例如，甲向乙卖出了 100 万 30 天远期美元的同时，又从丙处购买了 100 万 90 天远期美元。

三、外汇掉期交易的报价

掉期率（swap rate）是外汇掉期交易的价格，在外汇市场上一般只报出掉期率。掉期率的报价通常采用双向报价，即同时报出买入价和卖出价。掉期率一般用基本点来表示。买入价表示即期卖出基准货币与远期买入基准货币的汇率差额；卖出价表示即期买入基准货币与远期卖出基准货币的汇率差额。

外汇掉期交易中，判断升水或贴水的方法如下：如果掉期率是按照左小右大排列，则表示升水，远期汇率等于即期汇率加上掉期率；如果掉期率是按照左大右小排列，则表示贴水，远期汇率等于即期汇率减去掉期率。

例 6-14 某外汇市场上：

即期汇率　　　　　　　　GBP/USD = 1.5635/50
3 个月远期　　　　　　　　　　　　20/45

所以 3 个月的远期汇率为 GBP/USD = 1.5655/95

因为掉期率是按照左小右大排列，所以表示升水，远期汇率等于即期汇率加上掉期率。20 买入价表示即期卖出基准货币与远期买入基准货币的汇率差额；45 卖出价表示即期买入基准货币与远期卖出基准货币的汇率差额。

即期买入英镑　　　　　　　　1.5635

3个月远期卖出英镑	1.5655（1.5635 + 0.0020）
即期卖出英镑	1.5650
3个月远期买入英镑	1.5695（1.5650 + 0.0045）

四、外汇掉期交易的应用

外汇掉期交易是由两笔币种相同、交易金额相等,但是交易方向相反、交易期限不同的交易构成的。其作用包括:套期保值,规避汇率波动带来的风险;转换货币,满足客户对不同货币资金的需求;尤其在改变外汇银行资金结构、抵御外汇风险方面十分突出。因此,在外汇市场所有的外汇交易中,掉期业务的交易规模是最大的。

（一）套期保值

假设美国进口商与中国出口商签订合同,规定3个月后支付100万美元货款,中国出口商将在3个月后获得100万美元。但是在这期间,如果美元汇率下跌,中方将遭受损失。为了规避外汇风险,中方卖出3个月远期美元给银行。银行如果不做相反的交易,3个月后会出现100万美元的多头风险。银行可以用外汇掉期交易来规避风险:银行即期卖出100万美元,加上远期从客户买入的100万美元,这样美元一买一卖相互抵消转移了客户带给银行的外汇风险。

（二）转换货币

外汇掉期交易可以使投资者将闲置的货币转换为需要的货币并得以运用,从中获取利益。现实中,许多公司和银行及其他金融机构利用这项新的投资工具进行短期对外投资。在进行这种短期对外投资时,它们必须将本币兑换为另一国的货币,然后调往投资国或地区,但在资金回收时,有可能发生外币汇率下跌使投资者蒙受损失的情况,为此,就可以利用外汇掉期交易避开这种风险。例如,某银行因为业务需要,以日元购入意大利里拉存放3个月。为了防止3个月后里拉汇率下跌,该银行利用掉期业务,在买入里拉的同时卖出3个月远期的里拉,实现了货币转换,避免了风险。

（三）轧平交易中的资金缺口

例如,某出口企业收到国外进口商支付的货款100万美元,该企业需要将货款换成人民币,但同时该企业3个月后需要支付用于购买进口原材料的货款100万美元。此时,该企业就可以与银行办理一笔掉期业务,即期卖出100万美元,取得相应的人民币,以人民币买入3个月远期的100万美元。通过外汇掉期交易,该出口企业可以轧平交易中的资金缺口,达到规避风险的目的。

（四）进行投机性掉期业务,获得利润

外汇掉期交易中的远期汇率在掉期交易进行时已经确定,考虑到未来的市场利率与汇率都可能发生变化,人们可以根据对利率变化的预期作出对未来某个时刻市场汇率的预期,并根据这种预期进行投机性的外汇掉期交易,从中获得利润。

五、外汇掉期交易实例

例6-15 我国甲公司从欧洲进口设备,1个月后将支付100万欧元。同时该公司也

向欧洲出口产品,3 个月后将收到 100 万欧元货款。甲公司做了笔掉期交易来规避外汇风险。假设外汇市场上的汇率报价为:

即期汇率　　　　　　　　　EUR/CNY = 7.7900/05
1 个月远期　　　　　　　　　　　　10/15
3 个月远期　　　　　　　　　　　　30/45

问:甲公司如何进行远期对远期掉期交易以保值？其收益状况如何？

解　甲公司可进行 1 个月对 3 个月的远期对远期掉期交易:买入 1 个月远期的 100 万欧元,同时卖出 3 个月远期的 100 万欧元。

1 个月后甲公司买入 100 万欧元,需支付的人民币为:
$$100 \times 7.7920 = 779.20(万元)$$

3 个月后甲公司卖出 100 万欧元,可获得的人民币为:
$$100 \times 7.7930 = 779.30(万元)$$

通过远期对远期的掉期交易可以获得的人民币收益为:
$$779.30 - 779.20 = 0.1(万元)$$

如果甲公司通过做两笔即期对远期的掉期交易来规避风险,则可进行如下操作:对于 1 个月后支付的货款,在远期市场上买入 1 个月 100 万欧元,同时在即期市场上卖出;对于 3 个月后将收到的货款,在即期市场上买入 100 万欧元,同时卖出 3 个月远期的 100 万欧元。

收益状况为:对于 1 个月后支付的货款,甲公司买入 1 个月远期欧元需要支付 779.15 万元(100×7.7915),在即期市场上卖出获得 779.00 万元(100×7.7900),损失 1 500 元人民币。对于 3 个月后收到的货款,甲公司在即期市场买入欧元需要支付 779.05 万元(100×7.7905),卖出 3 个月远期欧元可获得 779.30 万元(100×7.7930),其收益为 2 500 元人民币。所以,通过两笔即期对远期的掉期交易可以获得 1 000 元人民币收益。

第五节　套汇、套利和进出口报价

一、套汇交易

从理论上来说,尤其是在当今电信业如此发达的情况下,世界范围内某种货币的汇率应该是趋向同一的。然而,各个不同的外汇市场上,由于外汇供求或者其他关系的变动以及信息交流不够充分等因素,不同的外汇市场在同一时刻的货币汇率存在差异。这种短暂的外汇差异为套汇人提供了投机的机会。

套汇(arbitrage),是指套汇人利用两个或两个以上外汇市场在同一时刻货币的汇率差异进行外汇交易,在汇率较低的市场上买入一种货币,在汇率较高的市场上卖出该种货币,从中赚取差价利润的活动。

套汇交易结束后,原先汇率较低的外汇市场上,该种货币的需求大于供给,从而使得货币汇率上升;原先汇率较高的外汇市场上,该种货币的供给大于需求,使得货币汇率下降。这样各个市场的汇率差异就会减小,趋于消失。

套汇交易一般可以分为直接套汇和间接套汇。

（一）直接套汇

直接套汇（direct arbitrage），又称两角套汇或两点套汇、两地套汇，是套汇者利用两个外汇市场在同一时间的汇率差异，同时在两个市场上买卖一种货币以赚取汇差利润的外汇交易。例如，在某一时刻，伦敦和纽约外汇市场上的汇率如下：

伦敦外汇市场上：　　　　　GBP1＝USD1.7818/25
纽约外汇市场上：　　　　　GBP1＝USD1.8010/15

显然美元在伦敦外汇市场上的汇率高于在纽约外汇市场上的汇率，假设套汇者拥有100万美元的套汇本金，根据直接套汇的原则，套汇者在伦敦外汇市场上以GBP1＝USD1.7825买入英镑，在纽约外汇市场上以GBP1＝USD1.8010卖出英镑换回美元，就会获得1.038万美元的套汇利润（100/1.7825×1.8010－100）。

但是，上述交易并未考虑电话、电传、佣金等费用，所以套汇利润必须大于套汇费用，否则套汇者便无利可图，套汇活动就不会发生。

（二）间接套汇

间接套汇（indirect arbitrage），又称三地套汇，是利用三个或三个以上外汇市场在同一时间的汇率差异，在多个市场间调拨资金，贱买贵卖，从中获取利润的外汇交易。由于间接套汇涉及多个外汇市场，情况复杂，因此必须判断是否存在套汇机会。判断的方法是：将三地的汇率换算成同一标价法（都换成直接标价法或间接标价法）下的汇率，然后将三个汇率连乘。若乘积等于1，则不存在汇率差异；若乘积不等于1，则存在汇率差异，可以进行套汇。

例 6-16　同一时间，纽约、伦敦、多伦多外汇市场上的汇率如下：

纽约外汇市场：　　　　　USD1＝CAD7.8508/18
伦敦外汇市场：　　　　　GBP1＝USD1.6510/20
多伦多外汇市场：　　　　GBP1＝CAD12.490/500

请判断三地是否存在套汇机会。如果存在套汇机会，某加商有200万加元投资成本，那么他应如何进行套汇并获得多少利润？假定不考虑其他费用。

解　首先将三地的汇率换算成同一标价法下的汇率，由于纽约和伦敦外汇市场都采用间接标价法，则将多伦多外汇市场的汇率换算成间接标价法，CAD1＝GBP0.0800/01。将三个汇率同边相乘得到：

（0.08×1.6510×7.8508）／（0.0801×1.6520×7.8518）＝1.0369/1.0390

由此可以看出存在套汇机会，图6-1演示了该套利业务的操作过程。

套汇的方向为：先在多伦多外汇市场上卖出加元买入英镑，然后在伦敦外汇市场上卖出英镑买入美元，最后在纽约外汇市场上卖出美元买入加元。

该加商获得的套汇收入为：

200×（0.08×1.6510×7.8508）＝207.3867（万加元）
207.3867－200＝7.3867（万加元）

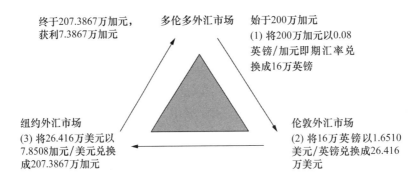

图 6-1 间接套汇

二、套利交易

套利交易(interest arbitrage transaction)也叫利息套汇,是指投资者利用不同国家或地区短期利率的差异,将资金从利率较低的国家或地区转移到利率较高的国家或地区进行投资,并从中获得利息差额收益的外汇交易。按照套利者在套利的同时是否做远期外汇交易进行保值,套利交易可分为无抵补套利和抵补套利。

(一)无抵补套利

无抵补套利(uncovered interest arbitrage)是指套利者把短期资金从利率较低的市场调到利率较高的市场进行投资,以谋取利息差额收入。套利者由于在套利的同时没有做远期外汇交易进行保值,因此要承担汇率波动产生的风险。

例 6-17 假设即期汇率 GBP/USD = 1.5000,美元年利率为 8%,而同期英镑年利率为 6%,在预期 6 个月后市场汇率为 GBP/USD = 1.5040 的基础上,某英国套利者以 100 万英镑进行为期 6 个月的套利。问:如果预期准确,可获得多少套利净收益?

解 如果预期准确,投资者先将 100 万英镑换为美元投资,6 个月后按照预期的汇率将获得的本利兑换成英镑:

$$100 \times 1.5000 \times (1 + 8\% \div 2) \div 1.5040 = 103.72(万英镑)$$

如果不进行套利,100 万英镑 6 个月可以获得的本利为:

$$100 \times (1 + 6\% \div 2) = 103(万英镑)$$

套利者可以获得的净收益为:

$$103.72 - 103 = 0.72(万英镑)$$

但是,如果套利者预期不准确,也不做远期外汇交易进行保值,就要承担外汇风险。如果 6 个月后的汇率为 GBP/USD = 1.5610,那么套利后获得的本利为:

$$100 \times 1.5000 \times (1 + 8\% \div 2) \div 1.5610 = 99.94(万英镑)$$

此时,套利者可以获得负的净收益,套利投资失败,损失为:

$$99.94 - 103 = -3.06(万英镑)$$

从上面的计算可以看出,当 6 个月后汇率为 GBP/USD = 1.5146 时,套利所得的收益与不进行套利获得的收益相同。如果实际汇率低于该汇率,则美元相对于英镑的高利差收入大于美元远期贴水所带来的损失,进行套汇是有利的。

(二) 抵补套利

抵补套利(covered interest arbitrage)是指套利者在套利的同时,通过远期外汇交易进行保值的套利交易。这种做法就是将套利交易和掉期交易相结合,避免外汇风险。抵补套利是比较常见的投资方法。

援引上例,假设6个月远期英镑对美元的汇率为 GBP/USD=1.5096,那么套利者在做套利的同时做掉期,卖出远期美元收入,可以避免汇率波动带来的风险。

$$100 \times 1.5000 \times (1+8\% \div 2) \div 1.5096 - 103 = 0.34(万英镑)$$

值得注意的是,套利活动存在的条件是两个地区的利率差异大于两种货币的即期汇率和远期汇率的差异。如上题,当远期汇率为 GBP/USD=1.5040 时,英镑的年升水率为:

$$(1.5040-1.5000) \div 1.5000 \times 12/6 = 0.005$$

两国的年利差为 8%-6%=2%,大于英镑的年升水率,所以套利成功。

当远期汇率为 GBP/USD=1.5610 时,英镑的年升水率为 8%,大于两国的年利差,所以不能进行套利。

利率的差异使得资金从一国流向另一国会出现恢复利率平价的趋势。这是根据利率平价理论,外汇的远期差价是由两国利率的差异决定的。套利者买入即期高利率货币,卖出即期低利率货币,同时为了避免外汇风险,卖出远期高利率货币,买入远期低利率货币。这样必然使得高利率的货币远期贴水,低利率的货币远期升水,直至即期汇率和远期汇率的差异等于两地利率差异时套利活动停止。

三、汇率折算与进出口报价

国际贸易活动中,经常会发生需要改变进出口报价的情况:出口业务中,外国进口商要求我国出口商改用另一种货币报价;进口业务中,我国进口商需要比较同一种商品基于两种不同货币的报价。这些问题涉及汇率的折算和套算,熟练掌握汇率的计算以及进出口报价的原则,能提高企业效益,规避风险。

(一) 汇率折算

外汇市场通常采取双向报价,即同时报出买入价和卖出价,但是汇率的买入价与卖出价之间一般相差 10‰~50‰。进出口商在货价折算对外报价或者比较进口货物报价时,一定要选择恰当的汇率,否则会遭受损失。一般在运用汇率的买入价与卖出价时,应遵循以下原则:本币折算为外币时,应按买入价折算;外币折算为本币时,应按卖出价折算。

例 6-18 我国某出口商品原以美元报价,每件 80 美元,现客户要求以英镑报价。当日纽约外汇市场的汇率报价为 GBP/USD=1.7440/50。问:我国出口商品的英镑报价为多少?

解 因为在纽约外汇市场,所以将美元视为本币,英镑视为外币。要求把美元报价改为英镑报价,就是将本币报价折算为外币报价,应使用买入价。纽约外汇市场上的英镑是直接标价法,所以汇率报价的前一个数是买入价,英镑报价应为 45.87 英镑(80÷1.7440)。

如果以当日伦敦外汇市场的牌价为依据,则将美元视为外币,英镑视为本币。把美元报价改为英镑报价,就是将外币报价折算为本币报价,应使用卖出价折算。如果当日牌价也为 GBP/USD = 1.7440/50,伦敦外汇市场采用间接标价法,汇率报价的前一个数是卖出价,则英镑报价也为 45.87 英镑。

由此可知,一种外币改为另一种外币报价时,无论以哪个外汇市场作为基准,只要不同的外汇市场的汇率相同,折算出的用同一货币表示的进出口报价就是相同的。

进出口报价原则既适用于即期汇率,也适用于远期汇率。

(二) 即期汇率与进口报价

在进口贸易中,如果外国出口商以两种货币对同一商品报价,进口商应尽力选择较低支付的方式接受报价。我国公司确定接受哪种货币报价的经济依据与方法如下:

1. 将该进口商品的两种货币报价均按人民币汇价折算成人民币进行比较

例 6-19 我国某公司从德国进口商品,德国出口商给出了两个报价:以欧元报价的单价为 500 欧元,以美元报价的单价为 600 美元。问:该公司应接受欧元的报价,还是美元的报价?

当日外汇市场的即期汇率为:

$$USD/CNY = 8.0380/8.0700$$

$$EUR/CNY = 9.6030/9.6806$$

解 将德国出口商的两个报价折算成人民币进行比较:

美元报价折算为人民币:$8.0700 \times 600 = 4\,842$(元人民币)

欧元报价折算为人民币:$9.6806 \times 500 = 4\,840.3$(元人民币)

可见,欧元报价的人民币成本低于美元报价的人民币成本。因此,该中国公司应接受欧元报价。

2. 将同一商品不同货币的进口报价按国际外汇市场的即期汇率统一折算进行比较

如上述例题中德国商品的欧元报价和美元报价,如果以当天纽约外汇市场的美元与欧元的比价进行折算,也可得出应该以何种货币报价较为合理。

假设同日,纽约外汇市场的报价为:

$$EUR/USD = 1.1853/1.1864$$

按照此汇价,欧元的报价折算为美元是 592.7 美元(500×1.1853),但是以美元的报价单价为 600 美元。所以,在不考虑其他因素的情况下,该中国公司应接受欧元的报价。

(三) 远期汇率与出口报价

1. 汇率表中远期贴水(点)数可作为延期收款的报价标准

我方在出口贸易中,国外进口商在延期付款条件下,要求我方以两种外币报价,假如甲币为升水,乙币为贴水。若以甲币报价,则按原价报出;若以乙币报价,则应按汇率表中乙币对甲币贴水后的实际汇率报出,以减少乙币贴水后的损失。

例 6-20 某日纽约外汇市场汇价为：

	即期汇率	远期汇率
USD/CHF	1.6030/40	贴水 135/140

我方公司向美国出口机床，如即期付款每台报价 2 000 美元，现美国进口商要求公司以瑞士法郎报价，并于货物发运后 3 个月付款。问：公司应报多少瑞士法郎？

解

（1）计算瑞士法郎对美元的 3 个月远期汇率，由于贴水 135/140，故其远期实际汇率为：

$$1.6030+0.0135=1.6165（卖出价）$$
$$1.6040+0.0140=1.6180（买入价）$$

（2）考虑到 3 个月后方能收款，故将 3 个月瑞士法郎贴水的损失加在货价上，应报瑞士法郎价＝原美元报价×美元/瑞士法郎 3 个月远期汇率。

（3）考虑到根据纽约外汇市场汇价表来套算，将美元视为本币，瑞士法郎为外币，根据本币折算为外币按买入价折算的原则，应报的瑞士法郎价＝原美元报价×美元/瑞士法郎 3 个月远期汇率买入价，即 2 000×1.618 0＝3 236 瑞士法郎。

2. 汇率表中贴水年率也可作为延期收款的报价标准

远期汇率表中的贴水货币的贴水年率，即贴水货币（对升水货币）的贬值年率。如果某商品原以较硬（升水）货币报价，但国外进口商要求改以贴水货币报价，则出口商根据即期汇率将升水货币金额换算为贴水货币金额的同时，为弥补贴水损失，应再将一定时期内贴水率加在折算后的货价上。

出口商品原为即期收款以贴水货币报价，应国外进口商要求，改为延期收款以升水货币报价。在这种情况下，我方公司的报价原则应该是：按即期收款的升水货币来报价。

例 6-21 我方对欧洲某出口商品原报即期付款价每箱 485 美元，应外国进口商要求改用英镑报价，并延期 3 个月付款。问：该出口商品应报每箱多少英镑？

已知伦敦市场汇价为：

	即期汇率	3 个月远期
GBP/USD	1.5790/1.5806	200/240

解

（1）如果外商即期付款，由于是外币折算为本币，应按卖出价折算，我方报价应为：

$$485÷1.5790=307.16（英镑）$$

（2）如果外商延期 3 个月付款，由于远期差价前小后大，在间接标价法下，远期汇率为贴水，远期汇率＝即期汇率＋贴水。外币折算为本币，又是延期付款，就应按远期汇率的卖出价折算，我方报价应为：

$$485÷(1.5790+0.02)=303.31（英镑）$$

（3）同即期收款相比，延期收款不利于我方资金周转，而报价又低了 3.85 英镑（307.16－303.31）。所以，我方报价的标准应是按即期收款的升水货币报价，即每箱 307.16 英镑。

第六节 外汇期货交易

一、外汇期货交易概述

外汇期货(foreign exchange futures)交易是一种交易双方在有关交易所内能通过公开叫价的拍卖方式,在未来某一日期以既定汇率交割标准数量外汇的期货合约的外汇交易。

现代期货交易始于1972年美国芝加哥商品交易所(Chicago Mercantile Exchange,CME)的国际货币市场。20世纪70年代以前,期货交易仅限于农矿产品。20世纪70年代以后,由于世界经济不稳定,利率、汇率经常大幅波动,人们开始尝试将商品期货交易的机制移植到外汇交易和金融凭证交易上。1972年,芝加哥商品交易所正式成立国际货币市场分部,推出了7种外汇期货合约,将商品期货交易的经验运用于外汇交易,使得从事与外汇交易有关的国际经济交易的经济主体能够规避外汇风险,从而揭开了期货市场创新发展的序幕。

外汇期货是金融期货中最早出现的品种,它不仅为广大投资者和金融机构等经济主体提供了有效的套期保值工具,也为套利者和投机者提供了新的获利手段。

二、外汇期货交易特征

(一) 交易合约标准化

1. 合约规模标准化

外汇期货交易对合约单位有严格的要求,要求特定货币的每份期货合约的数量相等、金额固定,这一特定数量由各交易所根据各标的货币与结算货币的正常平均汇率确定。如表6-5所示,根据芝加哥商品交易所的规则,国际货币市场上英镑期货合约的交易单位为62 500英镑,欧元期货合约的交易单位为125 000欧元。

表6-5 芝加哥国际货币市场外汇期货合约概况

合约种类	交易单位	基本点	最小价格变动(USD)	一张合约最小价格变动(USD)	合约时间(月)
欧元 EUR	125 000	0.0001	0.0001	12.5	3,6,9,12
英镑 GBP	62 500	0.0002	0.0002	12.5	3,6,9,12
瑞士法郎 CHF	125 000	0.0001	0.0001	12.5	3,6,9,12
加元 CAD	100 000	0.0001	0.0001	10.0	3,6,9,12
澳元 AUD	100 000	0.0001	0.0001	10.0	3,6,9,12
日元 JPY	12 500 000	0.000001	0.000001	12.5	3,6,9,12

2. 交割日期标准化

交易合约时间每3个月为一个周期,即交易届满月为每年的3、6、9、12月,合约到期的月份被称为即期月(spot month)。

国际货币市场外汇期货合约的交割日为即期月的第三个星期三。若当天不是营业日,则顺延至下一个营业日。合约交易的截止日期为交割日之前的第二个营业日,最后一个交易日的汇率为结算价。

3. 价格波动限制

外汇期货交易合约的最小变动价位(minimum fluctuation tick)是指标的货币汇率变动一次的最小幅度,用基本点的倍数表示。如表6-5所示,英镑期货的基本点是0.0002,最小价格变动是0.0002美元;欧元和加元期货的基本点都是0.0001,最小价格变动也是0.0001美元;日元期货基本点为0.000001,最小价格变动为0.000001美元。

由于外汇期货交易市场单笔交易数额大,为防范汇率波动风险,主要外汇期货交易所都采取了一定程度的涨跌停板制度,即每日价格最大波动限制(daily limit moves)。一旦价格波动超过该幅度,交易就自动停止,这样,交易者便不至于因价格的暴跌暴涨而蒙受巨大损失。例如,在开市时,日元期货的每日价格最大波动为200点,每点的价位是12.50美元,所以日元期货每份合约的每日价格最大波动为2 500美元。国际货币市场规定,每日仅在开市的15分钟内对价格最大波动进行限制,之后没有任何限制。

(二)交易与结算集中化

外汇期货交易是一种标准化的场内交易,必须在集中性的交易场所通过公开叫价的方式成交,任何一种外汇期货合约公开叫价所形成的价格对所有投资者均有效。这种交易规则被称为外汇期货的公开叫价制度(open outcry)。

外汇期货结算是指外汇期货清算机构根据交易所公布的结算价格,对客户持有外汇期货合约头寸的盈亏状况进行资金清算的过程。交易所在银行开设统一的结算资金账户。会员在交易所结算机构开设结算账户,会员在交易所的交易由交易所结算机构统一结算。

(三)履约有保障

外汇期货交易采用保证金制度和逐日清算制度防止交易各方违约,为合约的履行提供保障。

1. 保证金制度

为了防止投资者因外汇期货市场汇率变动而违约,参加外汇期货交易的各方必须交纳保证金。保证金是用来确保期货买卖双方履约并承担价格变动风险的一种财力担保金。

初始保证金(initial margin)有时也称原始保证金,是交易者新开仓时必须依照各类合约的有关规定向清算所交纳的资金,通常按交易总额的一定比例计算。在向交易所缴纳初始保证金后,交易所的清算机构根据外汇期货价格变化逐日清算未交割期货合约的盈亏,浮动盈利将增加保证金账户余额,浮动亏损将减少保证金账户余额。保证金账户在经过逐日清算后必须维持一个最低余额,该余额被称为维持保证金(maintenance margin)。当保证金账面余额低于维持保证金时,交易者必须在规定时间内补充保证金,否则在下一交易日,交易所有权实施强行平仓。这部分需要重新补充的保证金被称为追加保证金(variation margin)。

2. 逐日清算制度

逐日清算制度又称逐日盯市制度,是指结算部门在每日闭市后对会员经纪商的保证金账户进行结算、检查,根据每日的收益与损失进行调整,并通过适时发出保证金追加单(margin call)使保证金余额维持在一定水平(即维持保证金)之上,从而防止负债发生的一种结算制度,其目的是控制期货市场的违约风险。

例 6-22 国际货币市场英镑期货合约规模为 62 500 英镑。某交易者购入一个英镑期货合约,价格为 1.5560,初始保证金为 2 800 美元,维持保证金为 2 100 美元。连续四个交易日保证金账户金额变化如表 6-6 所示。在交易者逐日清算后,根据浮动盈亏提领保证金或弥补亏损,当保证金账户余额低于维持保证金时,需追加保证金。

表 6-6 保证金账户盈亏表

时间	交易日 1	交易日 2	交易日 3	交易日 4
头寸	+1(多头)	+1	+1	+1
持有价格	1.5560	1.5500	1.5420	1.5570
结算价格	1.5500	1.5420	1.5570	1.5586
浮动盈亏	-0.0060	-0.0080	+0.0150	+0.0016
保证金账户盈亏	-375 美元 (-0.0060×62 500)	-500 美元 (-0.0080×62 500)	+937.5 美元 (+0.0150×62 500)	+100 美元 (+0.0016×62 500)
操作	账户余额大于维持保证金,不需追加	账户余额小于维持保证金,追加 875 美元	账户余额大于维持保证金,提出 700 美元	账户余额大于维持保证金,不需追加
保证金账户余额	2 425 美元	1 925 美元	3 737.5 美元	3 137.5 美元

保证金制度是期货交易的灵魂,而其顺利实施又有赖于逐日清算制度。这两项制度加之交易所和清算所作为交易保障,提高了外汇期货交易的效率和安全性,为活跃的外汇期货交易创造了公开、公正、公平的市场环境。

(四) 市场流动性高

期货合约的规模和交割日期都是标准化的,各种交易者在期货市场上的匹配更容易实现,进而增强了期货市场的流动性。此外,由于买卖期货合约后,可在交割日之前的任何一天进行交易(卖或买),交易方式更加灵活,从而增加了期货合约的交易量。

三、外汇期货交易与远期外汇交易的比较

外汇期货交易与远期外汇交易都是外汇买卖双方通过签订合约的方式,预定在未来某一日期按既定的汇率交割合约所规定的货币,二者都可以用来进行套期保值或外汇投机,价格计算公式也基本一致。但是,外汇期货市场和远期外汇市场也有着一系列不同的规则和要求。为了更好地把握外汇期货交易的特点,有必要对外汇期货交易与远期外汇交易的区别进行分析。

（一）市场参与者不同

虽然从事远期外汇交易没有资格限制，但实际上远期外汇市场的参与者大多为专业化的证券交易商或与银行有良好往来关系的大厂商，而广大个人投资者与中小企业由于缺乏足够的信用，极难有参与交易的机会。但在外汇期货市场上，投资者只要按规定缴存保证金，均可通过具有期货交易所清算会员资格的外汇经纪商进行外汇期货交易，不受所谓资格的限制。

（二）交易场所与交易方式不同

传统的银行间远期外汇交易一般都是在场外进行，没有具体的交易场所。外汇期货交易则只能在受政府管理的期货交易所内进行，交易的竞争性很强，而且有严格的交易规则和程序。

在交易方式方面，远期外汇交易是交易各方通过电话、电传、电报、电脑终端等通信网络进行的，远期汇率通常由买卖双方通过询价报价来确定，价格的波动不受任何限制。外汇期货交易则是由场内经纪人、场内交易商在指定的交易栏旁通过公开喊价、竞争拍卖的方式进行的，价格的波动一般有上下限的限制。此外，期货交易所还对各种外汇期货规定了特定的交易时间。

（三）报价方式不同

进行远期外汇交易时，价格一般由银行报出，而银行的报价是双向的远期汇率，既报买入价，又报卖出价。在期货市场上，买方或卖方都只报一种价格，买方只报出价(bid)，卖方只报开价或发价(offer)。因此，外汇期货市场在任何一个时点上只存在单一价格，它是场内经纪人、场内交易商在交易所内讨价还价、相互竞争的结果。该结果确保期货合约能在目前报出的出价的最高价格（最高的出价）出售，或在目前开出的开价的最低价格（最低的开价）购入。价格一旦形成，在该时点就对交易所内全部交易者有效。

（四）有无标准化合约的不同

远期外汇交易合约是非标准化合约，它的交易金额是没有规定的，交易的数量可由客户与银行商定。外汇期货交易则是按标准化的数量（即合约面额）进行，要在期货市场上进行套期保值或外汇投机，只能按合约标准化的数额或其倍数进行交易。

在交易期限方面，远期外汇交易的期限具有很大的选择余地，通常可以面议，不少银行还做远期择期交易。外汇期货合约则有标准化的交割期限，一般1年中只有4个固定的交割日期可选择（在美国国际货币市场，交割日期已扩大到8个）。

（五）有无保证金的不同

远期外汇交易一般不收取保证金。而在外汇期货市场上，为确保在每一份期货合约生效后当事人都能对期货价格发生变化造成的亏损及时进行支付，期货交易所要求买卖双方都存入保证金，而且在期货合约有效期内的每一天都进行结算，并调整保证金。

（六）结算业务不同

远期外汇交易的结算业务一般由经办这一远期交易的银行同经纪人直接进行，没有专门的结算单位。银行间远期外汇交易的盈亏只能由交易双方在协议的结算日自行结算,一般要到交割时才会有现金流动。在外汇期货交易中,结算业务统一由专门的结算机构办理,结算机构负责处理涉及未结算合约的现金支付。在每个交易日结束之时,结算机构根据当日结算价格计算盈亏并进行划账,所以外汇期货合约在其生效后的每一个营业日都可能发生现金流动。

四、外汇期货交易的操作

(一) 外汇期货的套期保值交易

外汇期货的套期保值交易按照期货市场中的套期保值的决策程序和方法,利用外汇期货交易,确保外币资产或外币负债的价值不受或少受汇率变动影响而遭受损失。套期保值所依据的基本原理是:现货市场价格与期货市场价格受相同因素影响,二者价格变动呈同一趋势,即现货市场价格上涨或下跌,期货市场价格也上涨或下跌。具体做法是:在已经发生的一笔即期或远期外汇交易的基础上,同时做一笔相反方向的期货交易。这样,如果原有交易受损,可通过所做相反方向的期货交易的获利来弥补或者抵消损失。对套期保值者来说,参与外汇期货市场不是为了赚取利润,而是为了转移汇率风险。

1. 空头套期保值

空头套期保值(short hedge)又称卖出套期保值,其特点是:即将有现货头寸的交易者在期货市场上做一笔相应的空头交易,以防止因现货头寸价格下跌而遭受损失。例如,为避免外汇汇率波动造成出口商的应收外汇货款、个人或公司在外国银行的存款等款项价格下跌,可以事先在外汇期货市场上卖出该种货币的期货合约,从而锁定其价格。

例 6-23 中国一家跨国公司在英国的子公司急需母公司提供 250 万英镑资金,5 个月后即可将该笔资金调回母公司。于是,母公司在现汇市场上用人民币购买了 250 万英镑汇给该子公司,即期汇率为 GBP/CNY = 13.7。为了避免由此产生的外汇交易风险,母公司要在外汇期货市场上进行空头套期保值。问:若此时的期货价格 GBP/CNY = 13.8,应如何操作? 假设 5 个月后的汇率价格变为 GBP/CNY = 13.3,期货价格为 GBP/CNY = 13.35,母公司的损益如何?

解 母公司需在现货市场上买入 250 万英镑,共支付:

$$250 \times 13.7 = 3\,425(万元人民币)$$

利用期货进行空头套期保值,母公司可卖出 40 份 5 个月后到期的英镑期货合同,每份 62 500 英镑,共计 250 万英镑,可收入:

$$6.25 \times 40 \times 13.8 = 3\,450(万元人民币)$$

5 个月后,母公司收到 250 万英镑,在现汇市场上卖出 250 万英镑,共收入:

$$250 \times 13.3 = 3\,325(万元人民币)$$

亏损: $3\,425 - 3\,325 = 100(万元人民币)$

在期货市场上买入 40 份英镑期货合同平仓,支付:

$$6.25 \times 40 \times 13.35 = 3\,337.5(万元人民币)$$

盈利: $3450 - 3\,337.5 = 112.5(万元人民币)$

由于英镑对人民币贬值,母公司在现汇市场上的交易亏损 100 万元,在外汇期货市场上的交易盈利 112.5 万元,套期保值最终盈利 12.5 万元(112.5-100)。如果母公司没有进行套期保值,当月在现汇市场上买入250万英镑,5个月后收回英镑时将其在现汇市场上出售,则母公司会因英镑贬值损失100万元。当然,如果英镑升值,母公司不进行套期保值将比进行套期保值盈利更多。但是,在买入现汇时,母公司并不知道5个月后英镑会升值还是贬值。升值固然有利,但一旦英镑贬值,母公司在现汇市场上的交易就必然蒙受损失。如果采取了套期保值,英镑在现汇市场上贬值时,在期货市场上也会贬值,母公司在外汇期货交易中将获利,可以抵消现汇交易中的一部分损失。

2. 多头套期保值

多头套期保值(long hedge)又称买入套期保值,是指对国外负有债务的债务人或将来在某一时间内支付外汇货款的进口商将要以外汇支付款项,为避免计价货币汇率上升造成损失,采取先在外汇期货市场上购进同等数量的外汇期货合约,等到将来在现货市场上购进所需外汇时卖出购进的期货合约的做法。

例 6-24 美国某进口商6月从德国进口一批设备,预计3个月后必须在现货市场买进500万欧元,以支付这批设备的货款。为避免3个月后因欧元升值而花费更多的美元,该进口商可先行在期货市场上买进欧元期货合约。该进口商在外汇市场上购进了40份3个月期交割的欧元期货合约,并按 EUR/USD = 1.0100 的汇率成交,总额500万欧元。此时,现货市场上美元对欧元的汇率为 EUR/USD = 1.0000。假设3个月后,欧元在现汇市场的汇率升至 EUR/USD = 1.0600,期货市场的汇率为 EUR/USD = 1.0700,问:该进口商的损益如何?

解 进口商购买的40份期货合约的成交额为505万美元(1.0100×12.5×40)。

假设3个月后,欧元升值为 EUR/USD = 1.0600,该进口商在现货市场上以升值后的欧元汇率购进500万欧元,需要530万美元(1.0600×500),亏损30万美元(530−500)。

与此同时,该进口商又在期货市场上把3个月前购进的40份欧元期货合约卖出,可得到535万美元(1.0700×500),盈利30万美元(535−505)。由此可见,该进口商在现货市场上亏损的30万美元从期货市场得到了补偿,其实际支付的金额被锁定在500万美元。

(二) 外汇期货的投机交易

外汇汇率的不稳定性,一方面迫使商业交易者纷纷利用期货市场进行套期保值,以避免汇率波动的风险;另一方面,也给投机者带来了获取利润的可能性。投机交易是没有现货市场作后盾的。外汇期货利用期货市场价格的频繁变动,在期货市场上买进卖出,以赚取期货市场的差价,这提供了一种相对低成本的货币投机途径。只要缴纳少额的保证金便可以进行大额的外汇期货合约买卖,这样投机者用少量的资金就有可能获得高额的投机利润。

1. 买空交易

买空行为又称多头投机,是指投机者预测某种外汇期货合约的价格将要上涨而购买某一交付月份的外汇期货合约,一旦预测准确,便立即将事先购买的合约卖出,以从中赚取差额。现举例说明如下:

例 6-25 假设2022年9月2日市场行情如下:

即期汇率　　　　　　　USD/JPY = 120

日元期货价格　　　　　　　JPY/USD = 0.00833

某投机者预测 12 月交割的日元期货价格呈上升趋势,所以他买入 100 份 12 月日元期货合约,每份期货合约为 1 250 万日元。假设 2022 年 11 月 2 日,日元期货价格上升为 JPY/USD = 0.00933。问:该投机者可以获得多少利润?

解　若该投机者立即平仓其日元期货合约,则他的获利为(0.00933 − 0.00833)× 1 250×100 = 125(万美元),即在不计交易成本的前提下,该投机者从事日元期货的多头投机交易可获得 125 万美元。

2. 卖空交易

卖空行为又称空头投机,是指投机者预测某种外汇期货合约的价格将下跌而事先出售外汇期货合约,待该合约的价格真正降低后再买进,从中赚取差额。

例 6-26　假设 2023 年 2 月 1 日市场行情如下:

即期汇率　　　　　　　　GBP/USD = 1.5995
英镑期货价格　　　　　　GBP/USD = 1.5600

某投机者预测 3 月交割的英镑期货价格将会下跌,所以他卖空 20 份 3 月英镑期货合约,每份期货合约为 62 500 英镑。假设 2023 年 3 月 1 日,英镑期货价格下跌至 GBP/USD = 1.5157。问:该投机者可以获得多少利润?

解　若该投机者立即平仓其英镑期货合约,则他的获利为(1.5600 − 1.5157)×62 500× 20 = 55 375(美元),即在不计交易成本的前提下,该投机者从事英镑期货的多头投机交易可获得 55 375 美元。

要说明的是,买空、卖空交易成功的关键是投机者能否正确地预测未来汇率变动的方向。如果预测准确,期货交易的杠杆效应会带来巨大的收益,但如果预测不准确,将会带来难以估计的巨额损失,这正是外汇期货投机的巨大风险所在。

(三)外汇期货的套利交易

外汇期货套利投机交易是指投机者同时买入和卖出两种相关的外汇期货合约,然后再进行反向对冲,即买入和卖出其手中持有的合约,从这两种合约的相对价格变动中获利。外汇期货套利交易又分为跨市套利交易、跨期套利交易与跨币套利交易。

1. 跨市套利交易

跨市套利交易是指套利者预测同种外汇期货价格在不同市场上呈不同走势,在一个交易所买入一种外汇期货合约,在另一个交易所卖出同种合约,一段时间后再将合约同时平仓,从而获利。进行跨市套利投机的首要步骤是判断同一种外汇期货的价格在不同期货市场上的变化方向。

2. 跨期套利交易

跨期套利交易又叫跨月买卖交易,是指在同一个期货市场上同时买卖相同币种、不同交割月的期货合约,从中套取利润。其具体方法是利用不同交割月之间的差价进行相反交易,从中赚取利润。跨期套利交易包括两种形式:一种是现货交易和期货交易相结合,即买入现货、卖出期货,或者买入期货、卖出现货;另一种是将两笔不同期限的期货交易相结合,即买入较近的期货、卖出较远的期货,或者反之。在买入或卖出期货合约时,合约数量应该保持一致。

3. 跨币套利交易

跨市套利交易是指套利者预测交割月相同而币种不同的外汇期货合约价格将出现不同走势,买入预期价格上涨的外汇期货合约,卖出预期价格下跌的外汇期货合约,以获取利润。

第七节 外汇期权交易

一、外汇期权的含义

外汇期权(foreign exchange option)又称货币期权(currency option),是一种选择权契约,其持有人(即期权买方)享有在契约期满或之前以协定价格(又称执行价格)购买或销售一定数额的某种外汇资产的权利。期权卖方收取期权费,有义务在买方要求执行时卖出(或买进)合约规定的特定数量的某种外汇资产。

当行市有利时,期权的买方有权买进或卖出该种外汇资产。如果行市不利,期权买方也可不行使期权,放弃买卖该种外汇资产,使其到期作废,损失的只是预付的期权费,又称权利金或期权价格。在期权交易中,期权费是唯一的变量,其他要素都与在期货交易中相似,是标准化的。期权费是期权的买方为获取期权合约所赋予的权利而必须支付给卖方的费用。由于外汇期权提供的是一种选择的权利而非强制的担保,所以购买者在购买外汇期权时必须支付期权费。无论期权持有者是否行使期权,都不得收回期权费。

二、外汇期权合约

(一) 外汇期权合约的特征

外汇期权合约标准化的主要内容包括以下几个方面:

(1) 执行价格。执行价格即合同中规定交易双方未来行使期权买卖外汇的交割汇价。日元期权价格以 0.0001 美元为最小单位,其他外汇期权则以 0.01 美元为最小单位。

(2) 到期月固定。外汇期权的到期月通常为每年的 3 月、6 月、9 月和 12 月。

(3) 到期日固定。到期日指期权买方有权执行期权的最后一天,通常定于到期月第三周的最后一个交易日,超过这一天未被执行的合同即自动作废。

(4) 保证金。卖方在被买方要求执行期权权利时,有根据执行价格进行交割的义务,为确保合同义务的履约,须在订约时缴付保证金。卖方所缴保证金通过清算所会员缴存于清算所的保证金账户内,随市价而涨跌,并于必要时追加。

(5) 期权费。期权费是订约时由买方支付给卖方以取得执行选择权的费用。由于买方除支付期权费外不承担任何义务,因此买方在订约时不必交纳保证金。

(6) 交割通常通过清算所会员进行。目前全球最大的外汇期权市场——芝加哥证券交易所设有清算所以保证交易的顺利进行,使买卖双方省去对对方的信用调查,并同时负责期权合同的清算事宜。

(二) 外汇期权合约与外汇期货合约的比较

外汇期权交易作为规避外汇汇率波动风险的有效保值工具,从某种意义上可以说是远期外汇抵补与期货交易保值的延伸,但它与后两者又存在明显的差别。外汇期权交易与外汇期货交易在合约标准化和交易规则等方面有许多相似之处,但仍存在一些区别,表 6-7 列示了外汇期权、外汇期货与远期外汇三种交易的比较。

表 6-7 外汇期权、外汇期货、远期外汇三种交易的比较

	外汇期权	外汇期货	远期外汇
交易币种	少数几种国际货币	少数几种国际货币	无限制
交易方式	在交易所集中交易为主,以及银行间交易	在注册的交易所内以公开竞价的方式进行	买卖双方通过电话、电传等方式直接联系
交易者	被批准进行期权交易的证券交易所的参与者及一般客户	注册的交易所会员及一般客户	主要是银行和避险主体
合约单位	标准化	标准化	无限制,交易双方商定
合约定价方式	公开竞价	公开竞价	无限制,交易双方商定
价格波动限制	无限制	有每日最高波动幅度限制	无限制
履约义务	买方无义务履约,卖方有义务履约	双方都有义务履约	双方都有义务履约
保证人	清算所	清算所	无
保证金	期权买者只支付期权费,期权卖者依据每日行情支付保证金	买卖双方皆缴纳保证金,且每日计算盈亏	无保证金,但银行通常对客户限定承做金额
交割时间	固定的到期月	3月、6月、9月、12月	无限制,交易双方商定
交割与清算	买方无交割义务	实际很少交割,多为对冲了结合约	绝大多数进行实际交割,客户也可以与银行签订冲销合约来冲销
交易成本	较大。对于买方:佣金+期权费;对于卖方:佣金+保证金-期权费	较大,对于买卖双方均包括保证金与佣金	很少,佣金隐含在买卖差价中

三、外汇期权交易的类型

外汇期权交易根据其交易场所、被赋予的权利、行使期权的时限以及执行价格与即期汇率的差距的不同,可以划分为以下几种主要类型:

(一)场内交易期权和场外交易期权

外汇期权根据其交易场所不同,可以分为场内交易期权和场外交易期权。

(1)场内交易期权又称交易所期权,是指在被认可的交易所买入或卖出事先约定合约的外汇期权交易。交易所期权可以是一定数量的即期货币交易,也可以是一个相似的货币期货合约交易。交易所期权是标准化的:到期日、名义本金、交割地点、交割代理人、协定代理人、协定价格、保证金制度、合约金制度、合约各方、头寸限制、交易时间以及行使规定都是交易所事先确定的,外汇期权交易者需要做的只是确定合约的价格和数量。

在交易所交易的标准化期权可以进入二级市场买卖,具有很大的流动性。

(2)场外交易期权又称柜台交易(OTC),是由银行出售给客户,可以满足客户在日期、数量和币种等方面特定需求的外汇期权交易。场外交易期权占期权交易总量的90%以上。场外交易期权的特点是:可以直接在交易者之间交易,也可以通过期权经纪商交易;无须支付保证金;规模可以协商等。场外交易期权可以满足各种客户的需要,可以根据客户的需要对期权进行特制,不像场内交易期权那样标准化。

这两个市场是相互连通的,场内交易市场在一定程度上扮演了批发市场和调剂市场的角色,而场外交易市场则相当于零售市场。但是,两个市场的交易规则又不相同。场内交易市场的标准外汇期权合约在合约规格方面有严格的规定,而场外交易市场所提供的合约规格具有很大弹性,可以完全按客户要求制定,同时也可以免除保证金的负担。

(二)看涨期权和看跌期权

外汇期权根据所赋予的权利的不同,可分为看涨期权(call option)和看跌期权(put option)。

(1)看涨期权又称买权,是指期权的买方享有在规定的有效期内按某一具体的执行价格(协定汇率)买进某一特定数量的某种外汇资产的权利,但不同时负有必须买进的义务。

(2)看跌期权又称卖权,是指在到期日或在到期日之前的期间内,按照事先约定的执行价格,卖出某一特定数量的某种外汇资产的权利,但不同时负有必须卖出的义务。

例如,一张外汇期权合约内容是 USD CALL/CHF PUT,称为美元买权,瑞士法郎卖权,它表示外汇期权的持有者有权按协定汇率从卖方买入美元,同时卖出瑞士法郎。

订立期权合约的买卖双方分别为期权购买者和期权出售者。两种基本合约和合约双方组合起来,就有四种情况:买入看涨期权;卖出看涨期权;买入看跌期权;卖出看跌期权。外汇期权交易双方权利与义务之间的关系如表6-8所示。

表6-8 外汇期权买方和卖方权利与义务之间的关系

	看涨期权	看跌期权
外汇期权的买方	有权利在期权到期日或之前决定是否按执行价格买入某种外汇资产	有权利在期权到期日或之前决定是否按执行价格卖出某种外汇资产
外汇期权的卖方	有义务在期权到期日或之前应期权买方要求按执行价格卖出某种外汇资产	有义务在期权到期日或之前应期权买方要求按执行价格买入某种外汇资产

(三)美式期权和欧式期权

外汇期权根据其行使期权的时限的不同,可分为欧式期权(European option)和美式期权(American option)。所谓欧式期权,是指该期权合同的买方只能在合同到期的最后一刻,即期权到期日前的第二个工作日决定是否要求卖方执行合同。美式期权的买方则可以在合同到期日前任何一天要求卖方执行合同,选择更加灵活,因而期权价格也相对贵一些。请注意,美式期权与欧式期权的划分并非地域上的概念。近年来,美式期权已经成为主流,并且交易量已经超过欧式期权。

（四）价内期权、平价期权与价外期权

按照外汇期权合约的执行价格与即期汇率的差距，可将外汇期权分为价内期权、平价期权和价外期权。

（1）价内期权（in-the-money option），也称实值期权，指外汇期权买方要求卖方履约时可以获利的期权。对于看涨期权，当外汇期权合约的协定汇率低于标的外汇的即期或远期汇率时，由于此时履约可使买方获利，该看涨期权就是价内期权。对于看跌期权，当外汇期权合约的协定汇率高于标的外汇的即期或远期汇率时，由于此时履约可使买方获利，该看跌期权就是价内期权。

（2）平价期权（at-the-money option），指外汇期权买方要求履约时标的外汇资产的市场价格等于期权合约协定价格的期权。

（3）价外期权（out-of-the-money option），也称虚值期权，其定义与价内期权相反。对于看涨期权，当外汇期权合约的协定汇率高于标的外汇的即期或远期汇率时，该看涨期权就是价外期权。对于看跌期权，当外汇期权合约的协定汇率低于标的外汇的即期或远期汇率时，该看跌期权就是价外期权。

在期权市场上，价内期权的期权价格要高于平价期权和价外期权，因为价内期权的持有人盈利的机会大或卖方承担的风险损失大，故要求的转让价格较高。市场汇率并非静止不动，而是瞬息万变的，某种价内期权可能随时变为价外期权。

四、外汇期权交易的操作

（一）看涨期权、看跌期权的损益分析

假定在外汇期权交易中不存在违约风险，即合约的卖方不存在不履行合约的可能。下面我们举例分析外汇看涨期权和看跌期权交易中买方的损益。

例 6-27 一位外汇交易者预测欧元将要升值，买入一份"欧元看涨期权"，合约基数是 125 000 欧元，支付的期权费为每欧元 0.0100 美元，协定价格为 EUR/USD = 1.2461。问：当欧元即期汇率升为 EUR/USD = 1.2861 时，期权合约买方的损益如何？若欧元即期汇率跌为 EUR/USD = 1.2061 呢？

解 A. 当欧元即期汇率升为 EUR/USD = 1.2861 时，购买者有权按 EUR/USD = 1.2461 的协定价格买入 125 000 欧元，届时他将获得 5 000 美元[（1.2861 − 1.2461）× 125 000]的汇差收益，扣除期权费 1 250 美元（125 000×0.01），净收益为 3 750 美元。

B. 当欧元即期汇率跌为 EUR/USD = 1.2061 时，该投资者可以不行使他的权利，而让期权自动期满失效，因为从即期市场上可以买到价格更便宜的欧元。对他来说，他的损失只限于付出的 1 250 美元期权费，而这一数额也就是期权持有者所承担的最大损失或最大风险。

显然，买入看涨期权在市场价格上涨时，其持有者的收益是无限的；在市场价格下跌时，其持有者的损失是有限的（只限于期权费）。当市场价格 = 协定价格 + 期权价格时，期权持有者将处于不盈不亏的平衡点上。若市场价格高于这个平衡点，则看涨期权的买方将会获利；若市场价格低于这个平衡点，则看涨期权的买方将会遭受损失，最大损失为期

权费。

例 6-28 一位交易者预测欧元将要贬值,买入一份"欧元看跌期权",合约基数是 125 000 欧元,支付的期权费为每欧元 0.0100 美元,协定价格为 EUR/USD=1.2861。问:在合约到期日,即期汇率为多少时,这位交易者可以获利?即期汇率为多少时,交易者会产生损失,损失最大为多少?

解 A. 当欧元即期汇率下跌至 EUR/USD=1.2761 以下时,该交易者买入的期权可以保证他仍按 EUR/USD=1.2861 的价格出售欧元,同时可以以低于 EUR/USD=1.2761 的价格购买欧元,他将因此获得汇差收益,并且在扣除期权费后获得净收益。

B. 当欧元即期汇率高于 EUR/USD=1.2761 时,该交易者将欧元在即期市场上出售将会更有利。在这种情况下,期权持有者将放弃他的权利,损失一笔已支付的期权费。

因此,对卖权的购买者来说,市场价格下跌,其收益可能是无限的,而他所承担的损失最多不超过期权费。

(二)外汇期权在国际贸易招标中的应用

外汇期权不仅具有保值和投资的功能,而且在国际贸易招标中也特别重要。外汇期权具有可执行也可放弃履约的优点,在应付投标带来的不确定情况中作用更大。因为投标的中标率只有百分之几,如果用远期外汇买卖的办法保值,在不中标时会产生很多麻烦,而用期权的办法就方便得多。现举例说明。

例 6-29 德国某出口公司投标销售价值为 100 万美元的药材,9 月投标,12 月开标,8 月美元即期汇率为 USD/EUR=0.7874。为避免中标时美元汇率下跌,该公司可以抛售远期美元,但万一不中标,则将承担美元抛空的风险,因此该公司决定向银行买入 12 月到期美元看跌期权,即买入美元的卖权。协定汇率为 USD/EUR=0.7874,期权费为每美元 0.008 欧元。该出口公司到 12 月时可能面临下列四种情况:

情况一:公司中标,同时美元贬值。设期权到期时,市场上美元即期汇率为 USD/EUR=0.7750。由于市场汇率变动与预期相符,该公司选择执行期权,按协定汇率卖出 100 万美元,可得 78.74 万欧元。若公司投标时未做期权交易保值,则其中标后的销售收入只能按 12 月的市场汇率 USD/EUR=0.7750 兑成 77.5 万欧元。可见做了期权交易,该公司从中获利 1.24 万欧元(78.74-77.5),扣除期权费 0.8 万欧元,获得净收益 0.44 万欧元。

情况二:公司中标,同时美元升值。公司中标后,假设此时市场上美元的即期汇率为 USD/EUR=0.7959。由于此时市场美元汇率比期权协定汇率更为有利,该公司可放弃执行期权,而将出口收入的 100 万美元直接在市场上抛售,此时可兑换 79.59 万欧元。扣除期权费 0.8 万欧元,公司净收回 78.79 万欧元,公司也比投标时多得 0.05 万欧元的收益。

情况三:公司未中标,同时美元贬值。假设 12 月市场汇率为 USD/EUR=0.7750,美元下跌,该公司仍可执行期权。该公司可以从现汇市场上按 USD/EUR=0.7750 的价格购买即期 100 万美元,支付 77.5 万欧元。同时,以 100 万美元向银行交割,即履行看跌期权合约,得到 78.74 万欧元。通过交易可赚取 1.24 万欧元的额外收入,扣除期权费 0.8 万欧元,净收益为 0.44 万欧元。

情况四:公司未中标,同时美元升值。由于公司未中标,无法取得美元收入,而此时美元汇率又对履行合约不利(假设此时市场汇率为 USD/EUR = 0.7959)。该公司放弃执行期权,则支付的期权费 0.8 万欧元就是该公司的全部损失。

从以上四种情况可以看出,在国际贸易投标中,利用外汇期权方式保值,在其中的三种情况下都对公司有利。

阅读专栏 6-3　　　　　印俄煤贸易采用人民币结算

印俄大宗商品贸易,采用人民币结算——印度政府人士表示,这种情况以往很罕见,但由于西方对俄罗斯的制裁,之后会越来越频繁。

据路透社 2022 年 6 月 29 日独家报道,印度最大的水泥生产商超科水泥(UltraTech Cement)正在进口一批俄罗斯煤炭,并且使用人民币付款。

路透社是调查印度海关文件时发现这一情况的。文件显示,印度超科水泥正从俄罗斯最大的独立煤炭企业西伯利亚煤炭能源公司(SUEK)进口 15.7 万吨煤炭,这批货从俄罗斯远东港口瓦尼诺港装载到货轮 MV Mangas 号上。

根据路孚特 Eikon 的船舶跟踪数据,货轮目前停泊在印度坎德拉港附近。一张日期为 2022 年 6 月 5 日的发票显示,货物估价为 172 652 900 元人民币。

两名熟悉此事的贸易人士称,这批货物的销售是由西伯利亚煤炭能源公司位于迪拜的部门安排的。他们还称,其他公司也使用人民币支付了俄罗斯煤炭的订单。

路透社分析称,越来越多的涉俄交易使用人民币结算,这可以帮助莫斯科免受西方制裁的影响。同时,这种趋势进一步推动人民币国际化,并削弱美元在全球贸易中的主导地位。

这笔交易的买卖双方均没有回应路透社的置评请求。目前尚不清楚哪家银行为超科水泥开立了信用证。

一位新加坡资深外汇交易员表示,"这一举动(人民币结算)意义重大。在我职业生涯近 25 年里,我从未听说任何印度实体在任何国际贸易中用人民币支付。他们(现在这么做)基本上是在规避美元。"

路透社称,这笔交易还凸显了印度如何在俄罗斯受到西方制裁的情况下,与其保持石油和煤炭等大宗商品的贸易联系。印度与俄罗斯有着长期的政治和安全关系,莫迪政府也并没有直接谴责俄罗斯发起的特别军事行动。

据介绍,印度此前探索过建立卢比支付机制,但尚未落地。而多年来,中国企业有着丰富的与俄企人民币结算的经验。

两名印度资深银行业从业者分析称,目前如果印度企业要使用人民币结算,那么他们要先把美元存入中国的银行,或者与中国的银行有关联的银行,然后再换取人民币,进行结算。

印度财政部前经济事务部长苏巴什·加格(Subash Garg)说:"如果卢比-人民币-卢布方式是比较有利的话,企业有充足的理由这么做,这样的情况会越来越多。"

一位熟悉此事的印度政府官员表示,政府知道企业在以人民币付款。这位官员说:"迄今为止,使用人民币结算来自中国以外国家的进口货款的情况很少见,但由于对俄罗斯的制裁,这种情况可能会增加。"

据路透社此前报道,由于俄方提供了大幅折扣,印度从俄罗斯进口的能源在最近几周飙升。位于俄罗斯、新加坡、印度和迪拜的多位煤炭贸易商表示,由于新加坡对涉俄贸易越来越谨慎,俄罗斯煤炭贸易商在迪拜的业务部门在最近几周成为促进与印度交易的活跃枢纽。

一位驻迪拜的俄罗斯煤炭贸易商表示,最大的挑战是把卢布汇到俄罗斯。"你可以在迪拜以人民币支付,或者以美元或阿联酋迪拉姆收款,然后再将其兑换成卢布。"他说,以人民币兑换卢布更容易,并且比其他货币更受欢迎。

资料来源:罕见!印俄商品贸易,用人民币结算[EB/OL].(2022-06-30)[2022-09-05]. https://www.sohu.com/a/562392419_115479.

本章提要

1. 即期外汇交易又称现汇交易,是指交易双方以当天外汇市场的价格成交,并在当天或在两个交易日内进行交割的外汇交易形式。即期外汇交易可以满足临时性的支付需要。通过即期外汇交易业务,可以将一种货币兑换成另一种货币,用来支付进出口贸易、投标、海外工程承包等的外汇结算或归还外汇贷款。

2. 远期外汇交易又称期汇交易,是指外汇交易双方成交后签订合同,到规定的交割日期才办理实际交割的外汇交易。远期外汇交易可使用直接标价法和差额报价法。

3. 择期外汇交易是指进行外汇远期交易时不规定具体的交割日期,只规定交割的期限范围,客户对交割日在约定的期限内有选择权。

4. 外汇掉期交易是指外汇交易者在外汇市场上买入(或卖出)某种外汇时,同时卖出(或买进)相等金额但期限不同的同一种外国货币的外汇交易活动。

5. 套汇交易是利用不同外汇市场的汇率差异来套取利润的交易方式。套汇交易分为直接套汇和间接套汇等。

6. 套利交易是利用不同市场利率的差异来套取利差的交易方式。套利交易分为抵补套利和无抵补套利两类。

7. 在进出口业务中应灵活运用各种外汇交易,以实现利润最大化目标。

8. 外汇期货交易是一种交易双方在有关交易所内能通过公开叫价的拍卖方式,在未来某一日期以既定汇率交割标准数量外汇的期货合同的外汇交易。外汇期货交易的保证金制度和逐日清算制度使外汇期货的履约更有保障,也提高了期货市场的流动性。

9. 外汇期货交易与远期外汇交易在市场参与者、交易场所、交易方式、结算制度和合约标准化等方面有所不同,可用于套期保值、投机和套利。

10. 外汇期权是一种选择权契约,期权买方享有在契约期满或之前以协定价格购买或销售一定数额的某种外汇资产的权利。而期权卖方收取期权费,有义务在买方要求执行时卖出(或买进)合约规定的特定数量的某种外汇资产。

思考题

1. 外汇市场有哪些主要类型？全球最重要的外汇市场有哪些？
2. 远期外汇交易的标价方法有哪些？如何计算远期汇率？
3. 银行在择期外汇交易中的报价原则是什么？
4. 外汇掉期交易为什么是外汇市场上交易规模最大的外汇业务？
5. 套利活动存在的条件是什么？
6. 外汇期货交易有哪些特征？外汇期货交易与远期外汇交易的区别有哪些？
7. 外汇期权交易的类型有哪些？

第七章　国际融资业务

[学习目标]

通过学习本章,应掌握国际融资业务的主要类型、国际商业银行贷款的种类和使用方法;熟悉国际贸易短期信贷、出口信贷业务等国际贸易融资方式的特点和使用原则;区分不同融资业务的特点和适用条件。

[素养目标]

通过学习国际融资的相关知识,熟悉各种融资方式及其特点,掌握为中国经济发展获得更多国际融资的本领。

[重点难点]

保理业务的特点和类型、银团贷款的程序和类型、出口信贷的主要方式

[引导案例]

美媒:日本正为历史性的美债崩盘作出贡献

美国商品期货交易委员会在2022年6月12日公布的数据显示,自5月29日以来,对冲基金正在净做空美债,这暗示10年期美债收益率可能会持续维持在3%以上。6月10日,10年期基准美债收益率收报3.0418%,涨2.04个基点,在欧洲央行行长拉加德新闻发布会开始之前刷新日高。随着10年期美债收益率突破3%,美国超过市场预期的5月CPI数据将让对冲基金押注美债价格进一步下跌,这暗示美债将会被市场持续抛售。

目前,美联储已经正式启动世纪大缩表,预计到2022年年底将收缩1万亿美元的基础流动性,资产负债表规模到2025年中将由现在的接近9万亿美元最终缩减至5.9万亿美元。对此,高盛表示此举将严重损害美债市场流动性,导致美联储的超额准备金耗尽,加剧美债收益率的波动,并对美国金融市场产生压力,因为10年期美债收益率是全球资产价格之锚。这更意味着美联储正在向可能会出现衰退的美国经济的"火药桶里丢了根火柴",因为持续加息会迅速增加债务利息支出成本,使得美国债务泡沫在被投资者大幅抛售的背景下终于"刺刀见红",开始暴露软肋,特别是,美元被当成限制政策的工具更是消耗了世界市场对美元这种储备货币的信任。

美国金融网站零对冲在6月12日表示,这些都将会减弱美债相对于替代品的吸引力,因为持续一年多处于负值的美债实际收益率(美债名义收益率扣除通货膨胀)让投资者在购买美债时按月通货膨胀计算会亏损。另外,持续高企的通货膨胀预期让美联储转向更加鹰派的担心也会进一步给美债带来抛售压力。

最新调查显示,超过九成的受访者认为美国通货膨胀持续处于高位是美债市场面临的最大尾部风险,随着美联储正式缩表,对冲成本上升以及外国债券收益率增加会给全球央行提供更多分散美债风险的投资选择,投资需求会出现转向。高盛表示,美债的吸引力在美国经济衰退的硝烟中已经开始迅速减弱,全球市场去美元化的努力应该会在未来几个季度中体现在外国对美债需求的暴跌上。最新的数据正在反馈这个趋势。

美国财政部最新公布的国际资本流动报告显示,官方持仓报告会有两个月的延迟惯例,全球央行在3月份连续第二个月大幅减持美债,总额高达809亿美元,为2020年来的最大月度抛售规模。

2022年3月以来,据彭博社在6月12日监测到的数据,日本大幅抛售了高达1 370亿美元的美债,抛售力度为历史最大,且这个势头还在继续,这样的结果就是日本正在为历史性的美债崩盘作出贡献,但事情到此并没有结束。华尔街机构的最新分析观点认为,虽然美联储已经加息75个基点,并预计到年底将利率推高到3%,但仍无法使得美债名义收益率扣除月度通货膨胀数据后转化为正值,这也意味着高通货膨胀对冲了美债的部分利息成本。该美媒进一步表示,随着美国债务激增、通货膨胀压力持续炙热,日本也存在清仓美债的可能。对此,有着里根经济学之父之称的大卫·斯托克曼(David Stockman)对美国的高通货膨胀、财政赤字状况及地区性的冲突风险发出警告,称这使得美国金融市场体系处于危险中,6月9日美国三大股指大幅下跌就是最新的注脚。

美联储6月9日公布的金融账户数据显示,2022年第一季度,股票持仓价值减少近3万亿美元,令美国家庭净财富第一季度缩水超过5 000亿美元。然而,这可能还只是个开端,美联储数据预示股市投资者或面临"失去的十年"。美国金融网站零对冲根据最近几周美国金融市场开始暴跌以来计算,美国家庭至少损失了20万亿美元的净资产,美国金融市场数十万亿美元蒸发。现在,包括美国的传统盟友日本和沙特阿拉伯在内,许多国家对美债的需求都在下降,它们开始远离或大幅抛售美债。

资料来源:中国持续减持4 091亿美债,美国经济或走向衰退,数十万亿美元蒸发[EB/OL].(2022-06-13)[2022-09-05]. https://page.om.qq.com/page/O8Q9ikBi5D7ZgeoKV6ed-zxw0.

国际融资是指经济主体在国际金融市场上的资金融通活动,其中既包括投融资主体通过金融中介居间接洽的间接融资行为,也包括投融资主体直接接触进行的直接融资交易。国际融资的经济主体即国际金融市场上的筹资人和投资人,包括从事跨国投融资的各国政府与中央银行、商业银行与经纪人、跨国公司与进出口商、各类国际金融机构,以及各国居民与投机商等。国际融资形式包括传统的国际货币资金借贷、国际贸易融资、国际证券融资,以及新型的国际租赁融资与国际项目融资等。

第一节 国际信贷融资

利用国际信贷发展本国经济,是许多发达国家和新兴市场国家的共同历史经验。中世纪荷兰经济的发展、18世纪英国工业的崛起,以及19世纪美国经济的长足进步、20世纪不少国家和地区的经济发展,无一不与国际信贷有着密切的关系。

一、国际信贷短期融资业务

(一) 国际银行短期贷款业务

国际银行短期贷款是指一国银行向另一国筹资者提供的贷款期限为1年及1年以下的贷款安排。根据筹资人是否为金融机构,又可将其分为两种情况:银行间借贷(银行同业拆借业务)和银行与非银行类客户(公司企业或政府)间借贷。

1. 银行同业拆借业务

银行同业拆借指商业银行(不包括中央银行)之间相互借贷短期资金。它主要表现为银行同业之间买卖在中央银行存款账户上的准备金余额,用以调剂准备金头寸的余缺。中央银行为了控制货币流通量,并控制银行的信用扩张,规定所有接受存款的金融机构都必须按存款的一定百分比在中央银行存入准备金(无利息),即法定准备金。法定准备金加上商业银行库存现金,就构成了银行准备金。因此,银行吸收的存款一部分按法定准备金率存入中央银行的法定准备金账户,剩余部分全部贷放出去,如果贷不出去,则形成超额准备金,导致资金闲置和利息损失。相反,如果法定准备金不足,必须用"立即可用的资金"补足。"立即可用的资金"既可来自向中央银行借款,即以贴现的票据向中央银行再贴现,也可来自向同业拆借超额准备金。通过贴现窗口向中央银行借款容易被误认为财务状况有问题,因此银行更多采用同业拆借的方式。

最主要的银行同业拆借利率是LIBOR,LIBOR因期限、货币不同而不同,形成一个系列。其他国际贷款经常把它作为基准利率,在此基础上,根据借款人的信誉和借款期限,增加一定幅度的附加利率。LIBOR有两个:一是贷款利率(offered rate),二是存款利率(bid rate),两者一般相差 $0.25\% \sim 0.5\%$。银行同业拆借通常以批发形式进行,交易形式简便,不需要任何担保或抵押,完全凭借信誉,通过电话、电传或互联网进行。

银行同业拆借具有如下特点:

(1) 期限短。银行同业拆借有日拆、周拆、1个月拆借、3个月拆借和6个月拆借等,无须提供担保品,仅凭信用。

(2) 批发性。银行同业拆借的每笔交易数额都比较大,至少在10万美元以上,典型的银行间借贷以100万美元为一个交易单位。

(3) 利率低。由于银行类借款人的信誉一般高于其他类型借款人,并且其每笔交易的数额较大,因此,银行间各种期限的借贷所形成的利率水平往往就成为这种货币相应期限的基础利率,如伦敦的银行间各种短期拆借形成的相应期限的LIBOR。除此之外,国际货币市场上的其他贷款的利率经常在LIBOR的基础上,根据借款人的信誉、借款期限等情况的不同加上一个利息差,幅度一般为 $0.25\% \sim 1.25\%$。近年来由于国际金融中心的扩散,中国香港、新加坡以及其他一些金融中心的同业拆借率也经常被视为国际金融市场的基础利率。

(4) 灵活方便。由于市场资金充沛,能满足大规模借贷的需求,银行同业拆借业务在借款地点、借款期限、借款货币、利率高低等方面有较大的选择余地。

2. 银行与非银行类客户间借贷

商业银行一方面吸收工商企业、跨国公司等客户的闲散资金,另一方面对这些客户发放短期贷款。各国政府的短期贷款主要用于弥补收支赤字，工商企业的短期贷款则通常用于满足短期流动资金的需要。使用的利率一般为 LIBOR 加上一个附加利率。

能够成为国际银行短期信贷借款人的非银行类客户主要是大的跨国公司和政府机构。银行在向非银行类客户提供贷款时一般也不限定用途，可由借款人自由安排。公司制企业借入短期国际资金的主要目的是满足其跨国经营中对流动资金的需要，特别是在进口支付时的需要。公司制企业中的一类特殊公司——基金公司，常常以投机者的角色借入国际短期资金，通过进行套汇、套利及期货期权等投机活动获取利润。而各国政府机构借入国际短期资金的主要目的是弥补本国国际收支的短期逆差。

（二）短期证券业务

1. 国库券

国库券是指各国政府为满足季节性财政资金需要而发行的，并以短期内的预算收入作为保证的短期政府债券。国库券一般不记名、不附息票、不载明利率，以折扣方式发行，到期按票面金额偿还，差额即为利息。国库券的特点是：① 低风险。期限短，且以国家信用为担保（政府具有税收能力）。② 高流动性。风险低，可销性强，二级市场发达。③ 投资收益免交所得税。

基于国库券的以上特点，投资者在进行短期资产配置时，往往将本国的国库券作为最安全的资产纳入投资组合，以达到投资组合的整体风险水平与投资者风险偏好相适应的目的。在进行国际资产组合配置时，也可以通过配置高信用评级国家的国库券实现整体风险水平的把控。国际上较为著名的国库券有美国政府国库券、英国政府的"金边"债券和德国政府的"堤岸"债券。

全球主要经济体发行的短期政府债券均具有较高的信用评级，其中，由于美国政府具有全世界最高的主权国家信用评级，美国国库券被誉为全世界"最安全的资产"。由于美国政府可以持续通过借新债还旧债的方式保障到期债权的兑付，国际上默认美国短期国债永远不会出现信用风险，因此美国国库券的收益率也被视为全球无风险资产短期收益率。

2. 商业票据

商业票据（commercial bill）指具有较高信誉等级的大企业和非银行金融机构凭借自身信用发行的短期借款票据，属于本票。本票是指由债务人向债权人发出的支付承诺书，承诺在约定的期限内支付一定数额给债权人。商业票据往往用于弥补银行短期贷款的不足。其期限不超过 270 天，以 30～90 天为多，面值一般为 10 万美元。商业票据的利率一般稍高于国库券，低于银行优惠利率，取决于市场供求、发行人信誉、银行利率、期限及面额等，交易一般按票面金融贴现的方式进行。

3. 银行承兑汇票和商业承兑汇票

汇票是债权人向债务人发出的付款命令，须经债务人银行承兑后才有效。承兑指债务人在汇票上签上承兑字样，表明愿意到期支付。如果对汇票承兑的是银行，该汇票就成为一张银行承兑汇票（bank acceptance bill）。即使汇票的付款人到期无力支付，承兑银行也有责任对它进行付款，因此银行承兑汇票是以银行信用为担保的，通常由出口商签发，进口商银行为受票人。这种汇票的发行促进了国际贸易的发展，方便了信誉等级低的中小企业进入货币市场。其期限一般为30~180天,90天居多,面额一般没有限制。商业承兑汇票(commercial acceptance bill)则是由银行以外的付款人承兑。无论是银行承兑汇票还是商业承兑汇票,承兑后都可以"背书"转让,到期持票人可持票向付款人取款。由于银行信用较高,因此银行承兑汇票的流动性比商业承兑汇票强,既可以在承兑银行贴现,又可以在二级市场流通。承兑汇票多以贴现方式交易,差额即为持票人的利息。

4. 银行定期存单

银行定期存单(certificate of deposit, CD)是指商业银行和金融公司吸收大额定期存款而发给存款者的存款单。它的期限不超过1年,通常为3~6个月,利率与LIBOR大致相同,到期后方可向银行提取本息。银行定期存单不记名并可在市场上自由出售,因此也被称为"可转让大额存单",可转让是它与一般存款的不同之处,解决了定期存款缺乏流动性的问题。通过发行这种存单,银行可以获得稳定的短期资金;对于投资者而言,既可以获利,又可以转让,是短期投资的理想方式。

(三) 贴现业务

贴现(discount)指银行对合格票据先扣除自贴现日至到期日的利息,付给持票人现款,待票据到期时,银行再持票向最初发票人或背书人等债务人兑回现款。它是国际货币市场上资金融通的一种重要方式。贴现的对象,除国库券、短期债券外,主要是商业票据和银行承兑汇票。贴现利率一般高于银行贷款利率。贴现市场无固定交易场所,是由贴现银行或贴现公司组成的。以票据贴现来融通资金是贴现市场业务活动的基本内容。作为贴现业务经营者的贴现银行或贴现公司,一方面向其他银行和工商企业借入短期资金,另一方面,把这些借入的资金用于贴现利息较高的政府国库券、商业票据和短期公债等信用证券,以从中获利。贴现银行和贴现公司还可以用这些证券向中央银行办理再贴现。通过再贴现,中央银行可以达到调节信用和控制市场货币资金的目的,贴现公司则可换取可以运用的资金。

二、国际信贷中长期融资业务:国际商业银行贷款

(一) 国际商业银行贷款的概念

国际商业银行贷款是指借款人为了满足本国经济建设的需要,支持某一个建设项目或其他一般用途而在国际金融市场上向外国银行筹借的贷款。国际商业银行贷款大致可分为三种:第一种是双边的,即由两国银行(或信托投资公司)之间签订协议;第二种为联合贷款,即由3~5家银行联合向一个借款人提供贷款;第三种是由许多家银行组成的银团贷款(也称辛迪加贷款)。

(二) 国际商业银行贷款的特点

(1) 贷款用途比较自由。国际商业银行贷款的用途由借款人自己决定,贷款银行一般不加以限制。这是国际商业银行贷款区别于其他国际信贷形式,如国际金融机构贷款、政府贷款、出口信贷和项目贷款等的一个最为显著的特征。

(2) 借款人较易进行大额融资。国际商业银行贷款资金供应,特别是欧洲货币市场银行信贷资金供应较为充足,所以对借款人筹集大额长期资金较为有利。例如,独家银

行贷款中的中长期贷款每笔数额可达数千万美元,银团贷款中每笔数额可达5亿~10亿美元。

（3）贷款条件较为苛刻。在具有以上两点优势的同时,国际商业银行贷款的贷款条件由市场决定,借款人的筹资负担较重。这是因为贷款的利率水平、偿还方式、实际期限和汇率风险等是决定借款人筹资成本高低的较为重要的因素,而与其他国际信贷形式相比,国际商业银行贷款在这些方面均没有优势。

20世纪90年代以后,国际商业银行贷款业务发生了明显变化。很多信用等级较高的公司、公共部门的企业和政府基本上都进入了证券市场进行融资。对于这类机构来说,在资本市场进行直接融资要比从银行申请贷款更有吸引力。直接融资在很大程度上取代了银行贷款,甚至那些规模较小、信用等级并不高的借款人也可以凭借各种信用和流动性支持以及资产结构的调整从资本市场取得融资。

国际商业银行贷款一直是全球金融市场的重要组成部分。每逢金融风暴来临,资本市场就会随之动荡收缩,有时甚至不再成为一种融资的有效来源,这使得借款人只能纷纷转向银行寻求融资。许多资信良好的企业借款人甚至在其资金情况最好的时期也保留着数目可观的银行信用额度,这样做的目的是在一定程度上确保在急需资金时可以随时得到这些银行的支持。对于一些特殊的融资,比如为金融兼并、收购和杠杆收购提供的短期贷款,以及为项目融资提供的长期贷款,传统的银行贷款是无法被其他形式所替代的。

（三）银团贷款

1. 银团贷款概述

大多数国际借贷是以银团贷款形式进行的。银团贷款作为第二次世界大战后国际资本市场上的一项重要金融创新,从20世纪60年代末兴起至今经历了几个发展阶段:60年代和70年代是银团贷款大发展的时期,银团贷款逐渐成为一项重要的融资方式;80年代,由于拉美债务危机的影响以及各国管理部门对银团贷款管理的加强,银团贷款受到很大打击;80年代末,不动产投资的失败更令西方银团贷款业务雪上加霜;90年代,伴随着全球金融一体化的浪潮和银团贷款方式的日益成熟,国际银团贷款开始重新崛起。

所谓银团贷款,就是指一批银行为了向某一借款人发放一笔数额相对较大的贷款而联合起来,并由其中一家或数家银行作为牵头行所提供的贷款。

在银团贷款形式下,借款人所得到的好处就是能够借到一笔任何一家银行都不愿单独提供的大额贷款,而且成本要比其从多种渠道筹措同等数目资金的成本低,也更加方便。此外,借款人获得过银团贷款也会使其日后更容易得到其他融资,参加重要银团贷款的许多银行都很看重借款人的"透明度"。银团贷款同时也能交易,对于最终的借贷者和投资者来说,这样就能使资金流动起来,其借款利率也有最大程度的优惠。

全球银团贷款的中心一直是伦敦,另外还有纽约和香港。而银团贷款的实际发放则是通过众多海外银行分支机构来完成的。

2. 银团贷款的当事人

银团贷款的当事人主要有以下几种:

（1）借款人。银团贷款的借款人大多是政府、政府机关、国有企业等，国际机构有时也作为借款人出现在市场上。对私营企业的贷款，如果不是信誉良好、国际上有名的一流企业，就难以期待有众多的银行参加贷款。因此，成为银团贷款的借款人必须具备以下条件：① 在客观上被判定为资金实力雄厚者；② 知名度高。

（2）牵头行。牵头行可以由一家以上的银行共同担任，接受借款人的委托在市场上物色贷款银行组成银团贷款团。牵头行中有一家银行担任代理行（agent），负责管理合同签订后的债权事务。按理说，代理行以外的牵头行在签订合同后，和代理行一样要积极参与债权管理，但事实上，只要不发生不偿还债务等异常情况或没有风险的话，其作用与一般参加行并无区别。由牵头行牵头，总经理行、副经理行、一般参加行等共同构成了总经理团的架构。

（3）总经理行，称 manager，地位次于牵头行。有时经理行也包销部分贷款，但大多是在推销阶段参加贷款。

（4）副经理行，称 co-manager，与一般参加行的区别仅在于贷款额的多少，大多是出于利用其威望进行宣传的需要而设立。

（5）一般参加行（participating bank），是指除牵头行外参与银团贷款的银行。这些参加行在宣传上的地位很低，其贷款额是贷款银行中最小的，贷款手续费收入也最少，但是它们得到的好处极多：① 这些银行的规模较小，通常不可能单独与外国政府或超一流的跨国公司进行业务往来，而参加贷款后就可能做到；② 参加行根据自己的资金实力贷款，形成其最佳的资产结构，并且能按市场形势变化采取灵活的行动，或积极贷款，或等待机会；③ 本身不必管理事务，由代理行代办。

（6）担保人。在有担保的情况下，不仅借款人要有相当的资金实力，而且担保人也要有资金实力。一国的借款人中，信誉最好的是政府本身，其次是中央银行、政府机关、跨国公司等。

3. 银团贷款流程

银团贷款的流程主要可以分为以下三个步骤：

第一步，发起贷款。

首先，借款人发出贷款的投标邀请，在投标邀请中写明其要求的最低贷款条件、金额、期限、宽限期（grace period）、偿还方法、利息、手续费和担保，有时还对贷款团的组织方案提出建议。投标期限一般是两星期左右。

其次，借款人将到期前收到的各包销团的贷款条件按内容区分，并制成一览表。首先检查是否达到了投标邀请规定的必要条件。如果未对全部贷款做确定的承诺，即使对其中部分贷款表示做最大努力，该投标也是不合格的。对于贷款条件，期限越长、加息率越低、管理费用越少越好。此外，代理费（agent fee）等也要算入借款费用。贷款条件检查完毕后，对总经理团成员的构成要做分析。在贷款条件难以区别优劣时，总经理团的市场推销能力、成员的地理分布就成为重要考虑因素。

接受委托的同时，牵头行就要召集参加联合投标的银行协商组织总经理团的方针。如果是中小型贷款，大多由当初的联合投标行组成总经理团；如果是大型贷款，大多要进行扩充。

总经理团组成后,要召开总经理团会议(managers meeting),制定招募一般参加行与推销的方针,同时决定各总经理行间的任务与时间上的安排。

推销方针一经决定,就要按此招募一般参加行。大型贷款需要打出数以百计的电传邀请(这是邀请参加贷款,不同于借款人的邀请)。在此期间,总经理行忙于接听电话、访问等。有时还要规定地区协调人,让其分担美洲、欧洲、亚洲、阿拉伯等地区的推销。这时,总经理行的业务部门最为活跃。邀请电传的答复有规定期限,该期限到期推销也结束。推销极不顺利时,会非正式地拖延;推销顺利时,到期后就不再接受参加行的申请。至此,包括一般参加行的银团贷款团组织完毕。

第二步,构造贷款。

一笔银团贷款发起成功之后,就面临如何构造贷款的问题。构造贷款包括确定贷款的期限、加息率、费用和拟定贷款文件。

在开始计划组织银团时,未来的牵头行必须与借款人明确贷款的结构及目的。贷款目的应有明确的表述,贷款必须与借款人按期偿债的能力相适应。如果借款人是私营部门,必须详细预测其现金流量,并充分考虑可能在拟议的贷款期间给借款人带来不利影响的外部因素。如果借款人是公营部门(如一国政府),一般不会进行清理。所以,要通盘考虑主权豁免、有关国家未来政局的动向、该国政府对于国际收支管制的可能以及债务规模等问题。所有这些相关信息通常都会被纳入信息备忘录(information memorandum),便于银团成员之间的交流。

第三步,签订合同。

如果贷款结构较为复杂,那么相关方在安排银团贷款时可能就已开始起草贷款协议,并就各项内容与借款人进行协商。在银团成立之后,对贷款协议中要点的讨论还可能继续进行,直至双方一致认可。在最终接受贷款协议的所有条款之前,银行是不会承诺发放银团贷款的,一旦在某一问题上不能达成一致,该银行就可能不愿参加这次贷款,从而退出银团。不过在多数情况下贷款文件大都是标准化的,能够影响参加行是否接受各项条款的都是一些细枝末节的问题。在此环节上选择一个合格的法律顾问对银团贷款来说非常重要。

4. 合同的主要条款

借款人与贷款银行来自世界各国,但通常美国纽约州法律或英国法律为合同的适用法律,贷款合同习惯上采用欧洲标准方式,主要条款包括以下几项:

(1) 序言(preamble)。明确合同当事人姓名、借款人的借款意愿、贷款人的意愿以及代理行和总经理行。

(2) 定义(definition)。对合同中的主要术语加以说明,统一术语的使用。

(3) 贷款承诺(loan commitment)。原则上各贷款人的承诺是分别承诺(several commitment),而不是联合承诺(joint commitment)。

(4) 贷款前提条件(conditions precedent)。规定在满足某些条件后才能进行贷款,否则停止贷款。

(5) 贷款(draw down)。规定提出或执行贷款所需要的事务性手续。

(6) 偿还(repayment)。规定贷款的偿还方法与手续。

(7) 利息(interest)。规定贷款利息的决定方法与支付方法。

(8) 提前偿还(prepayment)。规定可否提前偿还,以及提前偿还的方法和手续。

(9) 支付方法(payment)。本息及其他支付、结算的具体方法和手续。使用欧洲货币结算要作特殊规定。

(10) 代用利率与增加费用(alternative interest rates and increased costs)。规定当原来的利率决定方法无法采用时,代用利率的决定方法和手续以及筹款资金的增加费用。

(11) 不扣除租税和费用(no deductions)。规定本息及其他支付是未扣除租税和费用的。

(12) 借款人的陈述及保证条款(representations and warranties)。借款人要明确使合同在法律和契约上有效的必要基本条件,包括借款人的法人资格与当事人的能力,确立契约关系,承认法律的约束力与执行力,获得许可和财政情况无重大变化等,并保证它们的真实性。

(13) 借款人的保证(covenants)。肯定的保证(affirmative covenants)包括保证资金用途、提供财务报表、保证平等对待债权人等;否定的保证(negative covenants)包括不向第三者提供担保、借款限于维持正常的财务情况等。

(14) 违约(events of default)。不履行支付本息、违反合同上其他应履行的义务的行为即违约。在规定其内容的同时,还要规定实际发生时的法律后果。

(15) 债权债务的转让(assignments)。通常贷款银行的总行向分行或者分公司转让债权不需要借款人的承诺,但向其他银行转让要得到其承诺。原则上不允许借款人的变更,即债务的转让。

(16) 适用法律与司法管辖权(governing law/jurisdiction)。规定合同的解释依据哪一国或哪一州的法律。如果事先就诉讼的司法管辖权做了协商,就应标明具体的管辖法院。

(17) 放弃主权豁免(waiver of sovereign immunity)。当借款人是政府时,应事先声明放弃主权豁免。

(18) 代理行(agency)。规定代理行与各贷款银行之间的关系。

(19) 其他(miscellaneous)。包括通知方法、不行使权利不等于放弃权利等需要确认的内容。

(20) 签名(signatures)。借款人、担保人(若有)、代理行、总经理行、各贷款银行代表一一签名。

5. 定价

银团贷款的利率一般等于LIBOR加上一个利差或加息率。LIBOR体现了银行自身的筹资成本,利差取决于贷款风险的大小和当时市场对有关国家信用的评估。如果市场对资金需求旺盛,加息幅度就会较大。借款人可能会坚决要求降低加息幅度,部分原因是想借以提高其信用地位,部分原因是借款人一般认为只要降低加息幅度就可以节省借款成本。但借款人和银团成员都不可忽视LIBOR本身的变化,有时这种变化会比加息幅度高出许多。利差可能是固定的,在整个贷款期内保持不变;也可能是分段的,在头几年采用某一固定利差,而在剩余时间内采用另一利差。

为了使借款人和贷款人免遭利率风险，一般会考虑通过综合利率上限、下限或利率上下限来规定基准利率的最大变动范围。

6. 费用

一家银行如果计算其因维持贷款和银团组织所需的成本，就会发现在加息幅度低于1%的情况下很难获利。为了确保盈利率，在贷款签约或分批支付时，银行会精心规定征收费用的结构。

费用包括管理费、参与费、承诺费和代理费。借款人可能会向牵头行支付低于2%的管理费，牵头行又会提取该费用中的一部分作为参与费支付给银团的参加行，参与费的多少可以依据参加行贷款的多少而定。在任何情形下，费用的计算要保证牵头行由组织银团和管理贷款交易获得适宜的报酬。承诺费通常等于贷款协定下未支取的款项乘以略低于贷款利率的加息率。如果没有必要，许多借款人一般不会提取贷款协议规定的可以提取的全部款项。有关银行由于对贷款额度部分作出承诺而会丧失利润，所以绝大多数协议规定借款人必须支付一笔承诺费作为补偿。代理费则是付给代理行的特别款项。

7. 期限和结构

银团贷款通常是中期的，参加行可能还得用相对更长的时间来考察借款人的还款能力和意向。这也是借款人要在市场上以政府名义和政府担保借款的原因之一。

考虑到借款人的需要，贷款期限力求按照市场条件和借款人信用情况设定，银团贷款一般会依据贷款签订的日期制订一个提款计划，借款人按照计划规定提取。本金的偿还期为5~10年，在贷款发放后可能会有几年的宽限期，在此期间内不必偿还本金。本金可以在剩下的贷款期内分期偿还，也可以在到期日一次性偿还，或是按借贷双方协商同意的其他形式偿还。对借款人来说，如果加息率不变，总经理行手续费相同，则贷款期限越长越好。除资金用于特定项目、债务偿还等事先确定的用途外，宽限期越长越好。例如：

贷款的最终偿还期限与宽限期分别是：

A. 偿还期限10年，宽限期2年

B. 偿还期限8年，宽限期5年

在此情况下，贷款的平均使用时期是：

A. 宽限期2年+剩余8年/2=平均6年

B. 宽限期5年+剩余3年/2=平均6.5年

这样，B的平均使用时期比A长半年，对借款人有利。平均使用时期被称作平均贷款期限。在此要注意，与偿还期限是8年的B相比，A虽然较早开始偿还，但最终偿还期限是10年，这点还是能吸引人的，因此也会有人选择A。对贷款银行而言，考虑到第9年和第10年的风险，选择8年期的贷款B为妥。

与普通贷款不同的是，银团贷款的条款在市场上通常是公开的。当贷款的相关信息必须披露给20家、50家甚至更多的参加行时，价格、费用、贷款期限、法律条款和借款人资料就很难保密了。

阅读专栏 7-1　　英吉利海峡隧道项目融资

早在 1753 年,英国和法国就曾经谋划建立一条穿越英吉利海峡的隧道,以避免恶劣天气等因素对英国和欧洲大陆之间的人员和商贸往来产生负面影响。受限于资金、技术等多种因素,隧道修建一直停留在可行性研究的阶段。20 世纪 80 年代后,人们开始正式认真研究依靠私人投资修建英吉利海峡隧道或桥梁的可能性。

1984 年 5 月,法国的东方汇理银行、国家巴黎银行、里昂信贷银行和英国的密德兰银行、国民西敏寺银行五家银行组成的银团向英法两国政府提交了一份关于可以完全通过私人投资建立双洞海底铁路隧道的报告。随后,牵头银团与英法两国的大建筑公司联合,分别在两国成立了海峡隧道工程集团(Channel Tunnel Group Limited,CTG)和法兰西-曼彻公司(France Manche S. A.,FM),两家公司以合伙形式组成了欧洲隧道公司。

1985 年 5 月,英法两国政府发出了无政府出资和担保情况下英吉利海峡连接项目的融资、修建及运营的联合招标。1986 年 1 月,欧洲隧道公司以 26 亿英镑双洞铁路隧道提案(即欧洲隧道系统)中标。同年 2 月,两国政府签署协议授权建立欧洲隧道系统,并授予中标者欧洲隧道公司自协议通过之日起的 55 年内(即截至 2042 年)运营隧道系统的权利。中标者有权对隧道内通行的人员征税,并自主制定运营政策。为保障中标者收益,英法两国政府承诺在未得到欧洲隧道公司的同意时,不会在 2020 年前建设竞争性的海峡连接项目。2042 年协议期满后,欧洲隧道系统将会转让给两国政府。

欧洲隧道公司预计,建设这一隧道系统大概需要花费 48 亿英镑(按 1986 年汇率计算,约合当年 72 亿美元或 252 亿元人民币)。公司计划融资 60 亿英镑以覆盖成本和可能的超支,其中 10 亿为股权,50 亿为债权。英国资本市场较为发达,因此项目采取就地融资方法,英法两国政府不提供任何外汇风险担保。

欧洲隧道公司计划分阶段来筹集相关资金:
(1) 中标前,牵头行已经收到了 33 家银行共计约 43 亿英镑的债务承销意向书。
(2) 中标后,发起人股东向欧洲隧道公司投入约 5 000 万英镑。
(3) 牵头行在建筑合同签订后,计划进行一次 50 亿英镑的联合贷款。
(4) 欧洲隧道公司计划在 1986 年 6 月进行第二次股权融资,计划融资 1.5 亿~2 亿英镑。
(5) 1987 年上半年计划进行第三次股权融资,计划融资 10 亿英镑。
(6) 1988 年、1989 年计划进行两次股权融资。

项目的债务融资主要由银行集团提供。1986 年 2 月,牵头行组织成立了一个由 40 家二级银行组成的、价值 50 亿英镑的联合贷款承销团。在承销协议签订前,银行要求借款人必须保证达到下列条件:
(1) 英法政府给予欧洲隧道公司自主经营权。
(2) 英法两国议会必须通过有关协议,保障项目合同的合法性。
(3) 完成 1.5 亿英镑的二期股权融资。

按照贷款协议,项目公司的债务责任是:
(1) 欧洲隧道公司通过未来现金流偿还贷款,预计签订合同后的 18 年内付清。

(2) 欧洲隧道公司给予牵头行总贷款额的 12.5% 作为牵头费用。

(3) 欧洲隧道公司的所有资产用来作为还款的抵押。

(4) 欧洲隧道公司保证未经贷款银行的允许,不进行欧洲隧道系统之外的其他工程。

(5) 如果以下任一事件发生,则认定欧洲隧道公司违约:一是欧洲隧道投入运营时间推迟一年以上;二是欧洲隧道公司无视责任造成无法补偿的后果;三是欧洲隧道公司未按合同按时还款。

(6) 贷款货币包括英镑、法国法郎、美元,但贷款银团同意欧洲隧道公司有权选择其他的币种。

(7) 必须签订建筑合同。

欧洲隧道系统最初计划于 1993 年 5 月运行,但由于各种原因直到 1994 年 3 月 6 日才开始货物运营,客运服务于 1994 年 11 月 4 日开始营运。尽管最初计划成本是 48 亿英镑,但最后实际发生金额为 105 亿英镑,严重超支带来纠纷的同时,也打乱了欧洲隧道公司先前的融资计划。

资料来源:FINNERTY J D. Project financing: asset-based financial engineering[M]. 3rd ed. Hoboken: John Wiley & Sons, 2013.

第二节 国际贸易融资

在进出口贸易中运用相应的资金融通技术,是现代国际贸易的发展方向之一。这些融资方式有短期进出口贸易融资、远期信用证贸易融资、保理业务、福费廷业务、卖方信贷、买方信贷等。

一、短期进出口贸易融资

(一) 进口押汇

进口押汇是贸易融资中的主要方式,它是由开立信用证的银行向开证申请人(即进口商)提供的一种短期资金融通。开证行和进口商需要通过协商签订有关的进口押汇协议。在这一基础上,开证行在收到出口商通过议付行寄来的信用证项下单据后,向议付行先行付款,然后再根据进口押汇协议及进口商签发的信托收据,将单据交给进口商,进口商凭单提货并将货物在市场上销售后,将贷款连同这一期间的利息交还给开证行。这一过程如图 7-1 所示。

在进口押汇业务中,进口押汇协议和信托收据是两个主要文件。信托收据是进口商在向开证行付款前必须向该行出具的凭证,用以提取货物。该凭证说明进口商所提货物的所有权仍属银行,并由进口商代为保管和销售。

进口押汇的时间较短,一般在 1~3 个月,适用于市场好、销售快的商品的进口融资;开证行和进口商签订的进口押汇协议,通常会根据进口商的资信、经营业绩、财务状况等

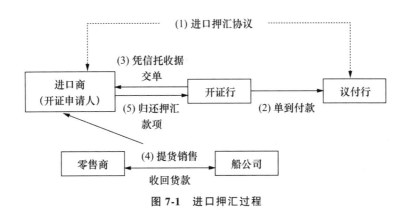

图 7-1 进口押汇过程

情况来确定押汇的金额。对经常进行进出口贸易的进口商来说,这个金额可以是一个总的额度,也可以是按单笔信用证业务确定的单项金额。

例 7-1 假设有一美国进口商与一英国出口商签订了某项进口合同,并指定用英镑进行结算,货款金额为 100 万英镑,单到付款,单据于成交后 45 天内到达开证行。该进口商与其开证行(一家美国银行)还签订了一个单项进口押汇协议。该协议规定,押汇金额的比例为 70%,押汇期限为 60 天,利率为 10%。

签订押汇协议前,进口商面临的外汇风险是从成交日开始至结算日这 45 天内汇率变动的风险,敞口金额为 100 万英镑。签订协议后,货款由开证行先垫付,但 60 天后,进口商一定要把这笔货款连同利息付给开证行,即相当于进口商推迟了 60 天付款。这样,进口商的整个受险期限就变为成交日后的 105 天。从金额上看,押汇金额为 70 万英镑,这就导致整个受险期间外汇敞口金额不是定值,前 45 天为 100 万英镑,后 60 天为 71.17 万英镑[70×(1+0.10×60/360)]。

面对这一复杂的敞口头寸,进口商可以采取如下套期保值措施:在成交日买入 45 天的远期英镑 30 万及 105 天的远期英镑 71.17 万。

需要指出的是,在进口押汇业务中,提供融资的银行要收取贷款利息和一定的费用。对进口商来说,如果他不能在进口货物的销售过程中获得超过这一成本的收入,这笔融资就显得毫无意义。从这个角度看,进口商实际上是在银行贷款利率和销售利润率之间做套利交易,套利交易存在的前提是利率平价关系不成立。

(二) 信用证打包放款

信用证打包放款也被称为打包放款,是指在出口商出口之前,银行以出口商提供的由进口商开立的信用证为抵押,向出口商提供贷款。出口商获得的这项贷款仅能用于该信用证项下出口商品的备货和出运,不得挪作他用。

打包放款的期限为信用证抵押之日至出口商提供货运单据并向开证行寄单收回货款之日。借款期限的长短由银行与出口商根据收回货款的时间来商定,通常不超过 3 个月。打包放款的金额一般不是信用证金额的全额,而是信用证金额的 70%~80%。银行在向开证行收回货款后,将从货款中扣除贷款本金和利息。在出口商不按期归还本息的情况下,银行还可从出口商在任何银行开立的账户中扣收,并加收罚息。

(三) 出口押汇

出口押汇是银行在信用证、托收和出口保理项下的议付。出口商在货物发运后,将货运单据交给银行,银行在审核单证相符后,向出口商买单付款(即对单据或汇票付给对价)。之后,银行再向开证行寄单收款,冲回垫付的资金。

与打包放款一样,出口押汇也是银行对出口商提供的短期资金融通,且融通的金额均为信用证或单据金额的一定比例,而非百分之百。不同的是:出口押汇不是在货物发运之前,而是在货物发出并备齐单证后;出口押汇的时间通常也较长,为3~6个月;此外,贷款利息在出口押汇中以贴现方式从贷款中扣除,而在打包放款中则从收回的货款里直接扣除。

出口押汇对出口商外汇风险的抵补与打包放款类似,受险期从原来的"成交日—结算日"变为"成交日—议付日—结算日",外汇风险敞口缩小。

例 7-2 美国出口商向法国出口价值 100 万法郎的机械产品,180 天后结算,结算货币为法国法郎。设成交后 90 天内由银行议付,议付的金额为 80 万法郎,贴现率为 8%,实际付给出口商的金额为 78.4 万法郎,则该出口商应采用的套期保值措施是:在成交日卖出 180 天的远期法郎 20 万(100 万 − 80 万)及 90 天的远期法郎 78.4 万。

二、远期信用证贸易融资

国际贸易中一些大宗的进出口交易,如大型机械设备进出口,往往需要进行中长期融资。远期付款贸易融资是比较常见的一种,它实质上是由出口商所在地银行所提供的对进口商的融资,远期信用证就是其中的工具之一。

在远期信用证结算方式下,进口商通过进口地银行开立此类信用证,出口商收到信用证后装船发货,并通过议付行向开证行提交远期外币汇票及全套货运单据。开证行审核无误后,即承兑信用证项下的远期汇票。经承兑的远期汇票将被退回议付行,由议付行于汇票到期日向承兑行(即开证行)作出提示,取得票款。

远期信用证项下的远期汇票可以有多张,每张汇票的付款期限均可不同。例如,进出口合同规定 2 年内分 4 次付清,则汇票到期日可分别为提单日期后 180 天、360 天、540 天和 720 天。议付行的汇票提示及收款依此日期进行。

出口商在远期信用证方式下可以和银行作出多种融资安排,图 7-2 所示的融资方案就是其中的一种。这些融资安排有:① 出口商在取得进口商开立的信用证之后可以只做抵押,向银行申请打包放款;② 远期汇票经开证行承兑并被退还议付行后,议付行可向出口商进行议付或办理贴现,出口商则把取得的资金用作偿还打包放款的融资款项。

在上述融资安排下,出口商收取外汇,其风险情况如下:受险期为"成交日—议付或贴现日",考虑到打包放款,可将一部分(与贷款金额相等)外汇视作在信用证抵押日即收回,即提前收汇,对这部分外汇而言,受险期则为"成交日—信用证抵押日"(见图 7-2)。需要指出的是,我们这里所考察的外汇风险是站在出口商的角度来考察的,银行方面在融资安排中承担的风险未考虑在内。为说明这一点,图 7-2 还特地指出了银行的外汇风险。从图中可以看到,出口商通过融资将部分外汇风险转移给了银行。

例 7-3 假设银行同意按信用证金额的 80% 抵押放款,并按 100% 贴现,我们就可得

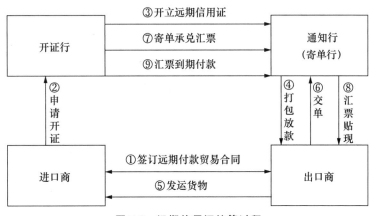

图 7-2 远期信用证结算过程

到关于出口商和银行在这一交易中所承担的风险情况。考虑到打包放款利息支出是在贴现收入中扣除的,出口商在抵押日敞口的风险金额就要少于 20%,而银行则因有利息收入,在抵押日敞口的风险金额就要多于 80%。由于按全额贴现,出口商在该日将所有外币资金都收回,而银行则出现了一笔在结算日才收到的外币应收账款,故而有百分之百的风险敞口。

在上述几种以信用证收付为基础的融资方式中,为保证融资过程的顺利进行,还应注意以下几个问题:

(1) 信用风险问题。信用风险问题在贸易融资中是一个十分重要的问题,进出口商可能会面临对方违约或有意刁难、欺诈等情况,因此交易者对信用风险的考虑更甚于外汇风险。

(2) 出口商为便于在货物出口之前筹措资金,只能接受不可撤销信用证。

(3) 准备通过贴现方式融资的,应使用可转让性质的远期汇票。可转让汇票必须能随时或在指定日期内由开票人或承兑人向持票人或指定人无条件付款。

(4) 抬头是特定收货人的提单(即直交提单),不能作为借款抵押品,因为它只能由指定提货人持有并提货,且银行不接受转让。

三、保理业务

保理业务(factoring)最早出现在工业革命成功后的英国纺织业,20 世纪初在美国得到迅速发展。近二三十年保理业务已成为国际贸易短期融资方式的主力军。

(一) 保理业务的概念

保理业务是指国际贸易中在承兑交单、赊销方式下,由保理公司对出口商应收账款进行核准或购买,从而使出口商收款得到保证的一种结算方式。保理业务由专门的保理公司承办,保理公司负责对进口商的资信进行调查、核准信用额度、催收账款、向出口商融通资金和提供财务管理等。目前,国际上成立了国际保理商联合会(Factors Chain International,FCI),公布了国际保理惯例条例。出口保理公司通过与进口保理公司签订代理合约,共同完成一项保理业务。由于许多商业银行也从事保理业务,因此这种结算方式也具有银行信用的性质。

(二) 保理业务的流程

(1) 签订有关的保理合同,如保理商代理合同和保理合同。

(2) 由出口商按收款金额申请保理额度,并由保理商对进口商的资信和财务状况调查评估后核准这一额度。

(3) 进出口商之间签订销售合同。

(4) 出口商装运货物,并将货运单据和应收账款转移通知书等分别寄送至进口商和出口保理商,取得资金融通。

(5) 进口保理商凭受让应收账款向进口商催收货款。

(6) 出口保理商收到账款后,扣除保理费用,向出口商支付账款余额,并处理有关账表。

整个过程详见图 7-3。

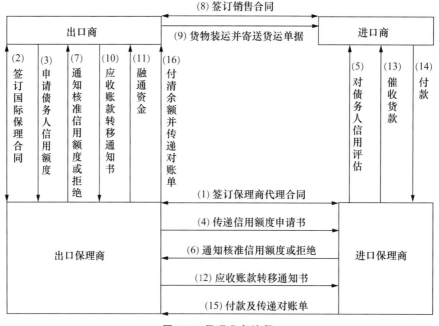

图 7-3 保理业务流程

(三) 保理业务的主要费用

(1) 利率。利率可能是浮动利率,通常在基础借款利率上加约 3%。

(2) 融资费用。这取决于所融通资金的数量及期限。对信用自我控制的出口商一般为 0.25%~0.75%;对提供全部销售账户管理的,收费标准通常为 0.75%~2.75%。

(3) 信用保险。在保理商承担全部进口商信用风险的情况下,需附加 0.2%~1% 的费用,这一费用在向信用较差国家的出口保理中有可能更高。

出口商将应收账款售予保理商后,可获得的资金通常为发票金额的 80%~90%,而不是全部,期限多为90~180天,不超过360天。在出口保理商看来,保理业务的内部运作与出口押汇一样,即在购买应收账款时,以贴现方式将有关的利息和管理费用从付给出口商的款额中扣除。

(四)保理业务的特点

(1)保理商承担了信贷风险。出口商将单据卖断给保理商后,如果到时进口商拒付货款或不按期付款,保理商不能向出口商行使追索权,全部风险由保理商承担。

(2)保理商通常还提供资信调查、托收、催收账款,甚至代办会计处理手续等业务。因此,保理业务是一项综合性业务,既不同于议付业务,也不同于贴现业务。

(3)预支货款。典型的保理业务是出口商在卖出单据后立即收到货款,得到资金融通。但是,只要出口商资金雄厚,也可与保理商达成协议,在票据到期后再向保理商索要货款。

(五)保理业务的作用

1. 对出口商的好处

(1)保理业务代出口商对进口商的资信进行调查,为出口商决定是否向进口商提供商业信用以扩大商品销售提供信息和数据。保理商经常向出口商提供建议,使其获得较多贸易机会,促进出口商竞争能力的提高。

(2)出口商将货物装运完毕后,通常可立即获得现金,加速出口商的资金周转,促进其利润的增加。

(3)只要出口商的商品品质和交货条件符合合同规定,在保理商无追索权地购买其票据后,出口商就可以将信贷风险和汇率风险转嫁给保理商。

(4)出口商从银行贷款取得资金融通会增加其负债,提高企业的资产负债率,恶化企业资产负债状况,对企业形象产生负面影响,不利于其有价证券的上市。保理业务可避免这一情况。

2. 对进口商的好处

(1)进口商采用保理业务无须向银行申请开立信用证,不用交付押金,从而减少资金占用,降低进口成本。

(2)通过保理业务,进口商可减少交易中间环节,简化进口手续,适应多变的国际市场要求,提高市场竞争力。

四、福费廷业务

(一)福费廷的概念

福费廷(forfeiting)是一种中长期国际贸易融资(也称出口信贷)方式。在这一方式下,包买人从出口商那里以无追索权的方式购买远期票据,使出口商立即获得款项。这些远期票据是经进口商承兑并通常由进口地著名银行保兑的远期汇票或本票,在票据到期日由包买人借以向进口商索偿。包买就是包买人对出口商持有的债权凭证进行无追索权的贴现。

包买人通常由银行或专门的包买公司来承当,故又称包买行。伦敦作为国际金融交易中心,是主要的福费廷市场。福费廷与保理业务不同,保理业务主要适用于消费性商品的进出口,而福费廷则比较适合一些大中型设备的进出口,因为它们涉及金额大、付款时间长,一般的贸易融资很难满足这种需要。

在福费廷业务中,涉及的金额总数少至几十万美元,多则数千万美元,有些规模较大的业务还需要通过银团来承办。福费廷中的远期票据期限多为 3~7 年,其中 5 年的居多,最长可达 10 年。

(二)福费廷的基本流程

福费廷的基本流程如图 7-4 所示。

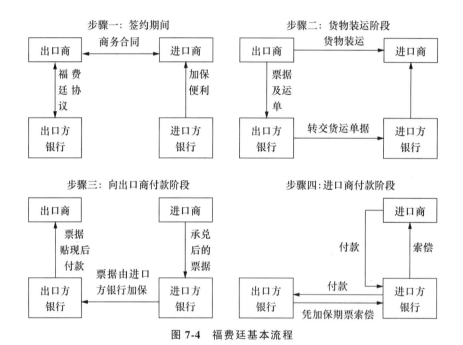

图 7-4 福费廷基本流程

(1)出口商与包买行接洽包买事宜,签订包买协议;进口商从当地银行获得信用支持,包括提供担保便利。之后,由进口商和出口商签订远期付款贸易合同。

(2)出口商装运货物,并将货运单据通过当地银行交给进口方银行。

(3)出口商出具远期汇票由进口商承兑,并由进口方银行加保,或者由进口商出具远期本票,再由进口方银行加保。加保后的票据转交给出口商。转交前,一般由出口方银行代为加盖出票日期。

(4)货运单据交给进口商,由其凭以提货。

(5)出口商收到票据后,经背书,向包买行贴现。

(6)包买行贴入票据后,按不同到期日依次向进口方加保银行求偿。

在福费廷业务中,远期票据是由一系列等额但期限不同的汇票或本票构成。每张票据的金额按融资期限均分,通常每半年付款一次。因此,一项为期 4 年的福费廷业务需要 8 张远期票据,均注有面值和利率。

票据的面值为本金与利息之和。出口商以贴现方式将这些票据售给包买行时,包买行要从中扣除票据贴息率及其他包买费用,出口商收到的实际款额即为出口货物的实际售价。福费廷的主要成本是贴息,其他包买费用还包括选期费、承诺费和宽限期利息等。这些费用有的是一次性的,有的是按月支付的。它们与贴息一样,均由进口商承担,都包含在出口商报给进口商的利率中。

票据贴现后,出口商就不再承担外汇风险,因为其外币货款业已收回。同时,出口商无须承担进口方拒付的风险,因为包买行没有追索权。采用福费廷后,即使出现此类情况,包买行也不能向出口商追索。此时,出口商外汇风险的受险期仅为"成交日—贴现日",其敞口为合同中货物的售价。需要指出的是,由于福费廷中使用的多是美元一类的自由兑换货币,因此,出口商并非完全没有风险。如果该出口商的本币为意大利里拉,而贴现后的货币是美元,那么其外汇风险仍未消除。

票据贴现的时间与出票日有关,因为出口商拿到票据后可立即贴现。票据的出票日即票据起息日,通常是装船日(不一定非是如此)。票据一般由出口方银行代填。票据贴现常在装船后一段合理的时间内,比如两个星期,因为在这段时间里所有的单据都可备齐。例如,成交日是 2022 年 10 月 9 日,装船日是 2023 年 7 月 1 日,而贴现日是 2023 年 7 月 23 日,出口商的受险期即为 2022 年 10 月 9 日至 2023 年 7 月 23 日。

(三) 福费廷对出口商和进口商的作用

1. 对出口商的作用

(1) 可以减少资产负债表中国外的负债金额,提高企业的资信,有利于其有价证券的发行。

(2) 能够立即获得现金,改善流动资金状况,有利于资金融通,促进出口的发展。

(3) 信贷管理、票据托收的费用与风险均转嫁给银行。

(4) 不受汇率变化与债务人情况变化的风险影响。

2. 对进口商的作用

对进口商而言,利息与所有的费用负担均计算在货价之内,所以采用福费廷方式通常货价较高。但福费廷的手续比其他出口信贷方式简便得多,不需要进口商多方联系、洽谈,使其能够有足够的精力进行贸易谈判。

五、卖方信贷和买方信贷

(一) 卖方信贷

1. 卖方信贷的概念

所谓卖方信贷(supplier's credit),是指由出口商所在地银行向出口商提供的几个月到数年不等的信贷。前面提到的包买票据就是其中的一种。出口商在收到进口商承兑的远期汇票或本票后,通常会将票据贴现以融通资金。卖方信贷同样也可融通资金,但其是在贷款合同下的融通。

2. 卖方信贷的基本流程

(1) 出口商以延期付款或赊销的方式向进口商出售设备。

(2) 进口商与出口商达成协议,签订贸易合同,并确定进口商缴付现汇定金的比例。

(3) 出口商向当地银行申请贷款,签订卖方信贷协议,并将其投保的保单转让给贷款银行。

(4) 出口商签订三个法律文件:与进口商的贸易合同、与保险机构的保险合同、与银行的卖方信贷协议。

(5) 在贸易合同中,一般要求进口商出具不同付款期限的本票,或由出口商开立的不同付款期限的汇票,并由进口商相关银行加保或承兑,贷款银行要求以此作为抵押担保。

(6) 进口商随同利息分期向出口商支付以本票或汇票形式存在的货款后,出口商再用以偿还从银行取得的贷款。

图 7-5 给出的是卖方信贷的基本结构。从图中可以看出,卖方信贷有一个"背对背"的资金运作方式:出口商将信用风险及贸易所需资金转移给贷款银行,进口商将承兑加保的票据交给出口商,再由出口商交给贷款银行,但这些票据项下的款额却由进口商直接向贷款银行支付,尽管有时要经由出口商转交,但直接交付是最常见的做法。

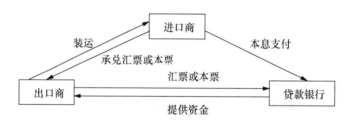

图 7-5 卖方信贷结构

卖方信贷中将来付款的凭证通常是由进口商所在地银行出具的保函或由银行加保的汇票或本票。自 20 世纪上半叶以来,为了推动本国大型成套设备、装备的出口,多数情况下,出口国政府会配合出口商所在地银行在提供出口信贷(无论是福费廷、买方信贷还是卖方信贷)的同时,提供利息贴补和信贷担保。

3. 卖方信贷对进出口商的作用

出口商向银行借取卖方信贷,除按出口信贷利率支付利息外,还要支付信贷保险费、承担费、管理费等。这些费用都要附加在出口设备的货价上,但进口商并不清楚每项费用的具体金额。对于进口商而言,卖方信贷条件下的货价一般高于以现汇方式支付的货价,有时甚至高出 8%~10%。对于出口商而言,虽然卖方信贷手续简便,且便于出口商集中精力洽谈贸易合同和保证供货,但因进口商采用延期付款的方式购买设备,故会提高出口商的负债比率,不利于其有价证券的上市。

(二) 买方信贷

1. 买方信贷的概念

所谓买方信贷(buyer's credit),是指一般由出口国的政府出口信贷机构(export credit agency,ECA)提供担保,由银行向进口商或进口商银行提供的用于大宗货物进口的优惠利率贷款。这里的进口商可以是企业、部门、政府等实体,它们用买方信贷来购买商品、设备或劳务等。这种贷款的期限少则 18 个月,多则 15~20 年,5 年期的情况最为常见。

2. 买方信贷的类型

(1) 直接贷款给进口商的买方信贷。

(2) 直接贷款给进口商所在地银行的买方信贷(绝大多数买方信贷的发放都采用此种方式)。

3. 买方信贷的作用

20世纪70年代以后,买方信贷由于有着卖方信贷无法比拟的优越性,因而受到普遍欢迎并得以迅速发展。

(1) 买方信贷对进口商的有利之处有如下三点:

第一,由于进口商在买方信贷条件下以现汇方式支付货款,因而货价清晰明确,不会掺杂其他因素。

第二,进口商能够集中精力谈判技术条款和商务条件,其对于产品的各项技术指标更加熟悉,能够在谈判中居于有利地位。

第三,办理信贷的手续费是由买方银行直接付给出口商银行的,相比卖方信贷条件下的手续费(出口商要计入货价)要低廉许多。

(2) 买方信贷对出口商的有利之处有如下三点:

第一,使用卖方信贷时,出口商既要组织生产,又要筹集资金,而且还要考虑在原始货价之上以何种幅度附加利息及手续费等问题,工作量较大。而买方信贷条件下,因为进口商是现汇付款,所以出口商可集中精力按贸易合同的规定保证交货和组织生产。

第二,因为进口商是现汇付款,所以买方信贷下出口商收到货款后会立刻将企业的应收账款入账,有利于其资产负债状况的改善和有价证券的上市。

第三,出口商收到进口商的现汇付款后,能够加速资金的周转,增加利润,提高竞争力。

(3) 买方信贷对银行的有利之处在于:与其他信贷方式相比,由出口商银行直接贷款给进口商银行的买方信贷的发展最为迅速。一般而言,贷款给国外的进口商银行要比贷款给国内的企业风险小得多,因为银行的资信一般要高于企业。因此,出口商银行更愿承做直接贷给进口商银行的买方信贷业务。

4. 买方信贷的基本流程

买方信贷的结构如图7-6所示。与一般贷款支付方式不同,买方信贷方式下,贷款银行并不直接把款额付给进口商,而是将它视同进口商支付的货款付给出口商,同时作为进口商的一项负债记录到银行账户中。为了确保款额的正确支付,贷款合同一般会对此作出明确规定,即在贷款银行收到货运单据后再付款。

5. 买方信贷的贷款原则

(1) 贷款的使用方向:接受买方信贷的进口商只能以其所得的贷款向发放买方信贷的国家的出口商或在该国注册的外国公司进行支付,不能用于第三国。

(2) 使用贷款购买的商品:进口商利用买方信贷限于进口资本货物,如单机、设备和有关技术等,一般不能进口原材料、消费品等。

(3) 资本货物的构成:提供买方信贷的国家出口的资本货物大多数限于该国制造,如果该资本货物的部件由多国产品构成,则本国部件应占50%以上。各国规定标准

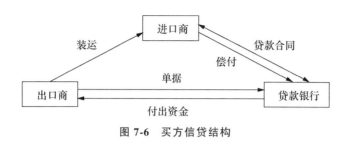

图 7-6 买方信贷结构

不一。

（4）现金支付：贷款只能提供合同金额的 85%，船舶为 80%，其余要付现汇。

（5）信贷起始日：信贷起始日指偿还贷款的起始日，正式还款日期在信贷起始日后的 6 个月开始。信贷起始日的确定视出口信贷标的物的不同而不同。

（6）最长还款期：根据国家富裕程度确定不同的最长还款期。

（7）本金偿还：本金偿还按等期还款方式，每隔 6 个月或少于 6 个月等额偿还一次。

（8）利息偿还：利息支付的间隔时间不得超过 6 个月，首次利息支付不得迟于信贷起始日后 6 个月。

（9）最低利率：一般按商业参考利率计算，商业参考利率均按各国 5 年期政府债券的收益率计算。

（10）当地费用：当地费用是指进口商为完成机械设备进口而必须在本国或第三国付出的商品或劳务支出，或出口商为完成机械设备的出口而必须付出的商品或劳务支出。当地费用的最高金额不得超过设备贸易合同价款的 15%，富裕国家当地费用限于支付保险费和担保费。

6. 买方信贷的贷款条件

（1）买方信贷使用的货币：第一，使用提供买方信贷国家的货币；第二，提供买方信贷国家的货币与美元共用；第三，使用美元。

（2）申请买方信贷的起点：进口商利用买方信贷购买资本货物都规定有最低起点，如果购买的资本货物的金额未达到规定的起点，则不能使用买方信贷。这一规定的目的在于促进大额交易的达成，扩大资本货物的出口，但各国对使用买方信贷起点的规定不尽相同。

（3）买方信贷利息的计算方法：有的国家一年按 365 天计算，有的则按 360 天计算。国际通用的计息时间为"算头不算尾"，即借款当天计息，还款当天不计息。

（4）买方信贷的费用：使用买方信贷通常支付的费用包括利息和管理费。有的国家还要收取承担费和信贷保险费。

（5）买方信贷的用款手续：出口商与进口商银行签订贷款总协议，规定贷款总额，在进口商与出口商达成交易、签订贸易合同需动用贷款时，根据贸易合同向进口商银行申请，经批准后即可使用贷款。但有的国家规定在签订买方信贷总协议之外，根据贸易合同还要签订具体协议。

六、混合信贷

（一）混合信贷的概念

混合信贷方式是卖方信贷和买方信贷形式的新发展。如上所述，在卖方信贷和买方信贷形式下，进口商都要向出口商支付一定比例的现汇定金。而近年来，经济合作与发展组织（OECD）国家共同议定的出口信贷利率不断提高，甚至与国际金融市场利率形成倒挂局面，不利于某些国家设备的出口。在此情况下，一些发达国家为了加强本国设备出口的竞争力，在银行发放卖方信贷或买方信贷的同时，政府还从其预算中提出一笔资金作为政府贷款，连同卖方信贷和买方信贷一起发放。根据 OECD 的规定，这部分政府贷款要含有 35% 的赠予成分，因此收取的利率一般比出口信贷更低，更加有利于本国设备的出口，并可加强与借款国的经济技术与财政合作关系。政府贷款在整个贷款金额中的比例视当时政治经济情况及出口商或进口商的资信状况而定。这种为满足同一设备项目的融通资金需要，卖方信贷或买方信贷与政府贷款混合贷放的方式即为混合信贷。

（二）混合信贷的类型

（1）对一个项目的融资，同时提供一定比例的政府贷款和一定比例的买方信贷（或卖方信贷）。两种信贷分别签订贷款协议，各自规定不同的利率、费率和贷款期限等融资条件。

（2）对一个项目的融资，将一定比例的政府贷款和一定比例的买方信贷（或卖方信贷）混合在一起，然后根据赠予成分的比例，计算出一个混合比例，利率、费率、贷款期限等融资条件只有一种。

第三节　国际证券融资

国际证券融资是指在国际金融市场上通过股票、债券等有价证券交易形式进行的融资活动。这种绕开金融中介直接进入国际资本市场，融资交易在不同经济主体之间直接发生的融资形式，不仅可以使筹资人节约筹资成本，而且还可以在一定程度上使投资人降低其投资风险。

20 世纪 60 年代以来，西方国家证券市场的国际化发展迅速，形成了规模庞大的国际证券市场，为世界各国的长期资金需求者提供了极大的便利。目前来看，国际上主流的融资方式除传统的银行商业信用外，还包括债券融资、股权融资和资产证券化融资。不同的融资方式也分别形成相互独立又相互依存的市场。

一、国际证券市场

（一）国际债券市场

国际债券融资是指通过发行国际债券来融通资金的一种融资行为。国际债券（international bond）是借款人（包括一国的政府机构、国际性组织、金融机构以及其他工商业企业等）为筹集外币资本在国际资本市场上发行的以外币为面值的债券。国际债券具备如下基本特征:① 其发行人与投资人分属于不同的国家或地区,发行、交易与债务清偿受不同国家法律的支配;② 本质上是一种债权凭证,体现了债券发行人与债券持有人之间的债权债务关系。

1963 年以前,国际债券融资通过发行外国债券(foreign bond)实现,这类债券由发行人在外国以非居民的身份发行,以该国货币标价并按当地债券市场标准程序发行,通常以较高溢价来反映借款人的外来性质,且存在无法收回到期款项的可能性。

20 世纪 60 年代以后,欧洲债券得到发展,使得国际投资者能够更好地选择货币、到期期限和更有信用的发行人,最大限度地减少不利因素。由于欧洲债券发行手续简便、费用低廉,许多借款人都乐于选择其作为筹集外币资金的主要方式。今天,欧洲债券市场的规模已经远远超过外国债券市场。

(二) 国际股票市场

国际股票是指外国公司在某个国家的股票市场上发行的以本币或以外币交易的股票,它是外国发行人在国际资本市场上筹措长期资金的工具。国际股票市场就是这些股票发行和交易的场所与网络。

20 世纪 80 年代中期以来,国际股票市场取得了巨大发展。金融自由化、资本管制放松和信息通信技术的进步为国际股票市场的发展创造了条件。由于国际性的多元化投资组合能更有效地分散风险或增加投资收益,投资人对外国证券投资的需求增加。同时,为了应对日趋激烈的市场竞争,公司需要寻求新的融资渠道。这些因素相互作用推动了国际股票市场的发展。

同国际债券市场一样,作为国际资本市场一部分的国际股票市场是由各主要国家股票市场向国际范围延伸而形成的,并无完整的单一市场存在形态。当今世界上一些发达国家和新兴工业化国家及地区都有规模不等的国际股票市场。这些股票市场不仅为市场所在地的国内企业提供了筹集资金的重要手段,而且已逐渐成为跨国公司和外国企业扩大资金来源的重要渠道。

(三) 国际资产证券化产品市场

20 世纪 80 年代以前,资产证券化(securitization)一词主要用来描述通过发行证券置换银行存量贷款,从而实现为银行融资的过程。这一融资过程也被称为"金融脱媒"现象。资产证券化是结构化金融的一种,是将可以产生未来现金流的资产或合成创造的资产汇集成一个资产池,根据这个资产池整体的现金流情况进行结构化分级,根据不同的等级发行信用风险不同的债券,等级高的收益率低但风险较小,等级低的收益率高但面临极高的本金损失概率。根据弗兰克·法博齐(Frank Fabozzi)的定义,资产证券化是同质但缺乏流动性的资产被汇集成资产池,其收益由池中资产的未来现金流和其他收益流入所担保,得益于较高的收益可靠性,资产池可被重新打包成证券,向第三方投资者发行。

从宏观上看,资产证券化就是通过结构化金融理念在金融市场的普及和结构化金融技术的广泛应用,使得原本不存在流动性的资产支持证券变得具有流动性。证券反过来以资产为依托,形成证券信用与银行信用展开竞争,进而形成金融市场的另一种区别于商业银行体系的投资银行体系。由此,企业也通过向国际投资者出售证券化产品的方式,增加了一种全新的融资渠道。

从20世纪60年代到90年代末,美国国内分别以资产证券化、债务证券化、股权证券化为代表的三波证券化业务发展得轰轰烈烈。但随后,1999年的纳斯达克崩盘造成证券化产品与实体经济完全偏离。在此背景下,时任美联储主席格林斯潘启动不良资产证券化,试图通过金融手段拉升经济,为陷入泥淖的企业融资纾困。相关证券化产品的购买者不仅存在于美国国内,还包括大部分发达国家商业银行,使得全球金融企业之间的关系错综复杂。最终,实体经济不堪重负,2007年次贷危机的爆发也直接导致了全球金融危机的出现。

2008年金融危机后,时任美联储主席本·伯南克(Ben Bernanke)开启量化宽松政策实施,通过美联储购买抵押支持证券、次级贷款、垃圾债券等手段,强行以证券化的方式维持货币稳定。此举虽然使得美国未出现20世纪20年代至30年代那样的大萧条,但过于庞大的美联储资产负债表仍然在较长时间内产生了副作用。

可见,资产证券化虽然通过技术手段实现了流动性较差的资产的快速变现,进而为企业融资活动提供了极大便利,但随着证券化技术带来的风险叠加和杠杆效应,全球经济也因此受到了一定的影响。

二、国际证券的发行

(一) 国际债券的发行

国际债券的发行需要满足一些发行条件,这些条件包括发行额、票面利率、偿还期限、发行价格、偿还方式和付息方式等。发行条件如何,对于发行人的筹资成本、债券能否成功发行有重要影响。

满足发行条件后,国际债券的发行还需要一些主要文件,包括销售说明书、有价证券申请书、承销协议和其他一些信托或财务代理协议。具备以上条件和手续以后,国际债券就可以按照相关的程序发行了。外国债券和欧洲债券的发行程序有所区别,欧洲债券是一种无国际债券,发行欧洲债券通常不需要申请注册,也没有发行资格限制,因此没有公募与私募的区别,发行程序也相对简单。

(二) 国际股票的发行

在不同层次、不同地域的市场发行国际股票的程序不尽相同,但从企业的角度出发,其国际股票的发行程序基本一致。一般而言,主要包括以下步骤:国际股票发行决策,选择国际股票发行市场,选择投资银行,拟定发行文件,资产评估,资产重组,提出发行股票申请,股票发行准备,股票发行。

依据国际惯例,股票发行上市必须具备一定的条件,并遵照一定的程序取得发行资格,在办理必要手续以后才能进行。股票发行的条件可以分为一般条件和特殊条件。一般条件是指发行人必须依照特定程序,向相关机构报送有关文件。这些文件包括发行章程、发行申请书、发行说明书、承销协议、注册会计师报告、律师意见书、公证人报告以及发行人的财务报告等。特殊条件通常适用于初次发行股票的企业,是指法律规定发行人应具有的必要条件。与发行条件类似的上市条件,又称上市标准,是指各国证券交易所对申请股票上市的公司依据当地的情况所作的规定,只有符合这些规定和要求,公司才被准许在交易所挂牌上市。上市条件通常包括资本额、资本结构、盈利能力、股权分散程度、公司规模等方面的内容。

从世界范围来看,股票首次公开发行的方式有以下几种:累积订单发行(booking-building)、固定价格发行(fixed price)、累积订单和固定价格相结合以及招标竞价发行等。

(三) 国际资产证券化产品的发行

当前面向国际投资者发行的资产证券化产品主要包括资产支持证券(asset backed securities,ABS)、抵押支持证券(mortgage backed securities,MBS)、担保债务凭证(collateral debt obligations,CDO)、信用违约互换(credit default swap,CDS)、房地产信托投资基金(real estate investment trusts,REITs)五种。

ABS 是一种信托产品,由信贷资产的受托机构向投资者发行,用该标的财产产生的收益作为信托产品的收益。

MBS 是 ABS 的一种特殊形式,也是最早的资产证券化产品,其中用以产生收益的资产是银行的住房抵押贷款。由于使用按揭贷款购买住房的消费者需要在较长的期限内按照一定的时间间隔向银行支付房屋贷款及利息,因此形成了较长时间内的稳定的定期现金流,可以支撑 MBS 产品的利息支付。

在 CDO 中,可以用来作为资金池的被打包产品的种类十分丰富,可以是债券、债务、保费,甚至是其他的证券化产品。CDO 通过对相关资产进行结构重组,重新分割收益回报和风险,以满足不同投资者的需要。在必要的时候,CDO 的标的产品可以是另一个 CDO,即产生"CDO 的平方"甚至"N 次方"。

CDS 类似于对于信用风险事件所购买的保险。在 CDS 中,该产品的购买者定期向产品的发售者支付一定的费用,并约定信用风险事件一旦发生,该产品的购买者有权将 CDS 以面值出售给发售方,从而规避信用风险。

REITs 是一种通过发行收益凭证的方式汇集特定多数投资者的基金。基金募集完毕后由专业的投资机构使用资金进行房地产的投资经营管理,并依靠经营收益按照投资者持有资金的比例进行分红。REITs 的产生一方面通过众人拾柴火焰高的方式满足了广大中小投资者投资于房地产市场,特别是投资于商业物业的需求,另一方面也满足了广大房地产开发商的融资需求,使其可以通过将房地产作为 REITs 标的的方式快速实现资金回笼。

三、国际证券融资的特点

证券交易是一种传统的市场投融资活动或行为。如果不考虑投资动机,则购买或持有证券主要是一种投资行为,而出售或发行证券主要是一种融资行为。证券主要包括股票和债券。发行股票和债券是股份制企业筹集长期资本的重要方式,同时也是各国政府和国际金融机构筹集国际长期资本的一种主要方式。目前,国际上规模最大的国际证券交易市场是美国纽约和英国伦敦的证券交易中心。

国际市场上的证券融资活动有着与国内市场不同的特点,具体如下:

(1) 国际市场的证券融资对融资者的要求高于国内市场,尤其是对证券上市的企业有较国内市场更为严格的规定,如企业资产规模、股东人数和税前年收益等都必须达到证券上市的国际标准,门槛较高。

同时,为了便于投资者对上市证券的选择,世界各地的大型证券交易市场还组织专门的知名评估机构对上市证券进行评定并分出等级,以供投资者参考。例如,美国的标准普尔公司(Standard & Poor's)和穆迪公司(Moody's)就是国际著名的评估机构。

(2) 在国际市场进行证券融资,融资成本一般低于国际商业银行贷款。其原因主要是融资者都是通过高标准筛选评估出来的,有较高信誉,发行条件优越。同时,不记名证券的持有人可以合理避税,所以融资者可在国际市场上以较低利率发行不记名证券,降低发行成本。除此之外,国际市场上融资的规模一般都比较大,所以平均成本较低。还有其他一些特殊原因,如欧洲债券的发行因管制宽松而具有融资成本低的特点。

(3) 国际证券融资的工具除股票、公司债券、政府债券等外,还包括外国债券和欧洲债券等。

四、国际证券融资的参与者

国际证券融资的参与者主要包括证券经营机构、股份公司、股东、债权人以及各国政府和国际金融机构。

(一) 证券经营机构的组成

证券市场分为初级市场和二级市场。投资银行是初级证券市场的主要经营者,专营证券的发行和分销业务。二级市场一般是以证券交易所为特定交易场所,对已发行的证券进行交易或转让的市场,其证券交易由证券管理机构、证券商和经纪人完成。

(二) 国际证券融资者的构成

初级市场上的国际证券融资者主要是股份公司及各国政府与国际金融机构。它们是国际证券市场上主要的资金需求者,以发行各种不同类型、不同期限、不同币种的国际证券的方式获得中长期资金融通。二级市场上的融资者主要是股东和债权人。股票和债券是持有者所拥有的产权或债权,在他们有资金需求时,通过二级市场将其产权或债权变现,这也是一种资金融通的方式。

阅读专栏 7-2　　　　　　　　来华国际投资者越来越多

科创板即将迎来开市三周年。这三年来,企业业绩快速增长,"硬科技"底色持续彰显,国际化水平稳步提升。

上交所全球业务发展专业委员会副主任委员傅浩日前表示,科创板立足科技创新,科创板上市公司高度集中于高新技术产业和战略性新兴产业。其中,集成电路领域公司形成上下游链条完整、产业功能齐备的发展格局;光伏、动力电池、工业机器人等产业链也已初具规模。

对于国际投资者来说,由于科创板呈现出的高成长性和境外机构投资渠道的持续拓展,国际投资者越来越成为科创板市场重要的参与者。

《科创板日报》记者统计发现,今年以来(截至 2022 年 7 月 10 日),境外投资机构对科创板公司的调研动作密集,4 700 余家次境外机构累计调研了 215 家公司,其中不乏美银证券、摩根士丹利、三井住友、淡马锡、花旗银行等全球知名机构。

从境外机构调研时间点选择来看,据星矿统计数据,1 月和 4 月更加集中,分别有 887 家次和 1 223 家次。每年 4 月是上市公司年报与一季报披露的热季,2022 年 4 月,境外机构调研数量总体仍发生显著增长。

从热门板块龙头个股接受调研的情况来看,其所属细分行业涵盖机器视觉、手机消费电子、生物医药、信息安全、工业母机、半导体设备及芯片等赛道。

奥普特今年以来接受境外机构调研的次数最多,为 303 家次;传音控股次之,总计 283 家次;君实生物排在第三,有 213 家次。此外,中微公司、石头科技、容百科技、奇安信、澜起科技、科德数控、澳华内镜等 7 家科创板公司,今年以来接受境外机构调研次数也都超过百家次。

据悉,奥普特定位于高中端市场,2021 年在锂电池生产领域取得新进展,获宁德时代、比亚迪、蜂巢等企业认可,2021 年公司实现 8.75 亿元营收,同比增长 36.21%,而且境外营收同比翻倍。不过在 2022 年 A 股市场主要股指回撤的背景下,奥普特股价在 4 月跌至 124.41 元/股,迎来上市以来的历史最低点,较历史高位跌幅近 75%。

就在经历低点后,奥普特股价 5 月、6 月迎来"V 字型"反弹,最新报价 262.43 元/股。

值得注意的是,奥普特在 2022 年一季度每月接受境外机构调研数量仅为个位数,但 4 月至 6 月则密集接待了 74、95、113 家次的境外机构调研,数量变化与公司股价走势同步。

按照最新收盘价,传音控股市值为 666.85 亿元,在科创板中排在第 10 位,2021 年营收规模则居科创板公司第 1 位,归属净利润排在第 4 位。2021 年,传音控股智能手机在非洲、东南亚等海外市场占有率居前,并且公司正在加速发展移动互联等业务。

星矿数据显示,今年以来,境外投资机构对传音控股关注度不减,除 1 月有较为集中的 80 家次调研外,2 月至 6 月平均每月有 40 家次。不过,公司股价在 4 月底和 5 月底发生小幅反弹后,6 月初至今又延续了此前的下跌趋势。

君实生物在今年 4 月集中受到 111 家次境外机构调研,但从 5 月至今,却再无境内外机构调研记录公告。

2022 年 5 月 23 日晚,君实生物披露其合作开发的新冠特效药达到方案预设主要终点,并计划递交新药上市申请,但股价隔日即发生 20CM 跌停,并且按照当日收盘价计算,一个月内股价跌超 40%。

《科创板日报》此前曾报道,二级市场目前对君实生物药物估值或相应市场空间的判断存在一定差异,并且公司新药对新冠重症患者的临床试验仍未揭盲。

资料来源:郭辉.国际投资者越来越多!美银证券、淡马锡等机构 4 700 余次调研科创板公司[EB/OL].(2022-07-10)[2022-09-15]. https://finance.sina.com.cn/stock/zldx/2022-07-10/doc-imizmscv0926816.shtml?tj=cxvertical_pc_pager_spt&tr=174.

本章提要

1. 国际商业银行贷款是指借款人为了满足本国经济建设的需要,支持某一个建设项目或其他一般用途而在国际金融市场上向外国银行筹借的贷款。

2. 在进出口贸易中运用相应的资金融通技术,是现代国际贸易的发展方向之一。

3. 保理业务、卖方信贷和买方信贷是开展国际贸易业务的公司常用的三种融资方法,合理地使用一项或多项融资方式可以有效缓解公司的资金压力。

4. 国际证券融资是指在国际金融市场上通过股票、债券等有价证券交易形式进行的融资活动。

思考题

1. 什么是银团贷款?银团贷款中借款人需要支付哪些费用?
2. 保理业务的特点有哪些?保理业务与一般贴现业务有哪些不同?
3. 买方信贷的贷款条件是什么?与卖方信贷相比,买方信贷具有哪些优势?
4. 什么是福费廷业务?福费廷业务与保理业务的主要区别是什么?

下　篇

第八章　国际货币制度
第九章　国际金融组织
第十章　国际资本流动与债务危机

第八章　国际货币制度

[学习目标]

通过学习本章,应掌握国际货币制度的基本框架和内容、国际货币制度演变的历史沿革;了解国际金本位制的特征,熟悉布雷顿森林体系的内容、作用及崩溃的原因,知晓牙买加体系的内容及运行特征。

[素养目标]

通过学习国际货币制度的相关知识,了解国际货币制度建立的历史沿革和运行规律,正确认识美元霸权的实质和改革现行国际货币制度的必要性以及人民币汇率制度改革对国际货币制度建设的深远意义,打造国际金融人才应具有的宽广视野。

[重点难点]

国际货币制度的基本框架、布雷顿森林体系和牙买加体系的特点、欧洲货币一体化的进程、铸币税

[引导案例]

"欧元之父"蒙代尔

蒙代尔之所以被称为经济学领域的"巨星",源于他所作出的杰出贡献。

1999年1月1日,欧元作为一种账面货币在奥地利、比利时、法国、德国、芬兰、荷兰等11个国家使用。2002年7月,欧元成为欧元区唯一合法货币。欧元的出现极大地改变了世界经济格局,而欧元诞生背后的理论基础奠基人就是蒙代尔。

20世纪60年代,全球大多数国家依旧遵守固定汇率政策,虽然已经有少数人研究过浮动汇率的优缺点,但他们仍一致认为国家有自己的通货是必需的。

1961年,蒙代尔在《美国经济评论》杂志上发表了一篇题为《最优货币区理论》的论文,首次提出某一区域内国家放弃货币主权、使用共同货币的主张。这一理论随即在经济学界引发激烈讨论,不少学者认为它打破了传统的国家概念,过于激进。

在当时,蒙代尔的研究无疑是十分超前的,甚至被称为"疯子思维",但他不顾外界质疑,始终坚持共同货币理论,并刻画出最优货币区。他认为,在理想情况下,生产要素具有流动性的地区应该使用一种货币,生产要素不具有流动性的地区应该使用不同货币,这恰恰成为后来欧元启动的理论基础。

蒙代尔于哥伦比亚大学执教期间撰写了大量关于国际货币制度的文章,催化了欧元的诞生。1999年,为了适应全球化发展的趋势,快速提升货币实力,挑战美元地位,欧洲

的决策者们决定把蒙代尔的理论付诸实践。欧元的诞生不仅加速了欧盟政治一体化建设,也极大地增强了欧盟的政治实力和影响力。

同年,蒙代尔获得诺贝尔经济学奖,评选委员会表示,在预测国际货币安排和资本市场的未来发展方面,蒙代尔选择的问题几乎具有预言般的准确性。曾经被认为荒唐的最优货币区理论,回过头去看竟成了趋势。

毫无疑问,蒙代尔对于欧元的诞生以及世界经济领域都产生了巨大影响。《福布斯》曾刊文评价他说,他发表的期刊文章就像"宙斯一样",主宰了20世纪60年代的国际贸易理论。

蒙代尔生前对中国经济的发展颇有研究,还曾多次到访中国,与中国有很深的渊源。除了到中国许多著名学府讲学和访问,蒙代尔还时常关注中国经济发展,并建言献策。2012年,蒙代尔应邀来到中国证监会,首次提出要建立一个美元、欧元和人民币三方汇率稳定机制,即将人民币纳入欧元和美元的汇率稳定机制中,建立一个货币区域。晚年,蒙代尔还创作出了以中国为背景的电影剧本,讲述了一位传教士辛亥革命前后在中国的一段经历。

如今,这位与中国渊源不断、闪耀经济学领域的"巨星"陨落了,但他在经济领域的探索精神早已照耀了一代又一代经济学人。

资料来源:王喆宁,杨礼旗."欧元之父"蒙代尔去世 曾预言人民币有望成为世界三大货币之一[EB/OL].(2021-04-06)[2022-09-15]. https://finance.sina.com.cn/world/2021-04-06/doc-ikmxzfmk5302603.shtml.

国际货币制度(international monetary system)又称国际货币体系,在国际金融领域内具有基础性作用,对国际贸易支付结算、国际资本流动、各国外汇储备、汇率的调整、国际收支都有重大影响,同时也是各国国内金融稳定的重要保证。

第一节 国际货币制度概述

党的二十大报告对我国实行的更加积极主动的开放战略给予了充分肯定和高度评价,我国在成为一百四十多个国家和地区的主要贸易伙伴的同时,广泛吸引外资、增加对外投资,形成了更大范围、更宽领域、更深层次的对外开放格局。在对外投资和对外贸易中,为保障收益、降低风险,需要对不同货币的支付特点、币值强弱进行充分预判,而对国际货币制度的认识是了解主流支付货币的第一步。国际货币制度是指各国通过国际惯例、协议和国际经济组织,对各国货币发挥世界货币职能所作出的制度性安排。这些安排也被人们称为"游戏规则"。

一、国际货币制度的主要内容

一种国际货币制度的产生,主要是因为各国在政治上是独立的,而在经济和金融上却是相互依赖的,这就需要一种货币制度来协调各个独立国家的经济活动。货币制度的产生既可以是自下而上的,即依靠市场自发形成,经过实际经济活动的检验证明有效后,通过法律等形式固定下来；也可以是自上而下的，即先通过法律等形式确定货币制度，再在制度的框架内指导经济活动。

随着货币承担的职能逐渐丰富，不同国家之间的沟通从单纯的商贸往来升级成更加复杂的经济金融活动，国际货币制度也被赋予了更全面的使命，升级为全球层面的金融体系制度。历史表明，一种理想的国际金融体系能够促进国际金融运行的协调和稳定，促进国际贸易和国际资本流动的顺利发展，并使各国公平、合理地享受国际经济交往的利益；反之，则会成为国际经济发展的阻碍因素。一种国际货币制度应包括以下内容：

1. 汇率制度的确定

汇率作为两国货币的比价，其决定和变动受各国国内及国际金融市场上多种复杂因素的影响。一定时期内，如何确定各国货币之间的比价，如何确立货币比价的依据或标准，如何确定货币比价的波动界限，以及如何调整或维持货币比价，不仅是由一国货币制度及汇率制度所决定的，同时也是国际货币制度进行协调和管理的重要内容。

2. 国际货币和储备资产的确定

国际货币和储备资产的确定，就是确定以什么作为国际货币（黄金或某国货币）用于国际支付，一国政府应持有何种资产作为各国普遍接受的储备资产，以及为满足国际支付和调节国际收支的需要，一国应持有的储备资产总额和构成。

3. 国际收支的调节机制

国际收支从总体上反映一国对外经济交易的状况。任何国家的国际收支，无论何时都难以做到收支完全相抵、恰好平衡，而是经常处于不平衡状态。但如果一国长期处于顺差或逆差状态，则需要进行调整。在国际经济一体化背景下，一国国际收支的调整势必影响该国与其他相关国家的经济关系。因此，国际货币制度要对各国国际收支调整的方式进行协调和约束，制定相应的规则和制度。

4. 各国货币的可兑换性与国际结算的原则

该项内容包括一国货币能否自由兑换，在结算国家间债权债务时采取何种结算方式，对支付是否加以限制等。

以上几方面的内容中，汇率制度居于核心地位，它制约着国际货币制度的其他方面，反映了一定时期内国际货币制度的特征。

二、国际货币制度的类型

国际货币制度作为一个有组织的整体，可以是体制或惯例逐步发展最终得到公认的，也可以是通过国际会议确立的。从历史发展过程看，国际金本位制是一种自发形成的国际货币制度；布雷顿森林体系则是一种通过国际会议建立起来的国际货币制度；而牙买加体系是继布雷顿森林体系之后的现行国际货币制度。三个不同时期的国际货币制度可以根据两种不同的标准，即货币本位和汇率制度进行分类。

（一）以货币本位为标准对国际货币制度进行分类

货币本位是国家以法律形式规定的基本货币单位的价值标准。它涉及储备资产的性质，是国际货币制度的一个重要方面。以货币本位为标准，国际储备资产的性质可以分为两大类，即商品储备和信用储备；而根据储备资产的性质，国际货币制度可以分为三种类型,即商品本位制度、信用本位制度及混合本位制度。

1. 商品本位制度

商品本位制度主要是指以特殊商品黄金作为一国基本货币单位的价值标准,并将金属货币用于实际商品流通和货币流通的制度。例如,金本位制就是以黄金这种特殊商品作为一国基本货币单位的价值标准,将货币定量为吨、千克、克及盎司等单位,在流通中广泛使用的制度。与此同时,黄金作为一种特殊商品,还在国际上充当世界货币和国际储备资产的角色。国际金本位制就是一种典型的商品本位制度。

2. 信用本位制度

信用本位制度是指以信用货币所代表的价值量作为一国基本货币单位的价值标准,并将信用货币用于实际商品流通和货币流通的制度。在这种制度下,黄金已经非货币化,而且纸币的发行也已脱离了与黄金的联系,不再以黄金作为货币的价值标准,纸币不再能够与黄金相兑换。不兑换的信用货币制度就是以各国法定发行的纸币所代表的价值量作为一国基本货币单位的价值标准,将纸币定量为名称各异的货币单位,在流通中广泛使用的制度,如美国的美元、美分,英国的英镑、先令,中国的元、角、分等。之所以称作"不兑换的信用货币",是因为现代纸币是各国根据其经济增长的需要,通过以中央银行为核心的信用渠道发行的。一国纸币发行的总量与一国一定时期国民收入的总量相当,由国民收入规模决定,因此纸币所代表的价值量实质上就是国民收入的价值量。手持纸币相当于对中央银行的债权,据此可获得购买一般商品的权利,但已经不能兑换黄金。与此同时,一些西方发达国家的可自由兑换货币实际上充当着世界货币和国际储备资产的角色。在《牙买加协议》基础上建立起来的现行国际货币体系就是典型的信用本位制度。

3. 混合本位制度

混合本位制度是指以黄金作为一国基本货币单位的价值标准,但以纸币作为黄金的代表用于实际商品流通和货币流通的制度。在这种制度下,纸币的发行受黄金准备金的约束,单位纸币规定法定含金量,而且纸币与黄金之间可以进行有限兑换。例如,金汇兑本位制度就是以黄金准备作为纸币发行的基础及一国基本货币单位的价值标准,并以纸币的含金量为依据,将纸币定义为名称各异的货币单位,在流通中广泛使用的制度。与此同时,黄金和某种国际中心货币在国际上充当世界货币和国际储备资产的角色。布雷顿森林体系就是典型的混合本位制度。

(二) 以汇率制度为标准对国际货币制度进行分类

汇率表示两国货币的比率或比价,是国际货币制度协调机制的核心内容之一。汇率制度的不同主要表现在汇率弹性的差异上。根据汇率弹性的大小可以将国际货币制度分为三种类型。

1. 固定汇率制

固定汇率制是指以某种限制或规定使汇率在一定范围内进行波动的制度。汇率波动受到约束,因此弹性较小。在历史上,国际金本位制与布雷顿森林体系都实行固定汇率制,但前者是自发地以两国货币的含金量为基础确定两国货币的比价,并以黄金输送点为汇率波动幅度的自然界限,而后者则是由国际货币会议人为地确定各国货币之间的比价及波动幅度。

2. 浮动汇率制

浮动汇率制是指主要由外汇供求关系自发作用决定和影响汇率的制度。汇率波动受到的约束较少,因此弹性较大。现行国际货币制度实行的就是浮动汇率制。不过,尽管目前国际上普遍实行浮动汇率制,但完全听凭市场自由发挥作用、对汇率涨落放任不管的情况几乎是不可能发生的,各国都会在不同程度上对汇率进行控制或调节。

3. 介于两者之间的汇率制度

介于固定汇率制与浮动汇率制之间的汇率制度包括管理浮动制、联系汇率制、联合浮动制等。这些汇率制度或以固定汇率为主兼有浮动汇率的性质,或以浮动汇率为主兼有固定汇率的特征。其中,管理浮动制是自由浮动制的对称,是一种可以由货币当局自主调节和管理汇率的涨落,使汇率按照当局的意图进行浮动的汇率制度。联系汇率制也称钉住汇率制,是指使一国货币与另一国货币保持固定联系的汇率制度。实行联系汇率制的国家的货币一般是钉住美元、英镑等西方发达国家的货币,使本币与美元、英镑等货币的比价保持固定联系,然后根据联系方式或程度的不同再进一步划分为有调整的钉住汇率制、爬行钉住汇率制等。联合浮动制是单独浮动制的对称,是指由一些国家组成货币集团,并规定集团内部各国货币的比价和波动幅度,而对集团之外的货币按照统一幅度进行波动的汇率制度。

第二节 国际货币制度演进

从国际货币制度发展演变的整个过程来看,每一时期的国际货币制度都不同程度地存在一些矛盾和冲突,并经常由此导致各种危机的产生。国际货币制度的历史发展过程大体经历了三个时期:国际金本位制、布雷顿森林体系和《牙买加协议》基础上的现行国际货币体系。

一、国际金本位制

国际金本位制(international gold standard system)是19世纪初到20世纪上半期在西方各国普遍实行的一种自发性的国际货币制度,英国在1816年实行金本位制,此后其他资本主义国家纷纷效仿,在19世纪后期普遍实行金本位制。这样在各国之间就自然形成了一个统一而松散的国际货币体系——国际金本位制。

(一)金本位制的特点及作用

1. 金本位制的特点

金本位制作为一种国际货币制度,其特点是:

(1)统一性。表现在主要国家都实行金本位制,各国都为本国货币规定了含金量,采取大致相同的政策措施,各国之间的货币比价被固定下来。也就是说,只有在西方国家普遍采用金本位制后,金本位制才算建立起来。

(2)松散性。国际金本位制是自发形成的,没有统一的章程,也没有一个国际组织的领导和监督。

2. 金本位制的作用

金本位制是一种比较稳定健全的货币制度,对当时资本主义各国及世界经济的发展产生了一定的积极作用,具体表现在以下三个方面:

(1) 金本位制条件下的币值稳定,有利于商品流通和信用的扩大,促进各国生产的发展。

(2) 金本位制条件下的汇率稳定,降低了国际贸易和国际资本流动的风险,为各国经济往来和世界经济的发展创造了有利条件。

(3) 黄金自由输出输入可以起到自动调节国际收支的作用。由国际收支逆差引起的黄金外流会导致逆差国国内货币供给减少,物价下跌,从而达到刺激出口及改善国际收支的效果。

(二) 金本位制的演变及崩溃

金本位制经历了金币本位制、金块本位制和金汇兑本位制三个历史发展阶段。

1. 金本位制的历史演变

第一次世界大战前夕,西方各国为了准备战争,加紧了对黄金的掠夺,使许多国家的金币自由铸造与自由兑换受到了严重削弱,黄金输出输入也受到了严格限制。战争爆发后,参战各国因军费开支猛增而大量发行纸币或银行券。同时又由于遭受经济危机,商品输出减少,资本外逃严重,黄金短缺,各国纷纷停止金币铸造和兑换,禁止黄金输出,从根本上动摇了金币本位制赖以生存的必要条件。即便是在战争结束后的相对稳定时期,各国也未能恢复到传统的金币本位制,而是实行残缺不全的金本位制,即金块本位制和金汇兑本位制。现分别说明如下:

(1) 金币本位制。第一次世界大战以前,西方国家实行典型的金币本位制。流通中的货币为金币和纸币,其典型特征是"三大自由",即金币自由铸造、金币自由兑换和黄金自由输出输入国境。金币自由铸造指金币可以根据黄金持有人的申请自动铸造,同时人们也可以自由地将金币熔成金块,退出流通领域。金币的自由铸造保证了黄金的市场价格既不会低于货币的价值,也不会高于货币的价值,从而保证了黄金市场价格的稳定。金币自由兑换指事先为一国货币单位确定一个含金量,或规定每单位黄金的价格,允许银行券流通,但它只是作为黄金的符号,纸币可以按票面额自由兑换成黄金。这一规定可保障货币与黄金的固定联系,保证了纸币价值稳定。黄金自由输出输入国境可使黄金的国内外价格维持同等水平,从而使本国货币与外国货币之间的汇率保持稳定。

在金币本位制下,一国国际收支失衡是由黄金自由输出输入调节的,即"现金-物价流动机制"。但事实上,许多国家往往不愿牺牲国内利益来维持国际收支平衡,而是想方设法采用各种手段限制黄金的自由输出输入。

第一次世界大战爆发后,参战各国的金本位制陷入崩溃。第一次世界大战结束后,许多国家出现了严重的通货膨胀,现钞和黄金之间的自由兑换和黄金的自由流通遭到破坏,金币本位制崩溃,一些国家相继实行两种变形的金本位制,即金块本位制和金汇兑本位制。

(2) 金块本位制。金块本位制是以黄金作为发行纸币的准备金,以纸币作为价值符号充当流通手段的一种货币制度,是在金币本位制的三个特征条件已不能完全具备情况下的一种残缺不全的金本位制。第一次世界大战结束后,除美国还能继续实行金币本位制外,英、法等国都无法维持金币本位制,而不得不实行金块本位制。

当时西方各国经济政治发展不平衡,黄金存量集中于少数帝国主义强国,其他国家金币自由铸造和自由流通的基础遭到破坏,由此转为在金块本位制下实行纸币流通。黄金只是作为纸币发行的准备而存于国库,不再铸造金币,但货币单位仍规定含金量。同时,战争使财政支出猛增,各国政府不得不以发行纸币或银行券的方式来维持巨额军费开支,使纸币发行数量大大超过流通中所需要的货币量,纸币贬值,破坏了纸币自由兑换黄金的原则。因此,在金块本位制下,价值符号只能在规定限额下兑换黄金。而且为了防止黄金外流,各国纷纷采取了严格限制黄金输出输入的措施。

(3)金汇兑本位制。金汇兑本位制又称虚金本位制,是以外汇资产作为发行纸币的准备金,实行纯粹纸币流通的货币制度,是在金币本位制的三个特征条件已基本不具备情况下的一种残缺不全的金本位制。实行金汇兑本位制的国家是那些没有能力维持金块本位制的弱小的落后国家,即当时的一些殖民地附属国。它们以外汇资产即殖民地宗主国的货币作为其发行纸币的准备。其特点是:纸币流通,但货币单位仍规定含金量;本国纸币完全不能与黄金相兑换,但可以与外汇资产相兑换;严格禁止黄金自由输出输入。

2. 金本位制的崩溃及原因

在金本位制产生后近一个世纪的时期内,由于世界经济发展较为稳定以及当时重要金矿的发现和开采,黄金生产增长较快,供应充分,金本位制没有受到过严重考验,一直保持顺利运行。但第一次世界大战后,金本位制赖以存在的基础遭到严重破坏,从而陷入崩溃。究其原因,可以简单归纳为以下两个方面:

(1)战争和危机动摇了金本位制赖以存在的必要条件。从金币本位制过渡到金块本位制及金汇兑本位制的整个过程,都与战争和经济危机的爆发直接相关。第一次世界大战是导致金本位制难以维持的导火索,而在1929—1933年的世界性经济危机爆发后,金本位制基本陷入崩溃。

(2)黄金产量不足以满足流通中对货币的需要,以及黄金在世界各国的分布不均,是金本位制崩溃的根本原因。从自由竞争过渡到垄断,资本主义世界经济得到空前发展,各国商品流通及国际贸易规模与速度的增长远远超过了生产的增长,而黄金的生产却远远不能满足流通中对货币的需要。同时,世界各国经济政治的发展不平衡使得黄金分布不均衡,导致金本位制难以维持以至于最终崩溃。

另外,用黄金作为货币材料本身也是对资源的一种浪费。因为从本质上讲,货币只是一种用于商品交换的媒介。在交换中,人们并不关心货币的材质,只关心货币的面值。在实践中人们已经认识到,完全可以用相对低廉的材料代替黄金这种贵金属来充当货币。

二、布雷顿森林体系

第二次世界大战后,资本主义世界建立了一个以美元为中心的国际货币制度,即布雷顿森林体系,这个体系是英、美两国在国际金融领域为争夺主导权斗争的产物。

(一) 布雷顿森林体系建立的时代背景

第二次世界大战使西方各国之间的实力对比发生了巨大变化。一方面,以英国为代表的老牌帝国主义国家受到了严重的战争创伤,国民经济遭到严重破坏。但英镑区和帝国特惠制仍然存在,英镑仍然是一种主要的国际储备货币,40%左右的国际贸易仍用英镑结算,所以英国仍竭力保持其国际地位。另一方面,第二次世界大战后美国经济实力大大增强,急欲建立美元霸权地位。第二次世界大战结束时,美国的工业制成品占世界工业制成品总量的一半;对外贸易额占世界贸易总额的三分之一以上;对外投资迅速增长,成为世界上最大的债权国;黄金储备占世界黄金储备总额的近三分之二。美国雄厚的经济实力为建立美元的霸权地位提供了充足的物质条件。

因此,英美两国都从本国利益出发,设计新的国际货币秩序,于1943年4月7日分别提出各自的方案,即美国的怀特计划和英国的凯恩斯计划。

1. 美国方案

美国方案是由时任美国财政部官员怀特提出的,全称为国际稳定基金计划,简称怀特计划(White plan)。其主要内容如下:

(1) 设立国际货币稳定基金,资金总额为50亿美元。基金采取存款制,其存款份额由各成员以黄金、外汇及本币或政府债券认缴。认缴份额的多少取决于各国黄金外汇储备、国民收入及国际收支差额变化等因素。成员认缴份额的数量又决定了其在基金组织相关事务中投票权的多少。

(2) 基金组织拟发行一种名为尤尼他(Unita)的国际货币作为计价单位,规定其含金量相当于当时的10美元。而且,这种国际货币可以兑换黄金,也可以在成员之间相互流通。

(3) 采用固定汇率制。基金组织要求各国规定其本币与尤尼他之间的法定平价。平价一旦确定,非经基金组织同意不得任意变动。

(4) 成员在应付临时性国际收支逆差时,可用本币向基金组织购买所需外汇,但数额不得超过其所认缴的基金份额。

从怀特计划的主要内容不难看出,美国设计该方案的目的是凭借美国当时拥有的雄厚财力和绝对优势,一手操纵和控制基金组织,从而获得对国际金融领域的统治权。最终美国正是通过布雷顿森林体系实现了怀特计划。

2. 英国方案

英国方案是由时任英国财政部顾问凯恩斯提出的,全称为国际清算同盟计划,简称凯恩斯计划(Keynes plan)。其主要内容如下:

(1) 建立一个国际清算联盟,此联盟不需各国以黄金或货币缴纳份额,而是采取透支制。透支总额为260亿美元,联盟各国的透支额以第二次世界大战前三年的进出口贸易平均额计算。

(2) 发行一种名为班柯(Bancor)的国际信用货币作为国际清算单位。

(3) 班柯以一定黄金量表示,联盟各国货币直接与班柯联系,但允许各国调整汇率。

(4) 各国在联盟设立往来账户。当发生国际收支顺差时,将其盈余存入账户,但不得兑换黄金和现款,只能用于对外投资和购买支付。当发生国际收支逆差时,按规定份额申请透支或提取存款进行支付。

与怀特计划设计的目的不同,凯恩斯计划从英国当时的困境和需要出发,尽量弱化黄金的作用,意欲建立一个有利于英国的国际货币制度。

两个方案反映了英美两国经济地位的变化及两国争夺世界金融霸权的斗争。经过激烈的争论后,在美国强大政治经济优势的压力下,英国被迫放弃国际清算同盟计划而屈从于美国,接受了美国方案,美国也因此作出一些让步。最后双方达成协议,在1944年的联合国货币金融会议上通过了以怀特计划为依据的《布雷顿森林协定》,并在此协定的基础上建立了布雷顿森林体系,确立了美元的霸权地位。

(二) 布雷顿森林体系的主要内容

布雷顿森林体系建立了成员之间的货币平价和固定汇率制,实行所谓的双挂钩制度,即美元与黄金挂钩、各国货币与美元挂钩的制度,同时建立了一个永久性的国际金融机构——国际货币基金组织(IMF),并用以进行国际金融协调和管理。双挂钩制度是布雷顿森林体系的核心内容,可用图8-1表示。

黄金 ←1盎司黄金=35美元→ 美元 ←固定比价→ 各国货币

图 8-1 双挂钩制度

布雷顿森林体系的具体内容有以下五点:

1. 以美元作为最主要的国际货币,实行美元-黄金本位制

美元与黄金直接挂钩,规定"1 盎司 = 35 美元"的黄金官价,美国保证各国中央银行可随时用持有的美元按官价向美国兑换黄金,这表明布雷顿森林体系实际上是一种国际金汇兑本位制。同时,其他各成员根据自身状况确定其货币与美元的平价,这一平价一旦确定下来,就不得随意更改,并且成员有义务干预市场以维持汇率稳定。这种制度安排使美元成为一种关键货币,国际储备和国际清算支付手段主要依赖美元,各国中央银行通过持有美元保持国际储备,相当一部分国际储备以美国财政部或美联储发行的债券和美元短期存款形式持有。

2. 实行可调整的钉住汇率制

布雷顿森林体系下的汇率制度安排是一种双挂钩制度,即美元与黄金挂钩、各国货币通过与美元挂钩而间接与黄金挂钩。这种双挂钩制度构成了布雷顿森林体系的两大支柱。IMF规定,成员中央银行有义务通过外汇市场交易保证汇率波动的幅度维持在平价上下1%以内,只有当成员出现"根本性国际收支失衡"时,才可以较大幅度地调整汇率。在平价10%以内的汇率变动需通知IMF,超过10%的汇率调整则需IMF批准,所以这是一种可调整的汇率制度。在实际运行中,成员汇率调整的情况很少,偶有变动,也是贬值多于升值。

3. 确定国际收支的调节机制

针对逆差国,布雷顿森林体系制定了两种调节方式。对于短期的暂时性失衡,可通过向IMF进行资金融通而加以解决。对于国际收支出现的"根本性不平衡",IMF规定可对平价进行调整,实行法定升值或法定贬值。但由于"根本性不平衡"较抽象,没有明确标准,导致该方式在实际中难以运用。

针对顺差国,布雷顿森林体系制定了所谓的"稀缺货币条款"。当一国国际收支持续盈余,并且该国货币在 IMF 的库存下降到份额的 75% 以下时,IMF 可以将该国货币宣布为"稀缺货币"。IMF 可按逆差国的需要实行限额分配,其他国家有权对稀缺货币采取临时性兑换限制或限制进口该国商品和劳务。这一条款旨在建立顺差国和逆差国共同调节的责任。但是,这一构想难以真正实现,因为条款中还同时规定,IMF 在稀缺货币出现而确定采取办法时,要有稀缺货币国家的代表参加。这样,在布雷顿森林体系下,国际收支调节的责任实际上主要是由逆差国来承担的。

4. 取消对经常账户的外汇管制,但允许对国际资本流动进行限制

《国际货币基金协定》第 8 条规定:成员不得限制经常账户支付,不得采取歧视性货币措施,要在兑换性的基础上实行多边支付。但有三种情况例外:① 允许成员对资本项目实施外汇管制;② 允许成员在第二次世界大战后过渡时期可以延迟履行货币可兑换义务;③ 允许成员对稀缺货币采取临时性兑换管制。

5. 建立一个永久性的国际金融机构——IMF

IMF 是第二次世界大战后国际货币体系的核心,它的建立旨在促进国际货币合作,维持国际金融体系的稳定。IMF 主要有以下职能:① 监督,即监督成员遵守协定各项条款,以维护国际金融秩序;② 磋商,定期举行世界经济形势与前景的磋商,并针对个别成员出现的问题进行磋商;③ 资金融通,即对成员提供信贷。

(三) 布雷顿森林体系的特点

布雷顿森林体系是在美国经济实力雄厚、国际收支大量顺差、黄金储备充足的条件下建立起来的,这些条件决定了布雷顿森林体系的基本特点和作用。此外,布雷顿森林体系确立的固定汇率制以及创立的 IMF,在当时特定的历史时期,对维护国际金融秩序和协调国际金融关系都曾起到重要的积极作用。布雷顿森林体系建立后,国际金融关系出现了一些新的特点,主要表现在以下四个方面:

(1) 在布雷顿森林体系下的国际储备中,黄金和美元并重。美国不仅凭借其第二次世界大战后所拥有的巨额黄金储备强调黄金的作用,而且将美元与黄金挂钩,使美元等同于黄金,与黄金并重,突出美元的霸权地位。

(2) 在所有西方国家货币中,美元是唯一的中心货币和主要的储备资产。而第二次世界大战前处于统治地位的储备货币除美元外,还包括法郎、英镑等其他西方国家货币。因此,保持美元单一中心货币是布雷顿森林体系的显著特点。

(3) 只允许外国政府而不允许外国居民用美元向美国政府兑换黄金。而第二次世界大战前,英、美、法等国都允许居民兑换黄金,那些实行金汇兑本位制的国家也允许居民用外汇向英、美、法等国兑换黄金。

(4) 建立了 IMF 作为维持国际金融秩序的中心机构。而第二次世界大战前,英国虽然在国际货币领域占统治地位,但从未建立起一个全球性的国际机构。

(四) 布雷顿森林体系的缺陷及崩溃

虽然布雷顿森林体系的运转在客观上发挥了一定的积极作用,成功地进行了一系列

国际货币合作,但其运行机制有很大的内在缺陷,导致了其最终的崩溃。

1. 布雷顿森林体系的致命缺陷

导致布雷顿森林体系最终崩溃的根本原因在于,其赖以存在的基础具有内在的不稳定性,以及其运行机制存在内在矛盾。

(1) 储备货币发行国与其他国家之间的利益分配不公平。布雷顿森林体系建立之时,美国垄断了世界绝大多数黄金储备,在经济上占有绝对优势。美元作为主要的国际储备资产,享有一种相当稳固的特权地位。美国不仅可以利用美元操纵国际金融事务,而且可以利用美元弥补其国际收支赤字。同时,各国货币钉住美元实际上造成了各国货币对美元的依附关系,因而美国货币政策的实施对各国经济都会产生重大影响。另外,1盎司黄金等于35美元的黄金官价是1934年定出的,第二次世界大战后美元早已贬值。而美国正是在美元短缺或美元荒的情况下,通过高估美元来低价购买黄金和其他原材料,同时高价倾销出口商品,掠夺他国资源,攫取超额利润。

然而,一旦实力对比发生不利于美国的变化,即当从美元短缺的美元荒变成美元泛滥的美元灾,过去由美国政府对外投放的大量美元被各国政府按官价向美国政府兑换大量黄金时,美国黄金储备就会大量流失,以至于美元危机频频发生,导致国际金融领域的动荡。而且,在第二次世界大战后初期,由于各国无力与美国竞争,美元高估并未对美国出口贸易造成不利影响。但在西欧、日本经济恢复,具备一定实力后,美元高估不利于美国出口的负面影响就日益突出,从而加剧美国国际收支的不平衡和美元危机爆发的可能性。

(2) 布雷顿森林体系存在着无法克服的"特里芬难题"(Triffin dilemma)。首先,美元作为单一中心货币和国际储备资产存在内在矛盾,使美国处于两难境地。因为随着国际贸易的迅速扩大,各国国际储备必须相应增加,同时,由于第二次世界大战后黄金生产的停滞,美元在国际储备总额中所占比重不断提高,出现了国际储备供应的两难矛盾。一方面,各国国际储备的增长需要通过美国国际收支的持续逆差来实现。如果美国国际收支长期保持逆差,则不仅会导致美元汇率下跌,还会导致各国政府以大量美元向美国政府兑换黄金,引起美国黄金大量外流,从而影响美元信誉和引发美元危机。如果美国为弥补国际收支逆差而滥发美元,则会引起其国内出现通货膨胀问题。另一方面,如果美国保持其国际收支平衡,抑制国内通货膨胀,则虽然有利于保持美元汇率的稳定,但又会因此断绝其他国家国际储备的来源,造成国际清偿能力不足的矛盾。

其次,为维持美元汇率的稳定,按照IMF的规定,西方各国政府有义务对外汇市场进行干预,从而也使西方各国政府处于两难境地。因为在美元过剩的情况下,布雷顿森林体系的固定汇率制实际上助长了美国输出通货膨胀,从而不但引发和加剧了世界性通货膨胀,而且使各国政府处于一个维持国际金融秩序还是维持国内经济稳定的两难选择中。一方面,按照IMF的规定,为维持美元汇率的稳定,各国政府有义务在外汇市场上进行干预,以平抑汇价。所以,如果美元汇率下跌,各国官方金融机构就必须在外汇市场上大量抛出本币,同时购进美元,以刺激美元需求的增加,使美元汇率回升,以维持国际金融秩序的稳定,结果却导致这些国家的货币供给过多而引发通货膨胀。而且在美元过剩的情况下,手持美元显然要遭受美元贬值的损失,从而造成这些国家以牺牲国内经济平衡为代价来换取国际金融秩序稳定的局面。另一方面,如果各国要致力于维持国内经济的稳定,切断美国输出通货膨胀的通道,同时避免美元贬值的损失,就必须将手中持有的大量美元抛售,而这又会引发美元危机和国际金融领域的动荡。

(3) 布雷顿森林体系实行的固定汇率制使汇率对国际收支的调节作用失灵。固定汇率制虽然降低了国际贸易和国际资本流动的风险,有利于国际经济的发展,但布雷顿森林体系过分强调汇率的稳定,而忽视了汇率对国际收支的调节作用。因为在固定汇率制条件下,各国不能利用汇率的变动来调节国际收支逆差,只能消极地实行贸易管制,或在国内采取紧缩政策。但贸易管制会阻碍对外贸易的正常发展,国内紧缩政策则违反了稳定发展本国经济的原则。因此,由于汇率缺乏弹性,不能适应各国国内经济情况及对外经济关系的变化,汇率对国际收支的调节机制失灵。

另外,由于布雷顿森林体系建立在不平等的基础上,发展中国家获得的基金份额及参与国际金融事务的投票权过少,利用 IMF 贷款的条件过严,因此不利于及时有效地调节国际收支的不平衡,从而也不利于国际金融的稳定。

2. 美元危机爆发与布雷顿森林体系的结束

美元危机是指由于美元国际信用下降而发生的抛售美元抢购黄金及其他国家货币,而使美元汇率下跌、黄金价格及其他国家货币汇率上涨的状况或风潮。

美元危机产生主要是由于 20 世纪 50 年代以来,美元大量外流,美国国际收支持续逆差,黄金储备不断下降,从而使人们对美元的信心发生动摇,纷纷抛售美元。美元危机频频爆发是布雷顿森林体系崩溃的导火索。美元危机爆发后,国际社会与美国一起采取了许多措施,做出了种种努力,但最终仍未能从根本上解决问题,危机反而愈演愈烈,从而导致布雷顿森林体系的崩溃。

第一次美元危机于 1960 年 10 月爆发。当时,国际金融市场上掀起了抛售美元抢购黄金的巨大风潮。伦敦黄金市场的金价由 35 美元一盎司官价暴涨到 41.5 美元一盎司,高出官价 18.6%;同时,西方各国外汇市场剧烈动荡。这是美元危机对国际金融市场形成的第一次大冲击。这次危机之后,国际社会采取了建立黄金总库、订立货币互换协定、设立借款总安排等措施,但未能阻止危机继续发生。到 1967 年,美国对外短期债务激增至 331 亿美元,而黄金储备则降至相当于 121 亿美元,严重影响了美元的国际信誉。

第二次美元危机于 1968 年 3 月爆发。由于美国黄金储备短期内急剧流失,半个月内流失量达 14 亿美元,巴黎市场金价涨到每盎司 44 美元,而伦敦市场黄金日交易量达到 350~400 吨,迫使西欧大多数黄金市场停止交易,伦敦证券市场、外汇市场和黄金市场被迫关闭。1968 年 3 月 6 日,美国与相关国家举行紧急会议,宣布解散黄金总库,实行黄金双价制,美元变相贬值,同时提议建立特别提款权。

第三次美元危机于 1971 年 5 月爆发。同年 8 月 5 日,尼克松政府宣布实行所谓的"新经济政策",不仅停止履行美元兑换黄金的义务,而且加强商品进口管制,对进口商品征收 10% 的附加税,因此引起国际金融市场的混乱。同年 12 月 18 日,十国集团举行会议,达成《史密森协议》(Smithsonian Agreement),决定美元官价贬值 7.89%,金价升至每盎司 38 美元。但这一举措并未阻止美元危机的继续爆发。

第四次美元危机爆发于 1972 年 2 月。抢购黄金及联邦德国马克和日元的风潮席卷了整个西方国际金融市场,导致各国外汇市场纷纷关闭。

第五次美元危机爆发于1973年2月,迫使西方各国外汇市场再度关闭。1973年2月12日,美国被迫宣布美元官价再度贬值10%,金价升至每盎司42.22美元。但这时各国已不愿再继续承担干预外汇市场汇率的义务,纷纷实行浮动汇率制,从而宣告了布雷顿森林体系的全面瓦解。多次的美元危机已从根本上破坏了布雷顿森林体系双挂钩制度的基础,从而导致了布雷顿森林体系的彻底崩溃。

(五)布雷顿森林体系时期的国际金融合作

为了缓解美元危机,美国与国际社会进行了一系列国际金融合作,力图维持布雷顿森林体系的正常运行。其所实施的一些措施和办法虽未能使布雷顿森林体系免于崩溃的命运,但仍不失为国际金融合作的范例与借鉴。

1. 成立黄金总库

黄金总库是指在1961年10月,美国与欧洲七国(英国、法国、联邦德国、意大利、瑞士、荷兰、比利时)为维持黄金官价及美元汇率的稳定而共同建立的黄金储备账户,用以干预黄金市场稳定金价。金价上涨则卖出黄金,金价下跌买入黄金,以使金价稳定在每盎司35美元的官价水平上。总库所需黄金由各国分摊,指定英格兰银行为总库代理机构。

但黄金总库未能阻止金价的继续上涨及美元危机的爆发。1967年6月,法国宣布退出黄金总库。1968年3月,美元危机又一次爆发,黄金总库遂宣布解散。

2. 订立货币互换协定

货币互换协定是在1962年3月,由美国联邦储备银行与西方14国达成的关于互换一定量的对方货币,用以干预外汇市场、稳定美元汇率的协定。最初的协定总金额为117.3亿美元,1973年7月扩大为197.8亿美元。

3. 提出借款总安排

借款总安排也称一般借款协定或十国借贷,即十国集团的各国分别向IMF提供备用信贷的特别协议。

早在1961年9月,英美两国为使英镑和美元摆脱困境,在IMF第16届年会上就提出将IMF的贷款额增加60亿美元,以稳定国际金融秩序的建议。同年11月,美国、英国、法国、联邦德国、意大利、瑞士、荷兰、比利时、日本和加拿大十国在巴黎举行会议,决定成立十国集团,又称巴黎俱乐部,并达成《借款总安排协议》。1962年1月5日,IMF通过了十国集团设立借款总安排的建议,并于1962年10月开始生效。这样,由IMF与十国签订的60亿美元的借款预约信贷就作为IMF的补充资源在必要时使用,以维持布雷顿森林体系下的国际金融秩序。

4. 实行黄金双价制

黄金双价制是IMF对成员买卖黄金所规定实行的两种价格制度。由于第二次美元危机爆发迫使西欧大多数黄金市场停止交易,1968年3月16日,美国与黄金总库各国举行紧急会议,决定废除黄金总库,实行黄金双价制。每盎司35美元的官价只限于成员政府或中央银行向美国兑换黄金时使用,而黄金市场上的金价则由市场供求关系自行决定。从此,国际黄金市场出现两种黄金价格,美元变相贬值。

5. 创立特别提款权

特别提款权是由 IMF 创设,分配给成员使用的一种新的国际储备货币单位。它是一种无形货币,只作为成员的账面资产发挥作用,是成员原有普通提款权之外的一种特别提款权利。初创时,其含金量与美元等值;美元贬值后遂与黄金脱钩,而以本国出口占世界出口总额 1% 的西方 16 国的 16 种货币加权定值。由于计算复杂等因素,后改为以 5 个当时世界最大的劳务和商品出口国——美国、联邦德国、日本、法国和英国的货币加权定值。

早在 1965 年,为缓解美元危机,美国就提出了创立特别提款权的方案,提议让特别提款权与黄金、美元一起共同作为国际储备资产。1969 年 9 月,IMF 第 24 届年会通过了设立特别提款权的决议。由此,特别提款权与黄金、美元并列,被称为"纸黄金"(paper gold)。

特别提款权的创立有利于维护以美元为中心的国际货币制度。由于特别提款权是按成员在 IMF 的份额比例分配的,而美国在 IMF 所占份额最大,因此分到的特别提款权最多。这就等于增加了美国的黄金外汇储备,提高了美国应付国际收支逆差的能力。同时,当外国政府或中央银行用其持有的美元向美国政府兑换黄金时,美国就可利用特别提款权来应付,从而减少其黄金储备的大量流失。而且,由于特别提款权只限于政府持有,只能用于成员政府间的结算,而不能直接用于贸易和非贸易支付,因此,国际上为数众多的债权债务清算仍必须使用美元,从而使美元仍能保持其国际支付手段的中心地位。

6. 签订《史密森协议》

《史密森协议》是 1971 年 12 月 18 日 IMF 和十国集团为缓和危机,全面调整固定汇率而达成的。协议以美元贬值、美国不再承担兑换黄金义务及扩大各国货币对美元汇率的波动幅度为主要内容,力图维持以美元为中心的国际货币制度。根据协议,美元贬值 7.89%,黄金官价由每盎司 35 美元提高到每盎司 38 美元,但不再实行美元与黄金的兑换;维持固定汇率,但各国货币对美元汇率的波动幅度由原来的上下各 1% 扩大为上下各 2.25%。同时,协议还要求美国取消尼克松新经济政策实施的 10% 的进口附加税。

《史密森协议》的寿命很短,因为其决定太过仓促,只是对付美元危机的一种暂时性措施,并没有解决国际货币金融关系中的根本性问题。因此,当 1973 年 2 月美元再次贬值,主要货币汇率又开始浮动时,布雷顿森林体系全面瓦解,布雷顿森林体系时代也由此结束。

三、牙买加体系

布雷顿森林体系崩溃后,国际金融形势动荡不安,国际上为建立一个新的国际货币体系进行了长期的讨论和协商。在这个过程中,充满了各种矛盾和斗争,最终各方通过妥协就一些基本问题达成共识,于 1976 年 1 月在牙买加首都金斯顿签署了一个协议,称为《牙买加协议》。同年 4 月,IMF 理事会通过了 IMF 协议的第二次修订案,1978 年 4 月 1 日正式生效。自此国际货币体系进入了一个新的阶段——牙买加体系。

(一) 牙买加体系的内容及特点

1. 《牙买加协议》的主要内容

参与牙买加会议的有关各方进行了一系列的讨论和协商,通过妥协就一些基本问题达成共识,并成立了专门研究国际货币制度改革问题的机构。协议的主要内容包括以下五个方面:

(1) 承认浮动汇率合法化或汇率安排多样化。1973年美元危机之后,各国普遍实行浮动汇率制,导致了布雷顿森林体系的崩溃。修改后的《牙买加协议》承认了这一既成事实,并规定可以由成员自行选择汇率制度,但不允许各国操纵汇率、采取损人利己的汇率政策。

(2) 宣布"黄金非货币化"(demonetization of gold),使黄金与货币彻底脱钩,不再作为各国货币的定值标准,并且废除了原协议中所有的黄金条款,降低黄金在国际货币体系中的地位。

(3) 强调特别提款权的作用,扩大特别提款权的使用范围,并规定以特别提款权作为主要的国际储备资产和各国货币的定值标准。

(4) 增加成员在IMF的份额,由原来的292亿特别提款权增加到390亿特别提款权。

(5) 扩大对发展中国家的资金融通,增加基金信用贷款额度,设立专门基金向最不发达国家提供优惠贷款。

2. 牙买加体系的特点和作用

《牙买加协议》对有关黄金、特别提款权和汇率的条款都进行了一些修改,对国际货币制度的改革也起了一定作用,从而为现行的国际货币体系奠定了基础,并使现行国际货币体系得以运转。但建立在《牙买加协议》基础上的现行国际货币体系只是承认了一些既成事实,并没有取得重大突破,国际金融领域存在的问题并没有从根本上得到解决,因而,也使现行国际货币体系存在严重缺陷,造成国际金融领域的不稳定局面。现行国际货币体系的特点和作用表现在以下三个方面:

(1) 国际储备体系的多元化。国际储备体系的根本问题是以哪种储备作为货币体系的中心。在金本位制下,黄金作为公认的国际储备资产起到了中心货币的作用;布雷顿森林体系则是以美元为中心;在牙买加体系中,黄金的作用已大大减弱,美元也丧失了其单一中心货币的地位,特别提款权的作用有所加强。但目前这三种储备资产中,还没有哪一种可以独立承担国际储备中心货币的职能。因此,国际储备体系呈现储备资产多元化的局面。

储备资产多元化有利于缓和国际清偿能力不足的矛盾,相对减少了单一中心货币对国际储备体系的负面影响,也为各国储备资产种类的选择和结构的调整提供了条件。但同时,在储备资产多元化和管理浮动汇率制的共同作用下,国际市场汇率波动频繁,投机活动盛行,使国际贸易的投资风险增大,不利于世界经济的稳定和发展。

(2) 汇率制度多元化。《牙买加协议》允许各国自由作出汇率安排,固定汇率制与浮动汇率制可以并存。因此,有些国家的货币比价随市场供求变化而自由浮动;有些国家的货币对内比价互相固定,而对外联合浮动;有些国家令自己的货币与另一种货币建立固定比价(如与英镑、美元建立固定比价),或与一组货币(如特别提款权)建立固定比价;有些国家实行无本国法定货币的汇率安排等。一些国际金融学家将这种多元化汇率安排制度称为"无体制的体制"或"混合体制"。可以看出,国际货币制度多元化是当今及今后相当长时期内的一个主要特点。

(3) 国际收支调节机制多样化。除利用利率机制、IMF 短期信贷与干预措施调节国际收支外,在牙买加体系下,发达国家实行浮动汇率制,汇率机制对调节国际收支起着重要作用。此外,通过 IMF 的年会、磋商会议制定稳定金融与国际收支的准则,加强国际协调在调节国际收支中的作用也较明显,特别是从 1975 年开始的历年七国首脑会议在协调各国经济金融政策、保持金融稳定中也起着不可忽视的作用。

(二) 国际货币制度的改革

从布雷顿森林体系开始,国际货币制度的内在矛盾使危机频频爆发,导致国际金融领域常常处于动荡和混乱中,不断受到国际社会的指责,要求对国际货币制度改革的呼声持续不断。为此,IMF 成立了国际货币制度改革的专门机构,以研究国际货币制度改革的相关问题。改革的内容主要围绕国际储备体系及汇率制度展开,国际社会及国际金融领域的专家学者也就此提出种种改革方案。虽然目前国际货币制度的改革仍未取得任何重大进展,但国际上就主要问题也达成了一些共识。

1. 国际货币制度改革的主要机构

国际货币制度改革及有关问题委员会简称二十国委员会,是 IMF 设立的研究国际货币制度改革问题的咨询机构,于 1972 年 9 月正式成立。其成员涉及 20 个国家,包括十国集团与澳大利亚 11 个发达国家和印度、巴西、摩洛哥、埃塞俄比亚、阿根廷、墨西哥、扎伊尔、印度尼西亚、伊拉克当时的 9 个发展中国家。其任务是负责制订有关改革国际货币制度的方案,提交 IMF 采用。1974 年 6 月,二十国委员会在华盛顿会议上主要就各国国际收支的调节以及汇率制度和国际储备资产等问题提出一份"国际货币制度改革大纲",并建议另外设立临时委员会继续对国际货币制度的改革进行研讨,会议结束后,二十国委员会的工作结束,由新成立的临时委员会接替其工作。

新成立的临时委员会全称为国际货币制度问题临时委员会,是 IMF 建立的研究国际货币制度改革问题的常设咨询机构,于 1974 年 10 月正式成立,仍由 20 个国家组成。其成员包括 5 个在 IMF 中份额最多的国家,以及 6 个工业发达国家和 9 个发展中国家。临时委员会原为一个临时性机构,1976 年牙买加会议后成为 IMF 的一个常设决策机构,其主要任务是接替二十国委员会,负责研究和拟订国际货币制度改革方案,修改 IMF 协定,处理威胁国际货币制度的突然事件等问题,向 IMF 提供意见和报告。

2. 国际货币制度改革的主要方面

1978 年 4 月修改后生效的《牙买加协议》实际上就是在国际货币制度改革专门机构的主持下签订的,而其主要内容也是有关国际货币制度改革的基本内容。这些主要内容包括:

(1) 国际储备体系的结构问题。该问题实际上是指以哪种储备资产作为本位货币或中心货币的问题。布雷顿森林体系崩溃以后,一些国家的政府或经济学家先后提出一些改革方案和建议。归纳起来,其中主要包括恢复金本位制或继续维持美元本位制,以及建立特别提款权本位制等内容。但实际上在目前情况下,这些方案的实施都存在着难以克服的矛盾。

第二次世界大战后国际货币制度的发展,已经使黄金逐渐退出国际货币流通,而恢复以黄金为中心货币的金本位制既不可能,也没必要。这首先是因为世界黄金的生产受资源和生产条件的限制,远远不能满足各国经济增长对货币的需求,而货币又完全可以用其他材料来代替,这已是不争的事实。同时,工业、装饰及私人储藏对黄金的需求又在不断增加,而且黄金储备在世界各国的分布不合理,发达国家的黄金储量占世界黄金储量的绝大部分。另外,金本位制还常常与国内经济政策目标发生冲突。当一国出现国际收支逆差而引起黄金外流时,往往会使国内货币供应收缩,从而降低国民经济的增长率。不仅如此,在《牙买加协议》签订后,许多国家已终止了本国货币与黄金的联系,削弱了黄金作为世界货币的作用,实际上连金汇兑本位制也无法维持。当然,黄金作为准世界货币,其作用并没有消失,由于其自然属性适合价值储藏,因此黄金作为一般财富的社会化身仍被人们所普遍接受。所以,黄金仍作为一种重要的国际储备资产发挥作用,但显然已不是主要的储备资产,其地位已大大降低。因此,至少在目前,金本位制无法恢复。

经历了 20 世纪 60 年代以来对内对外的大幅度贬值,以及美国在国际上实力与地位的相对衰落,美元作为国际储备中心货币的能力已大大减弱,在国际货币金融领域的信誉明显下降,很难恢复中心货币的地位。昔日与黄金挂钩的美元导致了国际货币体系的崩溃,而现在的美元完全与黄金脱钩,既不规定含金量,也不能与黄金自由兑换,只作为信用货币可能会因缺乏黄金作物质保证而不能成为国际中心货币。而且,第二次世界大战后初期,美国曾经的绝对优势已不复存在,世界多极化局面在短时期内也很难改变。所以,虽然当前美国经济仍居世界前列,而且也没有哪一种货币或资产能够完全发挥美元作为主要国际储备货币发挥的作用,但美元将在相当长的时期内,只能与其他可自由兑换货币一起,共同成为储备资产中的一个组成部分,而以美元为中心的美元本位制则很难重现。

尽管《牙买加协议》规定要扩大特别提款权的使用范围,并使其逐步取代美元成为主要的国际储备资产,但事实上,由于特别提款权不但发行数量有限,在整个储备资产总额中所占比重很小,而且只能用于政府间的支付结算,不能用于国际贸易和金融活动的直接支付,因此其作用有很大的局限性,与其作为国际储备资产的地位极不相称。因此,如果用特别提款权作为主要的国际储备资产,在国际支付中马上就会产生清偿手段不足的问题。同时,由于特别提款权的分配不均衡,大部分份额集中在发达国家,发展中国家获得的份额很少,因此特别提款权远远无法满足发展中国家平衡国际收支的需要。另外,特别提款权作为一种记账单位和账面资产,是一种虚拟的世界货币。它既不像黄金那样本身就具有很高的价值,又不像美元那样有美国的经济实力作后盾。一旦国际经济、政治关系发生急剧变化或爆发世界规模的战争,很难保证它不会成为废纸一张。因此,虽然目前特别提款权是国际储备资产的一个重要组成部分,但是它很难成为主要的国际储备资产发挥中心货币的作用。所以,目前建立特别提款权本位制并不具备可行性。

正是由于事实上金本位制无法恢复,美元本位制也难以维持,而建立特别提款权本位制又不可行,因此现行国际货币体系呈现出储备资产多元化的局面。

（2）建立合理的汇率制度问题。有许多改革方案和建议希望恢复弹性较大的固定汇率制，而汇率制度本质上仍是与货币本位紧密联系的问题，即货币的定值标准问题。只有在世界范围内解决与货币定值标准统一的问题，才有可能实施固定汇率制。

在布雷顿森林体系崩溃以后，各国普遍实行浮动汇率制。虽然纯粹由外汇市场供求关系决定的自由浮动汇率制事实上不可能存在，无论哪一个国家或多或少都会对外汇市场进行不同程度的干预，但即便是在这样的情况下，固定汇率制也是无法恢复的。因为在世界范围内实行固定汇率制，无论弹性大小，首先要解决以哪种物质作为统一的定值标准这一根本性问题。在金本位制下，黄金是各国货币的定值标准，各国货币同黄金挂钩，自发地决定了各国货币之间的比价。而布雷顿森林体系是双挂钩制度，美元与黄金挂钩，各国货币与美元挂钩，人为地确定了各国货币之间的比价。但牙买加会议后，黄金非货币化，美元汇率又不稳定，要恢复金本位制或美元本位制的固定汇率显然不现实，而目前也还没有任何一种货币可以填补黄金和美元留下的空缺。尽管《牙买加协议》规定把特别提款权作为各国货币的定值标准，但特别提款权实际上是以"一篮子货币"定值，本身价值就不固定，所以在操作上也很难与各国货币保持固定比价。

由于无法恢复以黄金和美元为本位货币的固定汇率制，而以特别提款权作为各国货币的定值标准也很难操作，因此世界上大多数国家实行管理浮动汇率制的既成事实就有一种长期化的趋势。

（3）国际收支调节的责任问题。有许多国家提出，国际收支调节的责任不应该只落在逆差国家或非储备货币发行国身上。尤其是发展中国家，常常因贸易条件的恶化而产生国际收支逆差，同时又没有储备货币发行的特权，单凭自身的努力很难解决国际收支不平衡的问题。所以，应由逆差国和顺差国一起共同采取措施解决国际收支不平衡的问题。

（4）处理区域性货币集团与全球性国际货币体系的关系问题。主要是在目前世界多极化发展的情况下，如何使区域性货币集团逐步过渡到全球统一的国际货币体系的问题。欧元区的形成无疑树立了一个区域性国际货币金融合作的典范，对区域内各国经济的发展起到较大的促进作用。但同时也应看到，即便是实现了区域内货币的统一，欧盟在区域内货币金融事务的管理以及协调各国之间关系的问题上仍需要费很多周折才能解决。在全球范围内实现进一步的国际金融合作还有待时日。

（5）发展中国家在国际货币体系中的地位问题。实际上，在 IMF 建立时就已经存在关于发展中国家在国际货币体系中的地位问题。发展中国家在 IMF 中得到的份额过少，不仅使它们对国际金融事务的发言权太小，也使它们从 IMF 获得的帮助受到制约。因此，它们强烈要求改革不合理的国际货币制度和管理办法，希望实现国际货币金融事务管理的民主化，能够与发达国家共同参与国际货币金融事务的管理。

国际储备资产的多元化、管理浮动汇率制的长期化以及货币集团的发展，是当前国际货币体系的主要特征。因此，现行体系是一种极不稳定的国际货币体系，甚至会加剧国际货币金融领域的动荡或混乱，而且这种局面在今后相当长的一段时期内都有可能继续下去。尽管各国政府和许多经济学家提出了改革国际货币体系的种种方案和建议，但事实上要真正建立一种公平合理、稳定有序的国际货币体系还有很长的路要走。

阅读专栏 8-1   人民币国际化各项指标总体向好 但仍需稳慎推进

人民币支付货币功能稳步提升,投融资货币功能进一步深化,储备货币功能不断上升,计价货币功能逐步增强……中国人民银行近日发布的《2022年人民币国际化报告》显示,人民币国际化各项指标总体向好。

"这是我国国力不断增强和改革开放的历史必然,也和我国坚持高水平对外开放以及经济高质量发展密切相关。"中国社会科学院国家金融与发展实验室副主任胡志浩在接受《中国报道》记者采访时说。

坚持服务实体经济的根本

《2022年人民币国际化报告》(以下简称"报告")显示,2021年,银行代客人民币跨境收付金额合计为36.6万亿元,同比增长29.0%,收付金额创历史新高。人民币跨境收支总体平衡,全年累计净流入4 044.7亿元。

环球银行金融电信协会(SWIFT)数据显示,人民币国际支付份额于2021年12月提高至2.7%,超过日元成为全球第四位支付货币,2022年1月进一步提升至3.2%,创历史新高。

除了人民币国际支付份额,人民币的储备货币功能也不断创新高。IMF发布的官方外汇储备货币构成数据显示,2022年一季度,人民币在全球外汇储备中的占比达2.88%,较2016年人民币刚加入SDR货币篮子时上升1.8个百分点,在主要储备货币中排名第五。据不完全统计,有80多个境外央行或货币当局将人民币纳入外汇储备。

"人民币在全球支付中占比进一步提升,与我国外贸高景气度及人民币资产吸引外资持续流入的表现基本一致;而人民币在全球外汇储备资产中的占比稳步提升,同样反映了全球央行对人民币资产青睐有加。"光大银行金融市场部宏观研究员周茂华在接受媒体采访时说。

报告显示,近年来,人民银行以服务构建新发展格局、促进贸易和投资便利化为导向,持续完善跨境贸易、投融资人民币结算等基础性制度,激发市场主体使用人民币进行跨境结算的积极性,跨境人民币业务服务实体经济的能力进一步提高。

人民币国际化需稳慎推进

人民币国际化任重道远,不可能一蹴而就。"稳慎推进人民币国际化"成为业内共识。

胡志浩指出,回顾世界各主要货币的发展历史可以看到,一种货币的国际化进程与其经贸的全球影响力呈非线性相关,货币体系是一个高度网络化的公共品,往往具有"赢者通吃"的属性,其中网络效应极容易使得国际货币体系对现有的主导性国际货币形成极大的路径依赖。从这个意义上讲,人民币国际化一定是一个长期的过程。

谈及未来人民币国际化发展,胡志浩表示,只有国内经济实现稳定、高质量发展,国内金融体系不断拓展深度和广度,人民币国际化才会稳定持续推进。当前人民币国际化很大程度上要依赖中国经济在全球价值链和供应链中的地位,所以持续增强中国价值链和产业链的影响力是人民币被更广泛接受的基础。

随着发展中国家的快速增长,美国在全球GDP中所占的份额将持续下降,美国巨幅扩张的信用是否具备坚实的基础,这一疑问将逐渐成为撼动全球安全资产的重大隐患。在这一过程中,世界会给其他货币或者资产提供新的机会,以使其能更为安全、便捷地发挥计价、交易媒介与价值储藏的功能。

"在这个过程中,对人民币国际化而言会有一定的机会和空间。不断提高安全资产的供给、发展好具有足够深度和广度的流动性体系,甚至是关注数字货币赛道的竞争等都是非常重要的方面。这也表明,人民币国际化必须久久为功,同时也是一个水到渠成的过程。"胡志浩说。

资料来源:张利娟. 人民币国际化各项指标总体向好 但仍需稳慎推进[EB/OL].(2022-10-23)[2022-11-01]. https://mp.weixin.qq.com/s/MBZ6po8IrNX4wEKOHCA3TQ.

第三节 欧洲货币一体化

一、货币一体化的概念

货币一体化是指若干国家货币当局通过政策协调、建立国际金融机构和签订国际协议等方式,在国际货币领域加强合作的过程。它有以下几种表现形式:

(一)汇率政策的协调和汇率制度的合作

如七国首脑会议(现增加了俄罗斯而变为八国)曾多次进行汇率政策协调,20世纪80年代的《广场协议》曾导致日元大幅升值。布雷顿森林体系是世界范围的汇率制度合作,原欧洲经济共同体的联合浮动制也是比较成功的汇率制度合作尝试。

(二)货币政策的协调

在当代的管理浮动汇率制的基本格局下,货币政策会产生明显的溢出效应。例如,高利率政策可能导致资本流入和本币对外升值,这可能使别国有紧缩效应。

(三)资本流动方面的合作

主要涉及取消资本项目的外汇管制和实行投资自由化等。

(四)设立国际金融机构

IMF的建立是世界范围货币一体化的重要表现,但是其作用与布雷顿森林体系时期相比有了重大转折。世界银行集团、亚洲开发银行、非洲开发银行等是以促进贸易和经济发展为宗旨的另一类国际金融机构。欧洲中央银行达到了国际金融机构的最高层次,具有实施统一货币政策和发行单一货币的职能。

二、欧洲货币一体化的驱动力

促使欧盟各国寻求建立统一的货币政策,并导致欧元及欧元区诞生的主要原因有以下几种:

(一)提高欧洲在世界货币体系中的地位

布雷顿森林体系的崩溃使欧洲国家不再相信美国会继续将其国际货币职责放在国

家利益之前。面对美国越来越自私的政策,欧盟国家为了更加有效地维护自己的核心利益,决定在货币问题上采取一致行动。

(二) 为把欧盟变成一个真正统一的市场

一般而言,国家与国家之间的贸易流量通常会受到以下三个因素的影响:① 来自贸易保护政策的限制;② 空间距离和运输成本所造成的贸易壁垒;③ 货币因素所造成的贸易壁垒。货币因素之所以会成为国际贸易的一种壁垒,是因为不同货币的兑换不仅会产生交易费用,还会因为各国政府对汇率的干预形成贸易双方竞争力的变化,进而对贸易产生不利影响。

尽管1957年《罗马条约》的签订使欧洲国家建立了关税同盟,但在欧洲内部,商品和要素的流动仍存在很大的障碍。欧盟的长远目标就是要消除所有这些障碍,以美国为模式把欧盟变成一个巨大的统一市场。欧洲各国认为,汇率的不确定性是减少欧盟内部贸易的主要原因之一。如果汇率波动引起欧洲内部的相对价格大幅变动,这将阻碍欧洲内部自由贸易的发展。

(三) 欧洲政治稳定的诉求

理解欧洲为何能在市场和货币一体化中取得如此进展的关键在于了解欧洲大陆备受战争摧残的历史。许多欧洲国家领导人都认为,经济合作和一体化是防止20世纪两次世界大战重演的最好保证。这也使得各国愿意逐渐放弃国家经济政策权利,将经济主权转移给集中的欧盟实体。

三、欧洲货币一体化的进程

欧洲货币一体化是布雷顿森林体系崩溃之后国际货币合作的典范,它的发展大体经历了四个阶段。

(一) 1957—1971年的货币合作萌芽阶段

1957年3月,欧洲六国于罗马签订了《欧洲共同体条约》,也称《罗马条约》。该条约虽涉及了一些货币合作的内容,但基本停留在一般的政策协调方面,实际进展不大。基于布雷顿森林体系,相关各国都采取钉住美元的固定汇率制。欧共体的一体化重点在于建立关税同盟和实施共同农业政策。显然,在经济一体化未达到一定程度时,货币合作也缺乏经济基础。

(二) 1972—1978年的联合浮动时期

布雷顿森林体系的逐步瓦解促使欧洲主要国家建立货币联盟(European Monetary Union,EMU),并于1972年正式实行成员国货币汇率的联合浮动。所谓联合浮动,是指参与该机制的成员国货币对内保持可调整的钉住汇率,并规定汇率的波动幅度,对外则实行集体浮动汇率。虽然布雷顿森林体系的崩溃、石油危机以及20世纪70年代的经济危机使得欧洲货币联盟计划夭折,但其间的众多制度为欧洲货币一体化积累了宝贵的经验。

(三) 1979—1998年的欧洲货币体系时期

迈向欧洲货币一体化的第一个具有重要意义的步伐是欧洲货币体系(European

Monetary System, EMS)的建立。欧共体九国首脑于 1978 年在布鲁塞尔达成协议,于 1979 年建立起欧洲货币体系。它主要包括以下三项内容:

(1) 创建欧洲货币单位(ECU)。它是由欧共体各国货币组成的一篮子货币。各种货币的权数取决于该成员国在集团内贸易所占的比重及其国民生产总值规模,每 5 年调整一次。它类似于特别提款权,并可以作为成员国货币当局之间的清算手段和结算工具。

(2) 建立汇率机制(ERM)。该汇率机制要求每一个汇率机制参与国定出该国货币与欧洲货币单位之间的固定比价,也称中心汇率。机制允许各国市场汇率与中心汇率有 2.25% 的浮动空间,特殊情况下浮动的界限可以调整。

(3) 建立欧洲货币基金(EMF)。它集中了欧共体九国 20% 的黄金外汇储备,拥有远远高于原欧洲货币合作基金的实力。它可向国际收支逆差的成员国提供更多的信贷支持,曾在短期内动用 500 亿美元大规模地干预外汇市场,有效地维护了汇率机制的运行。

欧洲货币体系基本上促成了成员国货币间汇率的稳定,有利于成员国间通货膨胀差异的缩小、经济政策的协调,扩大了欧洲货币单位在官方领域和私人领域的使用,为统一货币的推行创造了条件。

(四) 1999 年至今的欧盟单一货币时期

1991 年 12 月,欧共体成员国在荷兰马斯特里赫特签署《欧洲经济与货币联盟条约》和《欧洲政治联盟条约》(合称《欧洲联盟条约》,又称《马斯特里赫特条约》,简称《马约》)。《马约》的主要内容是:在政治上于 1993 年 11 月 1 日建立欧洲联盟,实行共同的安全和外交政策;从 1999 年 1 月 1 日起,开始实施欧洲单一货币计划。

《马约》为单一货币规定了三个阶段的货币一体化计划。它要求成员国在 1993 年年底前全部加入汇率机制;在 1997 年建立作为欧洲中央银行前身的欧洲货币局;在 1999 年 1 月 1 日前发行单一货币——欧元。

《马约》还规定了成员国加入欧洲经济与货币联盟的四条标准:第一,通货膨胀率不得高出三个表现最好国家平均水平的 1.5%;第二,当年财政赤字不得超过 GDP 的 3%,累积公债不得超过 GDP 的 60%;第三,政府长期债券利率不得超过三个最低水平国家平均数的 2 个百分点;第四,前两年未调整中心汇率且汇率保持稳定。

行使欧元区货币政策权力的欧洲中央银行体系(European System of Central Bank,ESCB)由设在法兰克福的欧洲中央银行和 15 个国家的中央银行组成。由包含 6 名成员的欧洲中央银行执行委员会和各国中央银行行长组成的欧洲中央银行管理委员会,通过投票作出欧洲中央银行体系的决策。《马约》规定欧洲中央银行体系的首要任务是追求价格稳定,包括使货币政策独立于政治条款。任何对《马约》的修正都要由欧盟每个成员国立法或投票批准。

四、最优货币区理论与欧洲货币一体化面临的问题

(一) 最优货币区理论

最优货币区理论认为,一国加入固定汇率区后的得失主要取决于该国经济与区域内贸易伙伴的一体化程度。

1. 经济一体化和固定汇率区的利益：GG 曲线

加入固定汇率制的货币效率收益等于加入者所避免的汇率浮动带来的不确定性、复杂性以及结算与贸易成本等带来的损失。一国与一个实行固定汇率安排的货币区的经济一体化程度越高，该国通过加入货币区所得到的货币效率收益越大。所以，图 8-2 中 GG 曲线具有正斜率。

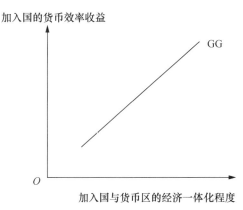

图 8-2　一国加入固定汇率区的货币效率收益

2. 经济一体化和固定汇率区的损失：LL 曲线

一个国家采用固定汇率制意味着其放弃了运用汇率和货币政策使就业和产出保持稳定的权利，所以加入货币区会给该国带来经济的不稳定因素，即经济稳定性损失。需要注意的是，一国与一个实行固定汇率安排的货币区的经济一体化程度越高，一方面其要素的自由流动可以更好地轧平经济波动对该国造成的影响，另一方面该国为加入货币区所作的调整也会更小。所以，一国与一个实行固定汇率安排的货币区的经济一体化程度越高，经济波动时经济稳定性损失越少。所以，图 8-3 中 LL 曲线具有负斜率。

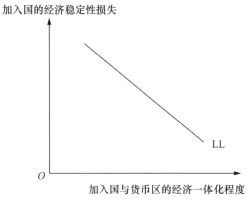

图 8-3　一国加入固定汇率区的经济稳定性损失

3. 加入货币区的决策

我们将 GG 曲线与 LL 曲线结合起来，讨论该国是否应当加入货币区。如图 8-4 所示，GG 曲线与 LL 曲线交于点 A，该点对应的一体化程度 θ 即为该国加入货币区所应达到的最小一体化程度。因为当一体化程度大于 θ 时,加入货币区的收益大于损失;反之,加入货币区的损失将大于收益。

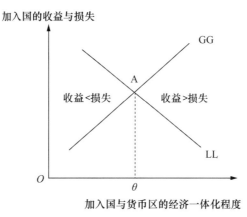

图 8-4 一国加入货币区的收益与损失

(二) 欧洲货币一体化面临的问题

2009 年以来,欧洲主权债务危机的蔓延暴露出了欧元及其制度存在的诸多缺陷,这些缺陷使得欧元及欧盟迎来了前所未有的严峻考验。总体来看,欧洲货币一体化存在着以下几个问题:

1. 欧元区内部经济发展的不平衡

欧元区内各国的经济结构与经济发展水平存在较大差异,不同国家在经济总量、对外贸易总量、区内贸易总量以及贸易占比等指标上存在较大差异。欧元区主要成员国之间在几乎所有重要的宏观经济指标上都存在相当明显的差距。毋庸置疑,这些明显的差距即使没有影响到欧元区的成立,也会给欧元区成立以后的正常运行带来严峻的挑战。在面临同样的外部冲击条件下,各国经济受到的影响也大为不同,这就要求各国采取不同的经济政策来应对危机。然而,由于各国货币政策要考虑欧元区主要国家的要求制定,这就很可能恶化一些国家的经济不平衡。

研究表明,目前的最优货币区理论不能证明欧盟单一货币的合理性,即欧洲不是一个最优货币区。由于各国的税收制度和社会保障制度存在显著差异,欧元区成员国间并不能保证其要素流动性达到美国各州间的程度。根据最优货币区理论,由于近年来欧元区不断扩张,加入欧元区会使一些经济一体化程度不高的国家经济不均衡加剧,增加欧元区内部的不稳定性。

2. 货币政策与财政政策的二元结构

为了在统一的货币政策下给各国保留一些宏观经济调整的空间,以便使统一的货币政策能够与成员国的经济形势大体相适应,财政政策的决策权仍然保留在各成员国政府手中。

虽然各国财政指标受到《马约》规定的约束,但是在货币政策和财政政策不对称的结构下,各国财政预算存在超支的内在动机。欧洲中央银行的成立以及共同货币政策的实施,使各国财政政策的制定者不再担心自身财政政策的实施会对本国的货币和物价的稳定造成不利影响;欧元区金融市场一体化的发展,使各国财政融资范围扩大,融资成本相对下降,融资效率提高,便利了各国政府以债务的形式融通资金;此外,在原来的财政体制下融资风险由各国政府独自承担,政府必须考虑自身的承受能力,而现在各国会转而依赖超国家的货币当局的支持,这就存在道德风险问题。在这种激励机制下,成员国财政政策会产生赤字倾向。

在经济受到冲击时,由于无法制定货币政策,各国只能通过财政政策应对冲击,这使得各国更倾向于发行债券、增加政府支出,导致财政赤字的进一步恶化。由于欧洲中央银行不得回购成员国发行的国债,也不设立财政救助条款,以避免各国政府发生道德风险,因此当出现主权债务危机时,各国只能以更高的利率发行债券,使得一些国家的融资成本和债务负担不断攀升,陷入危机的国家更难走出经济困局。

3. 欧元区成员国缺乏严格的财政约束机制

虽然《稳定与增长公约》规定各成员国年度财政赤字不得超过其 GDP 的 3%,国债规模不得超过其 GDP 的 60%,以及某个成员国如果年度财政赤字连续三年超标,将被处以最高相当于其 GDP 0.5% 的罚款,但是由谁监管、谁来罚款都不明确。全球金融危机发生后,欧元区所有成员国都无法严格遵守《稳定与增长公约》规定的财政纪律,在客观上为一些成员国财政赤字的失控提供了借口,惩罚只能不了了之。

同时,各国在财政扩张与信贷扩张之间的选择更增加了财政约束的难度。以爱尔兰为例,爱尔兰财政部一直严格遵守《稳定与增长公约》对财政赤字流量和存量的限制,但是其银行信贷从 2004 年以来逐渐扩张。银行信贷的快速扩张不可避免地影响到银行体系的稳定,政府救助最终又拖累了财政状况。事实上,爱尔兰年度财政余额占 GDP 的比重也在 2009 年从此前的 0.25% 急剧恶化为 -7.23%。因此,爱尔兰危机在 2010 年年底开始快速发酵。

五、欧洲货币一体化的未来

(一)欧洲货币一体化的积极作用

(1) 欧洲货币一体化减少甚至完全消除了欧盟内贸易和投资活动中的外汇风险,从而促进了欧盟国家资源的自由流动和经济一体化程度的提高。

(2) 欧洲货币一体化促进和完善了欧洲统一大市场,有助于竞争机制的强化、企业规模经济效益的提高和资源配置的优化。

(3) 欧洲货币一体化在抑制通货膨胀方面取得明显成效,消除或减轻了各国货币当局货币政策的损人利己的溢出效应以及零和博弈的发生。从长期来看,它为经济持续增长创造了条件。

(4) 欧洲货币一体化对美元霸权提出挑战。如果欧元能够成功经受住各种考验,世界储备资产中欧元比重将明显增加,国际货币制度会出现美元与欧元的二元格局。这也会迫使美国在国际货币事务中采取更加积极合作的态度。

(二)欧盟的选择与出路

消除欧元区内部的不对称性不是一朝一夕可以完成的任务。单纯依靠最优货币区内生性的作用耗时太久,人为限制大国对区内宏观经济指标平均水平的影响权重既没有充分的理论依据,也很难在现实中得到大国的认同。放宽《欧洲经济与货币联盟条约》的趋同标准则更会造成对一体化的偏离,加剧欧元区成员国之间的不对称。只要存在不对称性,在统一的货币政策下,类似欧盟《稳定与增长公约》对成员国财政状况的有限约束就难以保证欧元区的稳定(已被证明),但彻底放松财政约束更不可行。

所以,消除欧元区内不对称性的根本出路在于真正推进经济一体化,而不是简单追求区内成员国经济指标的趋同。欧元区各国财政政策在配合货币政策的实践中也在积极寻求协调一致,未来欧元区财政政策与货币政策走向对称化是必然的趋势。统一的货币政策和逐步统一的财政政策所产生的溢出效应将会继续推动欧洲一体化的进程。

阅读专栏 8-2　欧美银行业危机的"蝴蝶效应":超过 1/4 的新兴市场国家陷入融资困境

欧美银行业动荡导致全球债券市场陡然陷入恐慌,新兴国家的融资需求也被拒之门外。

据报道,2023 年第一季度银行业的混乱推高了主权债券收益率与美债的利差,超过 1/4 的新兴市场国家因此失去了进入债务市场的有效渠道。

高盛的一项研究显示,目前约 27% 的新兴市场主权债券与同等美债的收益率差距超过 9 个百分点,这是市场准入通常受到限制的水平。

2023 年第一季度,新兴国家已发行 540 亿美元的主权债券,较上年增长约 60%。然而,其中近 70% 是在 2023 年 1 月完成的,随后银行业的动荡打击了市场信心,投资者采取"风险厌恶"的态度对待高收益债券。

埃及和玻利维亚的美元债券是自银行业恐慌开始以来表现不佳的债券之一,其利差已攀升至 11 和 14 个百分点。尼日利亚和肯尼亚债券利差在 2023 年 3 月分别攀升至 8.95 和 8.4 个百分点。这些国家原本有发行新债的计划,但在欧美银行业危机之后,不得不暂时搁置。

美银新兴市场跨资产策略和经济学主管表示,金融不稳定对新兴市场高收益债券有两个影响。一方面,这可能有助于降低通货膨胀率和利率,但另一方面,这意味着它们得不到市场准入;当不知道金融市场体系将会发生什么时,没有人会购买高收益债券。

高盛集团新兴市场主权信贷策略师表示,融资渠道受限将迫使各国在通货膨胀高企、经济增长低迷的情况下采取艰难的措施。

对这些国家而言,关键问题是:什么措施可以帮助它们重新获得市场准入?

一种可能是采取非常不舒服、不受欢迎的改革,或者需要全球经济增长更强劲,提振市场情绪。与此同时,全球各国持续高企的通货膨胀、高利率和低迷的经济增长还会进一步限制处境困难的主权国家的融资渠道。

资料来源:欧美银行业危机的"蝴蝶效应";超过 1/4 的新兴市场国家陷入融资困境[EB/OL].(2023-03-31)[2023-04-12]. https://finance.ifeng.com/c/8ObufJEbSDZ.

第四节 美元化、铸币税和通货膨胀税

一、美元化

美元化(dollarization)是一个含义比较广泛的概念。

美元化是由市场力量推动的货币变革,是在货币需求中外币对本币的替代。该定义侧重于从非官方角度,将美元化定义为货币替代的一种表现形式。世界银行则从三个方面定义美元化:① 资产美元化,即以美元代替本币行使价值储藏、交易媒介和计价标准的职能;② 债务美元化,即美元债务在一个国家债务中的比重上升或占主导地位;③ 完全美元化,指货币当局废弃本币,采用美元作为本国法偿货币。该定义既涉及非官方美元化,又涉及官方美元化,只不过将后者局限于完全美元化。

美元化作为一种事实,指美国在世界各地已经扮演重要角色;作为一种过程,指美元在境外货币金融活动中的作用增强;作为一种政策,指货币当局让美元逐步取代本国货币并自动放弃货币和金融主权的行为。根据该定义,采取钉住美元的汇率制度并使自己货币政策自主权受到影响的国家,都在一定程度上实施着美元化政策。这种定义涉及面较广,与通行的定义有明显差异。

考虑到本节讨论美元化与铸币税之间的关系,我们可把美元化定义为美元作为价值储藏手段和交换媒介在美国境外的运用。根据这种简单的狭义定义,我们可用美国历年国际收支逆差额(反映美元流出)来反映美元化的过程。

二、铸币税

铸币税(seigniorage)概念在历史各阶段含义有所不同。该词从法语 seigneur(封建领主)演变而来,原指封建领主的铸币收益。封建领主在铸币之后,要向铸币购买者收取一笔费用,这笔费用弥补铸造成本之后还有一定剩余,这笔剩余是依靠铸币特权获得的,类似于依靠权力征收的税收,故称铸币税。

在铸币的发展过程中,出现了铸币削边,即封建领主通过发行不足值的货币以获取铸币利益。这样,就出现了铸币税的计算公式,即铸币税等于铸币面值减去铸造成本。

在银行券进入流通领域的商品本位制时期,私人银行曾凭借其银行券发行权和监督机制的不完善,发行超过其金银准备金的银行券。由于银行券的印制成本很低,因此可将超额发行的银行券看成铸币税收入。

当中央银行垄断货币发行权之后,铸币税泛指中央政府在货币发行业务中获得的利润,具体包括:① 中央银行通过购买国债向政府提供的资金;② 中央银行在创造基础货币过程中其资产负债业务所创造的利润;③ 财政发行硬币(有些国家硬币发行由财政负责)所获收益。简单来说,铸币税来自国内基础货币的发行,数量上等于基础货币发行量和几乎为零的发行成本之间的差额。

假设货币发行成本为零,并考虑物价变动对名义铸币税的影响,奥利维尔·布兰查德(Olivier Blanchard)提出实际铸币税的概念:

$$S_r = \Delta M/P = \Delta M/M \times M/P \tag{8-1}$$

式中，S_r 表示实际铸币税，ΔM 为货币供给（基础货币）增量，P 为物价水平。

三、国际铸币税

国际铸币税指储备货币发行国通过向境外发行储备货币而获取的收益。

由于货币发行的成本极低，为简化分析，设其为零。考虑到货币流出必须经过国际收支逆差渠道，从狭义角度，我们可将国际铸币税流量界定为国际收支逆差额：

$$IS = -B^* = \Delta R \tag{8-2}$$

式中，IS 表示年铸币税收入，$-B^*$ 表示储备货币发行国的国际收支逆差，ΔR 在这里表示世界其他国家持有的该储备货币的增量。

从广义来看，国际铸币税不仅来自发行成本极低的信用货币而节约下来的实际资源，而且来自官方资本流入。这里，我们不再将铸币税收益主体看成货币发行机构，而是将其看成储备货币发行国。无论流出的储备货币在境外经历多少流通环节，它终会转化为官方的外汇储备而流向储备货币发行国。经私人投资渠道流回的货币已在统计国际收支逆差时予以扣除。鉴于官方外汇储备不仅要考虑外汇的盈利性，还要特别关注其安全性和流动性，这里假设主要以储备货币发行国的短期国库券为载体。这样，储备货币发行国可以获得条件优惠的官方资本流入，本国国库券利率低于国际金融市场利率的利息差额构成国际铸币税的又一来源。广义国际铸币税可写成：

$$IS = -B^* \times (1 + i_1 - i_2), \quad i_1 > i_2 \tag{8-3}$$

式中，i_1 为国际金融市场利率，i_2 为储备货币发行国短期国库券利率。$i_1 > i_2$ 给储备货币发行国带来一笔利差收入。

该式表明国际收支逆差是储备货币发行国获取铸币税的必要条件。在国内，铸币税反映永不偿还的中央银行负债；但是在国际范围，国际收支逆差可以代表储备货币发行国的债务偿还行为，它用实际资源兑现了货币的面值。

从长期来看，储备货币在国际上也具有永不偿还的性质。只要世界经济处于正常发展之中，它对储备货币的需求就会增加。这种储备货币需求的增加可能提高储备货币汇率，从而使其发行国容易出现经常项目逆差。无论具体的储备货币发行国的地位是否出现升降交替，世界范围内的铸币税总额都会随世界经济发展呈上升趋势。

四、通货膨胀税

通货膨胀税（inflation tax）指通货膨胀造成的财产向政府的无偿转移。这种实际资源转移也是政府运用扩张性货币政策的结果，具有与税收类似的性质。通货膨胀税的计算公式为：

$$IT = \Delta P/P \times M/P \tag{8-4}$$

式中，IT 表示通货膨胀税。该式表明通货膨胀税是通货膨胀率 $\Delta P/P$ 与实际货币余额 M/P 的乘积。

由式(8-1)和式(8-4)可以看出，如果物价上涨率和货币增长速度相同（$\Delta P/P = \Delta M/M$），那么实际铸币税和通货膨胀税相等，也就是说，在特定前提下，二者是可以混用的概念。

在封闭经济分析中，人们更多地使用通货膨胀税的概念。因为，当货币供给增加时，公众为保持既定的实际货币余额(实际购买力),必然相应地增加名义货币需求。但是,在全球宏观经济分析中,储备货币发行国获取的通货膨胀税和铸币税存在另外一种表现形式。当储备货币发行国发生恶性通货膨胀时,其他国家会减少该储备货币持有额,其他储备货币给它们提供了选择空间。通货膨胀税存在的必要条件是通货膨胀率大于零,这也表明了它与铸币税的根本区别。当通货膨胀率为零时,政府获取的货币发行利益全部都是铸币税。随着货币发行过程中物价的上涨,部分铸币税会转化为通货膨胀税。二者存在此消彼长的关系。

五、证券市场税

如果美国的国际收支是平衡的,经常项目逆差与金融和资本项目顺差相等,那么美元化还会给美国带来另一项收益,即证券市场税。由于投资者主要想获取证券的买卖差价,而不是红利所得或资本利得,因此美国政府主要获取的是印花税,而不是红利所得税和资本利得税。鉴于美国已成为世界最大债务国,证券市场税也并非小数字,当外国投资者大量购买美国国库券时,美国国库券的发行成本可相应降低。

六、美元化给美国带来的其他利益

美元化给美国带来的利益还表现为:

(1) 由于美国的外债主要表现为美元债务,美国可以通过美元贬值减轻自己的债务负担。例如,美元在1985年3月至1986年3月的贬值使美国外债减少了大约三分之一。

(2) 当美国出现经常项目逆差时,可以通过印刷美钞转化为私人资本流入或增加其他国家美元储备加以弥补,减轻其国际收支危机和货币危机。

(3) 美元化使美国可在一定程度上操纵其他国家的货币政策。美国的货币政策对其他国家的溢出效应因美元化而得到增强。

本节对美元化的讨论也运用了其他储备货币,这种讨论从一个侧面说明了发达国家努力推行金融自由化和金融全球化的原因。但是,对实施美元化的微观主体和各国政府而言,美元化是其特定条件下的理性选择。

阅读专栏8-3　美联储激进治理通货膨胀　我国货币政策走出独立性

此次美联储大幅加息的原因是什么?

在宏观政策过度刺激、供应链修复缓慢、全球疫情频发和地缘政治冲突等多种因素作用下,美国通货膨胀持续"爆表",不断超出市场预期。2022年5月,美国CPI同比上升8.6%,创下41年以来新高;核心CPI同比上升6.0%,为美联储通货膨胀目标的3倍。继"通货膨胀暂时论"破灭后,"通货膨胀见顶论"也饱受质疑。2021年年底至2022年年初,美联储主席鲍威尔在不同场合表示,2021年上半年错估了美国通货膨胀形势。货币政策退出偏慢和高企的通货膨胀严重损害了美联储的公信度。

此次加息75个基点凸显了美联储治理通货膨胀的决心。因为只要经济处于供不应求的状态,通货膨胀压力就会偏向上行,所以既然无法保证供给如期修复并追上需求,只能通过采取紧缩政策降低需求。参考20世纪70年代经验,一旦通货膨胀预期固化,未来治理通货膨胀的代价可能会更大。近期,美国30年抵押贷款平均利率飙升至5.78%,是去年同期的2倍,耐用品消费压力可能开始显现。

美联储加息将对美国乃至全球经济产生什么样的影响?

美国仍是全球最大的经济体,而且以消费驱动为主。美国消费品进口占其国内零售额的30%以上。美联储加息会通过需求下降、金融动荡和资本回流等方式影响全球经济。近期,OECD和世界银行轮番下调2022年全球经济增长预期。IMF也表示,由于通货膨胀高企和主要央行的货币紧缩,7月份可能会第三次下调年内全球经济增长预期。

实体经济对货币紧缩存在滞后反应,而全球金融市场已经率先反映了潜在的美国经济衰退。

股票市场方面,2022年6月1日至6月17日,标普500指数、法兰克福DAX指数和日经225指数分别累计下跌11.1%、8.8%和4.8%;从2022年年初至6月17日,分别累计下跌23.1%、17.4%和9.8%。对货币政策更为敏感的纳斯达克指数已经较高点回落约32.8%。

债券市场方面,2022年美国债券市场经历了一次历史级别的下跌。美国10年期国债收益率最高时较2021年年底飙升近200个基点至3.5%,涨幅超过一倍。欧洲负收益率债券的规模大幅缩小,日本央行则勉强支撑10年期国债收益率维持在目标值0.25%附近。

外汇市场方面,此前一些媒体曾用"美元横扫一切"的标题凸显美联储的货币政策紧缩效应。2022年年初至今,美元指数上涨9.1%,欧元兑美元下跌7.7%至1.05,美元兑日元上涨17.3%至135。由于欧元区的通货膨胀形势与美国存在差异,美联储更为鹰派的姿态可能仍会支持美元对欧元的表现。日本则较为尴尬。由于日本央行难以放弃对收益率曲线的控制,只能让日元不断失血,而日元失血可能会加剧日本的输入型通货膨胀,进一步降低日本经济增长率,形成恶性循环。当然,面对通货膨胀压力回潮,欧元区和日本如何在走出负利率环境的同时不引爆债务危机,是这波全球加息潮最大的看点。

我国在下半年"稳增长"政策中彰显独立性

我国是大型开放型经济体,一直强调宏观政策对内优先,即货币政策优先考虑国内增长、就业和物价稳定情况,汇率政策负责促进国际收支平衡。通俗地讲,就是利率政策对内、汇率政策对外。由于前期我国采取了积极的财政政策和稳健的货币政策,供给恢复总体快于需求,通货膨胀水平较为温和,这为宏观政策保留了正常空间,也为宏观政策进一步发力创造了条件。所以,中国货币政策的时间窗口并不取决于美联储加息,而是国内经济发展的实际状况。

虽然自2022年3月中旬以来,人民币汇率出现了市场纠偏式的调整,但是由于进行了较为妥善的沟通和预期管理,即便中美利差持续倒挂,人民币汇率也并未出现持续单边贬值。资本流动方面,由于疫情防控形势总体向好,加上"稳增长"政策靠前发力、适时加力,经济逐步回归正轨,自4月份起沪深港股通项下重现累计净买入,债券通项下,尽管外资在2月份至5月份期间持续净卖出,但是没有影响境内债券和外汇市场的平稳运行。

5月底,国务院进一步部署稳经济一揽子措施,共6方面33项,努力推动经济回归正常轨道、确保运行在合理区间。目前,新出台的政策正在落地,其效果尚需时间验证。考虑到当前经济发展仍面临内需不足、疫情影响和就业市场压力等问题,下半年"稳增长"政策仍有空间,在落实落细现有政策的同时,要把握好目标导向下政策的提前量和冗余度,谋划增量政策,稳住市场主体,有效扩大投资和消费,尽快做好内外需增长动力切换的有效衔接。

在经济回归合理增长区间之前,需要保持有充足的政策工具以备选择,其中降准降息仍应成为政策选项,尤其是一旦企业的融资压力和成本未见显著改善,财政政策的进一步发力还需要货币政策配合。但是,政策出台也不能为宽松而宽松,关键取决于市场有没有有效的融资需求。否则,过度宽松有可能产生非意向的后果,如资产泡沫、僵尸贷款等。

同时,还应进一步加强财政货币政策的协调联动,加大对受疫情影响较大的行业、企业和家庭的纾困力度,既要继续给予流动性支持,也要更多关注困境企业和家庭的偿付能力。

资料来源:管涛. 美联储激进治通胀 我国"稳增长"政策仍有空间[EB/OL]. (2022-06-30)[2022-09-21]. https://finance.sina.cn/zl/2022-06-30/zl-imizmscu9476572.d.html?cid=79615&node_id=79615.

本章提要

1. 货币本位是国家以法律形式规定的基本货币单位的价值标准。

2. 从国际货币制度发展演变的整个过程来看,每一时期的国际货币制度都不同程度地存在一些矛盾和冲突,并经常由此导致各种危机的产生。

3. 布雷顿森林体系建立了成员之间的货币平价和固定汇率制,实行所谓的双挂钩制度。

4. 《牙买加协议》对有关黄金、特别提款权和汇率的条款都进行了一些修改,对国际货币制度的改革也起了一定作用,从而为现行的国际货币体系奠定了基础,并使现行国际货币体系得以运转。

5. 货币一体化指若干国家货币当局通过政策协调、建立国际金融机构和签订国际协议等方式,在国际货币领域加强合作的过程。

6. 美元化是由市场力量推动的货币变革,是在货币需求中外币对本币的替代。

思考题

1. 国际货币制度的基本类型有哪些?
2. 什么是"特里芬难题"?
3. 牙买加体系的特点有哪些?
4. 如何看待欧洲货币一体化的未来?
5. 国际铸币税的主要来源是什么?

第九章　国际金融组织

[学习目标]

通过学习本章,应了解国际货币基金组织、世界银行集团、国际清算银行、亚洲开发银行和亚洲基础设施投资银行等国际金融组织成立的背景、宗旨和资金来源;熟悉相关贷款的种类和条件等内容;正确把握国际金融监管机构的监管趋势。

[素养目标]

通过学习国际金融组织的相关知识,掌握国际金融组织运行的规律和特点,熟悉国际金融组织的宗旨和发挥的作用,了解中国在加入和发起国际金融组织中发挥的重要作用,为促进国际金融组织的发展和中国获得更大话语权打下坚实的理论基础。

[重点难点]

国际货币基金组织、世界银行集团等国际金融组织的业务活动和贷款条件,《巴塞尔协议Ⅲ》的新变化

[引导案例]

亚投行行长金立群:国际金融体系改革和中国影响力

推动国际金融体系改革确有必要。有两个事件需要注意:第一,亚投行成立之后,中国在国际货币基金组织中的地位上升了;第二,2015年人民币"入篮",成为国际货币基金组织特别提款权(SDR)货币篮子里,除美元、欧元、日元和英镑之外的第五种货币。中国在国际货币基金组织中地位和投票权的提升以及人民币"入篮"等,一直遭遇很大阻力。亚投行筹备成立之时,上述问题逐步得到了解决,个中缘由值得人们思考。

中国发起成立亚投行,美国存在三大猜测、疑问和担心:亚投行是否会挖世界银行墙脚？亚投行是否会专和中资机构合作,推动中资机构走出去？亚投行是否会成为推动中国"一带一路"倡议的工具,或者干脆就是"一带一路"银行？

关于第一个问题,亚投行从一开始就致力于发展与世界银行、亚行和欧洲复兴开发银行等多边金融机构和开发银行的合作,绝不会去挖世界银行墙脚。事实上,彼此之间的合作融洽而有效。当世界银行对一个国家的贷款达到上限时,亚投行就会补充资金,并由世界银行继续起主导作用,亚投行配合。第二个问题,亚投行愿意与中资企业合作,但合作的项目取决于借款国的需要,不会强迫它们选择和中资机构合作,以"两厢情愿"为原则。第三个问题,"一带一路"倡议是国际合作平台,按照"共商、共建、共享"的原则进行合作,而亚投行是国际多边合作组织,有其自身的治理架构和运行机制,两者是不一

样的。

关于亚投行的治理架构和运作理念：首先，亚投行坚持多边主义，其股权结构不同于其他多边机构。亚洲发展中国家作为大股东，发达国家和其他地区作为小股东。区域的股权分配75%是亚洲，25%是非亚洲。其次，亚投行具有广泛的代表性，成员遍及各大洲。按GDP计算，中国是最大股东，股份占30%，投票权占26.06%。因为按照国际机构原则，可以分享一点免费的投票权，同时，为了鼓励各国加入，还增加了创始成员票，这两项加起来有15%，让大国的投票权低于股份，而小国的投票权高于股份，这样有利于增强小国的话语权。亚投行尽量不用投票的方式通过重大事项，努力争取达成一致，以维护团结一致。

亚投行的建立证明了制定游戏规则的重要性。中国和亚洲其他发展中国家在一起制定游戏规则，并邀请欧洲等其他发达国家参与。整个过程平等协商，体现了不同发展程度和阶段的国家之间的一种新型合作关系，是一个创举。

资料来源：金立群.国际金融体系改革与中国影响力提升[EB/OL].(2021-06-07)[2022-09-21]. https://www.financialnews.com.cn/ll/sx/202106/t20210607_220466.html.

党的二十大报告在对中国国际关系的评价中，明确表示中国推动构建人类命运共同体，坚定维护国际公平正义，倡导践行真正的多边主义。中国通过积极建设覆盖全球的伙伴关系网络，推动构建新型国际关系。在构建新型国际关系、扩充对外交往"朋友圈"的过程中，对国际金融组织的广泛加入、积极参与、共同发展是重要的一环。

国际金融组织泛指从事国际融资业务、协调国际金融关系、维持国际货币及信用体系正常运作的超国家机构，是国际金融制度发展的必然产物。国际金融组织大体分为两种类型：一类是全球性的国际金融组织，如国际货币基金组织、世界银行等；另一类是区域性的国际金融组织，如亚洲开发银行、非洲开发银行等。国际金融组织的主要业务是给其成员提供用于进行工业、农业等项目建设的优惠性贷款。不同机构的贷款条件是不同的，但都具有援助性质。使用贷款采购物资则多要求采用国际招标方式。历史上最早建立的国际金融组织是20世纪30年代成立的国际清算银行。第二次世界大战后，由于国际金融领域的动荡混乱严重阻碍了国际贸易的发展和世界经济的稳定，为了协调各国之间的货币金融关系，加强国际金融合作，各种不同形式的国际金融组织纷纷成立。

第一节 全球性国际金融组织

第二次世界大战末期，为了结束国际货币金融领域的动荡混乱局面，由西方主要国家牵头组织着手筹建国际金融组织。1944年7月召开的布雷顿森林会议达成《国际货币基金协定》和《国际复兴开发银行协定》，两个协定于1945年12月27日生效，由此建立起全球性国际金融组织——国际货币基金组织和世界银行集团。

一、国际货币基金组织

国际货币基金组织（International Monetary Fund，IMF）是联合国管理和协调国际金融关系的专门机构。我国是IMF创立国之一。1980年4月，IMF恢复了中华人民共和国的合法席位后,我国开始派出自己的代表参加 IMF 的活动。

(一) 成立的背景与宗旨

IMF 成立于 1945 年 12 月 27 日,是特定历史条件下的产物。鉴于金本位制崩溃之后国际货币体系长期混乱及其所产生的严重后果,如何进行新的国际货币制度安排日益成为突出问题。为此,在第二次世界大战期间,英美两国政府就开始筹划战后的国际金融工作。1943 年,英美两国先后公布了有关国际货币问题的凯恩斯计划和怀特计划;1944 年 2 月,两国又发表了关于建立 IMF 的专家联合声明。1944 年 7 月,英美等国利用参加筹建联合国会议和机构的机会,在美国新罕布什尔州的布雷顿森林召开了具有历史意义的联合国货币与金融会议,并通过决议成立 IMF 作为国际性的常设金融机构。1945 年 12 月 27 日,代表该基金初始份额 80% 的 29 国政府在华盛顿签署了《国际货币基金协定》,自此 IMF 宣告正式成立。IMF 的成立,为第二次世界大战后以美元为中心的国际货币体系的建立与发展奠定了组织基础。

1946 年 3 月,IMF 在美国佐治亚州萨凡纳召开首次理事会创立大会,选举了首届执行董事,并决定将总部设在华盛顿。同年 5 月,IMF 召开第一届执行董事会,会上选出比利时人戈特 (G. Gutt) 为总裁兼执行董事会主席。同年 9、10 月间,IMF 和世界银行理事会第一届年会于华盛顿召开。12 月,IMF 公布当时 32 个成员的货币对黄金和美元的平价。1947 年 3 月,IMF 宣布开始办理外汇交易业务,同年 11 月 15 日,IMF 成为联合国的一个专门机构。IMF 成立之初有创始国 39 个,目前拥有 190 个成员,遍布世界各地。IMF 现已成为名副其实的全球性国际金融组织。

根据《国际货币基金协定》第一条的规定,IMF 有六条宗旨:

(1) 设立一个永久性的就国际货币问题进行磋商与合作的常设机构,促进国际货币合作。

(2) 促进国际贸易的扩大与平衡发展,借此提高就业和实际收入水平,开发成员的生产性资源,以此作为经济政策的主要目标。

(3) 促进汇率的稳定,在成员之间保持有秩序的汇率安排,避免竞争性的货币贬值。

(4) 协助成员建立经常性交易的多边支付制度,消除妨碍世界贸易发展的外汇管制。

(5) 在有适当保证的条件下,向成员提供临时性的资金融通,使其有信心且利用此机会纠正国际收支的失衡,而不采取危害本国或国际经济的措施。

(6) 根据上述宗旨,缩短成员国际收支不平衡的时间,减轻不平衡的程度。

IMF 成立以来,已对协定进行过三次修改,但这些宗旨并没有改变。由此可见,半个世纪以来虽然世界经济与政治格局发生了巨大的变化,但是国际货币合作的重要性并未随时间的推移而减弱。相反,随着新成员的不断加入、各国经济依赖性的不断增强以及国际金融危机的时常爆发,这种国际货币、汇率政策的合作与协调将更加重要。随着各种新情况的出现与复杂化,IMF 本身的改革也势在必行。

(二) 组织形式

IMF 是一个成员以入股方式组成的经营性组织,与一般股份公司不同的只是在于它不以营利为其经营的直接目的。

IMF的管理机构由理事会、执行董事会、总裁、副总裁及各业务机构组成。最高权力机构是理事会,由成员各选派一名理事和副理事组成。理事一般由各国财政部部长或中央银行行长担任,负责日常工作的机构是执行董事会。董事会由当时认缴份额最多的美国、英国、德国、法国、日本五国各委派1名执行董事,我国和最大的债权国沙特阿拉伯各单独委派1名执行董事,以及按国家或地区推选出的15名执行董事,共22人组成。IMF的最高行政领导人是由执行董事会推选出的总裁。总裁任期5年,同时兼任执行董事会主席,但总裁平时并无投票权,只有在执行董事会进行表决、双方票数相等时,才拥有决定性的一票。总裁之下设副总裁,协助总裁工作。

另外,IMF还设有"临时委员会",负责有关国际货币体系的管理和改革问题。IMF还与世界银行一起共同设立了"发展委员会",专门研究和讨论向发展中国家提供援助、转移实际资源的问题。

IMF的重大决议和活动要由成员投票决定。凡是重大问题,都要有80%~85%的赞成票才能通过。各成员都有250票的基本投票权,然后在基本投票权的基础上,再按认缴份额每10万美元增加一票。所以,各成员投票权的多少主要是根据各成员在IMF中的认缴份额决定,认缴份额多则投票权就多。美国认缴份额最多,所以其拥有的投票权最多,在IMF拥有最大的表决权和否决权。

(三) 资金来源

作为一个成员以入股方式组成的经营性组织,IMF的资金来源主要有三个渠道,分别是份额、借款和信托基金。

1. 份额

份额构成IMF资金的基本来源。根据《国际货币基金协定》,成员必须向IMF缴纳一定份额的基金。1975年以前,成员份额的25%是以黄金缴纳的,但在1976年牙买加会议以后,IMF废除了黄金条款,这25%的份额改成以特别提款权或可自由兑换货币缴纳。份额的75%可以用本币缴纳,即以本国货币缴纳存放于本国中央银行,但在IMF需要时可以随时动用。各成员认缴份额的大小由基金理事会决定,主要综合考虑成员的国民收入、黄金与外汇储备、平均进出口额及其变化率以及出口额占GNP的比重等多方面的因素。根据IMF的规定,对成员的份额每隔5年重新审定和调整一次。份额的单位原为美元,后改以特别提款权计算。IMF最初创立时各成员认缴的份额总值为76亿美元,此后随着新成员的不断增加及份额的不断调整,份额总数不断提高。

根据2021年4月IMF网站成员份额及投票权数据,IMF最大的成员是美国,其份额约为830亿特别提款权,约合1 181亿美元(USD1=SDR0.7025)。最小的成员是图瓦卢,其份额约为250万特别提款权,约合356万美元。

我国是IMF的创始国之一,与IMF的关系于20世纪80年代后逐渐密切。1980年3月,IMF派团与我国谈判;1980年4月17日,IMF的执行董事会通过了由中华人民共和国政府代表中国的决议,恢复了中华人民共和国在IMF的合法席位;同年9月,IMF通过决议,把中国份额从5.5亿特别提款权增加到12亿特别提款权;11月,中国份额又随同IMF的普遍增资而进一步增加到18亿特别提款权。

进入 21 世纪后，2001 年中国份额增至 63.692 亿特别提款权，占总份额的 2.98%，升至第 8 位，投票权也增加至 2.95%，中国也由此获得了在 IMF 单独选区的地位，从而有权选举自己的执行董事。2008 年 IMF 通过改革增加 54 个国家的份额，提高了有活力国家的代表权，并将基本票增加至原来的近 3 倍，提高了低收入国家的发言权和代表权。而中国份额增至 80.901 亿特别提款权，所占份额仅次于美、日、德、英、法五大股东国，投票权上升到 3.65%。

2015 年，IMF 宣布把人民币纳入特别提款权，将人民币在特别提款权货币篮子中的权重最终定为 10.92%（美元 41.73%、欧元 30.93%、人民币 10.92%、日元 8.33%、英镑 8.09%），这也被视为人民币国际化过程中的里程碑事件。

2016 年 1 月 27 日，IMF 宣布 2010 年份额和治理改革方案已正式生效，这意味着中国正式成为 IMF 第三大份额国（6.394%），仅次于美国（17.407%）和日本（6.464%）。

2. 借款

借款是 IMF 另一项重要的资金来源，但借款总额有限度规定，一般不得超过基金份额总量的 50%~60%。IMF 可以通过与成员协商，向成员借入资金，作为对成员提供资金融通的来源。IMF 可以选择任何货币和任何来源寻求所需款项，不仅可以向官方机构借款，也可以向私人组织借款，包括向商业银行借款。

3. 信托基金

1976 年 IMF 决定，在市场出售一部分成员原来缴纳的黄金，将其所得利润作为信托基金，向最贫穷的成员提供信贷。这是一项新的特殊的资金来源。

（四）业务活动

1. 汇率监督与政策协调

为了保证有秩序的汇兑安排和汇率体系的稳定，取消不利于国际贸易的外汇管制，防止成员操纵汇率或采取歧视性的汇率政策以谋求竞争利益，IMF 对成员的汇率政策进行监督。这种监督有两种形式：第一，在多边基础上的监督。IMF 通过分析发达国家的国际收支和国内经济状况，评估这些国家的经济政策和汇率政策对维持世界经济稳定发展的总体影响。第二，在个别国家基础上的监督。主要是检查各成员的汇率政策是否符合《国际货币基金协定》所规定的义务和指导原则。近年来，随着成员经济往来中依赖性的增强、国际经济一体化和国际资本流动的加速以及国际金融市场的动荡，第一种形式显得越来越重要。

根据《国际货币基金协定》第四条第三款，汇率监督有三个主要的指导原则：第一，成员应避免为了调整本国的国际收支，或为了取得对其他成员的不公平的竞争优势而操纵汇率或国际货币体系；第二，成员在必要时应干预外汇市场，以应付混乱局面，尤其是本币汇率出现的破坏性的短期波动；第三，成员在采取干预政策时，应考虑其他成员的利益，包括货币受到干预的国家的利益。

除对汇率政策的监督外，IMF 在原则上每年与各成员进行一次磋商，以对成员的经济和金融形势以及经济政策作出评价。这种磋商的目的是使 IMF 能够履行监督成员汇率政策的责任，并且有助于 IMF 了解成员的经济发展状况和采取的政策措施，从而能够迅速处理成员申请贷款的要求。IMF 每年派出由经济学家组成的专家小组到成员处搜集统计资料,听取政府对经济形势的估计报告,并同一些特别重要的国家进行磋商。

2. 贷款业务

《国际货币基金协定》规定,当成员发生国际收支不平衡时,IMF为成员提供短期信贷。这些贷款具有下列特点:① 贷款对象限为成员政府,IMF只同成员的财政部、中央银行及类似的财政金融机构往来;② 贷款用途只限于解决短期性的国际收支不平衡,用于贸易和非贸易的经常项目的支付;③ 贷款期限限于短期,属于短期贷款;④ 贷款额度是按各成员的份额及规定的各类贷款的最高可贷比例,确定其最高贷款总额;⑤ 贷款方式是根据经磋商同意的计划,由借款成员使用本币向IMF购买其他成员的等值货币(或特别提款权),偿还时,用特别提款权或IMF指定的货币买回借用时使用的本币(一般称为购回)。

IMF发放贷款的条件比较严格,贷款成员必须向IMF阐明其为改善国际收支状况而采取的政策措施,并接受IMF的监督,以保证实施。其贷款种类主要有以下几种:

(1) 普通贷款(normal credit tranches),即普通提款权(GDR),是IMF最基本的贷款,也被称为基本信用贷款(basic credit facility),主要用于满足成员短期国际收支逆差的资金需求。它是IMF利用各成员认缴的份额形成的基金,对成员提供的短期信贷,贷款期限一般不超过5年,利率随期限递增。IMF对成员的普通贷款采取分档政策,即将成员的普通提款权划分为储备部分贷款和信用部分贷款。贷款额度最高不超过成员缴纳份额的125%,其中的25%即储备部分贷款,又称"成员在IMF的储备头寸"。由于成员以黄金或外汇及特别提款权缴纳的份额作保证,所以成员可自动提取,不必经过专门批准。其余贷款即信用部分贷款,分四个档次,每档占25%,IMF分别采取不同的政策加以对待。贷款条件的严格程度逐级递增,贷款档次越高,贷款条件越严。

(2) 出口波动补偿贷款(compensatory financing facility),是于1963年2月IMF为稳定原料出口价格,缓和与发展中国家的矛盾,对以初级产品出口为主的发展中国家由于出口收入暂时减少或谷物进口支出增加而发生国际收支困难而设立的一项专用贷款,贷款期限为3~5年。贷款额度最初规定为成员缴纳份额的25%,1966年9月提高到50%,后经IMF同意,最高限额可达份额的100%。1989年1月,IMF以补偿与应急贷款(compensatory & contingenting facility)取代出口波动补偿贷款,贷款最高额度为份额的120%。贷款条件是借款成员出口收入减少或谷物进口支出增加应是暂时性的,而且是成员本身无法控制的原因造成的,同时借款成员必须同意与IMF合作执行国际收支的调整计划。

(3) 缓冲库存贷款(buffer stock financing facility),是1969年6月IMF为满足为稳定成员初级产品出口价格建立国际商品缓冲库存的资金需要,而向初级产品出口国提供的一种专项信贷。其作用是在初级产品价格波动时,通过所设立的国际商品缓冲库存来抛售或购进该初级产品,以稳定其价格,保证出口国的收入。该贷款期限为3~5年,贷款最高限额不超过成员缴纳份额的50%。IMF认定的只用于缓冲库存贷款的初级产品有锡、可可、糖、橡胶等。

(4) 石油贷款(oil facility),是1974年6月IMF为帮助成员克服石油涨价引起的国际收支困难而设立的临时性专项信贷。贷款期限为3~7年,贷款最高额度最初为成员缴纳份额的75%,1975年提高到125%。其资金来源主要是从产油国和发达国家借来的款项,到 1976 年 5 月全部发放完毕。

(5) 中期贷款,又称扩展贷款(extended fund facility),是 1974 年 9 月 IMF 为帮助成员克服长期国际收支逆差的困难而设立的专项贷款,主要用于满足成员长期国际收支逆差的资金需求。贷款期限为 4～10 年,贷款最高限额为借款成员缴纳份额的 140%。贷款采取分期发放与分期偿还的方式。

(6) 信托基金贷款(trust fund facility),是 1976 年 1 月 IMF 为以出卖黄金的收入支持最穷的发展中国家的经济发展而设立的专项信贷。信托基金是用 IMF 出卖黄金时的市场价格超过成员缴纳份额时所规定的黄金官价的那部分收入建立起来的。贷款期限为 5 年,主要是面向 1973 年人均国民收入不超过 360 美元的国家。

(7) 补充贷款(supplementary financing facility),是 IMF 于 1977 年设立的在成员国际收支严重不平衡而出现持续性逆差时,用于弥补普通贷款和中期贷款不足的一项专项信贷。由于此项贷款根据 IMF 第五任总裁约翰内斯·维特芬(Johannes Witteveen)的建议而设立,因此又被称为"维特芬贷款"。其资金主要由石油生产国与发达国家提供。贷款期限为 0.5～7 年,备用安排期为 1～3 年。1981 年 4 月已全部发放完毕。

(8) 扩大贷款,是在补充贷款发放完成后,IMF 以同样条件向那些份额少而经济面临严重困难、需要大规模调整,并且出现持续性巨额国际收支逆差的成员提供的一项贷款。

(9) 结构调整贷款与加强的结构调整贷款,分别是 1986 年 3 月和 1987 年 12 月 IMF 为了帮助低收入发展中国家解决长期性国际收支不平衡而进行经济结构调整所设立的贷款项目。其资金来源为信托基金贷款的还款及 IMF 的利息收入与对外借款。其贷款条件较为优惠,期限较长,利率较低。贷款额度主要取决于借款成员与 IMF 的合作态度及其为改善经济结构所做的工作。

(10) 制度转型贷款,是 1993 年 4 月 IMF 为了帮助苏联和东欧国家解决由计划经济向市场经济转变所引起的国际收支困难而设立的专项贷款。贷款期限为 4～10 年,贷款最高限额为成员缴纳份额的 50%。此项贷款能否获得及其额度多少主要取决于借款成员与 IMF 的合作态度及其为经济转型所作出的切实有效的努力。

除上述各项贷款外,IMF 还设置了突发情况下的紧急贷款机制。这一机制可以保证当成员国际收支账户出现危机或受到威胁可能引发危机时,IMF 能够立即作出反应,迅速进行相应的贷款安排,以使危机尽快得到解决。

IMF 在安排成员贷款额度时,掌握的一般原则是:1 年内安排的额度最多为成员缴纳份额的 150%;3 年内安排的额度最多为份额的 450%;在规定情况下,累计最高限额可达份额的 600%。但实际上,单个成员是不会同时借到上述各类款项的。另外,IMF 发放贷款时,除按规定收取不同形式及不同比例的贷款利息外,还要收取贷款手续费和承诺费。

IMF 贷款与其他商业性贷款有很多区别,其中一个重要区别在于它的条件。IMF 发放各类贷款,对成员克服国际收支出现的困难及稳定汇率等方面无疑有积极的一面,但其附加的条件及贷款所带来的负面效果,至今仍有不少议论与批评。IMF 对成员的贷款申请始终是很慎重的,对那些已陷入危机而需巨额援助的成员更是会附上严厉的贷款条件。一般来说,当一成员向其申请贷款时,IMF 首先会组织专家小组直接赴借款成员处实地考察,分析该成员的经济形势尤其是国际收支存在的问题,并由专家小组制定一组综合的经济政策和经济目标,即经济调整计划,借款成员只有同意并接受该调整计划,才能获得贷款资格。IMF 对贷款的发放也不是一步到位的,而是以一定的时间间隔分期发放,如果借款成员没有履行贷款条件,IMF 便停止发放新的贷款。这种经济调整计划一般都会包括以下几项内容:减少财政赤字,削减各种开支,实行紧缩的货币政策,增加出口或减少进口及扩大金融市场开放度等。从 IMF 来讲,它可能会认为所有这些措施都是为了维护国际金融秩序,降低贷款风险,帮助成员渡过难关。但对具体的受援方来讲,这些条件和措施是良药还是劣药,可能还得具体分析。

二、世界银行集团

世界银行集团(World Bank Group)是若干全球性金融机构的总称,目前由世界银行即国际复兴开发银行(International Bank for Reconstruction and Development,IBRD)、国际开发协会(International Development Association,IDA)、国际金融公司(International Finance Corporation,IFC)、多边投资担保机构(Multilateral Investment Guarantee Agency,MIGA)和解决投资争端国际中心(International Center for Settlement of Investment Disputes,ICSID)五个机构组成。世界银行集团的主要职能是促进成员经济长期发展、协调南北关系和稳定世界经济秩序等。下面对世界银行、国际开发协会和国际金融公司这三个主要机构进行具体分析。

(一) 世界银行

1. 世界银行的宗旨与职能

世界银行是 1944 年 7 月布雷顿森林会议后,与 IMF 同时诞生的国际性金融机构,也是联合国下属的一个专门机构。世界银行于 1945 年 12 月正式宣告成立,1946 年 6 月开始办理业务,1947 年 11 月成为联合国的专门机构。该行的成员必须是 IMF 的成员,但 IMF 的成员不一定都参加世界银行。

世界银行与 IMF 起着相互配合的作用。IMF 主要负责国际货币事务方面的问题,主要任务是向成员提供解决国际收支暂时不平衡的短期外汇资金,以消除外汇管制,促进汇率稳定和国际贸易的扩大。世界银行则主要负责促进经济的复兴和发展,向各成员提供发展经济的中长期贷款。

按照《国际复兴开发银行协定》的规定,世界银行的宗旨是:

(1) 通过对生产事业的投资协助促进成员经济的复兴与建设,鼓励不发达国家对资源的开发。

(2) 通过担保或参加私人贷款及其他私人投资的方式,促进私人对外投资。当成员不能在合理条件下获得私人资本时,可运用该行自有资本或筹集的资金来补充私人投资的不足。

(3) 鼓励国际投资,协助成员提高生产能力,促进成员国际贸易的平衡发展和国际收支状况的改善。

(4) 在提供贷款保证时,应与其他方面的国际贷款配合。

世界银行在成立之初,主要是资助西欧国家恢复被战争破坏了的经济,但在 1948 年后,欧洲各国开始主要依赖美国的"马歇尔计划"来恢复战后的经济,世界银行便转向主要向发展中国家提供中长期贷款与投资,促进发展中国家经济和社会的发展。

2. 世界银行的组织机构

世界银行是具有股份性质的一个金融机构,设有理事会、执行董事会、行长及具体办事机构。理事会是世界银行的最高权力机构,由每一成员委派理事和副理事各 1 名组成。执行董事会负责银行的日常业务,行使理事会授予的职权。银行政策管理机构由行长、若干副行长、局长、处长及工作人员组成。世界银行对我国的贷款业务由东亚及太平洋地区国家三局负责,国家三局也称中国和蒙古国家局,简称"中蒙局"。

3. 世界银行的资金来源

世界银行的资金来源主要有以下三个方面:

(1) 成员缴纳的股金。世界银行成立之初,法定股本为 100 亿美元,分为 10 万股,每股 10 万美元。后经几次增资,截至 1993 年 6 月,法定股本为 1 530 亿特别提款权。根据《国际复兴开发银行协定》原来的规定,成员认缴的股金分两部分缴纳:第一,成员参加时应缴纳认缴股金的 20%,其中的 2% 必须用黄金或美元支付,这一部分股金世界银行有权自由使用,其余的 18% 用成员的本币支付,世界银行须征得该成员的同意才能将这部分股金用于贷款。第二,成员认缴股金的 80% 是待缴股本,可在世界银行因偿还借款或清偿债务而催缴时,以黄金、美元或世界银行需要的货币支付。但在 1959 年增资时,成员实缴股金降为 10%,以黄金、美元缴纳的部分降为 1%,成员以本币缴付的部分降为 9%,其余部分为待缴股金。

(2) 发行债券取得的借款。在实有资本极其有限而又不能吸收短期存款的条件下,世界银行主要通过在各国和国际金融市场发行债券来筹措资金。在世界银行的贷款总额中,约有 80% 是依靠发行债券借入的。世界银行在借款方面的基本政策是借款市场分散化,以防止对某一市场的过分依赖。世界银行发行债券的方式主要有两种:一是直接向成员政府、政府机构或中央银行出售中短期债券;二是通过投资银行、商业银行等中间包销商向私人投资市场出售债券。用后一种方式出售的债券的比重正在不断提高。世界银行由于信誉优良,发行的债券一直被评为 AAA 级,因而在国际资本市场上获得了比较优惠的融资条件,并成为世界上最大的非居民借款人。

(3) 留存的业务净收益和其他资金来源。世界银行从开始营业以来,除第一年有小额亏损外,每年都有盈余。世界银行将历年业务净收益的大部分留作银行的储备金,小部分以赠款形式拨给国际开发协会作贷款资金。

世界银行还有两种辅助的资金来源:一是借款国偿还的到期借款额,二是银行将部分贷款债权转让给私人投资者(主要是商业银行)而收回的资金。

4. 世界银行的主要业务活动

向成员尤其是发展中国家提供贷款是世界银行最主要的业务。世界银行贷款从项目的确定到贷款的归还都有一套严格的条件和程序。现从以下几个方面介绍:

(1) 贷款条件。第一,世界银行只向成员政府,或经成员政府、中央银行担保的公私机构提供贷款。第二,贷款一般用于世界银行审定、批准的特定项目,重点是交通、公用工程、农业建设和教育建设等基础设施项目。只有在特殊情况下,世界银行才考虑发放非项目贷款。第三,成员确实不能以合理的条件从其他方面取得资金时,世界银行才考虑提供贷款。第四,贷款只发放给有偿还能力且能有效运用资金的成员。第五,贷款必须专款专用,并接受世界银行的监督。世界银行不仅在使用款项方面进行监督,而且在工程的进度、物资的保管、工程管理等方面都进行监督。

(2) 贷款的特点。第一,贷款期限较长。按借款国人均国民生产总值将借款国分为四组,每组期限不一;第一组为15年,第二组为17年,第三、四组为最贫穷的成员,期限为20年。贷款宽限期为3~5年。第二,贷款利率参照资本市场利率而定,一般低于市场利率,现采用浮动利率计息,每半年调整一次。第三,借款国要承担汇率变动的风险。第四,贷款必须如期归还,不得拖欠或改变还款日期。第五,贷款手续严密,从提出项目、选定、评定到取得贷款,一般要1年半到2年时间。第六,贷款主要向成员政府发放,且与特定的工程和项目相联系。

(3) 贷款的程序。第一,借款成员提出项目融资设想,世界银行与其洽商,并进行实际考察;第二,双方选定具体贷款项目;第三,双方对贷款项目进行审查与评估;第四,双方就贷款项目进行谈判、签约;第五,贷款项目的执行与监督;第六,世界银行对贷款项目进行总结评价。

(4) 贷款的种类。第一,项目贷款。这是世界银行传统的贷款业务,也是最重要的业务。世界银行贷款中约有90%属此类贷款。该贷款属于世界银行的一般性贷款,主要用于成员的基础设施建设。第二,非项目贷款。这是一种不与具体工程和项目相联系,而是与成员进口物资、设备及应付突发事件、调整经济结构等相关的专门贷款。第三,技术援助贷款。它包括两类:一是与项目结合的技术援助贷款,如对项目的可行性研究、规划、实施,项目机构的组织管理及人员培训等方面提供的贷款;二是不与特定项目相联系的技术援助贷款,也称独立技术援助贷款,主要用于资助为经济结构调整和人力资源开发而提供的专家服务。第四,联合贷款(co-financing)。这是一种由世界银行牵头,联合其他贷款机构一起向借款国提供的项目融资。该贷款设立于20世纪70年代中期,主要有两种形式:一是世界银行与有关国家政府确定贷款项目后,即与其他贷款者签订联合贷款协议,而后它们各自按通常的贷款条件分别与借款国签订协议并提供融资;二是世界银行与其他借款者按商定的比例出资,由前者按贷款程序和商品、劳务的采购原则与借款国签订协议,提供融资。第五,"第三窗口"贷款(the third window facility),也称中间性贷款(intermediate financing facility),是指在世界银行和国际开发协会提供的两项贷款(世界银行的一般性贷款和国际开发协会的优惠贷款)之外的另一种贷款。该贷款条件介于上述两种贷款之间,即比世界银行贷款条件宽松,但不如国际开发协会贷款条件优惠,期限可长达25年,主要贷放给低收入的发展中国家。第六,调整贷款(adjustment facility),包括结构调整贷款和部门调整贷款。结构调整贷款的目的在于:通过1~3年的时间促进借款国宏观或部门经济范围内政策的变化和机构的改革,有效地利用资源;5~10年内实现持久的国际收支平衡,维持经济的增长。结构调整问题主要是宏观经济问题和影响若干部门的重要部门问题,包括贸易政策(如关税改革、出口刺激、进口自由化)、资金流通(如国家预算、利率、债务管理等)、资源有效利用(如公共投资计划、定价、刺激措施等),以及整个经济和特定部门的机构改革等。部门调整贷款的目的在于支持特定部门全面的政策改变与机构改革。

1984年,世界银行将贷款方式重新分类为:① 特定投资贷款;② 部门贷款;③ 结构调整贷款;④ 技术援助贷款;⑤ 紧急复兴贷款;⑥ 联合贷款。其中,特定投资贷款的全部和部门贷款的一部分属于项目贷款,其余基本上属于非项目贷款。

(二) 国际开发协会

国际开发协会是一个专门从事对欠发达的发展中国家提供期限长和无息贷款业务的国际金融组织。世界银行的成员均可成为国际开发协会的成员。1959年10月,IMF和世界银行年会通过了建立专门资助最不发达国家的国际开发协会的决议;1960年9月24日,国际开发协会正式成立,并于1961年开始营业。

1. 国际开发协会的组织形式

国际开发协会是世界银行的附属机构,其组织机构和管理方式与世界银行相同,甚至相应机构的管理和工作职位也是由同一套人员兼任,而且也只有世界银行成员才能参加该协会。但是,国际开发协会又是一个独立的实体,有自己的协定、法规和财务系统,其资产和负债都与世界银行分开,业务活动也互不相关。

国际开发协会的最高权力机构是理事会,下设执行董事会处理日常业务。协会成员通过投票参与决策活动,成员的投票权与其认缴的股本成正比。成立初期,每一成员拥有500票基本票,另外每认缴5 000美元股本增加1票。

2. 国际开发协会的资金来源

国际开发协会的资金来源主要有以下几个方面:

(1) 成员认缴的股金。协会成立时的法定资本为10亿美元,协会的成员分为两组:第一组为发达国家,这些国家认缴的股金必须全部以黄金或可兑换货币缴纳;第二组为发展中国家,其认缴资本的10%必须以可兑换货币缴纳,其余90%可用本币缴纳。协会要动用这些国家的货币发放贷款时,必须先征得各国的同意。

(2) 成员提供的补充资金。因成员认缴的股金极其有限,远远不能满足贷款需求,1965年以来,国际开发协会已经多次补充资金。在全部资金中,美、英、德、日、法等国资金占大部分比例。

(3) 世界银行的赠款。从1964年开始,世界银行每年将净收益的一部分以赠款形式转拨给协会,作为协会的资金来源。

(4) 协会本身经营业务的盈余。协会从发放开发信贷收取小比例的手续费及投资收益中可以得到业务收益。

3. 国际开发协会的主要业务

国际开发协会的主要业务活动是向欠发达的发展中国家的公共工程和发展项目提供比世界银行贷款条件更优惠的长期贷款。这种贷款也称开发信贷,有如下特点:

第一,期限长。最初可长达50年,宽限期10年。1987年协会执行董事会通过协议,将贷款划分为两类:① 被联合国确定为最不发达的国家,信贷期限为40年,包含10年宽限期;② 经济状况稍好一些的国家,信贷期限35年,也含10年宽限期。第二,免收利息,即对已拨付的贷款余额免收利息,只收取0.75%的手续费。第三,信贷偿还压力小。第一类国家在宽限期过后的两个10年内每年还本2%,以后20年每年还本4%;第二类国家在第二个10年每年还本2.5%,其后15年每年还本5%。

由于国际开发协会的贷款基本上都是免息的,故称其为软贷款,而条件较为严格的世界银行贷款则被称为硬贷款。

国际开发协会贷款的条件包括:① 借款国人均国民生产总值低于 635 美元;② 借款国无法按借款信誉从传统渠道获得资金;③ 所选定的贷款项目必须既能提高借款国的劳动生产率,又具有较高的投资收益率;④ 贷款对象为成员政府或私人企业(实际上都是贷给成员政府)。

(三) 国际金融公司

国际金融公司是世界银行的另一个附属机构,但从法律地位和资金来源来说又是一个独立的国际金融机构,它也是联合国的专门机构之一。由于 IMF 和世界银行的贷款对象主要是成员政府,而私人企业的贷款必须由政府机构担保,在一定程度上限制了世界银行业务活动的扩展,因此,1951 年 3 月美国国际开发咨询局建议在世界银行下设国际金融公司,1956 年 7 月 24 日国际金融公司正式成立。

国际金融公司的宗旨是向发展中国家尤其是欠发达的成员的生产性企业,提供无须政府担保的贷款与投资,鼓励国际私人资本流向这些国家,促进私人企业部门的发展,进而推动成员经济的发展。

1. 国际金融公司的组织机构

国际金融公司设有理事会、执行董事会和以总经理为首的办事机构,其管理方法与世界银行相同。与国际开发协会一样,公司总经理和执行董事会主席由世界银行行长兼任,但与协会不同的是,除少数机构和工作职位由世界银行相关人员兼任外,公司设有自己独立的办事机构,包括若干地区局、专业业务局和职能局。按公司规定,只有世界银行成员才能成为国际金融公司的成员。

2. 国际金融公司的资金来源

国际金融公司的资金主要来源于成员认缴的股金和外部借款,另有一部分是公司各项业务积累的收入。根据协定,公司成立时的法定资本为 1 亿美元,分为 10 万股,每股 1 000 美元,必须以黄金或可兑换货币缴付。从成立以来公司进行了多次增资。为了补充自有资本的不足,国际金融公司还从外部筹借资金,在国际资本市场上发行国际债券是其借款的主要方式,所筹资金约占借款总额的 80%。国际金融公司还从世界银行及成员政府那里取得贷款。此外,国际金融公司对贷款和投资业务管理得力,基本上年年有盈利,积累的净收益也成为公司的一部分资金来源。

3. 国际金融公司的营运特点

(1) 贷款对象是成员的私人企业,贷款无须有关政府担保,但公司有时也向公私合营企业以及为私人企业提供资金的国营金融机构发放贷款。

(2) 公司除长期贷款外,还可以对私人企业投资直接入股,也可以既贷款又入股。

(3) 贷款期限较长,一般为 7~15 年,如确实需要还可延长。从贷款到开始还本之前有 1~4 年宽限期。贷款利率视资金投放风险、预期收益、国际金融市场的利率变化情况和每一项目的具体情况而定,但利率一般高于世界银行的贷款利率。对未提用部分的贷款每年征收 1% 的承担费,还款时以原借入货币偿还。

(4) 贷款具有较大的灵活性,既提供项目建设的需要外汇,也提供本地货币开支部分;既可作为流动资金,也可用于购置固定资产。

（5）公司贷款通常与私人投资者、商业银行和其他金融机构联合提供。

4. 国际金融公司的主要业务

国际金融公司的主要业务活动是为成员的私人企业或私人同政府合资经营的企业提供贷款或协助其筹措国内外资金。同时，公司还从事其他旨在促进私人企业效率提高和发展的活动，如提供项目技术援助、政策咨询以及一般的技术援助。贷款发放的对象主要是制造业、加工业、开采业以及公用事业与旅游业等。

国际金融公司的贷款政策是：① 投资项目必须对所在国的经济有利；② 投资项目必须有盈利前景；③ 必须是无法以合理条件得到足够私人资本的项目；④ 所在成员政府不反对投资的项目；⑤ 本国投资者必须在项目开始施工时就参与投资。

国际金融公司贷款还考虑以下因素：① 政府所有权和控制的程度；② 企业性质和管理效率；③ 将来扩大私人所有权的可能性。

阅读专栏 9-1　世界银行助推中国食品安全

世界银行执行董事会批准向中国食品安全改善项目提供4亿美元，用于协助中国在国家和地方层面加强食品安全管理，减少食品价值链的安全风险。

中国在不安全食品造成的全球健康与经济负担中占比较大。据估计，食源性疾病对中国人力资本生产率造成的损失每年逾300亿美元，占亚洲地区食源性疾病经济负担近一半。

新冠疫情进一步加剧了食品安全带来的挑战，特别是在农产品加工、包装和运输方面。此外，提高食品安全标准对于中国的贸易伙伴以及农产品出口竞争力都很重要。改善食品安全也有助于中国减少食品损失和浪费，并产生巨大的气候协同效应。

世界银行中国局局长芮泽表示："这个项目采取综合性和基于风险的方式，与全球良好实践保持一致，有助于中国减少不安全的食品生产、加工和贸易做法带来的公共健康风险，降低经济和环境成本。由于中国是食品出口大国，也是暴发食源性疾病的热点地区，因此这个项目也具有重要的全球效益。"

项目将加强食品价值链（包括海鲜、猪肉、水果、蔬菜等）全程的食品安全法规建设、执法力度，与全球实践保持一致。项目将促进省市级食品安全法规科学的和基于证据的执法，采用基于风险的方法。

项目将协助农业和食品业企业加强食品安全法规的合规性，达到食品安全认证标准，主要采取以下方式：① 推广农业良好实践，包括有关安全性、气候智慧性和环境可持续性的良好实践；② 鼓励使用生物降解塑料薄膜、生态环保食品包装和塑料回收利用；③ 公共基础设施升级改造，加强水质和垃圾管理、点源污染防控，减少农贸市场的生物危害；④ 确保基于风险的预防措施，维护从农田到餐桌的食品安全环境。

项目还将帮助农业和食品业企业获得采用食品安全技术所需资金，组织开展促进食品安全和倡导健康生活方式的防范食品安全风险宣传活动，配合改善监管环境和加强执法，并采取措施满足对健康食品的需求，鼓励提升合规水平。除有助于改善食品安全外，项目还将减少食品损失和浪费，并产生巨大的气候协同效应。

项目将由中国国家市场监督管理总局和农业农村部负责在国家和省级层面的实施，项目将对广东省和山东省提供食品安全执法和监督支持,主要通过在项目城市整合食品价值链从农田到餐桌各个环节的地方标准和法规,使其与国家法规一致。

项目将支持约 7 500 个农户、合作社以及农业和食品业中的大中小企业更好地管控食品安全风险,实现企业可持续经营。项目还将直接惠及广东省佛山、广州、惠州、江门、肇庆等市以及山东省烟台市的消费者约 60 万户,防范食品安全风险宣传活动预计将影响到这些城市的居民约 300 万人。

资料来源:程婕.世行提供 4 亿美元助推中国食品安全[EB/OL].(2021-03-26)[2022-09-21]. https://new.qq.com/rain/a/20210326A03LN700.

第二节 区域性国际金融组织

20 世纪 60 年代前后,欧洲、亚洲、非洲、拉丁美洲及中东等地区先后建立起区域性的国际金融组织,为支持和促进本地区经济发展提供金融服务。其中,亚洲开发银行、非洲开发银行和泛美开发银行是服务于亚非拉广大地区的区域性国际金融组织。此外,还有其他一些区域性国际金融组织。

一、亚洲基础设施投资银行

(一) 亚洲基础设施投资银行成立的背景及宗旨

亚洲基础设施投资银行(Asian Infrastructure Investment Bank,AIIB)简称亚投行,作为支持基础设施发展的多边金融机构,旨在通过与现有多边开发银行开展合作,更好地为亚洲地区长期的巨额基础设施建设融资缺口提供资金支持。亚投行的设立将有助于从亚洲域内及域外动员更多的应急资金,缓解亚洲经济体面临的融资压力,与现有多边开发银行形成互补,推进亚洲实现持续稳定增长。

2014 年 10 月,首批 22 个意向创始成员国在北京签署了《筹建亚投行备忘录》。随后,先后有 35 个域内外国家作为意向创始成员国加入了亚投行。2015 年 6 月 29 日,《亚洲基础设施投资银行协定》签署仪式在北京举行,亚投行 57 个意向创始成员国的财长或授权代表出席了签署仪式,其中已通过国内审批程序的 50 个国家正式签署该协定。各方商定于 2015 年年底之前,经合法数量的国家批准后,协定即告生效,亚投行正式成立。

(二) 亚洲基础设施投资银行的成员资格及结构

亚投行的法定股本为 1 000 亿美元,分为 100 万股,每股的票面价值为 10 万美元。初始法定股本分为实缴股本和待缴股本。实缴股本的票面总价值为 200 亿美元,待缴股本的票面总价值为 800 亿美元。

域内外成员的出资比例为 75∶25。经理事会多数同意后,亚投行可增加法定股本及下调域内成员出资比例,但域内成员出资比例不得低于 70%。域内外成员认缴股本在 75∶25 范围内以 GDP(按照 60%市场汇率法和 40%购买力平价法加权平均计算)为基本依据进行分配。初始认缴股本中实缴股本分五次缴清,每次缴纳 20%。

(三) 亚洲基础设施投资银行的业务运营

亚投行的业务分为普通业务和特别业务。其中,普通业务是指由亚投行普通资本(包括法定股本、授权募集的资金、贷款或担保收回的资金等)提供融资的业务;特别业务是指为服务于自身宗旨,以亚投行所接受的特别基金开展的业务。两种业务可以同时为同一个项目或规划的不同部分提供资金支持,在财务报表中应分别列出。

银行可以向任何成员或其机构、单位或行政部门,或在成员的领土上经营的任何实体或企业,以及参与本区域经济发展的国际或区域性机构或实体提供融资。在符合银行宗旨与职能及银行成员利益的情况下,经理事会多数投票同意,也可向非成员提供援助。亚投行开展业务的方式包括直接提供贷款、开展联合融资或参与贷款、进行股权投资、提供担保、提供特别基金的支持及技术援助等。

(四) 亚洲基础设施投资银行成立的意义

亚投行的成立对于我国有着重要意义。首先,亚投行的成立将形成多边框架以支撑"一带一路"倡议。中国主导筹建亚投行的一个重要考量是为"一带一路"这一亚欧经济整合倡议提供金融支撑,通过邀请经验丰富的区域外发达国家参与亚投行筹建,中国得以吸收和借鉴其丰富的经验,并显著提高亚投行的操作水准和国际形象。其次,亚投行将助推新一轮的对内改革与对外开放。在美国大力推行高标准的《跨太平洋伙伴关系协定》并试图重塑全球贸易规则的大背景下,中国需要改变长期以来以沿海带动内陆为基本格局、以吸收对外直接投资为主要方式、以建设"世界工厂"为主要目标的传统开放战略,加快广大内陆和沿边地区的开发开放,逐步扩大对外投资。最后,亚投行的成立有利于我国推进人民币国际化的进程,是走出"美元陷阱"的一次有益尝试。

二、国际清算银行

(一) 国际清算银行成立的背景及宗旨

国际清算银行(Bank for International Settlement,BIS)是英、法、德、意、比、日等国的中央银行与代表美国银行界利益的摩根银行、纽约和芝加哥的花旗银行组成的银团,是根据《海牙国际协定》于1930年5月组建的。国际清算银行刚建立时只有7个成员,现成员已发展至45个,遍布世界五大洲。国际清算银行最初创办的目的是处理第一次世界大战后德国的赔偿支付及有关的清算等业务问题。第二次世界大战后,它成为OECD成员之间的结算机构,该行的宗旨也逐渐转变为促进各国(地区)中央银行和货币当局之间的合作,为国际金融业务提供便利,并接受委托或作为代理人办理国际清算业务等。

国际清算银行不是政府间的金融决策机构,也非发展援助机构,它是各国(地区)"中央银行的银行",向各国(地区)中央银行(或货币当局)或通过中央银行(或货币当局)向整个国际金融体系提供一系列高度专业化的服务,办理多种国际清算业务。因为扩大各国(地区)中央银行和货币当局之间的合作始终是促进国际金融稳定的重要因素之一,所以随着国际金融市场一体化的迅速推进,这类合作的重要性显得更为突出。因此,国际清算银行便成了各国(地区)中央银行和货币当局进行合作的理想场所以及中央银行家的会晤场所。

(二) 国际清算银行的业务活动

国际清算银行主要业务活动包括以下几方面：

(1) 处理国际清算事务。第二次世界大战后，国际清算银行先后成为欧洲经济合作组织、欧洲支付同盟、欧洲货币合作基金等国际机构的金融业务代理人，承担着大量的国际结算业务。

(2) 办理或代理有关银行业务。国际清算银行接受成员中央银行的黄金或货币存款，买卖黄金和货币，买卖可供上市的证券，向成员中央银行提供贷款或存款，也可与商业银行和国际机构进行类似业务，但不得向政府提供贷款或以其名义开设往来账户。目前，世界上很多中央银行在国际清算银行存有黄金和硬通货，获取相应的利息。

(3) 定期举办中央银行行长会议。国际清算银行于每月的第一个周末在巴塞尔举行西方主要国家中央银行的行长会议，商讨相关国际金融问题，协调有关成员的金融政策，促进各成员中央银行的合作。

(三) 国际清算银行的组织形式

国际清算银行是一个股份公司性质的国际金融组织，其资金靠发行股票筹集。

国际清算银行的最高决策机构是董事会。董事会下设经理部、货币经济部、秘书处和法律处等。董事主要由成员的中央银行行长担任。

(四) 国际清算银行的资金来源

国际清算银行的资金主要来源于以下三个方面：

(1) 成员缴纳的股金。该行建立时，法定资本为5亿金法郎，1969年增至15亿金法郎，后几度增资。该行80%股份为各成员中央银行持有，其余20%为私人持有。

(2) 借款。向各成员中央银行借款，弥补该行自有资金的不足。

(3) 吸收存款。接受各成员中央银行的黄金存款和商业银行的存款。

(五) 中国与国际清算银行的联系

我国于1984年与国际清算银行建立了业务联系，此后每年都派代表团以客户身份参加该行年会。中国人民银行加入国际清算银行，标志着我国的经济实力和金融成就得到了国际社会的认可，同时也有助于中国人民银行与国际清算银行及其他国家和地区的中央银行增进了解，扩大合作，提高管理与监督水平。

三、亚洲开发银行

(一) 亚洲开发银行的建立与宗旨

亚洲开发银行(Asian Development Bank, ADB)简称亚行，是西方国家和亚洲及太平洋地区发展中国家联合创办的面向亚太地区的区域性政府间金融机构。它是根据联合国亚洲及太平洋经济与社会委员会的决议，并经于1963年12月在马尼拉举行的第一次亚洲经济合作部长级会议决定，在1966年11月正式建立，并于同年12月开始营业的，总部设在菲律宾首都马尼拉。亚行初建立时有34个成员，目前其成员不断增加，凡是亚洲及远东经济委员会的会员或准会员，亚太地区其他国家以及该地区以外的联合国及所属机构的成员,均可参加亚行。

亚行的宗旨是向成员提供贷款与技术援助,帮助协调成员在经济、贸易和发展方面的政策,与联合国及其专门机构进行合作,以促进亚太地区的经济发展。

(二) 亚洲开发银行的组织机构

亚行的机构设置与 IMF 及世界银行大致相同,其管理机构由理事会、执行董事会、行长组成。理事会是最高权力机构,由成员各选派 1 名理事和副理事组成。执行董事会是负责处理日常工作的常设机构,由 12 名董事组成。行长由董事长兼任,负责主持银行的日常工作。银行的重大事务由理事会和董事会投票表决。理事会和董事会中的投票权主要按成员认缴股本的多少进行分配。日本和美国认缴的股本最多,其拥有的投票权也最多。

(三) 亚洲开发银行的资金来源

(1) 普通资金(ordinary capital)是亚行业务活动的主要资金来源,由股本、借款、普通储备金(由部分净收益构成)、特别储备金和其他净收益组成。这部分资金通常用于亚行的硬贷款。

(2) 特别基金(special funds)由成员认缴股本以外的捐赠资金及认缴股本中提取的 10% 的资金组成,主要用于向成员提供贷款或无偿技术援助。目前该行设立了三项特别基金:① 亚洲开发基金,用于向亚太地区贫困成员发放优惠贷款;② 技术援助特别基金,为提高发展中成员的人力资源素质和加强执行机构的建设而设立;③ 日本特别基金,由日本政府出资建立,主要用于技术援助与开发项目。

(四) 亚洲开发银行的业务活动

(1) 提供贷款。亚行的贷款按贷款条件分为硬贷款、软贷款和赠款。如果按贷款方式划分,亚行的贷款可分为项目贷款、规划贷款、部门贷款、开发金融贷款、综合项目贷款及特别项目贷款等。其中,项目贷款是亚行传统的、主要的贷款形式,该贷款为成员发展规划的具体项目提供融资,这些项目需经济效益良好,有利于借款成员的经济发展,且借款成员有较好的信誉,贷款周期与世界银行相似。

(2) 联合融资,是指亚行与一个及以上的区外金融机构或国际机构共同为成员的某一开发项目提供融资。该项业务始办于 1970 年,在做法上与世界银行的联合贷款相似,目前主要有平行融资、共同融资、伞形或后备融资、窗口融资、参与性融资等类型。

(3) 股权投资,是指通过购买私人企业股票或私人开发金融机构股票等形式,对发展中国家私人企业融资。亚行于 1983 年起开办此项投资新业务,目的是对私营企业利用国内外投资起促进和媒介作用。

(4) 技术援助,是指亚行在项目有关的不同阶段(如筹备、执行等)向成员提供资助,目的是提高成员开发和完成项目的能力。目前,亚行的技术援助分为项目准备技术援助、项目执行技术援助、咨询性技术援助和区域活动技术援助。技术援助大部分以贷款方式提供,有的则以赠款或联合融资方式提供。

四、非洲开发银行

非洲开发银行(African Development Bank,AFDB)是非洲国家政府合办的互助性质的区域性国际金融组织,于1964年9月成立,1966年7月开始营业,总行设在象牙海岸(今科特迪瓦)的首都阿比让。为了吸收更多资金、扩大银行的运营能力,1980年5月非洲开发银行第15届年会通过决议,允许非洲区域以外的国家投资入股加入该行。我国于1985年入股成为该行成员。

(一)非洲开发银行的宗旨

非洲开发银行的宗旨是为非洲成员经济和社会发展提供投资和贷款或给予技术援助,充分利用非洲的人力等资源,促进各国经济的协调发展和社会进步,协助非洲制定发展总体战略和各成员的发展计划,以达到非洲经济一体化。

(二)非洲开发银行的组织形式

非洲开发银行的管理机构由理事会、董事会、行长组成。理事会是最高权力机构,由成员各指派1名理事组成,理事一般由成员的财政部部长或中央银行行长担任。由理事会选出的董事会是常设的执行机构。行长由董事会选出,并兼任董事长,负责主持银行的日常工作。银行的重大事务由理事会和董事会投票表决。理事会和董事会中的投票权主要按成员认缴股本的多少进行计算。

(三)非洲开发银行的资金来源及业务活动

非洲开发银行的资金来源主要是成员认缴的股本。除此之外,非洲开发银行还通过与私人资本及其他信用机构合资合作,广泛动员和利用各种资金以扩大银行的业务。

非洲开发银行的主要业务活动是向非洲区域内的成员发放贷款。贷款种类主要分为普通贷款和特殊贷款两种。特殊贷款不计息,条件优惠,贷款期限最长可达50年。

五、泛美开发银行

泛美开发银行(Inter-American Development Bank,IADB)是由美洲国家组织的与欧亚其他国家联合创立的区域性政府间国际金融组织。该行于1959年12月正式成立,1960年10月开始营业,总行设在华盛顿。

(一)泛美开发银行的宗旨

泛美开发银行的宗旨是动员美洲内外的资金向拉美成员的经济和社会发展项目提供贷款,以促进和协调成员社会进步和经济发展,促进拉美国家之间的经济合作,实现区域经济增长。

(二)泛美开发银行的组织形式

泛美开发银行的管理机构由理事会、执行董事会、行长、副行长组成。理事会是最高权力机构,由成员各指派1名理事和候补理事组成。执行董事会是负责银行日常工作的常设机构。行长是银行的最高行政领导人。银行的重大事务由理事会和董事会投票表决。理事会和董事会中的投票权主要按成员认缴股本的多少进行计算。美国认缴份额最多,投票权也最多。

(三) 泛美开发银行的资金来源及业务活动

泛美开发银行的资金来源主要是成员认缴的股本。另外,其还通过借款和发行短期债券的形式来筹集资金。

泛美开发银行的主要业务活动是向拉美成员政府及其他公私机构的经济项目提供贷款。贷款种类主要分为普通业务贷款和特种业务贷款两种。普通业务贷款的利率高于特种业务贷款,而贷款期限则比特种业务贷款短,且必须用借款货币偿还。特种业务贷款可全部或部分用本币偿还。此外,该行还设立了条件优惠的信托基金贷款。

第三节 国际金融监管组织

一、巴塞尔委员会和《巴塞尔协议》

推动金融监管国际合作的最主要国际组织之一,是设在国际清算银行的巴塞尔银行监督委员会(Basel Committee on Banking Supervision, BCBS),简称"巴塞尔委员会"。

(一) 巴塞尔委员会简介

巴塞尔委员会是银行审慎监管全球标准的主要制定者,为各国中央银行的银行监管事项的定期合作提供平台。委员会总部设在巴塞尔国际清算银行,旨在通过提高世界范围内银行监管的质量加强全球金融稳定,并作为其成员之间就银行监管事项进行定期合作的论坛。巴塞尔委员会第一次会议于1975年2月举行,此后每年定期举行三至四次会议。自成立以来,巴塞尔委员会已将其成员从十国集团扩大到来自28个国家和地区的45个机构,由各国家和地区的中央银行和正式负责监管银行业务的当局组成。此外,该委员会还设有观察员。委员会分别在2009年和2014年扩大了成员。截至2021年,巴塞尔委员会的成员有:阿根廷(阿根廷央行)、澳大利亚(澳大利亚储备银行、澳大利亚审慎监管局)、比利时(比利时国家银行)、巴西(巴西央行)、加拿大(加拿大银行、加拿大金融机构监管办公室)、中国内地(中国人民银行、中国银行保险监督管理委员会)、欧盟(欧洲央行、欧洲央行单一监管机制)、法国(法国银行、法国审慎监管和处置机构)、德国(德意志联邦银行、德国联邦金融监管局)、中国香港(香港金融管理局)、印度(印度储备银行)、印度尼西亚(印尼银行、印尼金融服务管理局)、意大利(意大利银行)、日本(日本银行、日本金融管理局)、韩国(韩国银行、韩国金融监督院)、卢森堡(卢森堡金融业监察委员会)、墨西哥(墨西哥银行、墨西哥国家银行和证券委员会)、荷兰(荷兰银行)、俄罗斯(俄罗斯联邦中央银行)、沙特阿拉伯(沙特中央银行)、新加坡(新加坡金融管理局)、南非(南非储备银行)、西班牙(西班牙银行)、瑞典(瑞典银行、瑞典财务检查局)、瑞士(瑞士国家银行、瑞士金融市场监管局)、土耳其(土耳其中央银行、土耳其银行监管机构)、英国(英格兰银行、英国审慎监管局)、美国(美联储理事会、纽约联邦储备银行、美国通货审计官办公室、美国联邦存款保险公司)。观察员则包括:智利(智利央行、智利银行和金融机构监督机构)、马来西亚(马来西亚央行)、阿拉伯联合酋长国(阿联酋央行)。中国作为金融稳定理事会和巴塞尔银行监管委员会的正式成员,负有执行国际标准的约束性义务。

巴塞尔委员会的治理结构包括轮值主席、标准制定和研究小组以及由国际清算银行主办的秘书处。巴塞尔委员会向各中央银行行长和监管当局负责人会议(Governors and Heads of Supervision, GHOS)报告,并寻求后者对其重大决策的认可。主席由 GHOS 任命,任期三年,可连任一次,主要职责是根据巴塞尔委员会的授权指导委员会的工作。

(二) 巴塞尔委员会主要成果

《巴塞尔协议》是国际清算银行成员的中央银行或货币当局在瑞士巴塞尔达成的若干重要协议的统称,是国际银行业风险管理的理论指导、行动指南和实践总结。协议实质是完善与补充单个国家对商业银行监管体制的建设,减轻银行倒闭的风险与代价。国际清算银行最新研究显示,全世界有一百多个国家和地区采纳了该协议。

随着20世纪70年代以来金融全球化、自由化和金融创新的发展,国际银行业面临的风险日趋复杂,这促使商业银行开始重视风险管理。20世纪80年代债务危机和信用危机发生后,西方银行普遍重视信用风险管理,并由此催生了1988年的《巴塞尔协议》,即《巴塞尔协议Ⅰ》。在统一资本监管要求下,各银行积极构建以满足资本充足为核心的风险管理体系,资本作为直接吸收银行风险损失的"缓冲器"得到了广泛认同。90年代,金融衍生工具在银行领域迅速普及,市场风险问题日益突出,推动了巴塞尔委员会将市场风险纳入资本监管框架。1997年亚洲金融危机后,国际银行业努力推动实施全面风险管理的新战略,以应对多风险联动的管理压力。经多次征求意见,2004年巴塞尔委员会正式公布了《巴塞尔新资本协议》,即《巴塞尔协议Ⅱ》。而2008年金融危机的爆发使得巴塞尔委员会对金融机构监管更为严格,由此催生了《巴塞尔协议Ⅲ》。

从银行风险管理的角度看,《巴塞尔协议》从1988年开始始终强调稳妥处理"资本、风险、收益"三者关系,其中最重要的是"资本与风险"的关系。资本作为银行抵御风险的最后一道防线,要求银行有足够资本应对可能发生的损失。因此,新旧协议都把资本充足率作为协议框架的第一支柱。新协议更加强调资本应精确地反映银行实际经营中的风险,保证银行稳健经营。

(三)《巴塞尔协议Ⅰ》

1988年的《巴塞尔协议》全称为《统一资本衡量和资本标准的国际协议》,简称《巴塞尔协议Ⅰ》,其目的是通过规定银行资本充足率,减少各国规定的资本数量差异,加强对银行资本及风险资产的监管,消除银行间的不公平竞争。其基本内容由四方面组成:① 资本的组成;② 风险加权制;③ 目标标准比率;④ 过渡期和实施安排。

《巴塞尔协议Ⅰ》主要有三大特点:一是确立了全球统一的银行风险管理标准;二是突出强调了资本充足率标准的意义,促使全球银行经营从注重规模转向注重资本、资产质量等因素;三是强调国家风险对银行信用风险的重要作用,明确规定不同国家的授信风险权重比例存在差异。

《巴塞尔协议Ⅰ》的不足之处在于:① 容易导致银行过分强调资本充足的倾向,从而忽略银行业的盈利性和其他风险,即使银行符合资本充足率的要求,也可能因其他风险而陷入经营困境,如巴林银行;② 对国家风险的风险权重处理比较简单;③ 仅注意到信用风险,而没有考虑到银行经营中影响越来越大的市场风险和操作风险等。

(四)《巴塞尔协议Ⅱ》

2004年6月26日,十国集团央行行长和银行监管当局负责人一致同意公布《资本计量和资本标准的国际协议:修订框架》,即《巴塞尔新资本协议》,简称《巴塞尔协议Ⅱ》,并宣布于2006年实施该协议,一些发展中国家也积极准备向实施新协议过渡。这一国际金融界普遍认同的国际标准,是商业银行在国际市场上生存的底线。其基本内容由以下三大支柱组成:

(1)最低资本金要求。新协议保留了《巴塞尔协议Ⅰ》中对资本的定义,以及相对风险加权资产资本充足率为8%的要求,但风险范畴有所拓展,不仅包括信用风险,还覆盖市场风险和操作风险。内部评级法是《巴塞尔协议Ⅱ》的核心内容,银行将账户中的风险划分为六大风险:公司业务风险、国家风险、同业风险、零售业务风险、项目融资风险和股权风险。银行根据标准参数或内部估计确定其风险要素,并计算得出银行所面临的风险。这些风险要素主要包括违约概率、违约损失率、违约风险值及期限。根据内部风险评估结果确定风险权重、计提资本。

(2)监管当局的监督检查。目的是通过监管银行资本充足状况,确保银行有合理的内部评估程序,便于正确判断风险,促使银行真正建立起依赖资本生存的机制。

(3)强化信息披露,引入市场约束。要求银行不仅要披露风险和资本充足状况的信息,而且要披露风险评估和管理过程、资本结构以及风险与资本匹配状况的信息;不仅要披露定量信息,而且要披露定性信息;不仅要披露核心信息,而且要披露附加信息。

《巴塞尔协议Ⅱ》主要有三大特点:① 要实现向以风险管理为核心的质量监管模式过渡;② 将信用风险、市场风险和操作风险全面纳入资本充足率计算,使资本状况与总体风险相匹配,提高监管的全面性和对风险的敏感度;③ 推进解决信息不对称的信息披露,重点向资本充足率、银行资产风险状况等市场敏感信息集中,确保市场对银行的约束效果。

(五)《巴塞尔协议Ⅲ》

2008年以来的全球金融危机的爆发,促使全球金融监管当局反思监管框架并加强了对大型金融机构的监管,尤其是对系统性风险的防范。对次贷危机和《巴塞尔协议Ⅱ》的争议和反思,直接推动了《巴塞尔协议Ⅲ》的迅速出台。

《巴塞尔协议Ⅲ》所进行的大规模监管改革主要集中在以下领域:一是资本监管要求,包括资本的重新定义、资本留存缓冲、逆周期资本缓冲和杠杆比率;二是流动性监管要求,给出了流动性监管的一些工具;三是对《巴塞尔协议Ⅲ》的过渡期的时间表安排。

《巴塞尔协议Ⅲ》在资本结构的框架方面发生了较大变化:一是一级资本尤其是普通股的重要性上升,二级、三级等较低级的资本重要性减弱;二是资本充足率顺周期性下降,对逆周期或者风险中立的资本要求明显上升;三是正视"大而不能倒"问题并提出资本配置要求,旨在确保银行拥有稳健运行的能力。新资本结构框架包括更强的资本定义、更高的最低资本要求以及新资本缓冲引入的组合,将确保银行更好地抵御经济和金融的紧张时期,从而促进经济增长。

总体来看,随着金融危机后全球金融形势的深刻变化,金融监管制度已经出现了重大变革,包括《巴塞尔协议Ⅲ》在内的金融监管改革已经表现出了四方面的明显趋势:一是微观审慎监管和宏观审慎监管统筹兼顾;二是资本监管和流动性监管同等重要;三是银行业监管的"质量齐升";四是金融机构内部约束与外部监管有机结合。

(六)《有效银行监管的核心原则》

《有效银行监管的核心原则》于1997年9月正式公布,是巴塞尔委员会继《巴塞尔协议Ⅰ》之后正式推出的一份划时代的文件。它包括25条原则,对有效银行监管的先决条件、发照与结构、审慎法规与要求、持续银行监管手段、信息要求、正式监管权力、跨国银行业等方面提出了基本要求,也是最低要求。各国和国际监管组织可结合促进宏观经济发展和金融稳定的要求,利用核心原则强化其监管安排。这是确保一国及国际金融稳定的重要步骤。

(七)《关于内部控制制度的评价原则》

《关于内部控制制度的评价原则》于1998年2月公布。有效的内部控制制度是银行管理的重要组成部分,也是银行机构安全、良好运行的基础。一套健全有效的内部控制制度有助于银行机构内部经营目标的实现,有助于确保银行财务与管理报告的可靠,有助于银行在经营过程中遵循法律法规及银行内部的政策、计划、规定和程序,从而减少意外损失或银行信誉受损的风险。

二、国际反洗钱组织

犯罪分子及其同伙利用金融体系在不同账户之间进行资金的支付和转移、隐藏资金的来源和所有人、通过安全存款设施储存货币的行为通常被称为洗钱(money laundering)。现代金融的国际化决定了洗钱犯罪的国际化特征,因此反洗钱工作的顺利展开离不开良好的国际环境以及各方的通力合作。为统一和协调世界各国的反洗钱工作,世界范围内成立了多个全球性和地区性的反洗钱国际组织,并出台了丰富的指引与文件,最大程度实现对全球洗钱犯罪的精准识别、常态监测和持续打击。

国际反洗钱组织可以分为两类。第一类是专门的反洗钱国际组织,旨在推进国际反洗钱事业进程,促进全球的反洗钱合作。此类专门的反洗钱组织包括反洗钱金融行动特别工作组、埃格蒙特集团等。第二类是在反洗钱领域发挥作用的其他国际组织,该类组织并不专门从事国际反洗钱事务,但根据各自的职能需要,也在全球范围内推行相应的反洗钱措施。此类"兼职"反洗钱组织包括联合国、世界银行、欧洲联盟、美洲国家组织等,它们的反洗钱相关决议、指令等必须转化为其成员的法规、政策而发挥作用。

1. 反洗钱金融行动特别工作组

反洗钱金融行动特别工作组(Financial Action Task Force on Money Laundering,FATF)成立于1989年在巴黎召开的西方七国集团会议,是全球最权威和最有影响力的政府间反洗钱国际组织,致力于应对洗钱、恐怖主义融资及其他相关威胁。该组织通过制定国际标准和推动各国有效执行法律法规维护国际金融体系的完整性。截至2019年,反洗钱金融行动特别工作组共有38个成员,包括36个国家或地区及欧盟委员会、海湾合作委员会2个区域性组织。联合国、世界银行、国际货币基金组织、巴塞尔委员会等23个国际组织和2个国家以观察员身份参加FATF活动。2007年6月28日,我国在反洗钱金融行动特别工作组第十八届第三次全体会议上成为该组织的正式成员。其制定的《四十项建议》是当前国际反洗钱领域的核心制度。

2. 埃格蒙特集团

埃格蒙特集团(Egmont Group)的主要目标是促进金融情报机构之间的合作,构建一个全球化的反洗钱信息交流平台。该组织采用轮值制度,自2007年起在加拿大多伦多设立了负责日常事务的秘书处。集团委员会是集团内的议事协调机构,由1名主席、2名副主席、工作组主席、五大洲代表等组成。全体成员每年召开一次会议。截至2021年年底,埃格蒙特集团成员数量为167个,包括中国香港、中国澳门和中国台湾。中国内地正在积极推动加入该组织。

3. 沃尔夫斯堡集团

沃尔夫斯堡集团(Wolfsberg Group)是一个由全球部分跨国大型银行组成的行业自律组织,成立于2000年,以首次举办会议的地点瑞士沃尔夫斯堡命名。该集团的目的是从银行经营实际出发,按照国际反洗钱公约和规范,不断完善制度的制定和执行,为有效防范金融犯罪和洗钱风险构建框架。

阅读专栏9-2 中国金融市场加速开放,人民币资产受全球资本青睐

2020年5月,中国人民银行、国家外汇管理局制定了《境外机构投资者境内证券期货投资资金管理规定》。该规定将落实取消QFII(合格境外机构投资者)和RQFII(人民币合格境外机构投资者)境内证券投资额度管理的要求,并实施本外币一体化管理,允许境外合格投资者自主选择汇入资金的币种和时机。

近年来,中国金融市场对外开放明显加快,资本市场互联互通不断深化,多项政策开始加速落地,包括提高沪港通、深港通每日额度,取消QFII、RQFII投资额度限制,提高境外机构投资者入市投资的便利性等。在金融市场逐步与国际接轨的背景下,明晟、富时罗素等国际主流指数相继把我国股票和债券纳入其指标体系,我国金融市场扩大开放的努力得到国际认可。上述规定的发布方便境外投资者的资金汇入,为境外投资者更好参与我国金融市场提供便利,这将持续增强我国金融市场对境外资本的吸引力。

金融市场对外开放持续加速,叠加2020年国内外经济表现的差异,境外资本对我国金融市场的关注度不断提升,人民币资产备受青睐。2020年1月至9月,境外机构共持有人民币股票和债券资产共计5.7万亿元,同比增长约45%。从外部看,新冠疫情导致世界经济遭遇严重冲击,全球金融市场出现震荡,欧美股市波动加大,新兴市场国家汇率风险上升。近期新冠疫情在一些国家反复出现,未来经济形势仍面临较大不确定性。从内部看,由于疫情防控到位,中国经济已经率先企稳,供需关系逐步改善,市场活力增强。2020年前三季度经济增长由负转正,第三季度GDP同比增长4.9%,进出口贸易稳中向好。随着经济基本面持续改善,金融市场逐步稳定,股票市场明显回暖,国债收益率震荡上行。2020年1月至11月,上证综合指数上涨11%左右。在全球疫情尚未结束的背景

下,相较于其他国家的金融市场,中国金融市场仍然具有较大的优势,外资对人民币资产的持有意愿继续增强。

金融开放也对我国金融风险的管理能力提出了新挑战。未来,在继续推动金融市场开放、便利境外投资者使用人民币投资境内债券和股票的同时,应同步做好风险防范工作,确保金融安全。一方面,应协同推进金融市场开放、人民币国际化与人民币汇率形成机制改革,更好地发挥汇率在宏观经济稳定和国际收支平衡中的"自动稳定器"作用;另一方面,应建立健全跨境资本流动"宏观审慎+微观监管"两位一体管理框架,不断完善和优化宏观审慎管理机制,创新风险管理工具,提升金融风险识别、预防和处置能力,使监管能力与开放水平相适应,筑牢风险防控体系,守住不发生系统性风险的底线。

资料来源:中国金融市场加速开放 人民币资产受全球资本青睐[EB/OL].(2020-12-31)[2022-09-21]. http://mapp.jrj.com.cn/news/finance/2020/12/31074031609809.shtml.

阅读专栏9-3　中国式现代化是中国特色金融发展的基本遵循

党的二十大报告首次对中国式现代化的特色、内容和分步推进的战略安排进行了系统阐述,这是规划未来中国金融改革和发展的基本遵循。

值得注意的是,在方法论意义上,报告凸显了中国式现代化的两个重要特点:第一,现代化不是凭空产生的,它是人类社会在长期经济社会实践中共同创造出来的,因此,它有着超越民族国家的共同特征、共同内容、共同的运行机制和共同的发展规律;中国的现代化和中国金融业的发展必须全面吸收这些人类社会共同创造的财富。第二,由于资源禀赋、文化传统、历史渊源和现实国情等千差万别,世界各国现代化的内容和道路其实不尽相同。中国式现代化发生在一个拥有五千年文明史的社会主义大国中,显然具有自己的鲜明特色。

报告对经济金融问题的论述堪称惜墨如金,在"加快构建新发展格局,着力推动高质量发展"的标题下可以看到,这段论述凸显了两大要点,即"加强财政政策和货币政策协调配合"与"着力扩大内需"。前者从体制机制上确定了今后的宏观调控必须要在财政政策和货币政策协调配合的大背景下展开;后者则表明,宏观调控的重点是需求管理,它当然应是需求管理和供给侧结构性改革相结合的,但扩大内需更重要。

关于今后的金融改革,报告强调了三项内容:一是建设现代中央银行制度;二是加强和完善现代金融监管、强化金融稳定保障体系;三是健全资本市场功能,提高直接融资比重。

值得注意的是对中央银行制度的重视。根据《党的二十大报告辅导读本》的解说,现代中央银行制度是现代货币政策框架、金融基础设施服务体系、系统性金融风险防控体系和国际金融协调合作治理机制的总和。建设现代中央银行制度的目标是建立有助于实现币值稳定、充分就业、金融稳定、国际收支平衡四大任务的中央银行体制机制,管好货币总闸门,提供高质量金融基础设施服务,防控系统性金融风险,管控外部溢出效应,促进形成公平合理的国际金融治理格局。

2022年年初的LIBOR形成机制改革也体现出相同趋势。改革的方向是彻底摆脱伦敦同业市场的"报价"机制,杜绝商业性机构的参与可能对市场信号造成的扭曲。改革的方向是全面转向流动性市场:或转移到政府债券市场,如美国和瑞士;或转移到数字化货币市场,如英国、日本和欧央行。

对应全球央行功能及其流动性管理发生的变化,以"建立现代中央银行制度"为改革目标的中国,显然也应围绕完善流动性管理体制来推进这一进程。事实上,近年来我国央行对货币政策目标的阐述中都凸显了"保持流动性合理充裕",表明我国已充分注意到国际上的这一动向。当然,鉴于我国央行体制及金融机制的特殊性,这一转换需循序渐进。一是继续完善以中期借贷便利为主的流动性对冲机制,缓解财政收支对银行体系流动性造成的季节性和阶段性扰动。原因在于,财政收支任何的变动,客观上都会对各种金融机构和金融市场的运行产生或大或小的影响。二是改革法定准备金制度。目前中国畸高的法定准备金率是历史的产物,如今,实行高准备金率的条件已全面逝去。面对新的形势和任务,今后两年,为提高流动性而继续降准将是大概率事件;然而,降到一定水平,法定准备金率势将相对稳定。在准备金率不会再频繁且大规模变动的背景下,我们的货币政策将主要依靠公开市场操作,并借以实现货币政策框架的现代化转型。三是构建以无风险资产(国债)为中心的流动性对冲和管理机制。协调财政政策和货币政策,逐渐建立以政府债券为基础的新的流动性管理机制。四是以提高国库的收益性为导向,全面完善国库现金管理制度。

在货币政策操作中突出流动性管理和公开市场操作,必然要求国债市场有较大的发展和改革。可以预见,在经济下行背景下,政府债务不断增长将是大概率事件。政府债务不断增长,仅仅依靠财政部门自身对不断增长的政府债务进行管理并不容易,因为政府债务生来就兼有财政和金融双重功能——它发行的规模和种类或许主要由财政政策决定,但是一旦进入市场,它便成为重要的、具有高流动性的金融资产,广泛进入各类金融机构和非金融机构的资产负债表,其运行便完全遵循金融规律。由此,央行成为中央政府债券市场的主要参与者,进而通过在国债市场的操作来实施货币政策便有了必要性和合理性。2022年12月12日,财政部以2.48%的利率向有关银行定向发行了7 500亿元特别国债,同日,中国人民银行便从公开市场向一级交易商购买了等额国债。这一操作刻画了这一运作机制的两大要点:其一,央行应当协助政府的筹资活动,参与国债市场的运行;其二,央行不能直接与财政部进行交易,其间需有严格的防火墙。事实上,这种运作机制早在20世纪颁布的《中华人民共和国中国人民银行法》中就已明确规定了。

未来,央行和财政部应组建稳定的合作机制,共同依法管理中央政府债务。同时,要打通债券市场,打通银行信贷市场,在各市场间真正实现"互联互通"。在此基础上,完善货币市场体系,建立市场化的基准利率形成机制,并建立有效的利率体系,为完善债务管理提供基础。

资料来源:李扬. 中国金融改革和发展进入新阶段[EB/OL]. (2023-03-17)[2023-04-12]. https://mp. weixin. qq. com/s? __biz = MzA3NzEzMDc1MQ = = &mid = 2650326027&idx = 1&sn = b99c864accb4b3f1a388ca6af5b5ba77&chksm = 6c44857ee9f0b4400a53c1053041dd8a55e01ff8b6395bd78f28044fa78ac0e9f598934829b4&scene = 27.

本章提要

1. 国际货币基金组织是联合国管理和协调国际金融关系的专门机构。我国是国际货币基金组织的创始国之一。
2. 世界银行是与国际货币基金组织同时诞生的国际性金融机构,也是联合国下属的一个专门机构。
3. 国际开发协会是一个专门从事对欠发达的发展中国家提供期限长和无息贷款业务的国际金融组织。
4. 国际金融公司是一个专门面向不发达国家私人企业提供优惠贷款以支持技术进步、推动环境保护的国际金融组织。
5. 亚洲基础设施投资银行是支持基础设施发展的区域性国际金融组织。
6. 银行业国际监管合作的代表为巴塞尔委员会,其主要成果为《巴塞尔协议》。2004年出台的《巴塞尔协议Ⅱ》有三大支柱:最低资本金要求、监管当局的监督检查、信息披露机制。为适应金融危机后的金融机构监管实际,2010年出台的《巴塞尔协议Ⅲ》进行了针对性调整。
7. 国际反洗钱监管合作的代表是反洗钱金融行动特别工作组、埃格蒙特集团、沃尔夫斯堡集团等反洗钱专门组织,以及其他承担反洗钱职责的国际组织。

思考题

1. 国际货币基金组织的贷款特点是什么?其贷款种类主要有哪些?
2. 世界银行贷款的特点是什么?世界银行成员与国际货币基金组织成员之间的关系是怎样的?
3. 国际开发协会的贷款条件有哪些?
4. 亚投行成立的意义是什么?
5. 《巴塞尔协议Ⅲ》体现了监管的哪些新趋势?

第十章　国际资本流动与债务危机

[学习目标]

通过学习本章,应掌握国际资本流动的概念、种类、影响;熟悉我国外债管理的特点;了解国际债务危机的爆发原因和解决措施。

[素养目标]

通过学习国际资本流动的相关知识,了解债务危机的实质,正确认识资本主义制度不可避免的弊病和社会主义市场经济的特点和优越性,以更广阔的视野打造道路自信、理论自信和制度自信。

[重点难点]

国际资本流动的类型、资本外逃的原因、利用外债的适度规模

[引导案例]

一季度全国使用外资同比实现两位数增长

商务部近日发布的数据显示,一季度全国实际使用外资金额 3 798.7 亿元,同比增长 25.6%,实现"开门稳"。

在 2021 年中国引资规模创历史新高的高基数上,叠加近期国内多地散发疫情影响,这样的成绩来之不易,再次印证外商对投资中国有信心。多位外资企业负责人表示,中国经济良好的基本面和丰富的政策工具箱,给了企业继续深耕中国市场、加大业务布局力度的底气。展望未来,中国仍是全球投资者的主要"避风港"。

近日,为应对部分地区疫情,博西家电在部分工厂启动闭环生产管理模式,有序复工复产。

"在相关政府部门的大力支持和协调下,我们取得了车辆通行证,实施货车司机闭环管理,全力保障供应链的稳定运行,保证了业务持续运营和订单及时交付。"博西家电有关负责人告诉记者,2021 财年博西家电在中国市场的营收增长了 17%,助力集团的营收业绩再创新高。"中国市场是博西家电在亚非地区营收占比最大的市场。"该负责人说。

"疫情的不确定性为我们带来了巨大挑战,但帝亚吉欧对中国战胜疫情有信心,对企业持续发展有信心。"帝亚吉欧中国董事总经理艾恩华对记者表示,企业积极参与到疫情防控的工作中,在关注员工健康的同时,努力推动行业发展。"帝亚吉欧耕耘中国市场 20 年,实现了本土业务的稳健增长。过去 5 年,中国已发展为帝亚吉欧集团全球三大战略

市场之一。"艾恩华说。持续深耕、加大投入,2022年一季度中国利用外资的亮眼数据正是博西家电等外企对中国市场充满信心的真实写照。

对外经贸大学副校长洪俊杰对《人民日报》记者分析说,高技术产业引资增长较快是当前中国利用外资的鲜明特点。数据显示,2022年一季度中国高技术产业实际使用外资1 328.3亿元人民币,同比增长52.9%。其中,高技术制造业增长35.7%,高技术服务业增长57.8%。"这体现了在中国构建创新型国家、科技自立自强的大背景下,国内高技术产业对外资具有很强的吸引力。"洪俊杰说。

从地区看,中部地区引资增长较快。2022年一季度,中国东部、中部、西部地区实际使用外资同比分别增长23.4%、60.7%和21.9%,全国有21个省(自治区、直辖市)实际使用外资实现了两位数以上增长。"以往吸引外资较多的是东部地区,现在中部地区尤其是一些省会城市经济活跃程度高,对外资的吸引力越来越强。"洪俊杰说,"这是一个非常积极的信号,说明中国引资地区梯队发展更趋均衡,潜力巨大。"

"值得注意的是,一季度使用外资数据在去年较高的基数之上,仍然实现了两位数的高增长。在全球经济遭遇逆全球化、世纪疫情以及地缘政治冲突等外部冲击下,叠加近期国内疫情影响,这个成绩显得尤为不易。"洪俊杰认为,"这体现出中国经济基本面仍然向好,市场较为平稳,外资看好中国市场的成长性、中国长期稳定发展的经济前景和市场潜力。"

许多外企高管表示,"中国各级政府采取的举措坚定了我们继续投资中国的信心"。

资料来源:一季度全国使用外资同比实现两位数增长[EB/OL].(2022-05-04)[2022-09-21]. https://www.zgswcn.com/article/202205/20220504101121002.html.

党的二十大报告提出,构建高水平社会主义市场经济体制,需要依法规范和引导资本健康发展。资本的逐利性使得它存在"无序增长"的隐患,只有为资本流动设置"红绿灯""方向舵",才能使资本真正为经济建设服务、为市场发展服务。国内市场与国际市场逻辑相似,道理相通。在当今世界,经济的开放性不仅体现为商品和劳务的国际流动,更突出地体现为资本的国际流动。国际资本流动近年来越来越与实际生产、交换相脱离而具有自己独立的规律,构成了当今开放经济运行的新的外部环境。在经济全球化的背景下,国际资本流动在促进国际贸易发展、提高全球经济效益的同时,也为债务危机的产生提供了丰富的土壤。

第一节 国际资本流动概述

国际资本流动的狭义概念主要与一国资产负债的日常发生额相联系,反映一国与他国之间的债权债务关系。除此之外,由于一国资本流动还反映在其国际收支平衡表中经常账户的单方面转移项目和金融账户的官方储备变化中,所以国际资本流动的广义概念还要包括这一部分内容。

一、国际资本流动的概念

(一) 资本的国际性

资本,简言之,是指能够带来剩余价值的价值。从本质上讲,资本不受国家或民族地域的限制,是国际性的,国际资本就是从这个角度来论述的。在国际上运行的货币资金、股票、债券等就是国际资本。资本、生产、市场等的国际化是世界经济国际化的一个重要标志。

从不同的角度来考察,资本的形式多种多样。资本从构成物来看,可分为实物资本和货币资本;从周转时间来看,可分为长期资本和短期资本;从投机性来看,可分为投资资本和投机资本;从构成部门来看,可分为商业资本、产业资本、银行资本等。不同形式的资本在国际上转移,便构成了国际资本流动。

(二) 国际资本流动的定义

国际资本流动,简言之,是指资本在国际上转移,或者说是资本在不同国家或地区之间的单向、双向或多向流动,具体包括贷款、援助、输出、输入、投资、债务的增加、债权的取得、利息收支、买方信贷、卖方信贷、外汇买卖、证券发行与流通等。

按其流动方向,国际资本流动可分为国际资本流入和国际资本流出。资本流入(capital inflow)表现为本国对外国负债的增加和本国在外国资产的减少,或者说外国在本国资产的增加和外国对本国负债的减少。资本流出(capital outflow)表现为本国对外国负债的减少和本国在外国资产的增加,或者说外国在本国资产的减少和外国对本国负债的增加。一个国家或地区总存在资本流出与流入,只不过流出与流入的比例不同。一般来说,发达国家是主要的资本流出国,新兴市场国家是主要的资本流入国。在当今世界,国际资本倾向于在发达国家之间对流。

(三) 国际资本的输出与输入

国际资本的输出与输入是国际资本流动的一种最主要的形式,因此,有时二者被看成是通用的,但严格来讲,它们仍然有所区别。首先,国际资本输出与输入所涵盖的内容比国际资本流动少,它仅是国际资本流动的一个重要组成部分,而国际资本流动还包括诸如动用黄金、外汇等资产来弥补国际收支逆差等行为;其次,国际资本输出与输入的途径和目的比较单一,它一般是指与投资和借贷等活动密切相关的、以获取利润为目的的一种资本转移,而国际资本流动还包括一些非营利性的资本转移。

国际资本流动与国际资金流动也有所区别。一般来说,资金流动是一种不可逆转的流动,即一次性的资金款项转移,其特点是资金流动呈单向性。资本流动则是一种可逆转的流动,例如,投资或借贷资本的流出,伴随着的是利润或利息的回流以及投资资本或贷款本金的遣返,其特点是资本流动呈双向性。

二、国际资本流动的种类

国际资本流动主要根据两种标准进行分类:一种是按期限划分为长期资本流动和短

期资本流动;一种是按性质划分为官方资本流动和私人资本流动。

(一) 长期资本流动

长期资本流动(long-term capital flow)是指期限在1年以上,甚至不规定到期期限的资本跨国流动。它主要包括国际直接投资、国际间接投资以及国际中长期信贷三种类型。

1. 国际直接投资

国际直接投资是指一个国家的投资者直接在另一个国家的工矿业、商业和金融服务业等领域进行投资,并取得投资企业的部分或全部管理控制权的一种活动。

国际直接投资按投资人不同,可分为政府(官方)直接投资和私人直接投资,且有货币投资和实物投资两种形态。从投向来看,外国对本国直接投资,表明外国资本流入;本国对外国直接投资,表明本国资本流出。但如果供给或筹措直接投资的资金是在本国进行的,则一般不会产生国际资本流动。

国际直接投资的形式多种多样,如果从投资资本的构成来看,有单一资本形式的直接投资和联合资本形式的直接投资。如果从直接投资的手段来看,则有以下四种直接投资形式:

(1) 创办新企业,是指投资者在另一个国家直接创办独资企业、设立跨国公司分支机构或创办合资企业。

(2) 直接收购。创办与收购是国际直接投资的重要方式。直接收购是指投资者在另一个国家直接购买现有出售的企业。这种直接投资方式相对于创办新企业来说,有如下特点:其一,可以节省创办新企业的时间和成本,简化不必要的环节和手续;其二,可以拥有原来企业的技术、管理经验和营销市场,把产品迅速打入国际市场;其三,可以降低经营成本,提高经济效益。

(3) 购买另一个企业的股票,并达到一定比例。例如,若干个美国居民合作拥有外国企业50%以上有投票权的股票就算是直接投资,但相关比例因国而异。

(4) 利润再投资,是指投资者把在另一国投资所获的一部分或全部利润留下,对原企业或其他企业进行再投资。这种投资实际上并不存在真正的国际资本流入或流出。

2. 国际间接投资

国际间接投资又称证券投资,是指一国政府机构或公司企业及其他投资者以购买他国证券的方式所进行的投资。其主要特征是不参与对所投资企业的经营管理。所购买的证券包括股票和债券,其收益为股息、红利或债券利息。购买他国股票若达不到直接投资所规定的比例,即零星股票购买,则不能拥有对企业的经营管理权,一般被视为间接投资。

3. 国际中长期信贷

国际中长期信贷是指一国政府或企业从他国银行或其他金融机构借入中长期资金。官方的中长期信贷主要包括政府间借款或国际金融机构的贷款。私人中长期信贷主要通过向跨国银行借贷进行。国际中长期信贷包括政府信贷、国际金融机构信贷、国际商业银行信贷、中长期出口信贷。

（二）短期资本流动

短期资本流动（short-term capital flow）是指期限为 1 年或 1 年以内或即期支付的资本的流入与流出。这种国际资本流动一般都借助有关信用工具，并通过电话、电报、传真等通信方式来进行。这些信用工具包括短期政府债券、商业票据、银行承兑汇票、银行活期存款凭单、大额可转让定期存单等。由于通过信汇、票汇等方式进行国际资本转移相对来说周转较慢，面临的汇率风险也较大，因此，短期国际资本流动多利用电话、电报、传真等方式来实现。国际游资也称热钱（hot money），从广义来讲，应包括各种形式的短期资本，但从狭义上来说，应指短期资本中的投机性资本。这种资本的大规模流动所造成的影响是巨大的。

从性质上看，短期国际资本流动主要有以下四种类型：

1. 贸易资本流动

贸易资本流动是指各国贸易往来的资金融通与资金结算引起的货币资本在国际上的转移。世界各国在贸易往来中，必然会形成国际债权债务关系，而为结清这些关系，货币资本必然从一个国家或地区流往另一个国家或地区，贸易资本流动就形成了。一般来说，这种资本流动是资本从商品进口国向商品出口国转移，具有不可逆转的特点，因此严格来说，它属于国际资金流动。

2. 银行资本流动

银行资本流动是指各国经营外汇业务的银行金融机构相互之间的资金往来而引起的资本在国际上的转移。这些流动在形式上包括套汇、套利、掉期、头寸调拨以及同业拆借等。

3. 保值性资本流动

保值性资本流动是指短期资本持有者为了避免或防止手持资本的损失而将资本在国际上进行转移。这种资本的流动也称资本外逃（capital flight），是为了保证资本的安全性和盈利性。引起保值性资本流动的原因有国内政局动荡、经济状况恶化、国际收支失衡以及严格的外汇管制等。

4. 投机性资本流动

投机性资本流动是指投机者为了赚取投机利润，利用国际市场上汇率、利率及黄金、证券等的价格波动，通过低进高出或买空卖空等方式而引起的资本在国际上的转移。

除了上述几类短期资本流动，政府有关部门和货币当局进行的市场干预活动、一国政治经济形势的急剧变化所引发的资本外逃等通常也以短期资本大规模跨国流动的形式出现。

三、国际资本流动的原因、特征及影响

（一）国际资本流动的原因

引起国际资本流动的原因很多，有根本性的、一般性的、政治的、经济的，归结起来主要有以下几个方面：

1. 过剩资本的形成或国际收支大量顺差

这里的过剩资本是指相对的过剩资本。随着资本主义生产方式的建立、资本主义劳动生产率和资本积累率的提高,资本积累迅速增长,在资本的特性和资本家唯利是图的本性的支配下,大量的过剩资本就被输往国外,追逐高额利润,早期的国际资本流动就由此产生了。随着资本主义的发展,资本在国外获得的利润也大量增加,反过来又加速了资本积累,加剧了资本过剩,进而导致资本对外输出规模的扩大,加剧了国际资本流动。

2. 利用外资策略的实施

无论是发达国家,还是新兴市场国家,都会不同程度地通过不同的政策和方式来吸引外资,以达到一定的经济目的。目前美国是全球最大的债务国,而大部分新兴市场国家经济比较落后,迫切需要资金来加速本国经济的发展,因此它们往往通过开放市场、提供优惠税收、改善投资软硬环境等措施吸引外资进入,从而增加或扩大了国际资本的需求,引起或加剧了国际资本流动。

3. 利润的驱动

增值是资本运动的内在动力,利润驱动是各种资本输出的共有动机。当投资者预期一国的资本收益率高于他国时,资本就会从他国流向这一国;反之,资本就会从这一国流向他国。

4. 汇率的变化

汇率的变化也会引起国际资本流动,尤其是20世纪70年代以来,随着浮动汇率制的普遍建立,主要国家货币汇率经常波动且波动幅度大。如果一个国家货币汇率持续上升,则会产生兑换需求,从而导致国际资本流入;如果一个国家货币汇率不稳定或下降,资本持有者预期所持资本的实际价值会降低,则会把手中的资本或货币资产转换成他国资产,从而导致资本向汇率稳定或升高的国家或地区流动。

5. 通货膨胀的发生

通货膨胀往往与一个国家的财政赤字有关。如果一个国家出现了财政赤字,该赤字又是以发行纸币来弥补的,就必然会增加通货膨胀的压力。一旦发生了严重的通货膨胀,为减少损失,投资者就会把国内资产转换成外国债权。如果一个国家发生了财政赤字,而该赤字以出售债券或向外借款来弥补,也可能会导致国际资本流动,因为人们预期在某个时期政府会通过印发纸币或征收额外赋税来偿付债务,就会提前把资产从国内转往国外。

6. 政治、经济及战争风险的存在

政治、经济及战争风险的存在也是影响一个国家资本流动的重要因素。政治风险是指由于一国的投资环境恶化而可能使资本持有者持有的资本遭受的损失。经济风险是指由于一国投资条件发生变化而可能给资本持有者带来的损失。战争风险是指可能爆发或已经爆发的战争对资本流动造成的可能影响。

7. 国际炒家的恶性投机

所谓恶性投机,包含两种含义:第一,投机者基于对市场走势的判断,纯粹以追逐利润为目的,刻意打压某种货币而抢购另一种货币;第二,投机者不是以追求盈利为目的,而是基于某种政治理念或对某种社会制度的偏见,动用大规模资金对某国货币进行刻意打压,由此阻碍、破坏该国经济的正常发展。无论哪种投机,都会导致资本的大规模外逃,并会导致该国经济的衰退。

8. 其他因素

政治及新闻舆论、谣言、政府对资本市场和外汇市场的干预及人们的心理预期等因素,都会对短期资本流动产生极大的影响。

(二) 国际资本流动的特征

基于上述原因,资本出于自身保值增值及利润最大化等目的,总是在国际上寻找最佳的投资机会。资本是经济发展过程中产出超过消费的部分利润,其转化为储蓄后,通过投入到后续的生产过程实现自身的价值。资本的流动方向与经济发展的水平密切相关。从整体看,随着近几十年来全球经济的快速发展,各国产出水平随着教育水平提高、医疗水平提高和技术进步等原因显著增长,资本的跨国流动也更加频繁。因此,国际资本流动不仅存在整体上的一致性趋势,也呈现出国家间的异质性。

1. 外商直接投资流入的变化

外商直接投资(FDI)反映了外国投资者对本国国内公司的长期控制和持久利益,是外国资本通过直接参与 FDI 流入国的实体经济活动,分享后者经济增长红利的重要途径。根据联合国贸易和发展会议的数据,1970—2021 年间,全球 FDI 流入水平如图 10-1 所示。

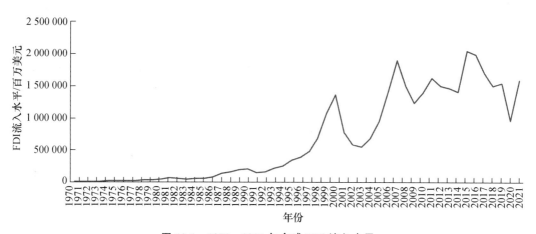

图 10-1　1970—2021 年全球 FDI 流入水平

1970 年,全球 FDI 流入水平仅为 132.5 亿美元,而到 2019 年时已达到 1.54 万亿美元,增长了 115 倍,年复合增长率超过 9.95%。在总体呈现增加趋势的同时,全球 FDI 流入水平呈现出三个上升期、一个下降期和一个波动期。第一个上升期出现在 20 世纪 70 年代到 80 年代末期,由于基数较小,FDI 流入水平呈现增速快但增量少的特征,1986 年和 1987 年的增长率高达 50% 以上,反映出国际投资的迅猛增加趋势。第二个上升期出现在 1992—2000 年,同期的 FDI 流入增速平均为 28%,不到十年间翻了 7 倍,远高于 50 年内的平均增速水平。特别是 1997—1999 年,全球 FDI 流入水平不仅没有受到亚洲金融危机的影响,反而在 1999 年实现了 55% 的增速。第三个上升期出现在 2004—2008 年,全球 FDI 流入同期年平均增速为 36%,在五年间翻了 2 倍。

2008 年的金融危机对世界经济的影响直接体现在 FDI 流入水平的变化上,当年 FDI 流入水平同比缩水 21%,降幅仅次于主要发达国家受到美国"9·11"恐怖袭击影响的 2001 年和后续的 2002 年。相比于 21 世纪初全球花费六年时间恢复到冲击前的投资水平,2008 年全球金融市场受到的冲击更加剧烈,影响更为深远,整体进入了振荡期。尽管 2015 年 FDI 流入水平达到了历史峰值 2.04 万亿美元,但随后便开始了连续三年的持续下跌,最终于 2019 年增速勉强回正。

2018 年后全球 FDI 流入水平的震荡趋势表明,当前全球经济整体上增长缺乏动力导致跨国投资后继乏力,难以维持前期的高速增长。在全球经济普遍乏善可陈的阶段,全球资本流动在 21 世纪第二个十年中整体上处于低潮期。

从图 10-2 的洲际数据看,截至 2019 年,21 世纪后的大部分时间欧洲都是 FDI 的主要流入地区。同期,北美洲的 FDI 流入水平整体低于欧洲,但二者的增减保持了高度的相关性。与此相对的是,进入 21 世纪后,亚洲地区和南美洲地区的 FDI 流入水平整体呈现稳步上升趋势,且亚洲地区的平均增速显著高于北美洲和欧洲地区。2019 年,随着欧洲地区 FDI 流入水平的下降和北美洲地区 FDI 流入水平的增长短暂停滞,亚洲取代欧洲,成为世界上最主要的 FDI 流入地区。

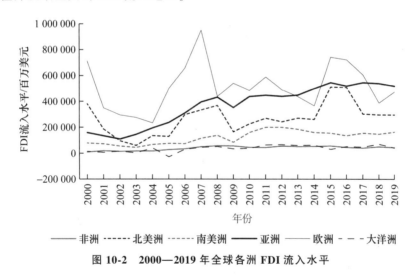

图 10-2 2000—2019 年全球各洲 FDI 流入水平

中国作为亚洲经济增长最稳健的国家,近年来吸引外商投资的能力稳定增强。从图 10-3 中可见,尽管亚洲国家整体 FDI 流入水平的增速高于中国,但中国的 FDI 流入基本保持了正增长态势。2001—2010 年,中国 FDI 流入增速年平均达到 11.6%,与亚洲同期的 12.7%基本保持同步,但随着亚洲地区整体 FDI 流入增速的放缓,特别是 2016—2019 年亚洲整体 FDI 流入水平呈现萎缩态势之时,中国仍然保持了较为稳健的 FDI 流入增速,2016—2019 年逆势年均增长 1.84%,不仅反映了中国在国内营商环境持续改善下相比亚洲其他国家投资环境吸引力的日益增强,更反映出国内经济的稳定性和韧性。

2. 发达国家与发展中国家资本流动的差异

发达国家与发展中国家的经济结构、人口数量、经济增长速度不同,因此在资本流动

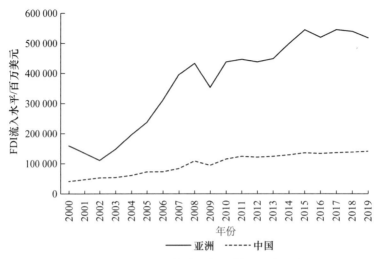

图 10-3 2000—2019 年中国与亚洲 FDI 流入水平

的趋势特征上存在较大差异。根据 IMF 世界经济展望数据库数据,二者主要差异体现在金融项目差额趋势相反、FDI 流入波动性差异大、国际证券投资净流入态势相异三方面。

(1) 发达国家金融项目由逆差转顺差,发展中国家金融项目由顺差转逆差

2008 年前,在国际分工和产业转移的大背景下,发达国家的过剩资本为寻求发展中国家增长的黄金机会,往往以直接投资的形式流入发展中国家。而发达国家的金融市场较为稳健,长期回报率较高,发展中国家的资本以证券投资等间接投资形式流入发达国家。由于同期直接投资的流出大于间接投资的流入,发达国家的国际金融项目长期处于逆差状态,而发展中国家的金融项目长期处于顺差状态。

受 2008 年金融危机的影响,在避险需求的刺激下,大量国际资本从发展中国家流入发达国家,一度使得发达国家的国际金融项目转为顺差。但随后,在发达国家普遍采取量化宽松政策的 2009—2012 年,发达国家过剩的流动性以热钱等形式溢出到其他国家,发达国家金融项目再次转为逆差。2013 年后,发达国家逐渐退出量化宽松政策进入加息区间,引发了全球资本的回流趋势,发展中国家持续多年的金融项目顺差消失,连续多年呈现逆差。发达国家的金融项目顺差也扩大到历史高位。

近年来,随着国际上的"黑天鹅""灰犀牛"事件频发,国际资本流动的频率和规模变化更加剧烈,2020 年新冠疫情的蔓延和英国正式脱离欧盟等全球重大事件对国际资本的情绪也产生重大影响。未来发达国家和发展中国家的金融账户变化仍存在较大不确定性。

(2) 发达国家 FDI 波动性大,发展中国家 FDI 波动性小

2001—2017 年,发达国家的 FDI 流入波动率显著高于发展中国家。在 2007 年美国次贷危机前,发达国家 FDI 流入水平达到历史峰值 1.28 万亿美元,到 2014 年 FDI 流入水平便萎缩至 5 633 亿美元,2016 年恢复至 1.03 万亿美元后,又于 2017 年锐减至 7 536 亿美元。而对于发展中国家的 FDI 流入水平而言,除 2009 年受到全球大环境影响而略有下降外,整体呈现稳定增长并小幅波动的趋势。

根据联合国贸易和发展会议发布的《全球国际直接投资回顾与展望 2017—2018》，2015—2016 年发达国家 FDI 的流入量大幅增长的主要贡献来源于欧洲和北美洲地区，然而 2017 年发达国家的 FDI 流入量遭遇大幅回调。亚洲发展中国家和地区仍然是仅次于发达国家的对全球 FDI 最具吸引力的国家和地区，2017 年全球 FDI 流入量排名前三位的分别为美国、中国内地和中国香港。

从 FDI 存量水平上看，发达国家尽管流量波动大，但存量相对丰富。2019 年世界上前十大 FDI 流入头寸国家和地区分别是美国（4.46 万亿美元）、荷兰（4.37 万亿美元）、卢森堡（3.50 万亿美元）、中国内地（2.94 万亿美元）、英国（1.97 万亿美元）、中国香港（1.73 万亿美元）、新加坡（1.47 万亿美元）、瑞士（1.45 万亿美元）、爱尔兰（1.15 万亿美元）、德国（1.02 万亿美元）。其中，除中国内地和中国香港地区外，其余均为欧美发达国家。

（3）发达国家国际证券投资净流入先升后降，由正转负

证券市场是国际资本的重要投资选择集，其中发达国家的证券市场是全世界主流证券投资机构资产组合的权重重点分配对象。由于欧美等发达国家市场交易规则更加成熟、市场规模较大、透明度高、市场参与主体以机构投资者为主、长期回报率高，因此发达国家证券市场吸引了包括主权财富基金在内的大量发展中国家的资本进入。

根据 IMF 世界经济展望数据库数据，2001—2014 年，发达国家国际证券投资净额持续为正，呈现净流入态势。这一净流入态势在 2008 年时达到顶峰，随后便进入了震荡下行区间。2015 年起，发达国家的证券投资净额由顺差转为逆差。同期，尽管美国仍然是证券投资净流入的主力，但其他主流国际资本市场（如德国、日本、英国）因受到地区经济增长低迷和英国脱欧事件等因素的影响，出现了大规模的证券投资净流出。

尽管发展中国家经济增速的表现优于发达国家，但由于发展中国家资本市场起步较晚，相关法律法规、规章制度仍不完善，市场参与者成熟度较低，更侧重投机收益而非长期资本回报，因此发展中国家的资本市场在吸引国际参与者方面仍然逊色于发达国家的资本市场。但仍可以看到，尽管在 21 世纪前 20 年中，发展中国家的国际证券投资净额整体围绕在零上下波动，但在 2008 年国际金融危机后一段时期内，已经初步呈现出了国际证券投资净流入的特征。在发达国家证券投资净额由顺转逆后，发展中国家的净额已经超过了发达国家。在发展中国家内部，2016 年至 2017 年亚洲发展中国家证券投资呈现净流出状态，而非洲、南美洲和欧洲的发展中国家迎来了证券投资净流入。这一定程度上表明亚洲发展中国家仍然需要提高资本市场的成熟度和长期回报率，以吸引更多国际资本参与本国证券交易。

（三）国际资本流动的影响

1. 国际资本流动的积极影响

（1）国际资本流动可以调剂国家间的资金余缺，使资源得到更有效的利用。

（2）伴随着国际资本流动，发达国家的先进技术和管理同时输入到新兴市场国家，有利于先进科学技术和管理在世界的广泛传播和推广利用，促进新兴市场国家的经济发展，带动新兴市场国家的经济增长。

（3）正常有序的国际资本流动可以帮助一些国家调节国际收支失衡，维持其汇率及

国内经济稳定。国际收支有大量顺差的国家通过输出资本,可以缓解顺差带来的本币对外升值及国内通货膨胀压力。而国际收支逆差国家可以通过输入短期资本,暂时弥补国际收支逆差,或者以长期资本输入弥补国内资金不足,从而增强投资和生产能力,带动出口增加,改善国际收支状况。但因为由投机性需求引起的短期资本流动有明显的负面作用,所以许多国家都采取严格控制其流入流出的政策。

2. 国际资本流动的消极影响

国际资本流动对输出国与输入国双方的国内经济和对外经济关系都可能有一些负面作用:

(1) 大量短期资本在国家间的频繁流动,会影响各国汇率、利率的稳定以及国际收支的平衡,同时也是导致国际金融领域动荡的一个主要因素。

(2) 对资本输出国来讲,长期资本输出可能产生减少国内就业、使国内经济增长停滞和衰退的后果,还可能为本国培养竞争对手。

(3) 对资本输入国来讲,长期资本输入容易导致经济上的对外依赖和被控制,而且会对本国民族工业与民族经济形成一定程度的冲击;另外,还可能造成债务负担过重,使本国陷入债务危机。

国际资本流动的作用有积极和消极两个方面,强调其积极作用的国家或政府认为不应控制资本流动,主张资本自由流动,强调其消极作用的国家或政府则主张控制或限制资本流动。实际上,各国政府大都根据本国的具体情况,对资本的输出与输入采取不同的对策和方法进行管理。很多国家尤其是新兴市场国家,一般都进行外汇管制,对资本流动作出一些限制性规定,而且严格进行外债管理,将本国负债率、偿债率控制在合理水平上。同时,一些国家对商业银行经营的海外存贷款业务作出规定,对海外存贷款种类及额度进行限制。另外,各国采用的各种经济手段,如利率、汇率、存款准备率、涉外税收,甚至包括资本充足率等方面的规定,都可看作是控制、管理国际资本流动的工具。

第二节 利用外债的适度规模与我国的外债管理

利用外资与国际资本流动密不可分。国际资本流动的主要形式同时也是新兴市场国家利用外资的主要渠道。外债即为一国对国外的负债,是国内债务的相对概念,包括一切对当地非居民以外国货币或当地货币为核算单位的有偿还责任的负债。其中,除直接投资外,其他如债券投资、国际信贷等形式都可能构成一国的直接对外负债,形成一国的债务负担。外债净额等于一国的外债总额减去该国居民对非居民的全部债权(即海外资产)。外债总额和外债净额反映的都是过去历年累积的对外债务,即外债的存量;国际收支资本项目则反映每年外债的增减变动额,即外债的流量。

一般而言,政府借用外债是充分利用外资的重要形式,是缓解本国财政资金紧缺、获得低成本资金推动本国产业结构升级、加快基础设施建设的重要途径。根据公司金融中的MM第二定理可知,当一家公司增加负债权益比时,由于债务的偿还优先于股票股息支付,因此杠杆水平的增加会加剧权益的风险,从而提高权益的必要报酬率。类似地,对于国家而言,由于本国投资者存在"爱国情结"等心理因素,同时对本国政府的了解度和宽容度比外国投资者更高,相比之下,其对国外债权人的债务偿还比对国内债权人的债务偿还更具刚性。由于对外债务的增加同等条件下强化了本国还本付息及时性的约束,因此新兴市场国家在积极利用外资的同时,必须注重对外债的严格管理。

一、利用外债的适度规模

利用外债的适度规模是指实现既定宏观经济目标所需要的最小引进外资数量。如果引进外资超出这个数量,就可能造成国内资金闲置、外资转向其他用途的低效利用,或者引发通货膨胀和结构扭曲等各种消极影响。外债固有的利率、汇率等风险具有很大的不确定性,减少这些风险的简单办法就是在外债达到适度规模时,尽可能减少外债的数量。

(一)储蓄缺口决定的外债适度规模

根据两缺口模型,新兴市场国家在经济起飞中首先遇到的是储蓄缺口的约束,其产生的原因是政府的目标增长率超出可维持增长率。根据哈罗德-多马模型,可维持增长率为:

$$g = \Delta Y/Y = s\sigma \tag{10-1}$$

式中,g 为可维持增长率,Y 为产出(收入),s 为国内储蓄率,σ 为资本生产率。分析中不考虑折旧。

如果政策的目标增长率大于可维持增长率,且资本生产率为常数,则政府需要使国民储蓄率达到一个特定值:

$$\bar{s} = \bar{g}/\sigma \tag{10-2}$$

式中,$\bar{s}$ 为国民储蓄率,$\bar{g}$ 为目标增长率。

国民储蓄为国内储蓄与国外储蓄之和:

$$S = S_d + S_f = S_d + I_f \tag{10-3}$$

式中,S 为国民储蓄,S_d 为国内储蓄,S_f 为国外储蓄。国外储蓄是采取外资流入 I_f 的形式。

目标增长率要求目标投资达到一个特定值:

$$\sigma = \Delta Y/I, \quad \bar{I} = (\bar{g}/\sigma)Y \tag{10-4}$$

实现目标增长率所产生的储蓄缺口为:

$$\bar{I} - S_d = (\bar{g}/\sigma)Y - sY \tag{10-5}$$

式中,$\bar{I}-S_d$ 为计划投资与国内储蓄之间的缺口,计划投资由式(10-4)决定,国内储蓄则是储蓄倾向 s 与收入的乘积,$s=S_d/Y$。

利用外债的适度规模可写成:

$$I_f = (\bar{g}/\sigma)Y - sY \tag{10-6}$$

该式表明,新兴市场国家为消除储蓄缺口而引进外资的数量取决于四个方面:① 目标增长率越高,需要引进外资的数量越多;② 资本生产率越高,需要的外资数量越少;③ 国内储蓄率越高,需要的外资数量越少;④ 由于目标储蓄率大于国内储蓄率,现有国民收入水平越高,需要利用的外资越多。

（二）外汇缺口决定的外债适度规模

在经济发展的第二阶段,外汇缺口成为制约经济增长的瓶颈。为简化分析,设新兴市场国家只进口生产资料。进口与经济增长的关系可表示为:

$$g = \Delta Y/Y = (V/Y)(\Delta Y/V) = V_Y \delta \tag{10-7}$$

在经济增长的定义方程中,让分子和分母同乘以进口 V,则经济增长率可反映为进口倾向($V_Y=V/Y$)与进口资源生产率($\delta=\Delta Y/V$)的乘积。如果进口资源生产率不变,则目标增长率的实现需要目标进口率作为保证。

$$\bar{g} = \bar{V}_Y \delta, \quad \bar{V}_Y = \bar{g}/\delta \tag{10-8}$$

式中, $\bar{V}_Y$ 为目标进口率,是目标增长率与进口资源生产率之商。

如果新兴市场国家未利用外资,外汇缺口将表现为:

$$\bar{V} - X = \bar{V}_Y \cdot Y - V_Y \cdot Y = (\bar{g}/\delta)Y - V_Y \cdot Y \tag{10-9}$$

式中, $\bar{V}$ 为实现目标增长率所要求的进口量, $\bar{V}-X$ 为外汇缺口。$\bar{V}$ 是目标进口率与收入的乘积, $V_Y \cdot Y$ 表示出口 X 所能支持的进口。

消除外汇缺口所需的利用外资数量 I_f 为:

$$I_f = (\bar{g}/\delta)Y - V_Y \cdot Y \tag{10-10}$$

该式表明,从消除外汇缺口的角度,利用外债的适度规模取决于四个方面:① 目标增长率越高,需要引进的外资越多;② 进口资源生产率越高,需要引进的外资越少;③ 目标进口倾向高于现有进口倾向的差额($\bar{g}/\delta-V_Y$)越大,则需要利用的外资越多;④ 国民收入水平越高,需要利用的外资越多。

（三）外汇储备需要决定的外债适度规模

当新兴市场国家消除了储蓄缺口和外汇缺口之后,可能出于外汇储备的需要引进外资。根据国际收支平衡表有:

$$\Delta R = CA + I_f \tag{10-11}$$

式中, ΔR 为外汇储备增量, CA 为经常项目顺差, I_f 为资本净流入。

一个国家对外汇储备的需要源自多种因素,为简化分析,设政府存在一个目标储备变动额:

$$\Delta \bar{R} = CA + \bar{I}_f \tag{10-12}$$

式中, $\Delta \bar{R}$ 为目标储备变动额, $\bar{I}_f$ 为目标引进外资额。如果把经常项目收支差额看成外生变量,则外债适度规模(流量)取决于政府对目标储备变动额的设定。

（四）影响外债适度规模的其他因素

1. 技术水平

我们以前一直假设技术水平不变,表现为资本生产率和进口资源生产率都是常数。实际上,外资可以改变新兴市场国家的生产函数,引起劳动力与资本的替代关系发生变化。显然,外资在提高生产率方面的作用越强,外债适度规模便会越大。

2. 国内储蓄转化为资本形成的能力

以前我们一直认为国内储蓄自动转化为资本形成,但是在新兴市场国家,由于市场存在不完全性、企业管理效率低下和多种制度上的弊端,储蓄可能转化为积压的产品和银行的呆账,而未形成固定资产。因此,国内储蓄转化为资本形成的效率越低,外资的适度规模便会越大。

3. 人力资本规模

人力资本规模是反映新兴市场国家吸收能力的主要指标。一般说来,新兴市场国家人力资本较少,从而会限制其利用外资的数量。例外的是外商直接投资,因为它把人力资本同时带入新兴市场国家。需要说明的是,以各种入学率或政府教育投入反映人力资本是不够准确的:其一,就教育内容来看,发达国家与新兴市场国家存在很大差距;其二,发达国家有比较完善的企业教育体系,而新兴市场国家大多对其重视不足。

4. 外汇风险

外债与内债的重大区别是它以外币计值。因此,若外债高度集中于某一国家,则该货币汇率上升将增加新兴市场国家的债务负担。例如,我国外债中日元债务比重非常大,在20世纪80年代,人民币对美元贬值,美元又对日元贬值,造成日元债务折算成人民币后的利息与本金成倍乃至成数倍上升。显然,外汇风险越大,外债适度规模便应越小。如果汇率的长期趋势具有可预测性,那么新兴市场国家应据此调整外债币种结构。

5. 出口的能力

外债有利息负担,若依靠资本流入偿还旧债,就要求资本流入以递增速度上升,这从长期来看是不可能持续的。从根本上看,偿还外债需要依靠出口创汇。因此,偿债率(还本付息额占出口比重)成为衡量一个国家是否具有偿债能力的依据。从更严格的角度来看,只有出口大于进口,才能提供用于偿债的外汇。显然,贸易顺差国的适度债务规模可以较大。

6. 储蓄率的变动趋势

在以前的分析中我们假定储蓄率不变。但是,外债可能改变新兴市场国家的国内储蓄率。如果外债增加了政府和私人的消费倾向,国内储蓄率下降,则该国对外债的依赖性加强。这不仅会造成债务困难,而且表明这种外债在期初就已超出适度规模。同时,外债可能给该国带来只有用外汇才能购买的短缺资源,使资本生产率提高,并带动该国储蓄率上升。在这种情况下,外债适度规模可以相应扩大。

二、我国的外债管理

除一般定义外,我国外债概念还有其突出特点:一是强调货币形式的债务,即一般不包括实物形式的债务,只强调构成外汇偿还负担的债务;二是居民与非居民的人民币债务不包括在外债概念范围内,仍强调构成外汇偿还负担的对外债务。

(一) 我国外债现状

国家外汇管理局数据显示,截至2020年年末,我国全口径(含本外币)外债余额为15.67万亿元人民币(等值2.40万亿美元,不包括香港特区、澳门特区和台湾地区对外负债,下同)。

从期限结构看,中长期外债余额为7.08万亿元人民币(等值1.08万亿美元),占全部外债的45%;短期外债余额为8.59万亿元人民币(等值1.32万亿美元),占55%。短期外债余额中,与贸易有关的信贷占39%。

从机构部门看,广义政府外债余额为2.48万亿元人民币(等值3 795亿美元),占16%;中央银行外债余额为2 487亿元人民币(等值381亿美元),占1.5%;银行外债余额为7.12万亿元人民币(等值1.09万亿美元),占45.5%;其他部门(含直接投资、公司间贷款等)外债余额为5.82万亿元人民币(等值8 914亿美元),占37%。

从币种结构看,本币外债余额为6.53万亿元人民币(等值1.00万亿美元),占42%;外币外债余额(含SDR分配)为9.13万亿元人民币(等值1.40万亿美元),占58%。在外币登记外债余额中,美元债务占84%,欧元债务占8%,日元债务占2%。

2020年年末,我国外债负债率为16.3%,债务率为87.9%,偿债率为6.5%,短期外债与外汇储备的比例为40.9%,上述指标均在国际公认的安全线以内,我国外债风险总体可控。

(二) 我国外债管理的重点任务与目标

1. 强化多部门合作,构建本外币一体化的外债管理制度

当前,我国外债管理实行多部门联合管理模式,由国家发展和改革委员会、财政部和外汇管理局共同负责。国家发展和改革委员会会同有关部门制订国家外债借用计划,确定全口径外债的总量和结构调控目标,同时负责境内机构举借中长期外债的备案管理。财政部负责借入、转贷和偿还主权外债。外汇管理局负责短期外债的管理、所有外债登记审批及全口径外债的汇兑和统计,并定期公布外债情况。

传统外债管理方式,即通过控制外债规模进行外债管理,对中长期外债根据发生额管理,对短期外债按余额管理,以微观干预为主,成本高、收益低,存在诸多问题。第一,本币外债和外币外债分开管理,使得人民币外债成为新的跨境套利手段。第二,对中资、外资企业实行差别化管理,对外资企业实行较为宽松的"投注差"模式,存在较大隐患,而中资企业外债融资难度较大。第三,未能引入宏观审慎逆周期调节,风险防控不全面,不能有效防范市场主体跨境融资的顺周期性带来的跨境资本异常流动风险及债务期限错配、货币币种错配风险。

随着外债规模的逐渐增大,中国人民银行和国家外汇管理局将外债管理纳入宏观审慎框架,实行本外币一体化宏观审慎跨境融资管理。在一定上限内,境内机构不必经过相关部门事前审批即可开展跨境融资,其融资上限与资本或净资产挂钩。实施全口径跨境融资后,由国家发展和改革委员会监管的中长期外债余额也统一纳入现行全口径计算,国家发展和改革委员会仍然行使管辖权,并对中长期外债管理进行了改革。

未来,仍然需要在全口径跨境融资宏观审慎管理中注意与中长期外债备案管理的有效衔接。同时,尽管目前实行的全口径跨境融资宏观审慎管理政策建立了完善的数量型工具体系,但价格型工具仍然缺失。应逐步引入价格型管理工具,如无息风险准备金和跨境融资交易税等,直接作用于有效跨境融资的管理。

2. 结合我国国情,防范外债规模持续扩大的"灰犀牛"风险

自2015年起,我国改按IMF数据公布特殊标准调整外债统计口径,并公布全口径外

债数据。2014年年末,我国全口径(含本外币)外债总额为1.78万亿美元,而2020年年末,我国全口径外债余额已升至2.40万亿美元。其间,外债水平在2015年至2016年年初经历了小幅下降后,自2017年开始稳定上升,并于2020年年末达到历史高值。从规模来看,我国外债占GDP比重处于15%~20%的区间,显著低于美国、日本等发达国家,处于安全区间。2020年外债增速的显著增加一定程度受新冠疫情影响,主要源于境外投资者增持境内人民币债券。

当然,尽管当前我国外债总额尚处于安全区间,增速在可控范围内,且有较为充足的外汇储备作为支撑,但仍需长期对外债头寸进行良好管理。特别是目前人民币尚无法在全球范围内实现国际货币的全部作用,因此我国仍需重视潜在债务问题,结合国际公认的警戒线制定出符合我国实际的警戒制度,防范潜在的外债过快增长带来的"灰犀牛"风险。

3. 提高外债使用效率,重规模更重质量

新兴市场国家利用外债一般有三个目的:一是经济发展缺乏足够的国内储蓄时,需要引进国外资金补充国内储蓄;二是在贸易持续逆差的情况下,通过资本净流入来弥补外汇缺口,维持国际收支平衡;三是引进国外先进技术和设备,提高产品质量,从而达到提高国际竞争力的目的。我国企业使用外债的主要原因除上述的"技术引进论"外,还包括获得国际上成本相对较低的融资,改善企业经营状况。

由于外债持有者对信息披露、企业运营等方面的要求高于国内投资者,因此借用外债对企业的经营管理也提出了较高的要求。当前,我国部分企业内部控制机制、经营机制尚不健全,公司治理仍然"重人治、轻法治",且"融资重规模,使用轻效益",严重影响了外债的使用效果,更影响了企业的盈利能力,对本企业甚至同行业其他企业的后期融资也造成影响。

因此,企业在进行融资时,要充分认识到债务融资对后期企业经营的影响,合理安排外债存续期内对投资者的利息支付和债券到期后的本金兑付。企业应在审慎评估债务融资特别是外债融资替代股权融资的必要性后,再通过良好的公司治理机制进行审慎的债务融资可行性分析,在充分论证和民主决策的前提下使用外债融资,最大限度实现改善企业经营、提高产品质量的目标。

4. 隐性外债"应管尽管",提高全口径跨境融资监管精确性

隐性外债是指处于国家对外债的监督管理之外且不反映在国家外债统计监测系统之中的实际对外负债,是我国当前外债管理中存在的一大问题。由于这些外债流动性强,监管困难,没有在国家外汇管理局注册,政府很难掌握这些外债的具体数额,无法进行控制。

未经注册的外债在不受监控的情况下增加,将在很大程度上威胁到整个国家的金融安全与稳定。例如,外商投资企业的已分配未汇出利润、股权转让项下和其他资产交易项下的对外应付款,以及外债利息长期挂账不还等,本质上是将资本转化为外债,虽不纳入我国外债统计监测范围,但构成事实上的隐性外债。

针对隐性外债问题,未来可加强外商投资企业对外应付款登记管理,由企业自行办理未分配利润、应付股利和其他资产交易项下对外应付款的使用及汇出登记。同时,将

全口径跨境融资监管与中国人民银行的支付结算系统、反洗钱信息系统等对接，建立统一高效的全口径跨境融资数据采集、监测、分析和预警体系，防范跨境资金流动风险，提高监管效率。

阅读专栏 10-1　　外债管理将是未来资本市场改革开放的核心话题

"当前宏观经济背景下的中国资本市场改革开放，其中非常重要的是'资本'的开放，而资本的开放就涉及'钱进和钱出'，这其中股票很重要，债券有的时候也许更重要。"野村证券首席经济学家陆挺2019年11月13日表示。

陆挺表示，中国目前在海外发债条件十分便利，原因一是我国有很大的外汇储备，二是海外利率非常低，尤其是发达国家，天然创造了非常好的发债条件。"但是发债是一个'双刃剑'，借钱一定要还，这是很简单的道理。所以，在中国资本市场改革开放的过程中，中资企业境外外币债的管理问题尤为重要。"陆挺进一步强调，"2014年年初中资企业海外美元债的存量只有1 500亿美元，现在的存量是8 700亿美元，其中房地产和金融企业发行存量超过一半，其他产业占45%左右。对于8 700亿美元的存量，我们要重视，这也是未来几年非常核心的话题。"

首先，海外美元债的发展是改革开放的成果，表明中国国力的崛起和稳固的信用和能力。其次，目前存量已经达到8 700亿美元，而且还在上升，中资企业海外美元债净融资额伴随着偿债压力增加正在下行。最后，据保守估计，通过中资企业海外美元债流入中国的资金大概达3 000亿美元，这些资金很大程度上没有统计到社会融资规模里面，可能使得这些因素倒过来对宏观经济和信贷增长产生一定的收缩效应。希望将中资企业美元债纳入宏观经济、监管研究、资本市场改革开放研究的事宜中，同时使金融新工具的监管和宏观审慎的监管步伐跟上。

此外，陆挺也提到外资对中国市场的布局提速，2020年，券商等外资股比限制全部放开，外资机构将如何与本土机构竞争，中资券商的优势和特色又在哪里呢？对此，陆挺在接受《证券日报》记者采访时表示："中资券商在很多领域已经非常成熟，尤其是在零售业务部分，我们不要妄自菲薄，也无须太担心。"他强调，实际上外资进入中国有优势也有劣势。一是外资进入中国后适应国内监管形式需要一个漫长的过程；二是文化差异较大。从这两个角度来看，外资想在短期之内超越中资在业务方面的难度比较大。

"从优势来看，外资有很多地方值得我们学习。一是当企业规模做大时怎么去管理。二是中资券商业务领域较窄，例如海外券商主要业务和利润来源不是股票，而是外汇和固定收益，中资券商将来一旦跨境需要补很大的课。总之中资、外资各有长短，互相学习。"陆挺如是说。

资料来源：王思文.外债管理将是未来资本市场改革开放的核心话题［EB/OL］.（2019-11-15）［2022-09-27］.https://www.cnfin.com/bond-xh08/a/20191115/1897845.shtml.

第三节　国际债务危机与新兴市场国家的资本外逃

正常的国际资本流动有利于国家间资源的有效配置,在解决发达国家资本过剩问题的同时,也会缓解新兴市场国家资金不足的压力。但同时,引进外资国家的外债管理不善也容易影响国际债权债务关系的正常发展,引发国际债务危机与资本外逃。

一、国际债务危机

国际债务危机是指一国不能按时偿付其国外债务,包括主权债务和私人债务,表现为大量的公共或私人部门无法清偿到期外债,一国被迫要求债务重新安排和国际援助。

（一）国际债务危机产生的原因

国际债务危机的爆发是国内、国际因素共同作用的结果,但外因往往具有不可控性,且外因总是通过内因起作用。因此,从根本上说,国际债务危机产生的直接原因在内因,即对国际资本的盲目借入、使用不当和管理不善,具体表现为：

1. 外债规模膨胀

如果把外债视为建设资金的一种来源,就需要确定一个适当的借入规模。因为资金积累主要靠本国的储蓄实现,外资只能起辅助作用；如果过多借债缺乏相应的国内资金及其他条件的配合,宏观经济效益就得不到应有的提高,进而可能因沉重的债务负担而产生债务危机。现在国际上一般把偿债率作为控制债务的标准。因为外债的偿还归根到底取决于一国的出口创汇能力,所以举借外债的规模受制于今后的偿还能力,即出口创汇能力。如果债务增长率持续高于出口增长率,就说明国际资本在使用及偿还环节存在严重问题。理论上讲,一国应把当年还本付息额对出口收入的比率控制在20%以下,超过此界限,借款国应予以高度重视。

2. 外债结构不合理

在其他条件相同的情况下,外债结构对债务的变化起着重要作用。外债结构不合理主要表现在以下几方面：

（1）商业贷款比重过大。商业贷款的期限一般较短,在经济较好或各方一致看好经济发展时,国际银行就愿意不断地贷款,因此这些国家就可以不断地通过借新债还旧债来"滚动"发展。但在经济发展中一旦出现某些不稳定因素,如政府的财政赤字、巨额贸易逆差或政局不稳等,使市场参与者失去信心,外汇储备不足以偿付到期外债,汇率就必然大幅下跌。这时,银行到期再也不愿贷新款了。为偿还到期外债,本来短缺的外汇资金反而大规模流出,危机就会爆发。

（2）外债币种过于集中。如果一国外债集中于一两种货币,汇率风险就会变大,一旦该外币升值,外债就会增加,从而增加偿还困难。

（3）期限结构不合理。如果短期外债比重过大,超过国际警戒线,或未合理安排偿债期限,就会造成偿债时间集中。若流动性不足以支付到期外债,则危机就会爆发。

3. 外债使用不当

借债规模与结构确定后,将其投入适当的部门并最大地发挥其使用效益,是偿还债务的最终保证。从长期看,偿债能力取决于一国的经济增长率,短期内则取决于它的出口率。所以人们真正担心的不是债务的规模,而是债务的生产能力和创汇能力。许多债务国在大量举债后,没有根据投资额、偿债期限、项目创汇率以及宏观经济发展速度和目标等因素综合考虑制定外债使用走向和偿债战略,不顾国家的财力、物力和人力等因素的限制,盲目从事大工程建设。由于这类项目耗资金、工期长,短期内很难形成生产能力并创造出足够的外汇,会造成债务积累加速。同时,不仅外债用到项目上的资金效率低,而且还有相当一部分外债根本没有流入到生产领域或用在资本货物的进口方面,而是用于盲目过量地进口耐用消费品和奢侈品,这必然导致投资率的降低和偿债能力的减弱。不合理的消费需求又是储蓄率降低的原因,使得内部积累能力跟不上资金的增长,进而促使外债进一步增加。有些国家则是大量借入短期贷款在国内进行长期投资,而投资的方向又主要是房地产和股票市场,从而形成泡沫经济。一旦泡沫破灭,危机也就来临了。

4. 对外债缺乏宏观上的统一管理和控制

外债管理需要国家对外债和资产实行技术和体制方面的管理,提高外债的收益,减少外债的风险,使风险和收益达到最圆满的结合。这种有效的管理是避免债务危机的关键所在。其管理的范围相当广泛,涉及外债的借、用、还各个环节,需要政府各部门进行政策协调。如果外债管理混乱,多头举债,无节制地引进外资,往往会使外债规模处于失控状态,外债结构趋于非合理化,从而妨碍政府根据实际已经变化了的外债状况对政策进行及时调整,并且当政府发现政策偏离计划目标过远时,偿债困难往往已经形成。

5. 外贸形势恶化,出口收入锐减

由于出口创汇能力决定了一国的偿债能力,一旦一国未适应国际市场的变化及时调整出口产品结构,其出口收入就会大幅减少,经常项目逆差就会扩大,从而严重影响其还本付息能力。同时,巨额的经常项目逆差进一步造成了一国对外资的依赖,一旦国际投资者对债务国经济前景的信心大减,对其停止贷款或拒绝延期,债务危机就会爆发。

(二) 国际债务危机的影响

国际债务危机严重干扰了国际经济关系发展的正常秩序,是国际金融体系紊乱的一大隐患,尤其对危机爆发国的影响更是巨大,会给经济和社会发展带来严重的后果。

1. 国内投资规模大幅缩减

首先,为了满足还本付息的需要,债务国必须大幅压缩进口以获得相当数额的外贸盈余。因此,为经济发展和结构调整所需的材料、技术和设备等的进口必然受到严重阻碍,从而造成生产企业投资的萎缩,甚至正常的生产活动都难以维持。

其次,债务危机的爆发使债务国的国际资信大大降低,进入国际资本市场筹资的渠道受阻,不仅难以借到条件优惠的贷款,甚至连条件苛刻的贷款也不易借到。同时,国际投资者也会视危机爆发国为高风险地,减少对该国的直接投资。外部资金流入的减少,会使债务国无法筹措到充足的建设资金。

最后,危机爆发后国内资金的持有者对国内经济前景持悲观态度,也会纷纷抽回投资,这不仅加重了国家的债务负担,也会使国内投资资金减少,无法维持促进经济发展应有的投资规模。

2. 通货膨胀加剧

债务危机爆发后,流入债务国的资金大量减少,而为偿债流出的资金却越来越多。资金的流出,实际上就是货物的流出,因为债务国的偿债资金主要是依靠扩大出口和压缩进口来获取的。由于投资的缩减,企业的生产能力也受到影响,产品难以同时满足国内需求与出口的需要。为了还本付息,国家将出口置于国内需求之上。同时,进口商品中一些基本消费品也大幅减少。当国内市场的货物供应量减少到不能满足基本要求,以至于发生供应危机时,通货膨胀就不可避免。此外,在资金巨额净流出、头寸短缺的情况下,债务国政府往往还会采取扩大国内公债发行规模和提高银行储蓄利率等办法来筹措资金。但当筹措到的资金相当大一部分被政府用于从民间购买外币偿还外债时,国内市场货币流通量必然增多。由于这部分资金较少用于投资,不具有保值功能,更无增值效应,因此,在公债到期或储户提款时,国家实际并无能力偿还,于是不得不更多地发行利率更高、期限更短的新债券,并扩大货币发行量,在这种情况下,通货膨胀不可避免。

3. 经济增长减慢或停滞

为制止资金外流,控制通货膨胀,政府会大幅提高利率,使银根进一步收紧,而为偿债需兑换大量的外汇,又使得本币大幅贬值,企业的进口成本急剧增加。资金的缺乏及生产成本的增加,使企业的正常生产活动受到严重影响,甚至企业会破产、倒闭。投资下降,进口减少,虽然有助于消除经济缺口,但是生产的下降势必影响出口的增长。出口若不能加速增长,则无法创造足够的外汇来偿还外债,国家的债务负担也就难以减轻。这些都会使国家经济增长放缓,甚至出现较大幅度的倒退。

4. 社会后果严重

随着经济衰退的发生,大批工厂、企业倒闭或停工停产,致使失业人口剧增。在高通货膨胀情况下,职工的生活也受到严重影响,工资购买力不断下降,低收入劳动者更是入不敷出。失业率的上升和实际工资的下降使债务国人民日益贫困,穷人队伍越来越庞大。同时,因偿债实行紧缩政策,债务国在公共社会事业发展上的投资经费会越来越少,人民的生活水平也会日趋恶化。因此,人民的不满情绪日增,他们反对政府降低人民的生活水平,反对解雇工人,要求提高工资。而政府在债权银行和国际金融机构的压力下,又不得不实行紧缩政策。此情况会导致民众用游行示威甚至暴力的方式表示对现状的极度不满,从而引发政局不稳和社会动乱。

5. 对国际金融体系的影响

债务危机对国际金融体系运作的影响也是十分明显的。首先,债权国与债务国同处于一个金融体系之中,一方遭难,势必会牵连另一方。债权人若不及时向债务国提供援助,就会引起国际金融体系的进一步混乱,从而影响世界经济的发展。其次,对于那些将巨额贷款集中在少数债务国身上的债权银行来说,一旦债务国发生债务危机,必然使其遭受严重损失,甚至破产。最后,债务危机使债务国国内局势急剧动荡,也会在经济甚至政治方面对债权国产生不利影响。在这种情况下,债权人不得不参与债务危机的解决。

(三) 解决国际债务危机的措施

在国际经济一体化背景下,债务危机会威胁到整个国际金融领域及世界经济的稳定,同时还会威胁到国际货币体系的稳定。新兴市场国家的债务大都来自国际商业银行,尤其是欧洲货币市场。债务危机将导致大量银行倒闭,从而产生连锁反应,威胁国际货币体系的稳定,导致金融危机的发生。

1. 国际社会挽救债务危机的过程

由于债务危机不仅涉及新兴市场国家经济增长,而且影响发达国家的经济增长,更威胁到国际货币体系和世界经济的稳定,因此国际社会,无论是债务国还是债权国,以及国际金融机构都有责任为挽救债务危机而努力。1982年墨西哥危机发生后,国际社会挽救债务危机的过程大体经历了三个阶段。

第一阶段为重整债务阶段(1982—1985年)。其特点是债权银行要求债务国紧缩经济,给予其延期还款、降低利率及减免部分债务的优待。但重整债务却使债务国生产下降,出口减少,增加了其偿债困难。债权银行也由此不履行承诺,不但不增加新的贷款,反而收缩贷款或使贷款条件更加苛刻,结果导致债务重整计划以失败告终。

第二阶段为增长调整阶段(1985—1986年)。其特点是以市场导向型的经济政策为条件,对债务国采取所谓一揽子挽救措施。最典型的一揽子挽救措施是由"贝克计划"(Baker's plan)提出的。其建议的主要内容是,通过增加基金来促使债务国进行市场导向型改革,并通过促使债务国进行经济调整来维持其经济增长,以帮助其履行还本付息的义务。但该基金只有300多亿美元,而债务总计已近万亿美元,杯水车薪,作用不大。

第三阶段是以发展促还债阶段(1987—1991年)。其特点是债务国提出以其工业化的经济发展战略促还债,并督促西方国家尽快消除贸易保护,为其提供扩大出口的机会,以便提高偿债能力。同时,美国提出"布雷迪方案",建议商业银行减免债务国债务本息各3%,并向债务国提供新贷款。但此项计划并未得到西方各国商业银行的响应,要求它们放弃3%的债券本息的确很困难。

尽管国际社会采取了种种挽救危机的措施,但效果都不理想,并未从根本上解决问题,国际债务危机仍不断发展。

2. 债务国缓解债务危机的措施

面临日益严重的债务危机,债务国积极进行经济调整,力图依靠自己的力量以及国际社会的协调和合作尽快渡过危机。其采取的措施主要有以下五个方面:

(1) 与国际社会密切合作,重新安排债务,即在国际社会的安排下进行债务重整,延长宽限期或偿还期,或借新债还旧债。而各债务国则利用这一机会加速调整经济发展计划,不同程度地执行经济紧缩计划,以配合国际社会的安排或措施。

(2) 在经济增长的基础上进行调整。与南美债务国不同,同为债务国的韩国当时采取"稳定、效率、均衡"的增长性经济调整计划,坚持其出口导向,并完成了由贸易立国到技术立国的转变,扭转了债务危机的局面,从1986年起不再借债,债务负担逐年减少,1991年还清了所有债务。

(3) 调整经济结构。许多债务国在调整经济发展战略的同时,改革经济结构,建立比较完整的工业体系,并强调政策配合,从各方面推动出口,以培养偿债能力。

(4) 债务资本化,即通过转换机制把部分债务转变为债权国对债务国企业的证券投资,使银行信贷资产证券化。将银行信贷转为债券后,债权银行可以通过卖掉那些风险很高的债券减少敞口,以稳定债信。而将债权转换成股权则可以保证债权银行按期分享股息。同时,债务国把债务转化为股权不仅可以减轻债务负担,还可以促进其资本内流,增强其发展生产的能力。

(5)实行金融体制改革。金融是商业之首,是经济运转的润滑剂。与南美国家不同的是,韩国政府清醒地认识到金融体制改革的重要性,经济金融双管齐下,采取了本币贬值、开放资本市场及促进经济发展等措施。一方面,促进出口,培养偿债能力;另一方面,在挖掘国内资金潜力的同时,有效利用外资,对摆脱债务危机起到很大作用。

二、新兴市场国家的资本外逃

(一)资本外逃定义综述

在学术界,资本外逃(capital flight)是一个带有较强价值判断和争议的概念。目前有代表性的定义包括以下几种:

(1)金德伯格避险说,即"投资者恐慌和怀疑造成的异常的资本流出"。这里的异常,是指资本从利率高的国家流向利率低的国家。投资者力图躲避的风险涉及汇率风险、恶性通货膨胀、金融动荡以及国内债权缺乏保障等。

(2)卡廷顿投机说,将资本外逃看成"短期投机资本即游资的异常外流"。该定义与避险说的主要区别在于,它不考虑长期资本外逃。

(3)杜利和金的规避管制说。迈克尔·杜利(Michael Dooley)将资本外逃界定为"居民希望获得不受本国政府控制的金融资产和收益而进行的资本流出"。金将其界定为"从新兴市场国家流出的、躲避官方管制和监测的私人短期资本"。后者与前者的区别在于,它不考虑长期资本外逃。

(4)托尼尔和世界银行的福利损失说。阿伦·托尼尔(Aarón Tornell)将资本外逃界定为"生产资源由贫穷国家向富裕国家的流失",该定义涉及资本外逃以及自然资源和人力资源流失。世界银行则将其界定为"债务国居民将财富转移到国外的任何行为"。

(5)沃尔特违背契约说,将资本外逃界定为违背隐含的社会契约的私人资本流出。违背契约指私人的资产调配威胁到政府宏观经济目标的实现或增加其实现成本。

(二)资本外逃原因

(1)金融抑制(financial repression)。根据爱德华·肖(Edward Shaw)的观点,新兴市场国家普遍存在金融抑制,主要表现为金融机构高度国有化、金融市场不发达、政府过分控制金融操作、人为压低利率或高估本币、资本分配效率低等。这使国内缺乏有利可图的投资渠道,国内投资风险较大,容易产生资本外逃。彼得·夸克(Peter Quirk)还将外汇管制引起的资本外逃称为"鼠夹效应"(mouse trap effect),即政府对资本流入和流出管制的不对称性,使居民不愿将外汇留在国内以避免丧失今后用汇的灵活性。

(2)投资环境恶化。当政府宏观经济政策失误造成国内财政赤字、通货膨胀或经济衰退时,居民为避免通货膨胀税和其他损失,会将资产转移到国外。若政府大量举借外债弥补资本外逃造成的缺口,又会增加居民对征税还债的预期,形成资本外逃和举借外债的恶性循环。该因素同时降低居民和非居民对本国经济的信心,资本外逃是单向的,也称"真实性"资本外逃。

（3）固定汇率制下的实际汇率被高估。相对而言，新兴市场国家的汇率制度缺乏弹性。当其实际汇率被高估时，容易诱发资本外逃，可能在一定条件下引发货币危机。

（4）国际信息的不对称性。沃尔特在传统的资产组合理论中引入保密性这种新因素。从事资本外逃的投资者在资产组合中要权衡预期收益、风险和保密性。在新兴市场国家，一旦贩毒、军火交易、走私和官员腐败收入转移到离岸金融中心，外国银行的保密条款就有助于这些投资者实现资产最优组合。

（5）人力资本的国际差异。罗伯特·卢卡斯（Robert Lucas）认为，发达国家的劳动力中包含大量的新兴市场国家无法比拟的人力资本，因此发达国家的资本边际报酬可能高于部分新兴市场国家。这为资本从新兴市场国家流向发达国家提供了新的解释。

（6）对居民与非居民的差别待遇。奥利弗·威廉姆森（Oliver Williamson）认为，新兴市场国家存在某些歧视性的宏观经济和管理政策，如显性和隐性的税收差别、差别担保、不同的利率上限、拥有外币资产的难易程度不同等。差别待遇一方面导致居民的资本外逃，另一方面引起非居民的资本流入。它还可能造成"过渡性"资本外逃，即居民先将资本转移至国外，再以非居民身份对国内投资。

（7）新兴市场国家国内资产存在公共产权。托尼尔和安德烈斯·韦拉斯科（Andrés Velasco）认为，在新兴市场国家，政府和一些利益集团可能拥有对其他利益集团资产的公共产权，即缺乏严格排他性的产权设置和较好的产权保护。各利益集团为避免其国内资产被其他利益集团侵占，会将其资本转移到国外私有产权保护程度较高的地方。

第四节 金融危机相关理论流派

从 20 世纪 70 年代中期开始，发展中国家陆续开始推行结构性的经济自由化改革和宏观经济稳定化计划，试图打破传统体制的僵化，并保持国内通货的稳定。但所有这些尝试都未在短期内达到预期效果，反而引起了一系列的宏观经济问题，这些国家的宏观经济绩效、国际收支状况与国际外部经济环境之间呈现出日趋复杂的关系，特别是引起金融危机的频繁爆发。金融危机最开始表现为固定汇率的瓦解，或称货币危机，而后则呈现出外汇市场、银行、房地产市场、股票市场同时出现崩溃的复杂症状。为什么追求经济自由化和宏观经济稳定的政策框架反而导致了金融系统的危机呢？为回答这一问题，金融危机理论应运而生，其研究的主要范例包括拉美债务危机、墨西哥危机、亚洲金融危机和美国次贷危机。

货币危机的理论研究开始于 20 世纪 70 年代后期，相关货币危机的理论也最为成熟，21 世纪已经形成了四代危机模型。

一、第一代货币危机模型

保罗·克鲁格曼（Paul Krugman）在 1979 年发表的《资产负债表危机模型》一文中构造了货币危机最早的理论模型。

第一代货币危机模型认为,扩张性的宏观经济政策会导致巨额财政赤字,为了弥补财政赤字,政府只好增加货币供给量,同时为了维持汇率稳定而不断抛出外汇储备。一旦外汇储备减少到某一临界点,投机者就会对该国货币发起冲击,在短期内将该国外汇储备消耗殆尽,政府要么让汇率浮动,要么让本币贬值,最后,固定汇率制崩溃,货币危机发生。许多经济学家后来对其进行了改进和完善,最终形成了第一代货币危机模型。该模型从一国经济的基本面解释了货币危机产生的根源在于经济内部均衡和外部均衡的冲突,如果一国外汇储备不够充足,财政赤字的持续货币化就会导致固定汇率制的崩溃并最终引发货币危机。当宏观经济状况不断恶化时,危机的发生是合理的,而且是不可避免的。它比较成功地解释了20世纪七八十年代的拉美货币危机。

二、第二代货币危机模型

1992年,英镑危机发生,当时英国不仅拥有大量的外汇储备(德国马克),而且其财政赤字也未出现与其稳定汇率不和谐的情况。第一代货币危机模型已无法对此作出合理解释,经济学家开始从其他方面寻找危机发生的原因,逐渐形成第二代货币危机模型。

第二代货币危机模型最具代表性的理论是由茅瑞斯·奥伯斯法尔德(Maurice Obstfeld)于1994年提出的。他在寻找危机发生的原因时强调危机的自我促成的性质,引入博弈论,关注政府与市场交易主体之间的行为博弈。奥伯斯法尔德在其《自我实现预期下的货币危机模型》一文中设计了一个博弈模型,说明了动态博弈下自我实现危机模型的特点,并呈现出"多重均衡"性质。

该模型认为,一国政府在制定经济政策时存在多重目标,从而导致了多重均衡。政府既有捍卫汇率稳定的动机,也有放弃汇率稳定的动机。在外汇市场上,中央银行和广大的市场投资者根据对方的行为和掌握的对方信息,不断修正自己的行为选择,这种修正又影响着对方的下一次修正,形成了一种自我促成,当市场投资者的预期和信心的偏差不断累积使得维持稳定汇率的成本大于放弃稳定汇率的成本时,中央银行就会选择放弃,从而导致货币危机的发生。

以奥伯斯法尔德为代表的学者在强调危机的自我促成时,仍然重视经济基本面的情况,如果一国经济基本面的情况比较好,公众的预期就不会发生大的偏差,就可以避免危机的发生。与此同时,另一些第二代货币危机模型则认为危机与经济基本面的情况无关,可能纯粹由投机者的攻击导致。投机者的攻击使市场上的广大投资者的情绪、预期发生了变化,产生"传染效应"和"羊群效应",推动着危机的爆发。

第二代货币危机模型较好地解释了1992年英镑危机,当时英国政府面临提高就业与维持稳定汇率的两难选择,结果放弃了有浮动的固定汇率制。

三、第三代货币危机模型

1997年下半年爆发的亚洲金融危机呈现出许多新的特征,这次危机发生之前,亚洲许多国家都创造了经济发展的神话,而且大多实行了金融自由化。第一、二代货币危机模型已经无法较好地解释这场金融危机,更难理解的是,这些国家和地区经济(尤以韩国为例)在危机过后很短时期内就实现了经济复苏,某些方面甚至还好于危机之前。

第三代货币危机模型是由罗纳德·麦金农(Ronald Mckinnon)和克鲁格曼首先提出的,该模型强调了第一、二代货币危机模型忽视的一个重要现象:在发展中国家,普遍存在道德风险问题。普遍的道德风险归因于政府对企业和金融机构的隐性担保,以及政府同这些企业和机构的裙带关系。上述情况导致了在经济发展过程中的投资膨胀和不谨慎,大量资金流向股票市场和房地产市场,形成了金融过度,导致了经济泡沫。泡沫破裂或行将破裂所致的资金外逃将引发货币危机。

第三代货币危机模型出现较晚,但研究者们普遍认为脆弱的内部经济结构和亲缘政治是导致危机发生的关键所在。

四、第四代货币危机模型

第四代货币危机模型是在已有的三代成熟的货币危机模型基础上建立起来的。该模型认为,本国企业部门的外债水平越高,"资产负债表效应"越大,经济出现危机的可能性就越大。其理论逻辑是:企业持有大量外债会导致国外的债权人悲观地看待这个国家的经济,减少对该国企业的贷款,使其本币贬值,企业的财富减少,能申请到的贷款减少,全社会投资规模缩减,经济陷入萧条。第四代货币危机模型目前尚不成熟,有待进一步完善。

五、其他较有影响的危机理论

1. 弗里德曼的货币政策失误论

米尔顿·弗里德曼(Milton Friedmann)的货币政策失误论认为,因为货币需求函数的相对稳定性,货币供求失衡的根本原因在于货币政策的失误。并且,这种失误(如突然的通货紧缩)可以使一些轻微的、局部的金融问题通过加剧银行恐慌演变为剧烈的、全面的金融动荡。

2. 金融不稳定假说

海曼·明斯基(Hyman Minsky)对金融内在脆弱性进行了系统分析,提出了金融不稳定假说。他将市场上的借款者分为三类:第一类是"套期保值型"借款者。这类借款者不仅预期收入在总量上超过债务额,而且在每一时期内,其现金流入都大于到期债务本息。第二类是"投机型"借款者。这类借款者的预期收入在总量上超过债务额,但在借款后的前一段时期内,其现金流入小于到期债务本息,而在这段时期后的每一时期内,其现金流入大于到期债务本息。第三类是"蓬齐型"借款者。这类借款者在前面的每一段时期内,其现金流入都小于到期债务本息,只在最后一期,其收入才足以偿还所有债务本息,因此,他们不断地借新债还旧债,把后加入者的入伙费充作先来者的投资收益,以致债务累计越来越多,潜伏的危机越来越大。

在一个经济周期开始时,大多数借款者属于"套期保值型"借款者,当经济从扩张转向收缩时,借款者的赢利能力减弱,逐渐转变成"投机型"借款者和"蓬齐型"借款者,金融风险增大。因此,金融体系具有内在的不稳定性,经济发展周期和经济危机不是由外来冲击或是失败的宏观经济政策导致的,而是经济自身发展的必经之路。

3. 银行体系关键论

詹姆斯·托宾(James Tobin)于1981年提出银行体系关键论,其核心思想是:银行体系在金融危机中起着关键作用。在企业过度负债的经济状态下,经济、金融扩张中积累的风险增加并显露出来,银行可能会遭受损失,为了控制风险,银行必然会提高利率减少贷款。银行的这种行为会使企业投资减少,或引起企业破产,从而直接影响经济发展,或者使企业被迫出售资产以清偿债务,造成资产价格急剧下降。这种状况会引起极大的连锁反应,使本来已经脆弱的金融体系更快崩溃。托宾认为,在债务-通货紧缩的条件下,债务人财富的边际支出倾向往往高于债权人,因为在通货紧缩-货币升值的状况下,不仅债务人出售的资产贬值,而且其拥有的资产也贬值。在债务人预期物价继续走低的情况下,变卖资产还债的倾向必然提前。

4. "金融恐慌"理论

2022年诺贝尔经济学奖得主道格拉斯·戴蒙德(Douglas Diamond)和菲利普·迪布维格(Philip Dybvig)认为,银行体系的脆弱性主要源于存款者对流动性要求的不确定性以及银行的资产较负债缺乏流动性之间的矛盾。他们在1983年提出了银行挤兑理论(又称D-D模型)。其基本思想是:银行的重要功能是将存款人的不具流动性的资产转化为具有流动性的资产,以短贷长,实现资产增值。在正常情况下,依据大数定理,所有存款者不会在同一时间取款。但当经济中发生某些突发事件(如银行破产或经济丑闻)时,就会发生银行挤兑。

阅读专栏 10-2　　A股港股ETF迈入"互联互通"大时代

2022年6月24日,证监会正式发布《关于交易型开放式基金纳入互联互通相关安排的公告》(下称《公告》),提出自本公告发布之日起,交易型开放式基金正式纳入互联互通,内地和香港投资者可以通过当地证券公司或经纪商买卖规定范围内的对方交易所上市的股票和交易型开放式基金的基金份额。

《公告》共五条,一是明确内地与香港股票市场交易互联互通机制拓展至交易型开放式基金,二是明确相关制度安排参照股票互联互通,三是明确投资者识别码安排,四是明确证券公司、公募基金管理人相关要求,五是明确业务实施细则相关安排。

同时,沪深两市交易所、中国证券登记结算有限责任公司也发布了相关公告。最受市场关注的一点是,股票ETF纳入沪港通标的范围要求为:交易所ETF过去6个月日均资产规模达15亿元人民币,且其成分证券以沪深股通标的股票为主;联交所ETF过去6个月日均资产规模达17亿元港币,且其成分证券以港股通标的股票为主,不得属于合成ETF、杠杆及反向产品。

此外,纳入标的的ETF须同时满足上市满6个月、标的指数发布满一年等要求。原则上标的 ETF 每半年调整一次。沪股通 ETF、深股通 ETF、港股通 ETF 的首次纳入考察截止日为 2022 年 4 月 29 日。

后续,相关机构将公布首次纳入港股通的 ETF 名单及生效日期,联交所证券交易服务公司将公布首次纳入沪股通的 ETF 名单及生效日期。

对于 ETF 的互联互通,业内可谓是期盼已久。早在 2016 年,证监会就发布《内地与香港股票市场交易互联互通机制若干规定》《证券基金经营机构参与内地与香港股票市场交易互联互通指引》,对互联互通机制的一般性规定、相关基础设施职责、交易结算安排、监管合作以及证券基金经营机构开展港股通业务等安排作了全面系统的规定。

2022 年 5 月 27 日,相关公告发布,原则同意内地与香港两地交易所将符合条件的交易型开放式基金(交易所买卖基金)纳入互联互通。5 月 27 日至 6 月 10 日,证监会就上述公告向社会公开征求意见。征求意见期间,证监会共收到 11 条意见建议,主要集中在 ETF 纳入的标的范围、申购赎回、市场推广等方面。

那么此次互联互通将会有多少只 ETF 受益?

根据测算,此次 ETF 互联互通机制对于海外投资者而言,目前陆股通标的有望纳入内地市场的 80 余只 ETF,规模将突破 6 000 亿元;而对于内地投资者而言,香港市场有望纳入 6 只 ETF,规模达 3 600 亿港元。在互联互通成为外资配置 A 股主要途径的背景下,进一步丰富外资可投资品种并提高其投资便利性,ETF 市场有望迎来增量资金,推动 ETF 的市场规模持续扩大。

"短期来看,境外投资者对内地市场的 ETF 认知和认可尚需要一定时间,在投资品种偏好方面也和内地投资者存在差异。"业内人士表示,长期来看,ETF 互联互通将为内地 A 股 ETF 做大做强提供机会,香港资本市场面向全球投资者,是全球资金的主要投资场所之一,以 ETF 为代表的指数基金是境外市场重要的投资工具。

资料来源:杜萌.影响规模近万亿!A股港股 ETF 迈入"互联互通"大时代[EB/OL].(2022-06-25)[2022-09-27]. https://www.jiemian.com/article/7646231.html.

 本章提要

1. 国际资本流动主要是指资本在国际上转移,或者说,资本在不同国家或地区之间的单向、双向或多向流动。

2. 长期资本流动是指期限在 1 年期以上,甚至不规定到期期限的资本跨国流动。

3. 国际资本流动的作用有积极和消极两个方面。强调其积极作用的国家或政府认为不应控制资本流动,主张资本自由流动;强调其消极作用的国家或政府则主张控制或限制资本流动。

4. 利用外债的适度规模指实现既定宏观经济目标所需要的最小引进外资数量。

5. 国际债务危机严重干扰了国际经济关系发展的正常秩序,是国际金融体系紊乱的一大隐患,尤其对危机爆发国的影响更是巨大。

6. 在国际经济一体化背景下,债务危机会威胁到整个国际金融领域及世界经济的稳定,同时还会威胁到国际货币体系的稳定。

7. 货币危机理论从不同角度阐述了债务危机、货币危机等金融危机产生的路径。

思考题

1. 国际资本流动带来的积极影响和消极影响有哪些?
2. 什么是资本外逃?造成资本外逃的主要原因有哪些?
3. 一国外债的适度规模主要受哪些因素的影响?
4. 第一代、第二代、第三代货币危机模型是如何解释危机爆发的路径的?

阅 读 推 荐

[1] 鲍静海,马丽华.商业银行经营与管理[M].2版.北京:高等教育出版社,2018.
[2] 博迪,凯恩,马库斯.投资学:第10版[M].汪昌云,张永骥,译.北京:机械工业出版社,2017.
[3] 戴蒙德.枪炮、病菌与钢铁[M].谢延光,译.上海:上海译文出版社,2014.
[4] 法博齐,科塞瑞.资产证券化导论[M].宋光辉,刘璟,朱开屿,译.北京:机械工业出版社,2014.
[5] 费尔德坎普,惠伦.金融稳定:欺诈、信心和国家财富[M].胡志浩,译.北京:经济管理出版社,2017.
[6] 管涛.汇率的本质[M].北京:中信出版社,2016.
[7] 赫尔.期权、期货及其他衍生产品:第10版[M].王勇,索吾林,译.北京:机械工业出版社,2018.
[8] 胡滨,郑联盛.全球量化宽松:十年演进[M].北京:中国金融出版社,2019.
[9] 胡滨,郑联盛.监管沙盒:理论框架与国际经验[M].北京:中国金融出版社,2020.
[10] 蒋先玲.货币金融学[M].2版.北京:机械工业出版社,2017.
[11] 科普兰.汇率与国际金融:第5版[M].刘思跃,叶永刚,译.北京:机械工业出版社,2011.
[12] 李成.金融监管学[M].2版.北京:高等教育出版社,2016.
[13] 李扬,张晓晶.中国国家资产负债表2020[M].北京:中国社会科学出版社,2021.
[14] 刘鹤.两次全球大危机的比较研究[M].北京:中国经济出版社,2013.
[15] 刘园.国际金融风险管理[M].2版.北京:对外经济贸易大学出版社,2012.
[16] 刘园.金融风险管理[M].3版.北京:首都经济贸易大学出版社,2016.
[17] 刘园.固定收益证券[M].北京:首都经济贸易大学出版社,2017.
[18] 刘园.国际金融实务[M].3版.北京:高等教育出版社,2017.
[19] 刘园.外汇交易与管理[M].3版.北京:首都经济贸易大学出版社,2020.
[20] 罗斯,威斯特菲尔德,杰富,等.公司理财:第11版[M].吴世农,沈艺峰,王志强,译.北京:机械工业出版社,2017.
[21] 马克思.资本论[M].何小禾,译.重庆:重庆出版社,2014.
[22] 米什金.货币金融学:第11版[M].郑艳文,荆国勇,译.北京:中国人民大学出版社,2016.
[23] 明斯基.稳定不稳定的经济:一种金融不稳定视角[M].石宝峰,张慧卉,译.北京:清华大学出版社,2015.
[24] 萨林格.保理法律与实务[M].刘园,叶志壮,译.北京:对外经济贸易大学出版社,1995.
[25] 王广宇.负利率:销金时代与货币狂潮[M].北京:中信出版社,2020.
[26] 王国刚.资本市场导论[M].2版.北京:社会科学文献出版社,2014.
[27] 魏丽莉.经济思想史[M].北京:机械工业出版社,2019.
[28] 吴敬琏,樊纲,刘鹤,等.中国经济50人看三十年:回顾与分析[M].北京:中国经济出版社,2008.
[29] 肖钢.中国资本市场变革[M].北京:中信出版社,2020.
[30] 杨涛.互联网金融理论与实践[M].北京:经济管理出版社,2015.

[31]易纲.中国的货币化进程[M].北京:商务印书馆,2003.

[32]易会满,牛刚,戴志华.商业银行事后监管:理论实务与战略转型[M].北京:中国金融出版社,2013.

[33]尹振涛.监管科技:面向未来的监管变革[M].北京:中国金融出版社,2020.

[34]张化桥.影子银行内幕:下一个次贷危机的源头?[M].黎木白,译.北京:中国人民大学出版社,2016.

[35]张明.宏观中国:经济增长、周期波动与资产配置[M].北京:东方出版社,2020.

[36]张维迎.博弈与社会[M].北京:北京大学出版社,2013.

[37]中国证券监督管理委员会.中国证券监督管理委员会年报2019[M].北京:中国财政经济出版社,2020.

教辅申请说明

北京大学出版社本着"教材优先、学术为本"的出版宗旨，竭诚为广大高等院校师生服务。为更有针对性地提供服务，请您按照以下步骤通过**微信**提交教辅申请，我们会在 1~2 个工作日内将配套教辅资料发送到您的邮箱。

◎扫描下方二维码，或直接微信搜索公众号"北京大学经管书苑"，进行关注；

◎点击菜单栏"在线申请"—"教辅申请"，出现如右下界面：

◎将表格上的信息填写准确、完整后，点击提交；

◎信息核对无误后，教辅资源会及时发送给您；如果填写有问题，工作人员会同您联系。

温馨提示：如果您不使用微信，则可以通过以下联系方式（任选其一），将您的姓名、院校、邮箱及教材使用信息反馈给我们，工作人员会同您进一步联系。

联系方式：

北京大学出版社经济与管理图书事业部
通信地址：北京市海淀区成府路 205 号，100871
电子邮箱：em@pup.cn
电　　话：010-62767312 /62757146
微　　信：北京大学经管书苑（pupembook）
网　　址：www.pup.cn